Statuta Communis Parmae Ab A. 1266 - 1304: (ed. A. Ronchini.)...

A. Ronchini

mente due Podestà.[1] Aveva stipendio di lire seicento imperiali pel mantenimento di sè, di quattro giudici, di due soci, e di dodici cavalli, otto de' quali fossero armigeri. Di quella somma riceveva un terzo all'entrare in seggio, e dopo due mesi il restante; salvo che nell'ultimo pagamento erangli ritenute lire cento sino al termine dell'indeclinabile sindacato per satisfare, in caso di scoperta reità, alle multe sue o de' suoi uffiziali.[2]

I quattro *giudici*, che venivano col Podestà dall'esterno, davano opera: il primo alle cause criminali in modo esclusivo, e nomavasi il *giudice de' malefizii*;[3] il secondo (detto *deputatus ad lupum* dal seder che faceva ad un banco avente un lupo per insegna[4]) alla riscossione delle condanne, delle colte e di tutto che fosse dovuto al Comune; il terzo, alle cause civili; il quarto, che stava costantemente al fianco del Podestà, a curare il sollecito eseguimento degli Statuti e delle risoluzioni de' publici Consigli.[5] Ma per ciò che spetta alle cause massimamente civili, cooperavano tuttavia a trattarle e a deciderle gli *avvocati* e i *consoli di giustizia*, uomini del paese;[6] i quali aveano a capo un legista, scelto da loro stessi, distinto coll'appellazione di *abbate*.[7]

Una delle antiche attribuzioni del Podestà, il comando delle milizie, venne più specialmente affidata al Capitano de Crociati, che prese nome di *Capitano del popolo*. Questo magistrato si volle scelto alla pari dell'altro tra' forestieri, e, come quello, stava in carica non più di sei mesi; col divario che, mentre il Podestà veniva al reggimento in gennaio ed in luglio, il Capitano entrava in uffizio un mese dopo in ambo i semestri. Il Capitano del popolo avea per sè, per un giudice, per un

---

[1] I documenti contemporanei provano che ciò ebbe luogo a cominciare dal 1268 (Affò, *St. di Par.*, IV. 18); laonde è da ritenersi anteriore di tempo un capitolo, che leggesi a pag. 38, dichiarativo che il reggimento del Podestà durava *per tutto l'anno*.

[2] Pag. 95. — L'Affò, *St.*, IV. 18-19, dice meno esattamente che l'ultimo pagamento facevasi *all'ingresso del quinto mese*, mentre lo Statuto ha *ad introitum ultimorum quatuor mensium*.

[3] *Judex maleficiorum* è detto alle pag. 115 e 307.

[4] Anche in altre città lombarde alcuni banchi, su cui tenean ragione i giudici dei Podestà, erano contrassegnati da figure dipinte o sculte di animali. Piacenza aveva i banchi del griffone e del cervo; Mantova quello dell'orso; Verona, dell'ariete. (V. Pezzana, *St. di Par.*, IV. 114).

[5] Pag. 27. — [6] Pag. 41 e 77.

[7] Pag. 77. — La voce *abbas* ha qui il significato di capo, o *presidente*. (V. Muratori, *Ant. It.*, Diss. XLVI.). Ne' successivi Statuti è nominato alcuna volta l'*abbate degli anziani*, e in quello del 1494, a car. CVIII. tergo e CIX., l'*abbate de' dazieri*.

socio, per due notai, e per sei cavalli lo stipendio di lire imperiali tre-cento venticinque; [1] sulla qual somma sospendevasi il pagamento delle ultime cinquanta lire sino al termine del sindacato, cui dovea sottostare egli pure. [2]

La restrizione della durata in uffizio de' due primarii magistrati fu consigliata dal timore, spesso fondato, che un maggiore spazio di tempo désse loro occasione di stringersi in relazione amichevole con alcuni cit-tadini, massime coi ricchi e potenti, a' danni del paese. [3] Per più sicurtà de' fatti loro, oltrechè andavan soggetti al sindacato finale, sopravveg-ghiava all' adempimento de' loro doveri un offiziale detto *Sindaco mag-giore* ed anche *Sindaco del Comune*, censore supremo, che sottopone-vali a multe e poteva anche all' uopo rimuoverli. [4] Dallo stesso timore della prevaricazione furono dettate leggi speciali contro i giudici, gli av-vocati, i consoli di giustizia e i loro notai, che, trattando cause, divi-dessero per modo indebito il lucro de' lavori legali; come altresì contro quegli elettori de' publici uffiziali, che tradissero il mandato col ricever doni o servigi, e col promettere il voto. Vedemmo altrove quali pene, e di quanto terribile esemplarità, si applicassero ai reati in materia di elezioni; eppure, quasi non fossero a ciò freno bastevole i mezzi che prestava la legge civile, s' invocò il concorso degli spirituali, e si tenner pratiche col vescovo affinchè a tutti coloro che fossero per cadere in falli di tal fatta si minacciasse, sommo degli ecclesiastici castighi, la scomunica. Questa minaccia dovea proclamarsi in ogni chiesa della città in un giorno solenne entro i quindici che precedevano la elezione degli officiali comunitativi, [5] la quale facevasi dal generale Consiglio. [6]

Il Consiglio generale continuò ad esser composto di cinquecento ses-santa persone, prendendo la denominazione di *Consiglio de' cinquecento.* Rinnovavasi all' entrare in carica di ogni Podestà: ad invito del quale

---

[1] Del *socio* e de' *due notai* non è parola nella Storia dell' Affò, IV. 19, benchè sieno espres-samente nominati nello Statuto. — [2] Pag. 96-97.

[3] « Dapprima, dice il Muratori, a non più di un anno si stendeva l' autorità e la perma-nenza del Podestà nel luogo; ma, perciocchè non mancarono di coloro che abusaronsi di questa precaria signoria, nel progresso del tempo non poche città si avvisarono di prendere due Po-destà, che nel medesimo anno reggessero il Comune; l' uno de' quali comandava e terminava il suo ministero ne' primi sei mesi, e l' altro ne' susseguenti. In questa maniera, soggiunge l' ill. Autore, provvedevasi che di sì fatti rettori, se per avventura riuscissero o disutili o no-civi alla republica, fosse corto l' impiego ». *Ant. Ital.*, Diss. XLVI. pag. 55.

[4] Pag. 14 e 27. — [5] Pag. 45. — [6] Pag. 59.

il Consiglio stesso costituiva otto de' migliori cittadini, due per quartiere, in elettori de' nuovi membri. [1]

Ad una così numerosa assemblea non presentavasi petizione o proposta alcuna, che prima non fosse stata discussa dal Podestà, dal Capitano, dagli Anziani e dai Primicerii, i quali ne facevano squittino a fave bianche e nere [2] indicative le une di favore, di contrario avviso le altre. Se la proposta era approvata da costoro in concordia di tre parti, veniva sottomessa al Consiglio; se no, non poteasene ripigliare la discussione che dopo un semestre. [3] Il Consiglio generale convocavasi, per l'ordinario nel venerdì, a suon di campana. Era preseduto personalmente dal Podestà, che v'interveniva al secondo tocco. Egli non intavolava alcun affare, se i convocati non erano dugento almeno (in alcuni casi soltanto, massime di spese straordinarie, se ne richiedevan non meno di cinquecento). Riconosciuto nel consesso il numero legale, facea leggere le proposte: che se tra i presenti scorgeva per avventura alcuni aventi speciale interesse negli affari da ventilarsi, ovvero consanguinei, od anche avvocati e procuratori loro, rimoveali dall'adunanza. Dopo la lettura, il Podestà alzavasi a domandare del loro avviso i consiglieri, i quali metteansi ad arringare nell'ordine designato da lui: illecito il farlo senza sua licenza. L'oratore aveva obbligo di non divertire a subbietti altri da quelli ch'erano posti innanzi dal presidente, e di non ridire ciò che altri avesse già esposto. Durante il discorso, anzi per tutto il tempo della sessione, non era dato ad alcuno il tramutar luogo; nemmanco l'uscire senza assoluta necessità. Un notaio poneva in carta le singole proposizioni degli oratori. Queste eran poi lette da lui, e messe a partito dal Podestà; il quale, ove si trattasse di spese a carico del Comune, faceva preceder sempre la negativa. Votavasi ordinariamente per alzata e seduta; ma negli affari di maggior momento i voti davansi colle fave, e raccoglievanle i trombettieri del Comune, tenuti per giuramento a non ricevere da ciascun consigliere più di un grano, il quale deponevasi in acconcio sac-

---

[1] Pag. 49. — [2] *Debeat approbari ad scurtinium cum fabis albis et nigris*, pag. 54. Dalla voce *scurtinium* (altrove *scrutinium*) derivarono i toscani *squittino* e *squittinare*. Lo Statuto presente tratta in più luoghi di voti da darsi a fave bianche e nere: solo a pag. 258 accennasi ad una votazione *ad fabam nigram et albam, vel ad fabam et ad faxolos;* ove è da notare che il fagiuolo era segno di disfavore. In Firenze i partiti o squittini facevansi con fave e lupini. (Vedi le note al *Malmantile racquistato* del Lippi, ediz. fiorentina del 1750, pag. 365 e 533-34). — [3] Pag. 54.

chetto segretamente. La nuova legge (o *riformagione,* come chiama-
vanla[1]) risultante dalla votazione scriveasi, avanti che il Consiglio si se-
parasse, su fogli membranacei per mano dello stesso notaio, il quale
chiudeva lo scritto con una linea retta al fine d' impedire che vi si facessero giunte od alterazioni. Le riformagioni poi erano mandate ad eseguimento per cura del Podestà, e del suo giudice sopracciò, entro quindici dì, salvo il caso di lavori o d' altro, pe' quali occorresse uno spazio
maggiore di tempo.[2]

Ad ogni triennio il Consiglio generale, verso proposta del Podestà,
giudicava se fossero, o no, da emendare gli Statuti; se si, eleggeva a
Statutarii dodici probi personaggi, tre per quartiere; e così, come in
passato, due laici ed uno legista. I dodici, coadiuvati da un notaio di
loro scelta, e serviti da tre corrieri, mettevano ogni proposizione di riforma a partito con fave bianche e nere, ed il partito era vinto con due
terzi di suffragi. Gli emendatori dello Statuto, compreso il notaio, rice-
vevano ciascuno una retribuzione di soldi due imperiali per giorno durante il lavoro; il quale per altro non voleasi protratto oltre all' ottavo
dì.[3] I capitoli e le giunte elaborati da loro venivano sottoposti al Consiglio generale; nè il Podestà faceva inserire nel Codice capitoli nuovi,
se non erano stati messi a partito e confermati nel Consiglio stesso per
alzata e seduta.[4]

Non altrimenti che ne' tempi anteriori, a qualunque atto del Consiglio
intervenivano gli otto *Anziani del Consorzio* o *del popolo,* e altrettanti
Primicerii (senza l' intervento loro l' atto non avrebbe avuto validità[5]);
con essi i *consoli delle vicinanze,* quelli *delle arti e mestieri,*[6] l' avvocato e i consoli *de' mercadanti.*[7] A' quali tutti vediamo in virtù delle
novelle costituzioni aggiunti i *consoli de' giudici* e *de' notai,* in numero di otto, e così due per quartiere.[8]

Non solo i Primicerii, gli Anziani,[9] i consoli delle vicinanze,[10] l' avvocato de' mercadanti,[11] ma tutti quanti i membri del Consiglio grande
doveano giusta le nuove leggi esser trascelti per entro quel gran numero

---

[1] Vincenzio Borghini nel trattato *della Chiesa e Vescovi fiorentini* (Fiorenza, Giunti, 1585,
pag. 547) dice che *riformare* valse il medesimo che *far legge;* e che la voce « riforma » *nelle
scritture et atti publici* riteneva *ancora* a' suoi dì *l' antico uso e significato.*
[2] Pag. 55-59. — [3] Pag. 99. — [4] Pag. 52. — [5] Pag. 32. — [6] Pag. 39 e 52. — [7] Pag. 201.
V. anche il 1.° Stat. a p. 432. — [8] Pag. 51. — [9] Pag. 32. — [10] Pag. 51. — [11] Pag. 201.

d' uomini che formava la Società de' Crociati. Era questa una indispensabile condizione, giudicata ottimo spediente a prevenire la discordia che troppo di leggieri potea suscitarsi fra più corpi deliberanti, i quali non fossero stati vincolati da obblighi comuni, nè animati dal medesimo spirito. Così non venne meno quella unità di vedute e di azione, che sempre è necessaria a ben condurre la cosa publica. La Società fecesi in tal guisa l' arbitra del Municipio. I suoi particolari Statuti (ch' erano anch' essi riveduti ed emendati periodicamente da una Commessione di otto membri pagati dal Comune[2]), i suoi decreti, i suoi ordini furono legge al Podestà, al Comune stesso, a tutti e singoli gli abitanti della città e del territorio. Un capitolo dello Statuto municipale dichiarava che, ove alcuno tentato avesse di scemar la possanza e l' onore della Società, o di agire o trattare come che fosse in pregiudizio di quella, il rettor del Comune avrebbe dovere e facoltà le più larghe di punirlo: chiunque osato avesse soltanto di sinistramente interpretare l' accennato capitolo, o d' introdurvi innovazioni, sarebbe tenuto per infame, per nemico del Comune e del popolo, e spropriato di tutti i suoi beni, senzachè valessero a salvargliene alcuno la dote della moglie, della nuora, della madre, o le parti acquiste de' figliuoli. Se il magistrato non avesse punito le persone delinquenti in questo particolare, sarebbe stato non obbedito, anzi balzato di seggio con perdita dell' intero stipendio.[3] E per dargli modo di procedere risoluto e franco contro i potenti avversarii de' Crociati, fu statuito che, giugnendo egli al termine del suo ufficio, non sarebbe tenuto nel sindacato a dar conto di qualsifosse punizione da lui inflitta a' magnati, che recato avessero offese a quel corpo.[4]

La Società de' Crociati, divenuta sorgente unica del potere legislativo, non cessò di essere, come in origine, una vera *milizia*. Ma la forza principale della città, quella ch' era pronta ognora a prestare coll' armi il più efficace aiuto al Comune, massime contro le prepotenze della temuta aristocrazia, formavasi da *duemila del popolo*, eletti ogni anno entro i primi quindici dì del gennaio dai capi delle arti e de' mestieri,[5]

---

[1] Pag. 49. — [2] Gli otto Statutarii della Società erano, come quelli del Comune, coadiuvati da un notaio, e doveano condurre a termine il loro còmpito entro *sei* giorni al più. Essi venivano pagati dal Comune nella stessa misura che gli Statutarii municipali. (V. pag. 99).

[3] Pag. 34-35. — [4] Pag. 37.

[5] *Capita Societatum et misteriorum.* Lo Statuto non dice quali fossero queste *Società*. Noi siam di credere che col nome di *Societates* si volesser distinguere le *arti maggiori*, come quella

2 a

concorrendo infra gli altri alla cerna il Capitano del popolo, gli Anziani ed i Primicerii.[1] Ogniqualvolta i duemila venian chiamati dal Podestà a prestare per la causa publica le lor valide braccia, riceveano ciascuno un assegno di due soldi imperiali per dì.[2] Al lor comando immediato erano da' predetti elettori nominati quattro tra' più buoni e fedeli ed antichi popolani, uno per quartiere, in età maggiore di quarant' anni, i quali da un pennone, che veniva lor consegnato con suvvi le armi de' Crociati, avean titolo di *gonfalonieri*. Questi, che al pari dei duemila duravano in carica un anno, tenevan occhio al Podestà ed agli altri officiali, perchè non lasciassero mai di proteggere i diritti del Comune contro i potenti; a tal uopo, ove il Podestà andasse negligente al convocare i duemila del popolo, aveano essi stessi facoltà di chiamarli a suon di campana e per voce de' banditori: in simili casi potevano davvantaggio soggettare il magistrato medesimo a multe; delle quali toccava loro una metà, l' altra al Comune.[3]

Oltre alla milizia cittadina, la republica si procacciò stipendiarii dall' esterno, guelfi però, e di tutt' altro paese che di Lombardia: cioè a dire, cento uomini bene armati a cavallo ed altrettanti pedoni, fra cui venticinque abili balestrieri.[4]

Sotto la tutela di queste forze gli animi applicarono riposatamente alle più profittevoli e lodate opere de' tempi di pace.

Gl' instituti della pietà cittadina, che nel precedente discorso vedemmo a bastanza numerosi, ricevettero aumento di tre spedali. Il primo, detto di *frate Alberto*, ebbe vita per uno di quegli avvenimenti che ben dimostrano quanto potesse allora un religioso entusiasmo sui cuori de' par-

---

de' negozianti, che a pag. 191 del precedente Statuto è detta appunto *Societas negotiatorum*; ed anche le quattro, principali in Parma, de' beccai, pellicciai, calzolai e fabbri ferrai, le quali aveano ciascuna a capo uno special Podestà, ed esercitavano grande influenza nella republica (v. Affò, *St.*, IV. 205-204). Le *minori* cadevano d' ordinario sotto il nome di *misteria* ed anche semplicemente di *artes*. Della distinzione, che facevasi a que' dì delle arti in maggiori e minori, parla anche il Muratori nelle *Ant. Ital.*, Diss. LII. pag. 126.

[1] Pag. 12. — L' Affò nella *St. di Parma* (T. I. p. 1) dice la *Società de' Crociati composta di duemila uomini*, riferendosi manifestamente all' autorità dello Statuto. Eppure questo ci dà a veder chiaro che i *duemila* costituivano una milizia speciale che rinnovavasi ogni anno; mentre la Società de' Crociati era permanente, e chi eravi ascritto una volta non cessava più di farne parte. I duemila formavano un corpo di publica sicurezza, e la loro scelta dipendeva dalla volontà de' capi d' arte e degli altri elettori nominati sopra; il che non può affermarsi della Società de' Crociati.

[2] Pag. 101. — [3] Pag. 19 e 20. — [4] Pag. 97.

migiani. Nel 1279 era morto in Cremona un brentatore di nome Alberto, oriundo di Villa d'Ogna su quel di Bergamo, uomo di santa vita, il quale, appartenendo in qualità di converso o terziario a non so qual ordine religioso, portava titolo di 'frate. Alla morte di lui si sparse in Cremona la voce di miracoli avvenuti al suo sepolcro; in grazia de' quali i colleghi suoi di quella città s'affrettarono a venerarlo sugli altari e ad invocarlo per lor protettore. Alla fama di que' prodigi corsero a Cremona i brentatori parmensi, che, poscia rimpatriando caldi della novella divozione, elessero alla lor volta Alberto a proprio patrono, e ne fecero dipinger la imagine in una cappella che aveano in s. Pietro: tempio, presso il quale usavan da pezza di adunarsi colle brente, pronti sempre a portare acqua per la città in casi d'incendii.[1] Grande fu il concorso de' pietosi a venerar quella imagine, e tante le oblazioni da' brentatori raccolte, che, compre con quel danaro le case della famiglia Malabranchi nella vicinanza di santo Stefano, fondaronvi entro lo stesso anno uno spedale, che chiamarono di *frate Alberto*. Un altro spedale fu aperto in prossimità della cattedrale, ed era retto da un *Consorzio* detto *dello Spirito Santo*, benemerito singolarmente de' poveri vergognosi. Questi due novelli instituti meritarono, non altrimenti che gli altri rammentati nello Statuto antecedente, il favore e i benefizii de' governanti, i quali assegnarono per due volte all'anno, una a pasqua di ceppo ed una a pasqua di risurrezione, lire imperiali tre allo spedale di frate Alberto, e venti soldi imperiali al Consorzio predetto.[2] Un terzo spedale finalmente sotto il titolo di *sant'Ilario* è ricordato nelle presenti leggi, le quali c'insegnano come la Società de' Crociati il facesse allor fabbricare fuori di porta santa Croce, là appunto dov'erano la chiesa e il sobborgo da quel Santo dinominati.[3]

Non meno che alle opere di pietà, volse il Governo le efficaci sue cure a pro della publica istruzione. Non solo venne rinnovato al Podestà l'ordine di proteggere nelle persone e negli averi gli scolari in Parma dimoranti, ma per nuovi ordini furono conceduti privilegi agli stranieri che venissero qua tanto come studenti, quanto come lettori; e ad un tempo i nostrali, insegnatori di lettere, venner prosciolti dall'obbligo di andar in eserciti e in cavalcate. I legislatori cominciavano già ad occu-

---

[1] Pag. 106. — [2] Pag. 100 e 101. — [3] Pag. 323 e 337.

parsi del regolare il publico insegnamento: a' *maestri di grammatica* fu prescritto per testo un libro, giudicato allora de' migliori, che intitolavasi *la Somma Cremonese:*[1] fu pur loro ingiunto il tenere scuola in ogni anno dall' ottava di s. Michele al s. Pietro continuatamente. Ai maestri vediamo aggiunti i *ripetitori,* ciascun de' quali non poteva avere sotto il proprio insegnamento più di sessanta discepoli: pena al contravventore di venticinque lire parmensi, comune al maestro che permettessegli un maggior numero. La grammatica sopraddetta, la rettorica, la dialettica, l' aritmetica, la geometria, la musica e l' astronomia consideravansi come altrettante strade all' acquisto del sapere, ed erano distinte le prime tre col nome di *trivio,* con quel di *quadrivio* le altre quattro. Parma, che ne' primi anni del XII. secolo fu da Donizone celebrata siccome eminente nella grammatica e solerte cultrice delle sette arti,[2] dichiarava ne' novelli Statuti libero a . chiunque l' insegnarle e l' apprenderle nella città e ne' sobborghi. Lo stesso dicasi delle leggi civili e canoniche.[3] Quanto agli studii del diritto, non è a dubitare che fossero grandemente coltivati, se avevamo in que' giorni due collegi, uno de' *giudici* detto dall' Aimi *fiorentissimo,*[4] i cui membri eran chiamati a giovare de' loro consigli gli assessori del Podestà,[5] e l' altro de' *notai,* dal quale volle il Comune esclusivamente presi tutti gli estensori de' proprii atti.[6] La riputazione dell' uno e dell' altro collegio giunse a tale, che gli Anziani ed i Primicerii amaron di scegliere dal seno di quelli e di aggregare a sè un giudice ed un notaio, facendoli partecipi dell' autorità e de' privilegi, ond' essi stessi godevano.[7] L'onore, che veniva alla patria da amendue questi corpi, era in quel tempo mantenuto al di fuori da parecchi nostrali di molta prestanza: e tra costoro ci piace di ricordare il celebrato Francesco d' Arena professore di

---

[1] Di questa *Somma* fu probabilmente autore Gherardo da Belloria *cremonese,* che scrisse *regole grammaticali* ed altre opere (Arisi, *Crem. litt.,* pag. 116), ed insegnava grammatica in Bologna negli anni 1267 e 68. (Sarti, *de cl. Archigymn. Bon. profess.,* T. I. Par. I. pag. 511).

[2] *Urbs Parma . . . grammaticâ manet alta,*
   Artes ac septem studiose sunt ibi lectae. (Vita Com. Mathild., lib. I. c. 1).

[3] Pag. 154 e 155. — Il capitolo, pel quale non poteva essere impedito ad alcuno l' imparare e insegnare le arti liberali, le leggi, i decreti e le decretali in *civitate vel burgis,* fu riportato dall' Affò a pag. XIX. del Discorso preliminare al vol. I. degli *Scrittori parmensi.* Se non che, avendo egli malamente letto « in territorio » vel *burgis,* cadde in non lieve errore scrivendo essere state aperte scuole dell' arti liberali e d' ambo i diritti anche *nelle terre e ne' villaggi* del parmigiano.

[4] Nella dedicatoria al *Tractatus de Alluvionibus.* — [5] Pag. 29 e 80. — [6] Pag. 45. — [7] Pag. 55.

diritto nelle scuole di Padova, alle cui dotte scritture non isdegnaron poscia di attingere que'due gran luminari della giurisprudenza che furono Bartolo e Baldo. [1]

Mentre gli studi delle lettere e delle scienze ingentilivan gli animi, la città si abbelliva. Ampliavasi la piazza,[2] ed un palagio fra gli altri vi si ergeva magnifico, sede del Capitano del popolo.[3] L'aspetto delle principali contrade, che partono dalla piazza, andavasi migliorando. È da credere che le prime cure fosser date all'Emilia, detta altrimenti la Claudia. Ivi, pel tratto che è dalla piazza al tempio di santa Cristina, aveano le loro officine i correggiai, i quali vennero obbligati a traslocarle più lungi dal centro della città, e così dalla svolta di santo Stefano innanzi: nella qual occasione fu loro prescritto di non sedere a far l'arte sulla via, e tutt'al più a non occuparne co' loro scanni e panche meglio d'un braccio lungo i muri esteriori.[4] Similmente quella porzione della Claudia, che dalla piazza procede diritta a ponente, fu resa libera da ogni impedimento fino alla chiesa de' santi Gervaso e Protaso.[5] La strada verso porta Nova fu allargata mediante la demolizione di case compre a tal uopo dal Comune: il quale ordinò l'ammattonamento, in buona parte, di essa a spese de' proprietarii, vietando a questi il co-struirvi portici ed altri edificii sportanti ed incomodi al passeggero.[6] L'altra da s. Giorgio[7] a s. Paolo (detta oggi di santa Lucia) venne ammattonata pur essa, nè si permise il porvi ingombri; fuor solamente che a' possessori delle case dal lato di ponente fu lecito il costruire da quella banda un loggiato a tegoli largo quattro braccia, sottesso il quale potessero i cittadini camminare comodamente in tempo di pioggia; e fu conceduto altresì il collocare lungo i muri delle case a levante un banco basso *disnodato* della larghezza di mezzo braccio per servir di sedile al publico ne' dì festivi. E siccome in quella contrada, presso la chiesa di s. Giorgio, aveano stanza i beccai, così fu loro espressamente proibito il tener appese ai muri esterni le bestie macellate, e molto più l'imbrattare la

---

[1] V. Affò, *Scrittori parm.*, T. I. pag. 239. — [2] Pag. 68. — [3] Salimbene, pag. 290.
[4] Pag. 203. — [5] Pag. 288. — [6] Pag. 289 e 292.
[7] La chiesa di s. Giorgio sorgeva laddove è ora la piazzetta denominata *Pescheria vecchia*. Fu distrutta circa il 1544, e nel luogo già da essa occupato fecesi una *platea ad venundandos pisces*, come attesta il notaio Cristoforo Dalla Torre nel *Liber ecclesiar. et beneficior. civit. et dioec. Parmae*, ms. presso i Benedettini di s. Giovanni.

via col sangue e colle carni fradicie.[1] Quasi nel tempo stesso i pesci-
vendoli vennero allogati presso la carcere detta la *Camusina* lungo il
canal Comune, affinchè le acque di questo servissero a tener monda la
via dal putridume del pesce.[2] Alla polizia delle strade in generale, e
massime alla loro livellazione per lo scolo delle acque, fu provveduto
con altri utilissimi ordini posti nello Statuto.[3] E discorrendo delle opere
publiche di maggior rilevanza, vuolsi pur ricordare come fosse prescritta
la costruttura in pietra e in mattoni della porta presso il ponte di Bologna rimpetto a' *terragli* di s. Francesco del Prato.[4]

A rendere più decorosa di fabbriche la città valse mirabilmente un
decreto, rimasto in vigore per ben tre secoli dopo, secondo il quale un
forestiero, cui piacesse conseguire la cittadinanza di Parma, era tenuto,
entro un termine di tempo da determinarsi pel generale Consiglio, a far
innalzare dalle fondamenta una casa nella città o ne' sobborghi del valore almeno di cento lire parmensi. Coloro, che alla promulgazione del
decreto ottenuta aveano da dieci anni addietro la cittadinanza, furono
obbligati a comprare entro il volgere di un anno una casa di valor non
inferiore al già detto. E avvegnachè tali case erano pegno di sicurezza,
che davano i forestieri, di pagare le colte e di sostenere i publici carichi, non potevano essi alienarle senza espressa licenza del Comune; presso
cui doveano far registrare la scritta di acquisto, gli uni del terreno per
la fabbrica da farsi, gli altri del già fabbricato edifizio.[5]

Dalla città trapassando al territorio, vediamo ingiunto agli abitanti in
Poviglio, tanto privilegiati di cittadinanza quanto rustici, di ergere, ciascuno a seconda del poter suo, una casa, contigua l'una all'altra, lungo
la publica via detta dal luogo *la Poviglia*, e diretta quinci a Reggio,

---

[1] Pag. 287-288. — Le quattro strade sopra mentovate erano fin da que' giorni le principali
di Parma. Esse vengono distinte coll'appellazione di *maestre* nello Stat. del 1494 a car. CLXVI.
tergo, ove si legge : *Quatuor stratae magistrae sunt hae, videlicet: strata a platea Communis
usque ad portam s. Michaelis de Arcu ; item strata a dicta platea usque ad portam s. Crucis ;
item strata recta a dicta platea usque ad castrum portae Novae ; item strata a dicta platea
usque ad portam Bononiae, eundo per stratam de bechariis et de s. Paulo ac per burgum
Assidum, et ab inde infra usque ad dictam portam.*

[2] Pag. 204. — [3] Pag. 285-87. — [4] Pag. 284.

[5] Pag. 122. — L' obbligo imposto al forestiero di edificare o di comprare una casa fu rinnovato negli Statuti successivi. Il Fainardi però nelle sue *Praelectiones ad jus municipale et
provinciale Parmae etc.* (Cap. *de civibus,* §. XIII.) osserva che in virtù di due decreti ducali,
uno di Ottavio Farnese del 1582, l'altro di Francesco Farnese del 1699, *nova forma data
est huic legi municipali, ita ut, prae ipsis decretis, ea conticescat omnino.*

quindi a Brescello.[1] Ma, per ciò che spetta al contado, la principal cura fu rivolta ai ponti ed alle strade. Il ponte di Taro, costrutto in legno sulla via Claudia, avea prossima una casa o mansione di frati spedalieri, che al tempo del Podestà Manfredo da Sassuolo addossaronsi l'obbligo di riattarlo a loro spese e colla maggior possibile celerità per guisa, che a chiunque fosse dato il percorrerlo senz'ombra di pericolo a piede e a cavallo, e con buoi e con carra. Che se o per l'impeto delle acque o per altro evento qualunque il ponte soffrisse danni, promisero per sè e pe'successori di ripararlo colle rendite di quella loro mansione. Nel caso poi di rottura o d'altro, per cui ne fosse temporaneamente impedito il passaggio, obbligaronsi di tenere, sempre a loro spese, sul torrente un'acconcia nave, con che tragitterebbono persone e cose gratuitamente. In grazia di così fatte promesse, delle quali costituironsi mallevadori il noto Giovanni Barisello e un Pietro Ferrari, il Comune sovvenne ai buoni religiosi con una somma di lire dugento imperiali all'incirca.[2] Coll'andar del tempo però facendosi necessarie quasi annualmente altre spese di manutenzione gravissime, il Municipio decretò la costruzione in pietra e in mattoni di un ponte novello,[3] che fu cominciato bensì, ma presto distrutto dalla violenza dell'acque. Laonde, rifatto alla meglio quel di legno, il Comune invitò i frati a munirlo di gabbioni; e lo stesso invito diresse ad altri frati che avean cura del ponte d'Enza sulla Claudia e del ponte di Sorbolo. De' quali ove per avventura non avesser eglino curata la conservazione giusta la intenzion del Comune, il Podestà minacciava di convertire le rendite de' loro possedimenti in pro d'altri che imprendessero di eseguire i lavori occorrenti.[4] Rispetto alle strade del territorio, v'ha non pochi ordini per renderle tanto comode, quanto sicure. Quella per a Cremona era dalla parte di Arzenoldo (Roccabianca) così distante dall'abitato, che a chiunque fosse per trasferire colà la propria dimora si propose in premio l'esenzione da' tributi, oltre al diritto di far legna sopra un bosco di ragion del Comune; e la speranza di trovare un buon numero di persone, che si giovassero dell'offerto privilegio, suggerì al Municipio di Parma il pensiero di formare due nuove ville, una da denominarsi *Borgo novo* prossima ad un ponte detto *della Quarta,* ed una presso al ponte d'Ar-

[1] Pag. 331. — [2] Pag. 207-209. — [3] Pag. 338. — [4] Pag. 210.

zenoldo, da chiamarsi con quel nome che agli abitatori sarebbe piaciuto d'imporle.[1] Un'altra delle principali strade, che dalla porta di s. Francesco metteva a Fornovo, e di là, passando per Sivizzano, Terenzo, Cassio, Castellonchio e Berceto, riusciva alla Cisa, trovandosi alcuna volta infestata da malandrini, era posta sotto la sorveglianza e tutela degli esattori de'pedaggi; e fu tempo nel quale, non sembrando costoro a bastanza atti a difenderla dalle aggressioni di una banda di malfattori, si ordinò che le ville contermine e l'altre tutte situate fra il Ceno e la Baganza delegassero custodi a posta per guardare armata mano i punti più esposti a pericolo. In questi poi alzaronsi bertesche e bicocche, e perfin sull'alpe della Cisa formossi un ben guernito ridotto, che custodivasi giorno e notte da uomini di Berceto.[2] A sicurare ancor più nell'andata e nel ritorno i viandanti che valicavan la Cisa, fu conceduta a tutti i cittadini e rustici, che trasferissero la loro dimora su quell'Apennino presso una chiesicciuola sacra a Nostra Donna, la immunità per trent'anni da ogni onere di colte, di fazioni, d'eserciti e di cavalcate; ed, ove non si fosser trovate persone disposte a stabilirvisi spontanee, le ville di Berceto, di Valbona, di Corchia e di Bergotto erano obbligate a mandare colà ed a farvi stanziare una delle rispettive loro *masnade*, o compagnie di coloni.[3]

I ponti racconci e muniti, le strade fatte sicure al viaggiatore agevolavano sempre più il commercio tra noi. Cresciuti erano i mercati e le fiere, che già dicemmo tenuti nell'interno. Due fiere facevansi in Borgosandonnino oltra lo Stirone; l'una per la festa, l'altra entro l'ottava del Santo protettore del borgo. Per la solennità di s. Lionardo tenevasi in due dì successivi un ricco mercato di bestiami e d'altro nella villa di Cogruzzo,[4] concorrendovi non pochi forestieri. E di un altro mercato troviam menzione aperto in Calestano, il quale, porgendo ivi occasione a risse e a violenze per parte di banditi e di malfattori, venne traslato a Soragnola di Sant'Ilario di Baganza.[5] In Parma poi al mercato del sabato si aggiunse in ogni settimana quello del mercoledì.[6] Per rendere

---

[1] Pag. 296. — [2] Pag. 342-343.

[3] Pag. 131. — Un capitolo quasi dello stesso tenore trovasi nello Statuto del 1494 a carte XXXVIIII. tergo.

[4] Cogruzzo è villa dell'Oltrenza, ed ora pertiene allo Stato Estense.

[5] Pag. 70. — [6] Pag. 68.

la piazza meglio provvista di grano, d'olio e di carbone era dato a chiunque l'introdurvene da' vicini distretti, senz'incontrare alcun impedimento o gravame; e ciò in virtù d'uno degli ultimi capitoli del precedente Statuto.[1] Quel capitolo fu serbato nella nuova compilazione non solo, ma vi si aggiunse esser libero ad ogni persona, così nostrale come straniera, di trasportare dall'esterno anche merci di qualunque ragione, e di venderle in Parma all'ingrosso ed al minuto, rimossi gli ostacoli che poneva in passato la legge alla loro introduzione, e guarentita la sicurezza personale degl'introduttori, se pur non fossero nemici e banditi del Comune.[2] La maggiore abbondanza d'ogni maniera di merci avresti in Parma veduto per la fiera generale di *sant'Ercolano*, che cominciava ogni anno al primo giovedì del settembre. Il nuovo Statuto non pur confermavala, ma commetteva al Podestà di curarne ognor più l'incremento e la floridezza ad onor del Comune. Nella quale occasione era obbligo di quel magistrato lo spedire alle terre straniere apposito invito, col quale, infra l'altro, richiamavansi alla memoria de' mercatanti, che fossero per venire a noi, le norme, raccomandate già da questo Comune, al fine di prevenire ogni motivo di rappresaglia.[3]

Per ciò che alle rappresaglie concerne, convien confessare che in Parma si fece ogni sforzo per abolire in perpetuo un uso, com'era questo, fomite continuo di rancori, di nimistà e di scandali.[4] Lo Statuto annunziò ancor una volta che il Comune era fermo a non volerne più brighe: quando si prevedesse pericoloso a' parmigiani il dimorare in qualche terra straniera, il Comune stesso ne darebbe mediante una grida avviso al publico: e se, malgrado l'avviso, i nostri fossero iti colà, dovrebbero imputare a propria colpa il male che loro ne incogliesse, senzachè il Podestà avesse ad interporsi nè con lettere nè con messi per tutelarli.[5] Ma che non poteva il reo genio de' tempi! Non andò guari che alcune città, lungi dall'assecondare il divisamento de' par-

---

[1] Pag. 437. — [2] Pag. 68 e 69. — Queste provvide disposizioni, indiritte ad annullare il sistema che oggi dicono *protezionista*, furono ripetute anche nello Stat. del 1494 a car. XXXIII. tergo (Capit. *de fidantia danda ducendi ad civitatem, et vendendi quaslibet mercationes, quibuscumque personis*), ma colla clausola restrittiva : *dum tamen praedicta non fiant contra pacta daciorum et eorum data, et eciam contra ordines Statutorum Communis Parmae*. E nel Capit. successivo a car. XXXIIII., concernente alla sicurezza degl'introduttori delle merci, dichiaravasi che *possint tamen pro debitis vel contractibus suis quibuscumque conveniri, praedicto Statuto non obstante*. — [3] Pag. 66 e 67. — [4] *Ex quibus* (dalle rappresaglie) *consuevit provenire causa et materia scandalorum* (pag. 67). — [5] Pag. 63.

migiani, dinegarono con palese ingiustizia di far ragione a'nostrali, tanto da costringere il Comune a ritrarsi dal generoso proposito. Tra gli altri luoghi la terra di San Geminiano in Toscana, due uomini della quale per nome Mozzo e Lamberto, fratelli, aveano fuggendo involate robe e danari di parmigiani, richiesta per lettere ed ambasciatori di riparare il danno de' nostri, fu sì costante al niego, che il Comune di Parma s'indusse finalmente a concedere ai querelanti le rappresaglie contro di essa, non ostante qualunque precedente disposizione in contrario.[1] Altre concessioni di tal fatta furono rilasciate dal Comune, perfino contro i limitrofi reggiani, le quali però vennero rivocate appenachè offrivasene il destro.[2] E giacchè non si potè impedire che risorgesse questa barbara costumanza, fu per altro stabilito che in qualunque occorrenza non si darebbe ad alcun cittadino il diritto di far rappresaglie, se non previa una decisione del generale Consiglio, alla quale intervenissero cinquecento membri almeno, e tre quarti di essi fossero consenzienti in accordarne la facoltà.[3] In ogni caso poi si vollero immuni da qualsiasi molestia i forestieri che venissero a noi per cagione di studio.[4] La quale immunità venne estesa ai così detti *uomini di corte* e ai buffoni,[5] che, non altrimenti dei menestrelli, andavano di que' dì girando, come dice il Cibrario, di terra in terra, di castello in castello, traendo in folla dove s'udisse annunzio di alcuna gioia domestica, di giostre, o d'altra festa qualunque.[6]

La saggia cautela adottata da' legislatori in rispetto alle rappresaglie è argomento del sincero desiderio loro di tenersi in buona armonia cogli altri popoli. La sollecitudine, da essi posta in procurarci cogli esterni la pace, era anche maggiore per mantenerla all'interno. Eppure, malgrado

---

[1] Pag. 66. — [2] Pag. 257. — [3] Pag. 64. — [4] Pag. 155. — [5] Pag. 65.

[6] *Della Economia polit. del medio evo*, T. II. p. 216. Gli *uomini di corte* cantavano leggiadramente storie ricreative in latino o in volgare; erano secondi di bei motti e di belle sentenze: pronti a rimbeccare od a mordere argutamente (Ivi, pag. 214). Il Salimbene (pag. 353) rimbrottava appunto in que' dì i proprii concittadini del beneficar che facevano a larga mano gl'istrioni, i giullari, i mimi; *et militibus* (ei soggiunge), *qui dicuntur de Curia, multa quandoque dederunt, ut vidi oculis meis*. Dei benefizii usati ai cosiffatti abbiamo una prova anche dal capitolo posto a pag. 134, pel quale gli *uomini di corte*, che insieme colla famiglia avessero in Parma residenza continua, venivano prosciolti dalle colte e da ogni tassa.

Tra gli spettacoli, di che singolarmente piacevansi i parmigiani, doveano esser quelli di belve feroci, mentre vediamo a pag. 102 del pres. Stat. mantenuta a spese publiche una lionessa. Di questa è menzione anche nel *Chronicon Parmense*, che sotto l'anno 1294 la dice donata ancor picciola al Comune, il quale la fece allevare, e tennela finchè le durò la vita.

ogni loro sforzo, coll'andar del tempo non mancaron timori prodotti da parte di tristi uomini che tentarono di riaccendere in patria la face della civile discordia. Tra costoro segnalaronsi un bastardo di Uberto Cornazzano e certo Giovannello Minelli, che, postisi alla testa di una mano di ribelli, infestavano con violenze e ruberie la strada per alla Cisa. Il Comune, oltre agli altri provvedimenti che fece, pose sopra di loro una taglia, promettendo a chi consegnasse alla publica forza un di que'. due capibanda cinquanta lire imperiali, se vivo; venticinque, se morto; e a chi catturasse uno de' loro seguaci lire cento di Parma.[1] Nel 1287, essendo Podestà Alberto Della Crotta e Capitano Gherardo Arcelli, tenevasi a Borgosandonnino fra gli ambasciatori di Parma e di Piacenza un congresso, nel quale restò pattuito che a' malfattori nostrali, rifuggiti sul piacentino, sarebbe impedito il varcare la Nure, ed a que' di Piacenza, qua dimoranti, il passare oltre Taro.[2] A rendere impotente chiunque osteggiasse il Governo furono presi speciali provvedimenti, de' quali uno tenea lontano da' publici uffici tutti i seguaci dell'Impero.[3] D'altra parte la legge prestava la più efficace tutela a' guelfi, e facevasi apertamente scudo a' più deboli contro le soperchierie de' potenti, massime di parte imperiale. Un capitolo abilitava ognuno de' piccioli popolani, che fin dai tempi di Giberto da Gente avesse, per impulso di paura, rinunziato o ceduto beni proprii ad un magnate ghibellino, a rivendicarli, semprechè volesse, interamente col mezzo del Podestà entro breve termine e senza strepito di giudizio, salvo il rimborso a quel signore di ciò che pagato avesse nel venirne in possesso. Poscia un' addizione al capitolo prescrive che, trovandosi appo il magnate istromenti o scritture favorevoli ad uno de' suddetti popolani, ad ogni inchiesta di questo il Podestà costringerebbe il possessore de' titoli a farne copia al richiedente per guisa che il popolano potesse valersene in suo pro.[4] Un capitolo, che vuol mantenuti i guelfi nel possesso di certi beni tolti di mano a persone di parte estrinseca;[5] uno, che li vuole in ogni modo indennizzati de' danni recati loro da ville o Comuni foresi;[6] un altro, che attribuisce a ciascuno della Società il diritto di percepire il frutto de' beni della propria moglie, sotto qualunque titolo le appartenessero,[7] sono altrettante prove

[1] Pag. 344. — [2] Pag. 264-267. — [3] Pag. 41. — [4] Pag. 259-260. — [5] Pag. 251. — [6] Pag. 243. [7] Pag. 247.

del largo favore che accordava loro la legge. Simiglianti vantaggi allet-
tavano molti a fare publicamente atto di adesione al dominante partito;
laonde leggiamo in questo Statuto che nel 1291 gli attinenti ed amici di
quondam Rolando da Monticelli, di conserva coi Collegi de' giudici e
de' notai, porsero vive istanze al generale Consiglio affinchè i figliuoli
ed eredi di esso Rolando aggregati fossero, come furon di fatto, alla
parte ecclesiastica; [1] e sappiamo dalla storia che nel successivo anno non
meno di mille trecento uomini fecero aggiugnere i nomi loro al registro
della Società de' Crociati. Ma pur troppo, come in altre vicine città,
così in questa nostra si venne a poco a poco manifestando fra gli stessi
guelfi, foriera d'intestina guerra, una funesta scissura, della quale in
Parma fu principal promotore (chi 'l crederebbe!) l'uomo che più d'ogni
altro avrebbe dovuto chiamare i cittadini a concordia: parlo del vescovo
Obizzo Sanvitale.

Era Obizzo figliuolo a quel prode Guarino, che cadde intrepidamente
alla giornata di s. Cesario difendendo contro i bolognesi il parmigiano
carroccio. Erede degli spiriti guerreschi del padre, fu ancor giovinetto
chiamato dal materno zio Innocenzo IV. alla Corte Romana, e posto sur
una via ch'egli naturalmente non era disposto a percorrere. Le amene
lettere, che coltivò con felice riuscita, e i gravi studi del diritto canonico, ne' quali ebbe fama di prestante, non gli servirono che di stro
mento alla sua mal celata ambizione. Rinunziato il vescovado di Tripoli,
che tenuto aveva molt'anni, salì coll'aiuto del congiunto Ottobuono
Fieschi, cardinale e poi Papa, alla sedia vescovile di Parma, facendone
escludere il già suo maestro Giovanni di Donna Rifiuta legittimamente
eletto dal Capitolo. Nell'esercizio della novella dignità mostrossi largo,
liberale, facile permutatore del suo coll'altrui, a tale da essere accusato
a Roma come dissipatore delle sustanze dell'episcopio. A quelli tra' suoi
suggetti, che prestavangli servigi, dispensava prebende; e come di questi, così de' cittadini di ogni ordine procacciava di assicurarsi il favore.
Ingegno pronto e versatile, facevasi (dice fra' Salimbene [2]) coi cherici cherico, coi religiosi religioso, laico co' laici, cavaliero coi cava-

---

[1] Pag. 265. — L'Affò, citando il pres. Statuto nel T. IV. della *Storia* a pag. 86, dice aggre-
gato nel 1291 alla parte guelfa Rolando da Monticelli co' figliuoli e discendenti; ma lo Statuto
dimostra chiaro che in quell'anno Rolando non era più, e che l'aggregazione, di cui si tratta,
sguardava solamente i suoi figliuoli ed eredi. — [2] *Chron.*, pag. 26.

lieri, coi baroni barone. Mercè delle quali arti e delle aderenze del proprio casato era pervenuto a formarsi in patria sèguito numerosissimo. Contro al partito di lui un altro ne sorse, non men numeroso, capitanato da Guido da Correggio,[1] che trasse dalla sua Ugo Rossi ed altri signori di grande stato. Vantavasi ciascuna delle due parti di adoprare pel mantenimento e per la difesa delle comuni franchigie; ma, nel fatto, quella del vescovo inchinava a favore de' nobili e alla depressione del popolare governo. Narra a questo proposito il Salimbene[2] che gli uomini di que' dì, secondo che amavano l'una parte o l'altra, esaltavano ne' loro parlari od avvilivano i concittadini. Al che allude sicuramente un capitolo dello Statuto, fatto, come vi si dice, a prevenire la discordia e le contese che nascer potevano tra i guelfi; secondo il quale le male parole, o volgari, o nuove contro persona del partito ecclesiastico attiravano su chi le pronunziasse sì in publico sì in privato una multa di cinquanta lire parmensi; ed anco di più, secondo la qualità dell'offesa e la condizione delle persone, ad arbitrio del Podestà, del Capitano e del maggior sindaco, cui era riservato il dichiarare quali fossero le parole meritevoli di punizione.[3] Il Comune intanto vedea con sospetto a crescere le due fazioni, e molto più quella del vescovo, il quale estendeva l'un dì più che l'altro la propria possanza. Forse qualcuno degli Statuti, che Obizzo compilò in una Sinodo diocesana, parve lesivo delle ragioni del publico. Comunque fosse, nacque timore che l'ambizioso prelato mirasse ad invadere la giurisdizione non sua: allora il Comune, geloso sempre della propria, raddoppiò le cure per la conservazione degli atti autentici dimostrativi il legittimo possesso de' suoi diritti e privilegi, antichi e nuovi. Affinchè questi fossero ben conosciuti da ogni classe di cittadini e tenuti a memoria, era da pezza tra gli obblighi del Podestà l'invitare una volta all'anno sei uomini per quartiere, nobili e plebei, giovani e vecchi, a leggere ed esaminare que' titoli depositati nella Camera, ossia nell'erario, del Comune, ed altrove.[4] Ora fu di più stabilito che in una nuova compilazione dello Statuto s'inserissero, ciò che nella precedente non erasi fatto, i più solenni, vale a dire i diplomi di Ottone IV. e di Federigo II.[5] Questi

---

[1] Salimbene, pag. 585 e 598. — [2] Nella cit. pag. 398. — [3] Pag. 12 e 13.
[4] V. alle pag. 82 del 1.º Stat. e 141 del presente. — [5] Pag. 139, 272-79.

Imperadori aveano, tra l' altre cose, confermati al Municipio i privilegi da esso ottenuti nella pace di Costanza, e così le regalie e le consuetudini, una piena giurisdizione nelle cause criminali e pecuniarie per tutto il distretto, i diritti di far esercito e di munir la città, quelli sopra le colte, sopra i boschi, i pascoli publici ed i foraggi, e finalmente sopra le acque, le mulina ed i ponti del territorio.[1] Ma sulle acque, e principalmente su quelle del Po, allegava diritti anche il vescovo signore di Colorno e delle vicine terre bagnate dal fiume; ed allegavali in virtù di un diploma, che ottenuto aveva la nostra Chiesa dall' augusto Ottone suddetto.[2] Fu questa una delle prime contese, e in grazia di essa il Comune venne obbligando con rigoroso capitolo il Podestà ad invitare, almeno nel principio di ogni trimestre, il generale Consiglio a dar man mano gli opportuni provvedimenti per la difesa e la conservazione delle ragioni del Municipio sulle medesime acque.[3] Crebbe materia a' disgusti il vigore, che Obizzo addimostrò mai sempre, nel sostenere le immunità della Chiesa; tanto che una volta, infra l' altre, avendo il Comune fatto impendere per la gola un converso benedettino accusato di aver uccisa una donna, Obizzo fulminò di scomunica il Podestà, i giudici, i notai e quanti eransi in quella causa intromessi. Da questa sua imperturbata costanza nel mantenimento de' privilegi ecclesiastici, e più ancora dalla troppa ingerenza sua negli affari secolareschi, originossi una manifesta ruggine del potere civile contro il prelato e contro tutte le persone da lui dipendenti. Della quale fu conseguenza una serie di leggi, che abbiamo nel presente volume, sfavorevoli e in parte ostili al clero, intese le più a menomare di questo i privilegi e l' influenza.

Si cominciò collo escludere gli uomini di chiesa dal prender parte agli affari del Municipio. Il massaio del Comune si volle non più frate, ma laico:[4] nessun cherico o converso potè più aver seggio in publico Consiglio generale o speciale; non esercitare alcun officio municipale, ordinario o straordinario; non essere invitato dal Podestà o da altri a dar consigli nelle cause,[5] quand' anche avesse carattere di *giudice* ossia

---

[1] Pag. 272 e 274.

[2] Nell' anno 1210 l' Imperatore Ottone IV., avanti di convalidare a vantaggio del nostro Comune i sopra accennati privilegi della pace di Costanza, confermato aveva alla Chiesa di Parma, oltre al possesso di Colorno e d'altre terre, *ripam Padi et ripaticum et insulas in Pado, decursus aquarum et alveos fluminum.*

[3] Pag. 55. — [4] Pag. 44 e 83. — [5] Pag. 42.

di legista.[1] E, perchè nelle cause trattate davanti agli officiali comunitativi non era lecito il dar voto che ai giudici registrati in apposita matricola, il Comune prescrisse che l'elenco de' matricolati riportato fosse sullo stesso Codice Statutario, in principio od in fine, dichiarando espressamente che non vi si ponessero nomi di cherici o di conversi; e, se postivi per caso, si cancellassero.[2] Fu inoltre prescritto che nessun monaco, nessun converso, nessun cherico fosse ammesso nel foro civile a far le parti di procuratore o di avvocato, e che non dovesse esser ascoltato nè per affari civili, nè per criminali, se non in causa propria.[3] Dappoichè il clero fu assolutamente rimosso da' Consigli del publico, il Comune passò senza difficoltà ad abolire concessioni ch' esso medesimo avea fatte al vescovo in altra stagione. Stando ad una molto antica consuetudine, ravvalorata in via di diritto, se non di fatto, nel Concordato del 1221, i rettori di Parma (che prima ebber nome di Consoli, poscia di Podestà), entro i primi quindici dì dall' ingresso nella carica loro avrebber dovuto esserne formalmente investiti dal vescovo.[4] Or bene: secondo il novello Statuto, ogniqualvolta alcuno, soggetto o no alla giurisdizione civile, qual che ne fosse il grado o la dignità, invitasse o per diretto o col mezzo d'altri il capo del Comune a ricevere l'investitura del reggimento, ovvero recassegli inquietudine e molestia nel possesso o quasi possesso della giurisdizione, dovea immantinente il Podestà far sonare a stormo chiamando in piazza i duemila del popolo; e con questi, guidati dai capi delle arti e de' mestieri, muovere alla casa di colui, onde ricevuto aveva l'invito o la molestia: ivi, o dovunque il trovasse, rispondergli a parole o con fatti, secondo che giudicasse più confacente

---

[1] Pag. 81. — A questi ordini fu fatta eccezione per rispetto solamente al soprastante de' lavori del Comune, il quale venne preso dal novero de' frati dimoranti in religione, e gli fu dato per socio e notaio un altro frate della condizione medesima (pag. 281). I frati poi *della penitenza*, siccome quelli che vivendo al secolo ubbidivano all' autorità del Comune e prestavangli servigio persino colle armi (pag. 137), non cessarono totalmente dall' aver mano nelle publiche faccende. Così ai cercatori del Municipio fu dato per loro particolar massaro un notaio, che fosse *de fratribus poenitentiae* (pag. 48). E quattro di questi custodivano le stadere legali, pesando ne' mercati ed altrove, e riscotendo a conto del Comune una tassa sul pesamento (p. 73).
[2] Pag. 144. — [3] Pag. 239. — Quest'ultima disposizione trovasi ripetuta nello Stat. a stampa del 1494, car. LXXV.
[4] Pag. 196 del 1.° Stat. — Il Muratori, accennando a questo diritto d'investitura convalidato da un diploma di Ottone IV. nel 1210, inchina a credere che fin d'allora un tale privilegio venisse confermato al vescovo di Parma a semplice titolo di onore, ma che effettivamente il rito dell' investitura fosse andato, come tant' altri, in disuso. (V. Diss. XLVI. pag. 51 e 52).

all' utile del Comune.¹ Vedemmo già come nel Concordato anzidetto fosser lasciati all' Ordinario i diritti d' interporre decreto nelle alienazioni de' beni immobili de' pupilli, di dare tutori, di far emancipazioni e di permettere la produzione di testimoni: diritti, che la prepotenza di Federigo II., in odio del vescovo, avea poi donati al Comune. Questo, che altra volta aveali spacciati per suoi in onta del Concordato, s' appalesa ora tenace più che mai della concessione imperiale: fa inserire per intero nello Statuto il diploma dello Svevo,² ed impone al Podestà di esercitare quella giurisdizione in tutto e per tutto senza chiederne l' autorizzazione a persona alcuna, qualunque siane la dignità e lo stato: ove taluno osi ammonire esso Podestà, o fargli anche una semplice richiesta turbativa del possesso di simigliante privilegio, il magistrato, fra l' altre cose, farà proclamare sulla piazza a suono di trombe che colui non è più sotto la protezion della legge.³ A' cittadini poi vietasi sotto gravi multe il rivolgersi per gli atti suraccennati ad altri che agli uffiziali comunitativi, i quali a ciò presteransi gratuitamente.⁴ Nè stettesi contento il Comune al rivendicare per sempre e con tanto rigore questi diritti, ma rinnovò in modo esplicito e più risoluto ordini altre volte emanati per limitare la competenza del vescovo nella giudicatura delle cause. Fu dichiarato che niuno, cherico o laico, potea muover lite per cosa posta sotto la giurisdizione del Comune, se non davanti al Podestà; semprechè la quistione non vertesse sopra matrimonii, decime, usure: subbietti trattati esclusivamente nel foro canonico. Ove i cherici osservato non avessero questo capitolo dello Statuto, la persona che ne soffrisse aggravio, erane indennizzata colle sustanze del padre, de' fratelli, de' nipoti del religioso.⁶ Un altro capitolo dice che, se un cherico volea muover querela contra un laico, non potea farlo se non davanti al Podestà ed agli officiali di questo.⁷ V' ha di più. Il querelante in genere, che soggetto non fosse al Comune, dovea, per essere ascoltato, dar buona sicurtà di stare alla ragione davanti al giudice secolare; di pagare, perdendo la causa, il danaro voluto dalla sentenza; e di rifar le spese ed i danni sostenuti dalla parte da lui chiamata in giudizio.⁸ Ma accadeva ben di sovente che alcuni, ed il clero in ispecieltà, a declinare il giu-

---

¹ Pag. 11 e 12. — ² Pag. 139-140. — ³ Pag. 10. — ⁴ Pag. 140-141.
⁵ V. nel 1.° Stat. a pag. 228-29 il capitolo: *Qualiter quilibet sit conveniendus sub Commune Parmae.* — ⁶ Pag. 220-21. — ⁷ Pag. 239. — ⁸ Pag. 236-237.

dizio della podestà competente facessero ricorso al Pontefice o ad altre autorità fuor di Stato, affinchè delegasser tra noi alla trattazione di certe cause giudici particolari. Ora una legge del 1282 prescriveva riciso che, essendo in Parma il vescovo e il Podestà chiamati naturalmente a giudicare l'uno le cause del foro canonico, l'altro quelle del civile, nessuna Università, nessun Capitolo o Collegio, nè persona alcuna secolare od ecclesiastica aveva in futuro a chieder lettera o rescritto di delegazione di cause per cose poste in Parma o nel territorio: e così, se il giudice delegato era secolare, il Podestà costringesselo a non intromettersi nella quistione; se ecclesiastico, e vi s'intrometteva senz'altro, costringesse i più prossimi parenti secolari di chi impetrò la lettera di delegazione, e quelli dello stesso giudice a farsi procuratori della parte, a carico di cui impetrata fu la lettera od il rescritto, ad assumere tutti i pesi della causa, e finalmente a rifar le spese cagionate dalla sentenza. Circa l'ammontar delle quali presterebbesi fede alla dichiarazione, fattane con giuramento, dal danneggiato.[1] Queste disposizioni, riducendo al foro civile molte cause che prima ne eran sottratte, miravano a proteggere i secolari, che nel tribunale ecclesiastico sembravano essere a condizioni men favorevoli che i preti. E siccome fu osservato che nel foro canonico, allorchè intentavansi liti da' laici contro i cherici, questi facevan bensì all'uopo la cessione de' lor beni in favore de' creditori, ma non potevano essere ditenuti personalmente, così piacque a' legislatori che si usasse reciprocità col non imprigionare i laici quando nel foro civile agitavansi cause intentate loro dai cherici.[2] La legge in somma venne prestando ai secolari la più larga tutela, per modo che in tutti que' casi di liti tra ecclesiastici e laici, ove le ragioni di questi ultimi restassero bistrattate o sminuite, il Podestà e gli altri capi del publico, a richiesta del danneggiato, avevan obbligo di riferirne al generale Consiglio, e di fare quanto era da loro affinchè i dritti del laico fossero difesi, mantenuti, conservati in ogni miglior modo possibile.[3]

Un altro motivo di conflitto furono le immunità da' publici tributi, delle quali godevano le persone ecclesiastiche, e i beni loro. Così fatto privilegio dava effettivamente occasione ad abusi, che il Comune

---

[1] Pag. 213.
[2] Pag. 237-38. La disposizione è ribadita nello Stat. del 1494 a car. LXXIIII-LXXV.
[3] Pag. 222.

non seppe più tollerare. Avveniva che alcuni secolari affermavano di avere obbligati per contratto i loro fondi a persone di chiesa, e tentavano con tal mezzo di sottrarli al pagamento delle imposte. A costoro rispose la legge: essere stati que' fondi, avanti il contratto, sottoposti alla giurisdizion del Comune; al Comune perciò competere la preferenza; nullo essere in diritto ogni contratto, ogni vincolo di tal genere; non doversi in ciò mai fare a' cherici ragione pregiudicievole allo Stato; pagassero i laici, non ostante qualunque obbligazione di terreni, vera o simulata, fatta a chicchessia.[1] Un' altra più sottil frode mettevano in opera taluni sotto colore di consacrarsi ad istituti di religione. V' avea chi facevasi religioso o converso dedicando alla chiesa sè stesso ed il suo, e ciononpertanto possedeva o in persona propria o col mezzo d' altrui i domestici beni, raccogliendone le rendite. In tal caso la legge provvide che que' beni fossero soggettati al pagamento delle colte e gravezze publiche, al par di quelli degli altri cittadini. Il procedimento coattivo farebbesi sommariamente e senza strepito di giudizii; se qualcuno de' cosiffatti declinato avesse il pagare, sarebbero forzati al pagamento i lavoratori del fondo o gli abitanti nelle case del religioso, i quali verrebbero per sopprappiù multati ogni volta ciascuno in cento soldi di Parma.[2] Poi si dichiarò: niuno in avvenire sarebbe tenuto per *converso*, *dedicato* od *appuntato*,[3] se di questa sua qualità non facesse fede con publico istromento; se non indossasse le divise dell' ordine o del luogo sacro, cui erasi additto; se quivi non dimorasse del continuo od almanco due quarti dell' anno; se il prelato del luogo e due frati non giurassero che l' atto di sua dedicazione era vero, non simulato: chi non desse sì fatte pruove, verrebbe costretto, siccome laico, a sobbarcarsi a' comuni carichi; e, quando ardisse sottrarsene, sarebbe dinunziato al publico come proscritto: lecito a tutti l' offenderlo nella persona e nell' avere.[4] Ma, in materia di esenzioni, il Comune non si restrinse al togliere i manifesti abusi. Vedendo di mal occhio la notevole e costante sottrazion di danaro, la quale veniva all' erario per l' accennato privilegio, statui che niun laico presumesse di lavorar terre di persone immuni da' publici carichi, sotto pena di dieci soldi parmensi per bifolca; e d' altra multa minac-

---

[1] Pag. 213. — [2] Pag. 212.
[3] L' *appuntato* era colui che vincolava sè stesso ed il proprio ad una chiesa o convento mediante patti che dicevansi *appunctuamenta*. — [4] Pag. 23-25.

ciò quel laico che, per trovare pretesto a lavorarne alcuna, allegasse di averne fatto l'acquisto (*acaptum*).[1] Nè questo bastò. Col fine di conservare ai secolari la proprietà sugli stabili, e d'impedire che molti di questi potessero esser francati dal pagamento delle colte, il Comune giunse a promulgar legge, che, ragguagliata a que' tempi, non può leggersi senza maraviglia. Nel 1282 vietavasi espressamente a' laici il legare da quind' innanzi *per l'anima* in testamento o in altra guisa, il donare, il vendere, o sotto qualunque imaginabil titolo trasmettere a persona, che non dipendesse dalla giurisdizion del Comune e non potess'essere convenuta dagli officiali publici in civile e in criminale, alcuna casa, terra, o cosa immobile posta in Parma o nel distretto; restando loro solamente permesso il lasciare, a cui volessero, danari, grano, bestiame e qualsifosse altra cosa mobile. La legge comprendeva gli stessi spedali e luoghi pii religiosi. I contratti che in futuro fosser trovati ad essa contrarii avrebbonsi per inefficaci e di nessun momento, e il contravventore pagherebbe multa pari al valore dell'oggetto alienato; che s'egli venisse a morte e sfuggisse alla pena, gli eredi, che rimaneano, sarebbero essi stessi in egual misura multati: chiunque non pagasse la multa entro un mese, incorrerebbe nel bando perpetuo e nella confisca d'ogni suo avere. In generale fu dichiarato che s'intenderebbe caduto in contravvenzione ogni laico, i cui stabili, posseduti allora da lui o da altri per esso, trovati fossero per l'avvenire in possesso di persone non soggette al Comune. E dichiarossi ad un tempo che i non soggetti non potevano per qualunque occasione ricevere in pagamento beni immobili di un laico; in tal caso, nessun officiale del Comune avrebbe le ragioni loro ascoltate. Di questa legge si pretese la più stretta osservanza, ned altri che il generale Consiglio de' cinquecento potea, dopo discussione, accordarne in tutto o in parte la dispensa.[2] Oltre a ciò un distinto

---

[1] Pag. 120.

[2] Osserva il Muratori (*Ant. It.*, Diss. LXXII. pag. 432-33) che, se una città d'Italia « prendeva qualche risoluzione per vantaggio proprio o per accrescimento della sua potenza e decoro, e con publico editto la raffermava, anche le confinanti, e poscia altre, solevano valersi di quell'esempio per fare altrettanto ». Così i modenesi nel 1327 posero ne' loro Statuti: *quod nulla persona de civitate Mutinae, vel districtu, possit vel debeat vendere, donare, seu alienare, seu aliquo modo vel titulo vel causa transferre, seu in ultima voluntate quoquo modo relinquere aliquam rem immobilem, nec de rebus immobilibus, vel nominibus debitorum, cedere, relinquere, vel legare alicui personae, Collegio vel Universitati, quae non sit supposita jurisdictioni Communis Mutinae, et non subeat onera et gravamina cum Communi et hominibus civitatis Mu-*

capitolo divietava al testatore, se soggetto alla giurisdizione del Comune, il nominare un *fedecommissario* che dal Comune non dipendesse: altrimenti i publici officiali non gli farebber ragione per tutto che risguardasse l'atto di sua ultima volontà.[1] Così preludevasi allora a quelle tanto famose e combattute leggi, che, quasi cinque secoli dopo, colpivano le *mani morte!*

Provvedimenti di tal fatta doveano ingenerar timore delle censure ecclesiastiche in chi avevali o promossi o recati ad effetto. Perciò fu decretato che, quando al cittadino, tanto per avere arringato o votato a favor della libertà e dell'onore del Comune ne' Consigli generali o ne' particolari de' mercatanti e delle arti, quanto per aver agito in conformità delle leggi sopraccennate, fossero da qualche prelato interdetti i sacramenti e l'accesso alla chiesa, il Comune farebbe le spese per un avvocato che il patrocinasse appo la curia romana; libero al cittadino lo scegliere quell'avvocato che più gli garbasse, il quale verrebbe dal Podestà obbligato ad assumere la difesa.[2] Rispetto al Podestà e agli altri ufficiali primarii del publico, ebbero essi un procuratore particolare per sostenerli e liberarli da ogni aggravio e molestia che fosser loro dati per le ragioni anzidette presso la curia di Roma ed altrove.[3] Mentre il Comune venìa provvedendo alla difesa propria, argomentavasi di privarne la parte contraria: comminavansi multe gravi a' notai, a' giudici e ad altri de' nostrali che in publico o in privato agissero a pro del clero;[4] pene gravissime a chiunque citato avesse a Roma od in qualsiasi guisa molestati

---

linae. Et quod aliqua extimatio, vel in solutum datio de bonis seu rebus immobilibus non possit fieri pro dictis talibus personis, Collegiis et Universitatibus, nisi hoc fieret de licentia Consilii generalis. E più sotto: *salvo quod quaelibet persona possit donare et dimittere pro anima sua quocumque titulo et alienare res mobiles, et pretium de mobilibus percipiendum, item fructus et redditus immobilium futuros et percipiendos etc.* « Ma, soggiunge rispetto a Modena il Muratori, non ebbe effetto un tale Statuto, o perchè la consuetudine più potente abolisse la legge in un popolo libero, o perchè fosse rivocato come troppo contrario alla libertà della gente pia e alla dignità de' luoghi sacri ».

Leggiamo nell'*Archivio Storico Italiano* (Nuova Serie, T. IV. Par. I. pag. 106) che anche a Padova nel 1339, trovandosi quella città sotto il dominio de' carraresi, fu fatto divieto di « trasmetter fondi e diritti reali per vendita, testamento o altro modo in persone o Collegi privilegiati, che fossero esenti dal pagamento delle contribuzioni. Onde si arrestò (son parole del ch. Enrico Poggi) il concentramento delle proprietà rustiche nei corpi morali, sempre infesto alla produzione agraria; e d'allora in poi il clero, per acquistar beni, ebbe mestieri della grazia sovrana; e, se gli pervenivano per donazione o testamento, era tenuto ad alienarli entro un brevissimo spazio di tempo ».

[1] Pag. 211 e 212. — [2] Pag. 20 e 21. — [3] Pag. 21 e 22. — [4] Pag. 23, 25 e 26.

i fautori della civile libertà. Se il molestatore era suggetto alla giurisdizione del Municipio, il Podestà farebbelo tener prigione finchè dèsse idonea malleveria di risarcire tutti i danni alla persona citata: questa dichiarerebbe con giuramento l'ammontare dei danni ed interessi, e sarebbe creduta: di più, sosterrebbe il reo una multa di lire cinquecento di Parma: ed ove giugnesse a sottrarsi dalla forza publica, sarebbe bandito come ribelle e confiscato nello avere. Se poi il molestatore non era soggetto alla giurisdizione civile, all'intero risarcimento dei danni sarebbon tenuti i congiunti del suo casato laici, insino al quarto grado; e, non obbedendo, banditi anch'essi come ribelli: oltre a ciò il non soggetto al Comune verrebbe privato di tutti i benefizii goduti dai secolari, e posto fuori della protezion delle leggi, tanto che non pur egli, ma persino chi 'l favorisse o s'immischiasse negli affari suoi, poteva essere da chiunque impunemente offeso ne' beni e nella persona. [1]

Per la stabilità di queste leggi deliberossi infine che, ogniqualvolta il codice legislativo venisse sottoposto a revisione, agli Statutarii sarebbe ingiunto di non far nulla in contrario; [2] anzi tutti gli Statuti, tutti i decreti, stanziamenti e riformagioni del Comune, del popolo e della Società de' Crociati, fatti per conservare i diritti de' laici, si manterrebbero in tutto e nelle singole parti, senza che lecito fosse mai lo sminuirli, il correggerli o diversamente interpretarli; e, se il Podestà, il Capitano od altri uffiziali non li osservassero totalmente e letteralmente, il sindaco del Comune, a richiesta di qualunque popolano, li condannerebbe ciascuno a perdere una notevol porzione del rispettivo stipendio; oltrechè sarebbon tenuti di ogni danno, dispendio ed interesse sostenuto dalla persona, a scapito della quale esse leggi fossero trasgredite. [3]

La severità di queste e d'altre simiglianti disposizioni, lungi dall'infrenare, esacerbò sempre più l'animo di Obizzo e de' suoi; i pensieri de' quali erano tutti volti oramai a poter umiliare gli emuli, anche a costo della libertà della patria. Parve loro che se ne porgesse un buon destro nel 1294, allorchè, venuto il marchese Azzo d'Este ad aperta guerra col proprio fratello Aldrovandino per la divisione de' paterni beni, i maggiorenti di Parma corsero al soldo qual dell' uno, qual dell' altro de' due signori: nella qual occasione i Sanvitali colla squadra del vescovo si posero dalla parte di Azzo, notoriamente bramoso di assoggettar Parma al proprio dominio. La svelata propensione del vescovo in favor dell' Estense indusse i parmigiani a spedire nel 1295 ambasciatori al Pontefice Bonifazio VIII. per esporgli i timori e i lagni della città, e per supplicarlo a provvedere a' casi nostri. Il Papa non fu sordo alla ragionevole istanza; e, cessar volendo il pericolo che recava alla patria la presenza del torbido prelato, il promosse, a fin di rimuoverlo, alla sedia arcivescovile di Ravenna, allora vacante. Ma il Sanvitale non era punto disposto ad abbandonar così presto, come speravasi, il vescovado non più suo. Ei si trattenne a dispetto del Comune in Parma, finchè nel giorno 23 agosto, levatosi il popolo a tumulto, il costrinse a cercar nella fuga lo scampo e ad avviarsi così mal suo grado alla sede novella.

Non ostante l' allontanamento di Obizzo, a cui tenner dietro alcuni tra' principali della sua banda, rimasero in Parma i più de' suoi partigiani. Uno di questi era l'abbate benedettino di s. Giovanni Evangelista, Anselmo da Marano, che, provveduti d' armi gli uomini della fazione sanvitalesca, andava mulinando un' atroce vendetta. In quel tempo, cred' io, fecesi bando che, se alcuno non suggetto alla giurisdizione del Comune portasse armi offensive per la città o pe' sobborghi, ed offendesse nella persona o nell' avere chi erane suggetto, un corriero proclamerebbe a suon di tromba sulle scale del publico palazzo ed altrove che colui era posto fuor della legge, e chiunque offenderlo poteva impunemente: il Podestà farebbe inscrivere il nome del colpevole su due registri (tenuti uno dal massaio, l' altro da un notaio custode delle riformagioni) visibili da ognun che il volesse; ciò non facendo, pagherebbe multa di cento lire parmensi in pro dell' offeso, il quale era abilitato ad esigerle da esso il Podestà davanti a qualunque officiale investito di giurisdizione: un' altra multa di lire cinquanta della stessa moneta sarebbe inflitta a chi osasse di dare in propria casa ricetto al proscritto.[1] Questa legge non intimorì, ma rese più cauto nell' eseguimento de' suoi disegni l' abbate di s. Giovanni, il quale ordinò che le armi venissero di occulto introdotte fra le tacite e non violabili mura del chiostro. Era la sera del 12 dicembre 1295,

---

[1] Pag. 22 e 23.

quando corse voce per la città del furtivo armamento; e di tratto fu al
monistero la famiglia del Podestà, la quale, ricevuta a colpi di pietre
e di balestre, lasciovvi per morti due uomini. Non bisognò più avanti.
Al dimane tutto il popolo era in armi: i duemila, formanti il nerbo della
milizia, stavano schierati a battaglia sotto le proprie bandiere: i ribelli,
fra cui l'istesso abbate, occupavano varii punti della città parati al com-
battere. Ne seguì breve, ma accanita mischia; nella quale restando
vinti alcuni de' Sanvitali, gli altri tutti del lor partito si sbandarono
e involaronsi dalla città. I fuggiaschi furono ben tosto colpiti di perpetuo bando; e perchè il giudice Jacopo de' Ruffini e fors'altri colleghi
suoi aveano presa parte, non so se diretta o indiretta, a favore dell'abbor-
rita fazione, il Comune privò l'intero Collegio de' giudici del diritto,
che aveva, di dar consiglio al Podestà nelle cause criminali. Rimasto
così sventato l'ostile disegno nel giorno 13 di dicembre sacro a santa
Lucia, al patrocinio di questa Santa si attribuì la vittoria, e decretossi
che la sua festa venisse annualmente solennizzata non altrimenti che
quella di sant'Ilario, precipuo protettore della città. [1]
Ma non bastava a' guelfi l'aver doma in Parma la fazione appellata
del vescovo, se giunti non fossero a rintuzzare l'orgoglio del marchese
Azzo d'Este signore di Ferrara, Modena e Reggio, il quale, cooperante
il fratello Franceschino, accoglieva nel proprio dominio i fuorusciti tanto
della parte sanvitalesca, quanto dell'imperiale, e già teneva per suo il
castello nostro di Cavriago, occupato per tradimento dai ribelli nella loro
fuga da Parma. Laonde il Comune, stretta alleanza co' milanesi, piacentini e bolognesi, e avuto da essi un buon polso di soldatesche, nel 1296
ruppe guerra ai due Estensi. Nelle corse, che fecero allora le milizie
nostre pel piano e pel monte, distrutte rimasero torri e castella di nobili
parmigiani; le quali, in una con altre abbattute nelle precedenti guerre,
il Comune deliberò che non si avessero a riedificare mai più. [2] Si com-
prese forse in quella occasione che di gran giovamento sarebbe stata per
Parma una vasta fortezza, disegnata da molt'anni sulla via Claudia ai

[1] Pag. 158. — Quest'esso Statuto, che volle singolarmente onorata la Martire di Siracusa
come auspice della vittoria, prescriveva si celebrassero ogni anno divotamente le feste di tutti
gli altri Santi titolari delle chiese di Parma, affinchè per loro intercessione Iddio *conservasse la
città in buono stato, quieto, pacifico e tranquillo.* E perciò, al ricorrere di ognuna di tali feste, era proibito a chiunque il lavorare entro la città, sotto pena di venti soldi parmigiani.
[2] Pag. 159.

confini del territorio nostro col reggiano,[1] giacchè l' ordine di costruir-
la, posto senza effetto nell' anteriore Statuto, ripetuto fu nel presente.[2]
Se non che da quella parte valse a rattenere le mosse del nemico un
altro castello, fabbricato tre lustri avanti sulla medesima via presso il
borgo della Cadè, e dai Crociati denominato il *Castel della Croce*, il
quale in que' trambusti rimase tutt' all' intorno deserto di abitatori.[3]

Nel corso di questa guerra non arrise la fortuna all' Estense; il quale,
riconosciutosi alla perfine incapace di resistere a tanto sforzo di nemici,
e costretto a guardarsi dagli stessi suoi suggetti, che macchinavangli in
casa tradimenti e ribellioni, offrì insiem col fratello la pace ai parmigiani, che non tardarono a negoziarla. Un solo articolo riusciva d' in-
ciampo agli accordi, quello de' fuorusciti; la causa de' quali dovea naturalmente proteggersi dal marchese. Nondimeno si convenne finalmente
che le condanne pronunziate contro costoro, cominciando dal giorno di
santa Lucia, sarebbono cancellate, ed eglino rimessi ne' loro diritti civili,
sì veramente che per allora non rimpatriassero: a quaranta di essi, da
designarsi dal Comune, sarebbe dato lo scegliersi un confino, purchè
non fosse in terre contermine al parmigiano, nè in quelle dell' Estense,
nè tampoco in Mantova e in Verona: tutti gli altri prenderebbero stanza
ove lor meglio piacesse, eccettuato soltanto il territorio di Reggio: i carcerati da un lato e dall' altro verrebbero posti in libertà: al Comune di
Parma si restituirebbe il castello di Cavriago: stenderebbesi un velo
d' oblìo sul passato; anzi le parti, rannodata l' antica amistà, presterebe-
bersi quind' innanzi servigio ed aiuto scambievole, salvo che i parmigiani non assumevano di soccorrere gli estensi nella guerra, che continuò, tra questi e i bolognesi. Pertanto a' 31 luglio del 1297[4] quattro
procuratori, e così il giudice Ugolino da Neviano per Parma, Gherardino
dall' Orefice per Azzo e Franceschino d' Este e pel Comune di Ferrara,
il giurisperito Gherardino Marcello[5] per Modena, Arrigo Guerra per Reggio, trasferivansi alla Cadè, ove solennemente stipularono i patti sovr-
accennati, e fermarono una pace, che doveva aver forza di legge ed

---

[1] Pag. 391. — [2] Pag. 161.

[3] Pag. 120. — Cessata la guerra, il Comune per ripopolare quel luogo concedette tanto
a' primieri abitanti, quanto ad altri che ivi fermassero stanza e vi coltivasser la terra, una
immunità di venticinque anni.

[4] L'Affò (*Stor.*, T. IV. pag. 110) ha 30; ma nell'atto si legge: *die ultimo mensis julii*.

[5] L'Affò, per errore: *Martello*.

essere inserita, siccome fu, negli Statuti di tutte le città contraenti.[1] In quella benaugurata occasione al nostro Collegio de' giudici vennero interamente restituite le attribuzioni primiere, purchè non ne participassero gli aderenti all' Imperio ed alla fazione denominata del vescovo.[2]

La pace conchiusa coll' Estense non andò guari a versi de' fuorusciti, che non ristettero dall' ordir trame contro il Comune e dal recargli molestie. A ripristinare la civile concordia intese nel 1302 Alberto Scotti signor di Piacenza, il quale, in un gran parlamento ivi tenuto, fatto arbitro de' voleri non tanto de' piacentini, quanto d' altri popoli a loro confederati, pretese che sì la nostra, come l' altre città di Lombardia s' inducessero o per amore o per forza a richiamare gli esulanti di parte ecclesiastica; dopo di che volea si stringesse una fortissima lega fra le rappacificate città, le quali avrebbono in comune un esercito, pronto a reprimere, ove che fosse, ogni tentativo di nuove perturbazioni. Ma il Comune di Parma, irritato com' era dalle mene incessanti de' suoi ribelli, ponendo in non cale un tanto salutare divisamento, a pena ebbe invito di accedervi, sdegnosamente negò. E, prevedendo come lo Scotti mirasse ad aver colla forza ciò che non potea conseguire colla persuasione, apparecchiossi a respingere la minacciata violenza. Già era imminente lo scoppio di nuova guerra; quando alcuni cittadini, desiderosi di procurare alla patria una stabile tranquillità, fecero opera di richiamare a miglior consiglio il Comune. Primeggiava fra questi Giberto di Guido da Correggio, personaggio gradito ad ogni ordine di persone, il quale tanto si maneggiò da indurre il popolo ad autorizzare il Podestà e gli altri magistrati a trattar paci particolari; indi persuase il popolo stesso a volerne una generale co' fuorusciti guelfi della cosidetta parte del vescovo, estesa poi, dopo qualche contrasto, anche agli esuli di parte ghibellina. La fausta decisione ebbe luogo il 23 luglio del 1303, e il giorno appresso ricalcavano il patrio suolo, inghirlandati il capo di fiori, i Sanvitali, Anselmo da Marano abbate di s. Giovanni, e tutti gli altri già espulsi in gran numero. Universale, immenso era il giubilo; e Giberto, lodato a cielo da tutti siccome il fortunato promotore di tanto bene, venne dalla publica voce improvvisamente acclamato conservator della pace, difensore e protettore della città, del Comune, del popolo. E la spontanea accla-

---

[1] Pag. 267-272. — [2] Pag. 115-116.

mazione fu sanzionata a' 25 luglio con atto solenne, che costituiva Giberto in arbitro dei destini della città.

Per questo avvenimento non fu di subito alterata la forma del publico reggimento e delle patrie leggi. Due anni avanti, nel 1304, il Comune avea commessa ad alcuni savii la compilazione di un nuovo Statuto,[1] che, ritenendo le più vecchie leggi non abolite, tutte comprendesse le altre promulgate dal cominciamento della Società de' Crociati insino a quel tempo. Tale Statuto è il presente, il quale però non fu condotto a termine se non dopo alcuni anni, anzi dopo l'esaltamento di Giberto, avvegnaché racchiuda un capitolo scritto non prima del 1304.[2] Il Correggese accettò questo codice, su cui modellar doveva il proprio governo; e parve, almen da principio, rispettare gli ordini di quella republica, onde riconosceva il poter suo. Infelice republica! la quale stimava di aver trovato in Giberto un leale e disinteressato proteggitore, ignara ancora di ciò che potessero in lui l'ambizione e la bramosia del comando.

A. RONCHINI

---

[1] Pag. 3.

[2] Un capitolo a pag. 210 prescrive che il danaro da riscuotersi pel pedaggio del ponte di Taro sia dato al massaio de' Cisterciensi di Fontevivo, il quale dovea spenderlo ne' lavori del ponte. Autentici documenti, allegati dall'Affò (St., IV. 137), inducono a credere che il monistero di Fontevivo non avesse ingerenza nelle cose risguardanti il ponte di Taro, se non a cominciare dall'anno 1304, nel quale acquistò le ragioni degli Spedalieri, allora spropriati, di esso ponte. Da ciò hassi argomento per asserire che la sovr'accennata disposizione dello Statuto non sia anteriore a quell'anno.

Non è dato il determinare con maggior precisione il tempo in cui questo codice fu compiuto, essendo a noi pervenuto imperfetto. Esso manca sventuratamente di alcuni fogli al principio e alla fine, e dell'intero libro III. che dovea contenere le leggi in materia criminale. (Veggansi le pag. 1, 281 e 348).

LIBER PRIMUS [1]

———— ◦•❀•◦ ————

De nunciis mittendis per Potestatem.

Capitulum quod unus de tubatoribus Communis fiat sindicus Communis mittendus cum litteris electionis ad eum qui erit electus ad regimen civitatis Parmae cum pleno mandato promittendi sibi salarium et obligandi bona Communis occasione praedicta, si acceptaverit secundum formam litterarum, et venerit et duxerit secum judices et socios secundum formam litterarum et Statuti Communis, et, si fuerit electus, servatis Statutis Communis. Et cum sindico vadat unus correrius mittendus cum eo pro suo serviente, et unus notarius. Qui correrius possit ducere unum equum expensis Communis, et notarius habeat solutionem pro tribus equis, et sindicus pro uno. Qui sindicus et notarius, ante quam moveant, debeant promittere et fidejussionem dare in Consilio generali quod non promittent aliquod salarium alicui, qui fuerit electus rector civitatis Parmae, nisi acceptaverit secundum formam litterarum et Statutorum Communis, non ponendo exceptionem, condicionem nec salvum; et, si contrafecerint, sindicus vel notarius debeant et compellantur restituere Communi omne interesse suum, et insuper condempnentur usque in ʟ. libras parmen. Et electio correrii et notarii fiat successive de porta in portam ad brevia.

---

(1) Manca il principio del Libro. La prima faccia del Codice originale cartaceo comincia colle ultime parole di un capitolo, che sono le seguenti: « forma dictae electionis. Et haec eadem forma ponenda in dicto Consilio Societatis servari debeat in electione capitanei Societatis croxatorum et populi Parmae per tres menses ante exitum regiminis capitanei, salvis semper omnibus Statutis in sua firmitate durantibus, quae loquuntur de electione dictorum rectorum et familiae ipsorum, quae cessare debeant . . . ab omnibus officiis Communis, ut ipsi rectores, et de terris exceptatis; quibus Statutis nullatenus derogetur. Et sit praecisum et valeat ex nunc ».

De juramento judicum Potestatis et sociorum ejus.

Capitulum quod Potestas teneatur infra quinque dies sui officii facere jurare omnes quatuor judices suos exercere officium suum, ad quod deputati fuerint per Potestatem, secundum formam Statutorum Communis Parmae et reformationes Consiliorum; et juret quilibet ipsorum judicum in Consilio generali Communis Parmae exercere legaliter officium suum secundum formam dictorum Statutorum et reformationes Consiliorum factas et faciendas; et, ubi Statuta vel reformationes non determinent, secundum jus commune et consuetudines civitatis Parmae, pure et simpliciter et sine ulla conditione verborum, et tenere secreta quaecumque tenere debuerint ratione sui officii, et nullo tempore pandere aliquid in praejudicium Communis Parmae.

Item socii Potestatis similiter in Consilio generali jurent esse, stare et facere legaliter quicquid debent secundum formam alicujus Statuti, et quicquid sibi committatur auctoritate illius Consilii generalis vel specialis, et tenere secreta quaecumque ordinabuntur teneri secreta per Commune Parmae, et nullo tempore pandere in praejudicium dicti Communis; unus quorum stare debeat ad exactiones denariorum qui solvuntur pro bannis qui sunt apud notarios tascharum, et quos (*sic*) compellat exire de omnibus et singulis bannis in quibus sunt vel erunt.

Incipit de officio Potestatis, et de iis quae ordinata sunt super hoc.

Capitulum quod quicumque est vel erit rector civitatis Parmae teneatur et debeat facere officium suum personaliter et non per interpositam personam neque per vicarium neque per substitutum, nec exire possit episcopatum Parmae aliqua occasione, usque ad sui officii complementum, pro suis factis propriis neque pro alienis, nisi iret in aliquam ambaxatam pro Communi Parmae; et in aliquam ambaxatam pro Communi Parmae ire non possit, nisi auctoritate generalium Consiliorum, Communis et populi scilicet, vel trium partium ad minus, faciendo partitum ad scurtinium cum fabis, in quo Consilio sint ad minus quinginti Consiliarii, et nisi iret in aliquem exercitum generalem qui fieret pro Communi Parmae, in quem ire possit et debeat secundum quod placuerit dicto Consilio quingintorum. Et non possit ordinari quod aliqua andata vel cavalcata sit vel dicatur exercitus generalis, nisi illa ordinacio vel interpretacio fieret in Consilio quingintorum et in concordia trium parcium, faciendo partitum similiter ad scurtinium. Et, si Potestas seu rector Communis Parmae contrafecerit, non habeatur pro Potestate seu rectore, nec ei, quem dimitteret loco sui, debeat obediri, nec habeat aliquod salarium a Communi Parmae, nec possit dari alicui suo vicario vel judici aliqua jurisdicio in civilibus nec criminalibus, nisi quando iret in aliquem exercitum vel cavalcatam vel ambaxatam pro Communi Parmae, eundo tunc servatis solempnitatibus Statutorum Communis. Et quaecumque in hoc capitulo continentur praecise debeant observari, nec absolvi possit hoc capitulum in totum vel in partem per Consilium vel Concionem nec per aliquem alium modum, qui possit excogitari modo vel in futurum.

Qualiter Potestas tenetur observare Statuta in praesenti volumine comprehensa.

Capitulum quod Potestas praecise teneatur executioni mandare Statutum noviter factum, quod continet de compilatione Statutorum Communis per sapientes electos vel eligendos, prout videbitur dominis Potestati, Capitaneo, Ancianis et aliis, infra mensem a publicatione praesentis Statuti, et quod in ipsa compilatione ponantur solomodo Statuta, de quibus supra et infra fit mentio, et non alia. Et quod praedicti electi vel eligendi non possint ponere in ipsa compilatione aliqua alia Statuta; et si ponerentur, non valeant. Et teneantur Potestas et sua familia et ceteri officiales Communis Parmae solum ad observationem eorum Statutorum Communis, de quibus supra et infra fit mentio, et non aliorum. Millesimo trecentesimo primo, Indictione xiiii.

Qualiter Potestas tenetur facere rationem omnibus personis suae jurisdictionis.

Capitulum quod rector civitatis Parmae teneatur facere rationem omnibus et de omnibus personis suae jurisdictionis secundum jus seu rationem, bonum regimen, consuetudinem et Statuta Communis et reformationes Consiliorum Communis et Societatis; et omnes querimonias omnium personarum, quae coram eo fient, recipiat bona fide sine fraude, et super iis procedat, seu faciat procedi, faciendo litem contestari infra decem dies; qua contestata, infra duos menses diffiniri faciet, omni occasione remota, excepto tempore feriato; et hoc habeat locum in litibus extraordinariis tantum, vel per convenienciam quae placuerit partibus, nisi remanserit parabola parcium vel justo Dei impedimento, vel alio impedimento. Et teneatur Potestas operari omnem honorem et utilitatem Communis Parmae et tocius districtus, et specialiter partis Ecclesiae, et nulli scienter injuriam facere neque tortum, nec fieri permittere, nec consentire quod fiat, et omnes personas et res hominum civitatis Parmae et episcopatus manutenere bona fide, sine fraude salvare et defendere, intelligendo quod Potestas teneatur in favorem illarum personarum et suarum rerum quae sunt ad mandata Communis Parmae, et non de aliis. Et teneatur Potestas venire et stare semel omni die in palatio veteri ad banchum pro respondendo et jura reddendo omnibus volentibus de aliquo conqueri; et si contrafecerit, perdat de suo feudo c. sol. parmen.

Item Potestas teneatur omnes municiones, quae sunt in episcopatu Parmae seu districtu, defendere et non permittere deteriorari, scilicet eas quae sunt in confinibus episcopatus Parmae.

Item teneatur Potestas omnes Credencias Parmae secretas tenere, nec manifestare in dampnum nec detrimentum Communis nec episcopatus Parmae, et omnia alia, quae secreta praecipiet ipse Potestas in publico vel privato Consilio, eodem modo secreta tenebit, nec publicabit nec manifestabit alicui sine voluntate Consilii perpetuo donec fuerint publicata.

Item teneatur Potestas omnes discordias, quae suo tempore contingent vel alieno tempore contigerunt inter homines civitatis et episcopatus Parmae bona fide ad concordiam reducere.

Item teneatur Potestas, si dominus episcopus requiret eum, vel faciet requiri, esse secum usque ad octavam Paschae in qualibet septimana majoris quadragesimae, et tractare secum quod discordiae sopiantur et paces fiant et concordiae inter homines civitatis et episcopatus Parmae, et cum voluntate utriusque partis ad finem perducere.

Item teneatur Potestas quod, ex quo electus fuerit in regimine civitatis Parmae, non recipiet aliquid fraudulose usque ad finem sui regiminis nec postea, nec aliquem de sua familia recipere permittet ab aliqua persona saeculari vel ecclesiastica; et si contrafecerit, Potestas pro unaquaque vice perdat de suo feudo l. libras parmen.

Item teneatur Potestas non permittere nec consentire quod aliquid detur sibi occasione sui officii, nec alicui de sua familia, nec alicui pro eis, nec absolutionem petet super hoc per se nec alium, nec dari permittet; et, si data fuerit, non valeat, et eciam nihilominus teneatur non recipere; et, si receperit, teneatur in duplum restituere cercatoribus, ita quod nihil possit habere per se, vel illos de sua familia, nisi illud quod concessum fuerit sibi dari de avere Communis Parmae ante electionem factam de ipso.

Item teneatur Potestas non exire de episcopatu Parmae toto tempore sui officii et usque ad complementum sindicatus, pro regimine alicujus loci, eciam parabola Consilii vel Concionis, nec aliquod regimen acceptare, ad quod ire debeat ante terminum complementi sui sindicatus.

Item teneatur Potestas quod non accipiet mutuo ab aliqua persona civitatis vel districtus Parmae ultra xx. libras parmen., nec aliquem de sua familia accipere permittet, nisi nominando in Consilio personam a qua accepit.

Item teneatur sibi facere legi, vel legere, singulis duobus mensibus omnia capitula constituti.

Item teneatur Potestas in illis diebus, quibus erit in civitate ante introitum sui officii, facere jurare officiales, electos ad exercendum officia suo tempore, ipsa legaliter exercere, et habere Statuta ad officium suum spectantia.

Item teneatur, finito suo officio, stare personaliter ad sindicatum cum suis judicibus, militibus et tota sua familia per decem dies in civitate Parmae, et respondere cuilibet conqueri volenti de jure coram sindicis ad hoc specialiter deputatis.

Item teneatur Potestas et sui judices et milites et singuli de sua familia coram sindicis reddere racionem de quolibet avere Communis parmensis, quod ad eos vel ad aliquem ipsorum pervenisset, ultra, vel aliter quam Statuta Communis contineant de servitiis habitis et receptis per eos vel aliquem corum; et eciam pro quolibet Statuto non servato sindicetur Potestas in l. libris parmen.; et quilibet ex judicibus suis in l. libris parmen. similiter, nisi illud Statutum executioni mandaverint infra tres dies postquam eis fuerit denunciatum.

Item teneatur Potestas restituere seu restitui facere totum et quicquid, in quo fuerit condempnatus per sindicos, infra xv. dies post condempnationem, et facere restituere illos de sua familia totum et quicquid in quo fuerint condempnati per sindicos; et aliter non possit recedere, nisi datis fidejussoribus ydoneis de attendendis et restituendis iis quae debuerint secundum formam hujus Statuti; et infra xv. dies ex quo liquidum fuerit quod ipse Potestas vel aliquis de sua familia aliquid inlicite habuerint vel fecerint occasione sui officii, vel non observaverint Statuta sibi denunciata, praedicto modo restituere teneatur et condempnationes solvere, salvo quod non teneatur coram sindicis respondere, nec aliquis de sua familia, pro vindicta quam fecisset de consilio Collegii judicum vel illorum de curia pro maleficio facto in personam alicujus, vel incendio, nec aliquam gravitatem substinere nec judices nec milites sui.

Item teneantur respondere Potestas et sui judices et milites et alii de sua familia coram sindicis de omnibus capitulis non observatis obligantibus eos aut aliquem eorum ad aliquam poenam sindicatus.

Item teneantur Potestas et singuli de sua familia coram sindicis respondere super omnibus et de omnibus, quae ex officio invenire potuerint ipsum dominum Potestatem vel aliquem de sua familia commisisse contra offitium suum, vel inlicite habuisse vel obmisisse facere. Et omnes dies sindicatus Potestatis et suae familiae, quantumcumque solempnes fuerint, intelligantur esse juridici, nec exceptio feriarum possit opponi. Omnia autem et singula, quae in hoc capitulo continentur loquentia de officio Potestatis, sindicatu suo et suae familiae, sint praecisa et debeant observari, et non possit absolvi Potestas nec sua familia per Consilium generale vel speciale Communis, populi vel Societatis, nec per Concionem, nec per aliquam personam saecularem vel ecclesiasticam, nec per aliquem alium modum cogitatum vel excogitandum. Successor Potestatis et suae familiae, qui debuerit sindicari, teneatur sacramento praeciso, a quo nullatenus possit absolvi, compellere Potestatem et suam familiam stare ad sindicatum et respondere coram sindicis in omnibus et per omnia sicut Statuta Communis praecipiunt.

De sindicatu Potestatis et Capitanei, et qualiter non potest provideri super absolutione ipsorum, et de poena Ancianorum et aliorum qui consentirent, aut operam darent, quo absolveretur a sindicatu.

Item, ad hoc ut Potestas et Capitaneus et alii officiales maneant ad sindicatum, providerunt et ordinaverunt quod nullo modo, qui dici possit vel excogitari, possit proponi per Ancianos vel aliquas alias personas quod Potestas vel Capitaneus vel alius officialis Communis non debeat stare ad sindicatum, vel eciam quod possit sindicari ante complementum sui officii, vel recedere de civitate propter aliquam causam vel aliquem modum, ante quam reddiderit rationem sui officii secundum formam juris et Statutorum inde loquentium; et Anciani, primicerii et alii, qui praedictam propositionem fecerint vel passi fuerint facere, et eciam qui arengaverint praedicta vel aliqua praedictorum, et etiam notarii qui scripserint vel scribent propositionem vel consilium vel reformationem super praedictis, puniantur pro quolibet eorum, ultra poenas quae continentur in Statutis vel provisionibus inde loquentibus, in c. libris parmen.: et insuper, si contingeret dictam condempnationem non fieri, quilibet habeat actionem contra quemlibet praedictorum ad dictam poenam exigendam coram quocumque officiale Communis jurisdictionem habente super jure reddendo eciam diebus feriatis, nulla exceptione obstante: et insuper omnes praedicti et singuli contrafacientes sint exempti de protectione Communis, et impune possint offendi realiter et personaliter a quocumque. Et hoc capitulum in qualibet parte sui sit ultimum et derogatorium omnium Statutorum inde loquencium et de absolutione Statutorum, et habeat vim Statuti populi, et non possit absolvi nisi de Consilio quingintorum et de voluntate omnium, facto partito secrete ad scurtinium cum fabis albis et nigris.

Item de eodem officio Potestatis.

Capitulum quod Potestas teneatur audire tam majores quam minores, et minus sapientes quemadmodum et plus sapientes, suae jurisdictionis in omnibus et super omnibus quaestionibus quae coram ipso examinabuntur, et quae coram ipso delatae fuerint, et non dare operam fraudulenter quod quaestiones et causae debeant deduci seu declinare ad judices magis amicos alicujus partis vel amicorum suorum; et, si in aliqua quaestione mota coram Potestate postulaverit altera parcium alteram sibi condempnari, sive non, et voluerit super aliquo articulo seu negocio haberi consilium sapientum suis expensis, Potestas teneatur ei dare sapientes et habere consilium expensis postulantis; et, si Potestas haec non observaverit, amittat de suo feudo xxv. libras parmen. pro quolibet et qualibet vice; et, si pars quae postulaverit ipsum consilium haberi suis expensis in ipso articulo seu quaestione obtinuerit, altera pars compellatur ad medietatem expensarum restituendarum sibi, et insuper, si Potestas non haberet consilium praedicto modo postquam fuerit postulatum, processus, qui postea fieret, sit nullius momenti. Et Potestas teneatur de eo, quod in hoc capitulo continetur, observando sine tenore et praecise, salvo quod, si per aliquem semel petitum fuerit consilium suis expensis et ei concessum fuerit super aliquo articulo, sive in eo obtinuerit sive subcombat, amplius petere non possit super eodem articulo consilium sibi dari; et eo salvo quod Potestas et judices sui et officiales Communis, qui cognoscerent de aliqua quaestione, super qua et de qua per aliquam parcium fuerit petitum consilium sibi dari suis expensis, infra terciam diem post requisicionem teneantur dare praedictum consilium, et non possint dare ultra duos vel tres judices ad plus, quorum omnium salarium extendi non possit nec debeat ultra quantitatem quae in taxacionibus judicum continetur; et hoc in poena in dicto Statuto contenta. Et ad omnia et singula, quae in hoc capitulo continentur, teneantur similiter judices Potestatis et omnes alii officiales Communis jus reddentes, ita quod sub examine cujuslibet officialis Communis jus reddentis dictum capitulum observetur: salvo quod hoc capitulum non habeat locum in maleficiis, nec in favorem aliquorum qui non possint conveniri civiliter et criminaliter sub Potestate et aliis officialibus Communis.

Qualiter Potestas ultimo mense sui regiminis non debeat substinere quod aliqua sentencia fiat contra Commune.

Capitulum quod Potestas et sui judices teneantur sacramento praeciso non facere nec permittere fieri aliquam seutenciam in praejudicium Communis ultimo mense sui regiminis; et, si facta fuerit per Potestatem vel aliquem ex judicibus suis vel aliquem alium officialem Communis, non valeat nec teneat nec observetur in aliquo in dampnum Communis. Et in dampnum Communis intelligatur esse facta quaelibet sententia facta infra praedictum tempus, per quam occasionem videatur laedi in aliquo, vel aliquid de suo dari, vel aliquid in praejudicium ejus fieri. Et sit praecisum. Factum fuit hoc capitulum millesimo cc. septuagesimo septimo, Indictione quinta.

Infra quod tempus regiminis Potestatis judices orphanorum,
viduarum et miserabilium personarum debeant eligi.

Capitulum quod Potestas teneatur infra octo dies mensis januarii facere requiri in Consilio generali Communis, si quis judex velit praestare suum patrocinium pauperibus, viduis et miserabilibus personis amore Dei, quod repraesentet se coram Potestate. Et eligantur quatuor in hunc modum, si haberi poterunt: et si haberi non poterunt, qui gratis vellent hoc facere, faciat eligi ipsos in Consilio generali, et sint quatuor, et habeant singuli a Communi Parmae tres libras parmen., et durent per annum, et ipsi debeant praestare patrocinium suum viduis, orphanis pauperibus et miserabilibus personis sine aliquo precio habendo ab eis. Et jurent in pleno Consilio generali suum patrocinium praestare singulis praedictae conditionis sine precio nihil ab eis extorquendo, et quod benigne recipient omnes praedictae condicionis ad se venientes, et consilium eis exhibebunt bona fide, sine fraude, remoto precio et amore speciali et odio. Et judices, qui dabunt consilia in causis dictarum personarum, et notarii et officiales Potestatis, advocati et consules et alii officiales sacramento praecise teneantur nihil percipere ab eis pro scripturis et consiliis factis eisdem. Intelligantur personae pauperes esse illae, de quibus seu pro quibus jurabunt judices praedicti, qui fuerint electi ad praestandum eis patrocinium, vel aliquis eorum, ita verum esse.

Qualiter Potestas et quilibet de sua familia debeant esse absentes
quando tractabitur de aliquibus negociis tangentibus ipsos.

Capitulum quod, si aliquis casus continget in quo dubium sit in aliquo negocio tangente Potestatem vel aliquem de sua familia, ad quod dubium determinandum oporteat habere aliquos sapientes, Anciani et alii eligant et habeant sapientes per se in absentia Potestatis et cujuslibet de sua familia, et Capitanei similiter et cujuslibet de sua familia; et super tali dubio dicant quicquid credant esse de jure, facto partito cum fabis albis et nigris, ut in dicendo jus aliquam inimicitiam non currant. Et Anciani et alii teneantur sacramento non eligere aliquem inter dictos sapientes, de quo rogati fuerint.

Item quod, si debebit de cetero fieri aliquod Consilium generale vel speciale, in quo debeat proponi de aliquo negocio tangente Potestatem vel aliquem de sua familia, non debeat interesse Potestas nec aliquis de sua familia, sed per Capitaneum vel aliquem ex Ancianis et aliis fiat propositio et conclusio et partitum ad scurtinium, servando semper solempnitates Statuti. Millesimo ducentesimo septuagesimo octavo, Indictione sexta.

Qualiter Potestas teneatur servare et servari facere privilegia et Statuta loquencia de honore, jurisdictione et libertate Communis.

Capitulum quod, cum rector civitatis Parmae per multa privilegia romanorum Principum et eciam per antiquas et antiquissimas consuetudines habeat merum et mistum imperium, et eciam ipse et sui judices debeant interponere decreta in alienationibus rerum minorum, et coram eis debeant fieri emancipaciones et insinuationes testium qui producuntur ad aeternam rei memoriam, teneatur rector civitatis Parmae ipsam jurisdictionem exercere in omnibus et per omnia vinculo juramenti praecisi secundum formam Statutorum Communis Parmae absque aliqua requisicione alicujus personae cujuscumque dignitatis et status existat, et absque receptione alicujus investiturae dictae jurisdictionis exercendae. Et, si aliquis, sive subjectus sive non subjectus jurisdictioni Communis, attentaverit molestare vel inquietare Potestatem Parmae, vel aliquem alium qui dictam jurisdictionem habeat a Communi Parmae, in possessione vel quasi jurisdictionis praedictae, admonendo ipsum Potestatem vel denunciando sibi, vel aliter requirendo ipsum cum scriptura vel sine, vel eciam simpliciter verba proferendo, per quae in aliquo videretur turbari Commune Parmae in possessione vel quasi jurisdictionis praedictae, incontinenti ipso facto sit exemptus ab omni officio, beneficio et jurisdictione Communis Parmae, ita quod per quemcumque possit offendi realiter et personaliter, et offensor nullam poenam paciatur in aliquo casu quo offenderit. Et insuper Potestas vel rector vel quivis alius, cui talia verba prolata fuerint, teneatur ipsa publicare et manifestare, ita quod Potestas incontinenti, cum sciverit vel audiverit talia verba fore prolata, per quae videretur impediri vel turbari in aliquo Commune Parmae in possessione vel quasi jurisdictionis praedictae, teneatur illum, qui talia verba dixerit, facere publice divulgari, praemissis sonis tubarum in platea publica per tubatores Communis Parmae, et ipsum eximere de protectione et defensione Communis, et ultra haec, observare omnia alia Statuta Communis, populi et Societatis loquencia de defensione jurisdictionis Communis Parmae et privilegiorum ipsius. Et eciam, ut praedicta majorem effectum habeant, praesens Statutum cum Statutis Societatis, positis in libris Statutorum Societatis loquentibus de hac materia factis tempore domini Gocii de Foxio, scribatur in sacramento et officio domini Potestatis, prout jacent, de verbo ad verbum et littera ad litteram per compilatores Statutorum Communis: quod Statutum cum aliis Societatis, de quibus supra fit mentio, et cum omnibus aliis Statutis Communis, populi et Societatis scriptis in libris Statutorum, Potestas et singuli de sua familia teneantur inviolabiliter in qualibet sui parte observare sacramento praeciso et ad poenam quingentarum librarum parmensium pro Potestate, et ducentarum librarum parmensium pro quolibet alio de sua familia, ad quam exigendam quilibet civis Parmae habeat actionem contra dominum Potestatem et illos de sua familia qui in praedictis vel aliquo praedictorum deliquerint, vel faciendo vel committendo, coram quocumque officiale Communis jurisdictionem habente, eciam durante officio. Et ultra omnia praedicta omnes et singuli qui sunt de jurisdictione Communis Parmae debeant se abstinere ab omnibus et singulis serviciis omnium et singulorum qui quoquomodo attemptarent turbare vel molestare Commune Parmae in possessione vel quasi jurisdictionis praedictae; et, si aliquis de jurisdictione Communis Parmae attemptaverit sua servicia in aliquo praestare inquietantibus vel molestantibus Commune Parmae in possessione vel quasi jurisdictionis praedictae, vel quoquomodo suis negociis se immiscere, Potestas per se, sine illis de curia, teneatur condempnare illos suae jurisdictionis, qui deliquerint in praedictis, in c. libris parmen. ad denunciationem cujuslibet publicam vel occultam. Et hoc observet Potestas sub poena praedicta, et valeat ex nunc.

Qualiter Potestas tenetur convocare duo millia, qui debent eligi pro Communi, ad procedendum contra illos qui requirerent ipsum Potestatem de aliqua investitura ei facienda occasione regiminis civitatis.

Capitulum quod, si aliquis de cetero, sive subjectus sive non subjectus jurisdictioni Communis, cujuscomque gradus sive dignitatis existat, requisiverit sive requiri fecerit rectorem Communis Parmae, sive alium qui jurisdictionem habeat a Communi praedicto, quod recipiat investituram regiminis civitatis ab eo vel ab aliquo alio, seu ipsum rectorem vel Commune Parmae inquietaverit vel molestaverit in possessione vel quasi jurisdictionis praedictae, Potestas teneatur incontinenti facere cridari per civitatem publice quod duo millia de populo armati veniant in platea cum capitibus societatum et ancianis misteriorum et artium, et faciat pulsari campanas Communis ad martellum pro ipsis congregandis, cum quibus vadat ad domum talis requirentis, molestantis vel inquietantis, vel ad illum locum ubi illum talem poterit invenire, pro respondendo praedicto requirenti, molestanti vel inquietanti, vel molestari facienti, et ipsi respondeat verbis et opere ut praedictis congruencius videbitur pro Communi; et hoc ad poenam D. librarum parmensium Potestati, et ultra poenam sacramenti praecisi. Et habeat locum dictum capitulum a die publicationis ipsius in antea. Item quod Potestas teneatur infra quinque dies a die publicationis praesentis Statuti facere quod capita societatum, anciani misteriorum, Capitaneus populi cum Ancianis, Primiceriis et ceteris eligant duo millia, qui mutentur singulis annis; ita quod quolibet anno infra xv. dies mensis januarii fiat electio dictorum duorum millium. Et valeat ex nunc.

Qualiter nemo audeat dicere aliqua mala verba inter homines civitatis Parmae occasione alicujus partis.

Capitulum ad honorem Dei et beatae Mariae Virginis et beatorum Johannis Evangelistae et Ylarii Confessoris, et ad statum pacificum et tranquillum civitatis Parmae, et ut inter homines partis Ecclesiae civitatis Parmae aliqua discordia seu contentio non possit oriri. Ordinatum est quod nullus de civitate Parmae vel districtu nec eciam aliunde audeat nec praesumat de cetero uti vel dicere publice vel privatim mala verba, seu vulgaria vel nova, quae pertineant vel pertinere videantur ad infamationem alicujus, partis Ecclesiae, civitatis Parmae; et qui contrafecerit, condempnetur per Potestatem vel Capitaneum in L. libris parmen. et pro quolibet et qualibet vice, et plus et minus arbitrio Potestatis et Capitanei, qualitate facti et condicione personae inspecta. Quae verba et vulgaria dicta utrum videantur pertinere ad praedicta, sint et esse de-

beant in determinatione, interpretatione et declaratione dominorum Potestatis, Capitanei et sindici majoris, et ipsorum determinationi et inter-
pretationi stetur omnino. Et possint fieri praedictae condempnationes sine
illis de curia. Et valeat ex nunc.

*Qualiter Potestas tenetur facere servari cuilibet pacta, quae
essent inter Commune et illos cum quibus pacta Commune
haberet, specialiter illi qui servaret Communi Parmae.*

Capitulum, cum multa pacta, conventiones et contractus inter Commune Parmae ex una parte facta esse dicantur et certas universitates,
capitula, praelatos, ac eciam singulares personas ex alia, et quaedam ex
ipsis dicantur esse servata Communi, quaedam non, quod Potestas, Capitaneus et Commune Parmae, et ceteri officiales Communis solomodo
teneantur ad observationem illorum pactorum, conventionum et contra-
ctuum, quae per Commune Parmae facta reperirentur, illis qui hucusque
dicta pacta, conventiones et tractatus Communi Parmae totaliter et integraliter servaverunt et promissa seu conventata efficaciter adimpleverunt,
et non ad alia teneantur quocumque modo facta vel factae esse reperirentur, Statuto, pacto et lege aliqua non obstante. Et hoc capitulum sit
praecisum, et sine tenore servandum.

*Qualiter Potestas teneatur observare et observari facere
omnia privilegia concessa Communi Parmae.*

Capitulum ad augmentum et conservationem perpetuam honoris, jurisdictionis et libertatis, ac eciam boni status, quod domini Potestas, Capitaneus et eorum judices et major sindicus, nec non omnes et singuli
officiales Communis, tam praesentes quam futuri, teneantur et debeant
sacramento praeciso, a quo absolvi non possint, servare et servari facere, manutenere ac manuteneri facere, omnia privilegia data et concessa
Communi Parmae, quocumque modo data sint, jura, jurisdictiones Communis, Statuta, decreta, stantiamenta, provisiones et reformaciones Consiliorum Communis et Societatis facta hucusque et de privilegiis et jurisdictionibus Communis loquencia, in honorem et libertatem Communis
et populi et defensionem jurium ipsorum et subjectorum jurisdictioni

Communis, tamquam Statuta tronca et praecisa, in totum et in qualibet
parte sui, sine aliqua interpretatione vel diminutione vel correctione verborum, sed solum prout litera jacet; et eorum regimina et officia exercere per se et officiales suos secundum formam dictorum privilegiorum
et jurisdictionum Communis, nec aliquid facere, nec pati quod fiat, quod
possit dictis privilegiis, juribus et jurisdicionibus praejudicare, nec in
aliquo derogare. Et, si Potestas vel Capitaneus vel aliquis alius officialis
Communis Parmae praedicta privilegia, jura et jurisdictiones Communis,
Statuta, decreta, stanciamenta, provisiones et reformationes non observaverint, prout scripta sunt et littera sonat, ad requisitionem vel sine
requisicione, aut non fecerint totaliter observari, vel aliquid fecerint vel
fieri passi fuerint ut dictum est, aut negligentes fuerint vel remissi in
observantia praedictorum, cadat ab officio suae potestariae vel capitana-
riae vel judicatus seu eciam sindicatus vel ab officio in quo esset, nec
pro Potestate vel Capitaneo vel officiale Communis haberi debeat nec
teneri, nec sibi in aliquo obediri, nec debeat recipere salarium a Communi occasione sui officii. Et ultra praedicta, si fuerit Potestas vel Capitaneus, qui praedicta omnia et singula non observaverit, vel non fecerit
observari ut supra dictum est, condempnetur per sindicum Communis
pro quolibet praedictorum in D. libris parmen., et in amissione officii
in quo esset; et hoc possit facere dictus sindicus et debeat, eciam durante officio praedictorum. Si vero fuerit judex vel officialis, qui praedicta
omnia non servaret, in CCC. libris parmen. per sindicum Communis pro
quolibet praedictorum debeat condempnari.

De eodem.

Capitulum quod nulla persona civitatis vel episcopatus Parmae nec
aliunde, cujuscumque conditionis existat, audeat vel praesumat aliquo
modo, qui dici vel excogitari possit, aliquid dicere vel opponere coram
Potestate, Capitaneo vel suis judicibus seu aliquibus officialibus Communis, nec alibi in aliqua curia, nec eciam allegare, vel allegari, seu eciam
facere impugnari, quod sit vel esse possit contra privilegia, jura, jurisdictiones Communis et Statuta praedicta facta pro honore et libertate
Communis, vel per quod possit ipsis privilegiis et juribus praejudicari
vel in aliquo derogari. Et, si quis contra praedicta vel aliquod praedicto-

rum dixerit, consuluerit, opposuerit, allegaverit, advocaverit, vel suum patrocinium praestiterit, vel aliquid fecerit coram praedictis officialibus vel alibi, ut dictum est, seu eciam in Consilio vel Credencia Communis, populi vel Societatis, puniatur per Potestatem in ccc. libris parmen. pro quolibet et qualibet vice. Si vero ille, qui contra praedicta fecerit, non esset subjectus jurisdictioni Communis, eximatur tunc per Potestatem sentencialiter per scripturam de sub protectione et defensione Communis, cum solempnitatibus cum quibus scribi debent non subjecti offendentes subjectos jurisdictioni Communis, et sit privatus omni servicio et beneficio laycorum, et possit offendi is et ejus bona realiter et personaliter sine poena.

Qualiter manuteneri debeant et defendi per Potestatem Parmae privilegia et jurisdictiones Communis.

Capitulum quod Potestas, Capitaneus, Anciani et alii teneantur sacramento praeciso non proponere nec proponi facere, nec permittere quod proponatur in aliquo Consilio generali vel speciali, parvo vel magno, Communis nec Societatis, aliquid quod sit nec esse possit contra privilegia, jura et jurisdiciones Communis, nec contra praedicta Statuta, nec contra provisiones factas tempore domini Huberti de Castello olim Potestatis Parmae pro honore et libertate Communis, nec aliquid quod sit in diminutione, detractione vel suspensione vel absolutione ipsorum privilegiorum, jurium et jurisdictionum Communis, Statutorum et dictarum provisionum, nec aliquid per quod possit ipsis privilegiis, juribus, Statutis et provisionibus praejudicari nec in aliquo derogari. Et, si Potestas vel Capitaneus de voluntate Ancianorum et aliorum, vel sine voluntate ipsorum, proposuerit in aliquo Consilio, parvo vel magno, de absolutione, diminutione vel suspensione ipsorum privilegiorum, jurium et jurisdictionum Communis, Statutorum praedictorum et dictarum provisionum, Anciani, Primicerii et ceteri teneantur non stare ad ipsum Consilium, sed discedere prorsus, et non pati quod aliquid reformetur in ipsis Consiliis, nec esse possit contra ipsa privilegia, jurisdictiones, Statuta et provisiones praedictas, nec in derogatione vel diminutione ipsorum; quod si fecerint, cadant in poena cc. librarum parmensium pro quolibet ipsorum, et depingendi in palatio Communis, et cassandi ab officio prae-

dicto; et nihilominus Potestas et Capitaneus, qui proponerent vel qui
paterentur quod proponeretur, cadant in poenam ɒ. librarum parmensium pro quolibet et qualibet vice. Et, si quis in aliquo Consilio, consulendo vel arengando vel aliter dicendo, aliquid dixerit, consuluerit vel
recordatus fuerit contra praedicta vel aliquod praedictorum, cadat in poenam c. librarum parmensium pro quolibet et qualibet vice. In quibus
poenis tam Potestas, Capitaneus, Anciani et alii, quam ceteri consultores
per sindicum Communis debeant condempnari infra terciam diem postquam ei fuerit manifestum. Et insuper id totum quod reformaretur in ipso
Consilio, quod esset contra praedicta vel aliquod praedictorum, sit ipso
jure nullum, et non debeat observari.

*Qualiter Potestas tenetur defendere illos, qui citarentur vel
gravarentur pro eo quod fecissent seu dixissent honorem et
libertatem Communis.*

Capitulum quod nulla persona, cujuscomque gradus, condicionis vel
dignitatis existat, audeat nec praesumat molestare nec inquietare, nec
eciam aggravare dominos Potestatem, Capitaneum, nec eorum familiares,
Ancianos nec Primicerios, Consilium nec Commune Parmae, nec aliquos
alios officiales Communis, nec aliquas alias personas singulares civitatis
vel episcopatus Parmae, nec citare nec citari facere in Curia romana nec
alibi pro eo quod fecissent vel fieri fecissent seu fieri permisissent vel
approbassent fieri aliqua Statuta, decreta, provisiones et reformaciones
Consiliorum factas et facta in honorem et libertatem Communis et populi
seu pro honore et libertate Communis, vel quod dixissent, consuluissent
et arengassent honorem et utilitatem Communis in Consiliis generalibus
et specialibus, vel pro eo quod defendissent vel defenderent, recupera-
vissent vel recuperarent jura, privilegia, jurisdictiones, Statuta et provisiones Communis et populi Parmae. Et, si quis praedictis occasionibus
vel aliqua ipsarum citaretur, gravaretur vel molestaretur per aliquem seu
aliquos, ille talis, qui sic citaretur vel molestaretur, debeat defendi et
manuteneri et conservari indempnis, et ejus bona, per Commune Parmae
et expensis Communis tam in Curia romana, quam alibi, sive unus fuerit
sive plures, ad voluntatem et beneplacitum agravati; et massarius Communis teneatur facere et debeat omnes et singulas expensas opportunas

et necessarias in praedictis de denariis et avere Communis tam in salario advocati et procuratoris quam in omnibus aliis opportunis, tamquam in negocio vero et solo Communis. Et, si ille talis, qui molestaret aliquem praedictae condicionis vel faceret molestari, esset subjectus jurisdicioni Communis, Potestas, audita dicta molestatione, teneatur facere ipsum capi et personaliter detineri donec ydonee satisdederit Communi de restituendis omnibus expensis, et satisfaciendo omne dampnum et interesse quod praedictus sic citatus substineret et haberet occasionibus supradictis, vel aliqua ipsarum, credendo de dampno et expensis et interesse sacramento injuriam pacientis; et ultra dictas expensas et dampna debeat condempnari per Potestatem in p. libris parmen. pro quolibet et qualibet vice. Si autem haberi non poterit in fortia Communis Parmae, banniatur tamquam falsarius et rebellis Communis, et bona sua omnia publicentur et deveniant in Commune. Si vero ille qui molestaret vel faceret molestari aliquem praedictae condicionis non esset subjectus jurisdicioni Communis, tunc propinqui ipsius de suo casali layci usque in quartum gradum per Potestatem vel Capitaneum realiter et personaliter compellantur ad praedictas expensas faciendas integraliter ad dampna et interesse emendanda ei qui dampnum occasionibus praedictis vel aliqua ipsarum pateretur, nulla exceptione nec defensione audita; et, si non obedirent praedicti propinqui in totum vel in parte, illi, qui non obedirent, banniantur perpetuo tamquam falsarii et rebelles, ut superius de alio qui non obediret dictum est; et nihilominus ultra praedicta ille talis non subjectus ex nunc, prout ex tunc, sit ipso jure exemptus et extractus de protectione et defensione Communis, et privatus omni beneficio et servicio laycorum, et possit ille talis et ejus bona et faventes sibi et se immiscentes in negociis ipsius offendi realiter et personaliter sine poena, nec audiatur in aliquo actu judiciali Communis donec integre satisfecerit illi quem citari fecisset vel molestaret occasionibus praedictis, vel aliqua ipsarum; et nihilominus fiant expensae per massarium Communis in omnibus casibus ut dictum est illi, vel illis, qui sic molestaretur donec negocium pro quo molestaretur esset fine debito terminatum, videlicet si per illos, de quibus superius dictum est, non fierent expensae praedictae. Et sit praecisum.

Item ut praedicta omnia et singula melius et firmius perpetuo observentur, et ut de Statutis Communis nec Societatis, in quibus omnibus

scribi debeant, tollantur de cetero, ordinatum est quod, quotienscumque
Statuta Communis vel Societatis debuerint emendari, quod praecipi debeat Statutariis per Potestatem et Capitaneum, vel per illum cujus Statuta debuerint emendari, sub poena c. librarum parmensium pro quolibet
et qualibet vice, quod de cetero nihil faciant in contrarium praedictorum; et, si fecerint, non valeat ipso jure, nec approbari permittet ille
qui de praedictis debebit partitum facere, et nihilominus exigat ab ipsis
Statutariis ipsam poenam. Et, si Potestas vel Capitaneus vel aliquis ipsorum non observaverit vel fecerit observari omnia et singula supradicta,
cadat in poenam ccc. librarum parmensium pro quolibet et qualibet vice,
in quibus per sindicum Communis debeant condempnari, ita quod praedicta privilegia, Statuta, jurisdiciones et provisiones semper serventur
pro Communi et populo, et numquam de Statutis Communis et Societatis deleri possint per aliquos Statutarios nec aliquos alios, sed serventur de tempore in tempus, et scribantur de Statutis in Statuta, et sint
ultima et derogatoria omnibus aliis Statutis Communis et Societatis, et
quoad ordinem in fine omnium capitulorum, et sic in perpetuum debeant observari. Et valeant ex nunc omnia praedicta Statuta.

*Qualiter Potestas tenetur facere poni in compilatione Statuti
Communis omnia Statuta simul, in aliqua parte Statuti, loquencia de honore Communis.*

Capitulum quod, cum, propter negligentiam officialium Communis con-
temnencium Statuta Communis et populi et Societatis facta pro defensione
jurisdictionis Communis in defensionem eorum qui subjecti sunt jurisdictioni
Communis contra inobedientes et non subjectos jurisdictioni Communis,
Commune Parmae et subjecti suae jurisdictioni multa dampna et obrobria
hactenus substinuerit, teneatur Potestas Parmae facere cum effectu quod
compilatores praesentis Statuti omnia et singula Statuta et provisiones et
reformaciones Communis, populi et Societatis loquencia de honore Communis faciant poni simul et per se in aliqua parte Statuti Communis, ut melius
videbitur compilatoribus, et ipsi compilatores ad haec teneantur vinculo
juramenti et sub poena decem librarum parmensium pro quolibet. Et teneantur dictus Potestas et sua familia et singuli officiales Communis Parmae
omnia et singula Statuta, provisiones et reformaciones, de quibus supra

fit mentio, inviolabiliter observare in qualibet parte sui; et, si contigerit quod aliquis subjectus jurisdicioni Communis Parmae requirat dictum Potestatem vel suos judices vel alios officiales Communis quod sibi servent vel servare debeant suprascripta Statuta, provisiones et reformaciones in odium alicujus qui non sit subjectus jurisdicioni Communis quocumque modo per scripturam vel aliter, teneatur ipse dominus Potestas, judex, vel alius requisitus modo praedicto, ipsa Statuta, provisiones et reformaciones servare contra tales non subjectos, in qualibet parte sui: quod si facere contempserit vel omiserit, seu neglexerit facere et observare praedicta, incontinenti post dictam requisicionem cadat Potestas in poena c. librarum parmensium, et quilibet alius officialis in poena l. librarum parmensium; quam poenam ille, qui requisiverit praedictum dominum Potestatem vel alios officiales, et eciam quilibet alius subjectus jurisdicioni Communis petere et exigere possit cum effectu a dicto domino Potestate vel alio committente in eam coram quocumque officiale Communis jurisdicionem habente, eciam durante officio suo; ita tamen quod, semel et uni soluta dicta poena, amplius non teneatur. Si vero aliquis officialis jurisdictionem habens denegaverit facere rationem alicui conquerenti modo praedicto, talis officialis sit adstrictus et obligatus supradicto conquerenti, ut supra dictum est de Potestate et aliis officialibus, salvis semper omnibus aliis poenis majoribus, si quae majores reperirentur in dictis Statutis, provisionibus et reformacionibus. Et sit praecisum, et valeat ex nunc.

De uno penono faciendo pro Communi in singulis portis, et dando quatuor Capitaneis.

Capitulum quod Potestas teneatur facere quod in singulis portis detur unum penonum uni pro qualibet porta, ad arma Societatis, qui sit bonus fidelis et antiquus popularis civitatis Parmae. Qui quatuor eligantur per illos qui debent eligere duo millia, de quibus supra fit mentio, ad scurtinium inter ipsos, nominando quamplures in qualibet porta; quorum quatuor quilibet sit et esse debeat major xl. annorum, et sint isti quatuor confalonerii praedictorum duorum millium tanto tempore quanto duraverint duo millia supradicti; et eorum officium sit facere quod Potestas et officiales Communis servent et servare debeant suprascripta

Statuta, provisiones et reformaciones, de quibus supra fit mentio: et, si invenerint Potestatem vel alium aliquem officialem cucurrisse in aliquam poenam pro eo quod non observaverint dicta Statuta, provisiones et reformaciones, seu quod neglexerint eorum vel alicujus eorum observantiam, ipsi confalonerii et quilibet eorum possint, teneantur et debeant condempnare ipsum vel alium officialem delinquentem vel negligentem in poenis incursis; cujus condempnacionis medietas sit dictorum confaloneriorum, et alia sit Communis: et, si ipsi confalonerii fuerint negligentes in hoc, in omnibus et per omnia sint obligati et obstricti eisdem poenis et eodem modo, quo et quibus erant Potestas et officiales delinquentes et negligentes. Et, ultra bayliam commissam dictis confaloneriis, si Potestas obmitteret observare dicta Statuta, provisiones et reformaciones in congregando dictos duo millia in eo casu quod dictum est ipsum dominum Potestatem debere eos congregare, teneantur et debeant dicti confalonerii ipsos duo millia facere congregari per sonum campanarum et per vocem praeconum, sicut poterat dominus Potestas, et in istis et circa haec habeant bayliam et auctoritatem quam habet dominus Potestas. Et, ut ipsi confalonerii cum majori vigore et firmitate suum faciant officium, habeant toto tempore sui officii illud privilegium quod concessum est per Statuta Communis et populi Ancianis, Primiceriis et ceteris. Et massarius Communis teneatur facere fieri dictos penonos expensis Communis et ipsos mittere ad domum dictorum confaloneriorum. Et hoc sit praecisum, et valeat ex nunc.

Qualiter Potestas tenetur defendere omnes et singulos dicentes honorem et jurisdicionem et libertatem Communis, et de modo procedendi contra illos qui gravarent aliquem praedictae condicionis.

Capitulum, ut domini Potestas, Capitaneus et eorum judices et milites melius et liberalius possint suum officium exercere contra quoscomque qui delinquerent, quod, si occasione alicujus processus, justiciae vel vindictae quam facerent vel fecissent contra aliquos delinquentes praedicti vel aliquis ipsorum, vel si aliquis in Cousiliis generalibus Communis et populi vel Societatis, specialibus mercadanciae, de collegiis, misteriis seu artibus civitatis Parmae diceret, consuleret vel arengaret honorem et utilitatem Communis seu pro honore, utilitate et libertate Communis; et praedictis occasionibus vel aliqua ipsarum praedicti seu aliquis praedictorum citarentur, gravarentur vel molestarentur, vel interdiceretur eis vel alicui ipsorum aditus ecclesiae vel ecclesiastica sacramenta per aliquem praelatum seu non subjectum jurisdictioni Communis, quod ille talis, qui sic citaretur, molestaretur vel inquietaretur, debeat defendi, manuteneri et conservari indempnis per Commune Parmae et expensis Communis, sive unus fuerit sive plures, tam in Curia romana quam alibi ubi fuerit opportunum, constituendo sindicum et dando eidem advocatum ad voluntatem et beneplacitum illius, seu illorum, qui praedictis occasionibus vel aliqua ipsarum molestaretur, gravaretur vel inquietaretur. Qui advocatus et sindicus teneantur et debeant defendere et manutenere quemlibet praedictae condicionis a principio quaestionis usque ad finem. Et massarii Communis, tam praesens quam futuri, teneantur et debeant facere omnes et singulas expensas opportunas et necessarias in praedictis de denariis et avere Communis tam in salario dictorum advocati et sindici, quam in omnibus aliis circa praedicta et singula opportunas tamquam in negocio vero et solo Communis. Et quod Potestas et Capitaneus et quilibet per se teneatur et debeat compellere illum esse advocatum et sindicum quaestionis, quem volet ille qui praedicta occasione gravaretur vel molestaretur. Et quod singulis sex mensibus, quando generalis reformatio fit de solutionibus faciendis officialibus Communis, Potestas et Capitaneus teneantur sacramento praeciso ponere ad Consilium generale et facere reformari de dictis expensis et solutionibus faciendis quociens oportebit, intelligendo quod quilibet gravetur praedictis occasionibus vel aliqua ipsarum qui citaretur vel gravaretur pro decima vel quartisio non consueta praestari; et debeat stari et credi sacramento cujuslibet qui citabitur vel gravabitur si fiat ei, vel non, dicta citatio vel gravamen pro eo quod dixisset honorem et utilitatem Communis.

De sindico constituendo pro Communi, qui debeat conservare dominos Potestatem et Capitaneum et eorum familias de eo quod fecissent in honorem Communis.

Item quod fiat sindicus pro Communi Parmae, qui, nomine et vice Communis et expensis ipsius, promittat dominos Potestatem, Capitaneum,

Ancianos, Primicerios et ceteros tam praesentes quam futuros, et illos qui praedicta et infrascripta fecerint generaliter et specialiter, omnes et singulos, quos dictum negocium tangeret qualitercomque, conservare, liberare et extrahere indempnes ab omni gravamine et molestia, quod sibi vel alicui ipsorum fieret per aliquos occasione praedicta et infrascriptorum capitulorum seu alicujus ipsorum tam in Curia romana quam alibi, sicut melius et de jure valeat et possit valere. Et firmaverunt quod promissio sindici facienda praedictis dominis et aliis, de quibus supra fit mentio, fiat ad voluntatem et beneplacitum praedictorum dominorum Potestatis et Capitanei, Ancianorum et aliorum de consilio sapientum virorum quos secum habere voluerint ad praedicta.

Qualiter quis puniri debeat non subjectus jurisdictioni Communis, qui offendit aliquem subjectum jurisdictioni Communis.

Capitulum quod, si per aliquem non subjectum jurisdictioni Communis facta fuerit aliqua offensio in persona vel rebus in aliquem subjectum jurisdictioni Communis, vel, si fuerint portata arma offensibilia per ipsum non subjectum per civitatem vel burgos, quod ille talis non subjectus sit exemptus de sub protectione et defensione Communis, et insuper teneatur Potestas illum talem sic offendentem vel arma offensibilia portantem pronunciare sententialiter per scripturam, et facere divulgari cum tuba in scalis palacii, et in vicinia seu terra in qua morari consuevit, per correrium Communis quod, pro tali offensione facta in talem vel quia portavit arma offensibilia per civitatem vel burgos, ille talis non subjectus eximitur et extrahitur de protectione Communis, et postmodum scribi in duobus libris, unus quorum stet apud massarium Communis et alius apud notarios qui custodiunt reformationes Consiliorum in palatio Communis, ut ex ipsis fiat copia gratis cuilibet postulanti; et teneatur Potestas facere infra terciam diem, post denunciationem sibi factam de hoc vel judici suo; quod si non fecerit, cadat in poena c. librarum parmensium pro quolibet et qualibet vice, quam ab eo possit exigere ille cui offensio facta fuerit, convertendarum in utilitatem suam coram quocumque officiale Communis habente jurisdictionem cognoscendi, nulla exceptione nec defensione audita: quo scripto et publicato seu pronunciato, ille talis possit offendi a quocumque realiter et personaliter sine

poena. Et insuper post dictam publicationem nullus praesumat illum talem, si unus fuerit sive plures, tenere in domo propria vel conducta,
nec ipsum obstiare sub poena L. librarum parmensium pro quolibet et
qualibet vice; et quilibet possit accusare et habeat medietatem banni.
Et hoc Statutum sit praecisum, aliquo non obstante.

De poena imposita pro Communi contra judices consulentes contra
formam alicujus Statuti, de quo fuerint certificati.

Capitulum quod nullus judex praesumat consulere, nec consilium dare
in aliqua quaestione civili vel criminali coram aliquo officiale Communis
habente jurisdictionem cognoscendi, quod sit contra formam alicujus Statuti Communis vel Societatis, de quo Statuto certificatus fuerit per publicum instrumentum. Si quis contrafecerit, condempnetur per Potestatem in centum libris parmen.; et judex sive officialis, qui dictum consilium pronunciet, condempnetur in tantumdem; et notarius, qui scripserit,
in L. libris parmen.; et nihilominus id quod dictum, consultum, pronunciatum et scriptum fuerit ipso jure sit nullum. In quibus quantitatibus Potestas teneatur et debeat quemlibet praedictae condicionis condempnare, et condempnationes exigere infra octo dies post denunciationem ei vel judici suo factam, sine illis de curia; quod si non fecerit,
cadat Potestas in poenam cc. librarum parmensium, in quibus debeat
condempnari per sindicos Communis pro quolibet et qualibet vice; et
insuper teneatur ad emendationem tocius dampni quod substinuerit ille
talis contra quem consilium datum fuerit, credendo de dampno sacramento illius cui praedictum Statutum non fuerit observatum.

Qualiter debeat fieri fides per aliquem qui voluerit dicere
se esse conversum, dedicatum vel apontatum (1), et de modo
servando super hoc.

Capitulum quod nullus de cetero habeatur pro converso nec apontato,
nisi fidem fecerit de conversacione sua vel apontatione per publicum in-

---

(1) A spiegazione delle dette voci valgano le notizie qui appresso. Tra gli atti di persone,
che assunsero la qualità di *conversi* e *dedicati*, ne ha uno nell'archivio vescovile di Parma a
car. 189 di un protocollo del notaio Corrado Altemani, sotto la data del 10 giugno 1320, ove

strumentum, et nisi portet et portaverit habitum ordinis seu loci ad quem se conversavit, et nisi stet et steterit ad locum ad quem se conversavit continue vel saltem per duas partes anni, et nisi juret per praelatum loci, ad quem se conversavit, et per duos ex fratribus suis quod conversacio sive apontacio sua est vera et non simulata; et, si quis praedicto modo fidem non fecerit, non habeatur nec teneatur pro converso nec apontato, sed compellatur per Potestatem et Capitaneum et eorum judices et alios officiales Communis tamquam laycus ad faciendum omnia et singula quae facere tenentur et debent alii layci vere subjecti jurisdictioni Communis; et nullus praesumat pro aliquo praedictae condicionis allegare nec dicere aliquid coram aliquo officiale Communis quod sit nec esse possit contra praedicta nec aliquod praedictorum. Qui compellantur et conveniantur in omnibus negociis tamquam layci in poena et banno xxv. librarum parmensium pro quolibet et qualibet vice, in quibus debeat condempnari per Potestatem vel Capitaneum vel per illum cui prima quaestio de hoc fuerit devoluta sine illis de curia; et nullus officialis Communis praesumat aliquid facere neque dicere in favorem

---

si legge: *Guido quon. Cursii Tartineti de Florentia, volens et intendens vitam laycalem deserere, et, in quantum sibi datum fuerit, desuper de cetero Domino famulari, constitutus in praesentia venerabilis patris d. fr. Symonis* (Saltarelli) *Dei et apost. sedis gratia episcopi parmensis, flexis genibus et manibus clausis, sponte et libera voluntate obtulit se et sua bona mobilia et immobilia, ubicumque sint et poterunt inveniri, et personam suam totaliter in manibus dicti d. episcopi recipientis nomine suo et episcopii ejusdem, in devotum, fratrem et conversum et dedicatum ejusdem ecclesiae parm., promittens eidem d. episcopo pro se et successoribus suis perpetuo obedientiam et reverentiam, tamquam suo patri et domino.* Nello stesso dì questo converso fu dal vescovo eletto a rettore dello spedale e della casa de' frati Spedalieri al ponte di Sorbolo, come da successivo atto dello stesso Altemani.

Apontatus manca nel Ducange, che ha soltanto *appunctuatus*, cioè *appunctuamento, seu pacto, pertinens ad aliquem*. Di tal voce si hanno i seguenti esempi in un bel codice membranaceo di rogiti posseduto già dal monistero di s. Martino de' Bocci, ed ora dalla parmense. Addì 26 aprile del 1311 Gherardo d'Agrimonte domiciliato in Parma sul ponte di pietra, e la moglie sua Giacomina, amendue in età senile, si offrono *pro devotis et conversis, familiaribus et* apontatis *monasterii praedicti*, in una con tutti i loro beni mobili ed immobili, all'abbate Giovanni Bersani. Al quale fanno atto di reverenza *tanquam devoti, famuli et* apontati *ejusdem monasterii*; e, mutato l'abito laicale, promettono di vivere vita onesta e casta (car. 18 retro). A' 9 febbraio del 1315 l'abbate riceve *in devotum, fratrem, familiarem, conversum et apontatum* un vecchio fabbro ferraio di Enzano, per nome Gherardo de' Zumignetti, consenziente la moglie di questo; la quale è parimente accettata *pro devota, sorore et* apontata *dicti monasterii*. L'uno e l'altra offrono i proprii beni al monistero (car. 36 tergo). Finalmente a' 12 febbraio del 1323 lo stesso abbate riceve un Leonardo Zangaro contadino, *osculo pacis interveniente inter eos, in devotum, confratrem, famulum et per* apontatum *dicti monasterii*, mediante la solita oblazione de' beni (car. 90 tergo). Quest'ultimo atto porta per titolo: *Dedicatio Leonardi Zangari.*

alicujus praedictae condicionis sub eadem poena exigenda per Potestatem
a quolibet praedictorum infra quinque dies post denunciationem factam
de eis seu aliquo ipsorum; et nihilominus ille talis conversus, qui se
vellet defendere a praedictis, cum videatur se furari Communi et se a
serviciis Communis subtrahere, sit exemtus de sub protectione et defensione Communis; et debeat pronunciari sententialiter per scripturam per
Potestatem vel per judicem ipsius, et divulgari cum tuba in scalis palacii,
et denunciari in terra et vicinia sua per correrium, quod eximitur de
sub protectione Communis, et postmodum scribi in praedictis duobus
libris, in quibus scribi debent non subjecti jurisdicioni Communis offendentes subjectos jurisdicioni Communis et ad illud tempus; quo scripto
et publicato, possit ille talis offendi a quocomque realiter et personaliter
sine poena: et scripturae factae super hoc coram aliquo officiale Communis sint plena probacio contra talem.

De conservacione jurium laycorum.

Capitulum, ad conservandum jura laycorum, quod omnes reformationes
Communis et populi et Societatis croxatorum et omnia Statuta et decreta
et stantiamenta Communis et populi et Societatis croxatorum, hucusque
factae et facta in honorem et utilitatem Communis et laycorum et suorum jurium contra non subjectos jurisdictioni Communis in civilibus et
criminalibus, sint et in totum intelligantur esse praecisa in totum et in
qualibet parte sui, ita quod per dominos Potestatem et Capitaneum et
per quemlibet ipsorum et per omnes officiales Communis praecise debeant
observari in totum et in qualibet parte sui sine aliqua interpretatione et
diminucione verborum vel correctione, sed solum prout littera jacet; et,
si Potestas vel Capitaneus vel aliquis alius officialis Communis praedicta
Statuta, decreta, stantiamenta, reformationes et provisiones non observaverint in totum prout littera jacet ad requisicionem vel denunciationem
cujuslibet popularis de jurisdictione Communis Parmae, perdant de suo
salario c. libras parmen. pro quolibet et qualibet vice, in quibus condempnentur et sindicentur per sindicum Communis sine remissione: et insuper teneantur ad omne dampnum, dispendium et interesse quod haberet
et substineret ille cui praedictae reformaciones et Statuta non fuerint
observata. Insuper, si aliquis judex, notarius, sindicus, procurator vel

advocatus, vel alia persona quocomque nomine censeatur, dixerit, consuluerit, opposuerit, advocaverit contra praedicta vel aliquod praedictorum
publice vel privatim contra aliquem laycum coram praedictis Potestate,
Capitaneo vel alio officiali Communis in favorem aliquorum non subjectorum jurisdictioni Communis in aliqua causa vel quaestione, incontinenti condempnetur per Potestatem sine illis de curia in xxv. libris
parmen. et sine remissione. Et hoc locum non habeat in forensibus.

*Qualiter Antiani et Primicerii non possint impedire Pote-
statem nec Capitaneum in executionibus Statutorum et reformacionum Consiliorum Communis et Societatis.*

Capitulum quod domini Anciani, Primicerii et ceteri non possint nec
debeant impedire dominos Potestatem nec Capitaneum, nec eorum judices,
in executionibus Statutorum Communis nec Societatis, nec in executionibus reformationum Consiliorum Communis nec Societatis.

Item quod per Potestatem, Capitaneum, Ancianos, Primicerios et alios
praedicta capitula, tamquam Statuta tronca et praecisa, in qualibet parte
sui debeant observari, manuteneri et defendi, et non possint absolvi,
corrigi, mutari nec interpretari, nisi ut litera sonat, et intelligantur esse
ultima et derogatoria omnibus aliis Statutis Communis et Societatis, et,
quoad ordinem, in fine omnium capitulorum. Et, quocienscumque Statuta Communis vel Societatis emendabuntur, debeat praecipi per Potestatem et Capitaneum, vel per illum cujus cura Statuta deberent emendari, Statutariis, sub poena c. librarum parmensium pro quolibet et
qualibet vice, quod nihil facient in contrarium praedictorum; et, si fecerint, non valeat ipso jure; nec approbari permittet ille, qui de capitulis
tunc factis debebit facere partitum, et nihilominus ab ipsis Statutariis
exigat dictam poenam. Et, si Potestas et Capitaneus vel aliquis ipsorum,
Anciani, Primicerii et ceteri in praedictis vel aliquo praedictorum negligentes fuerint vel remissi, aut si non observaverint vel fecerint observari
omnia et singula supradicta, cadant in poenam ccc. librarum parmensium
pro quolibet praedictorum dominorum, et quilibet ex Ancianis et Primiceriis et aliis, tempore quorum tollerentur dicta capitula vel aliquod ipsorum, in quinquaginta librarum parmensium. Et negligentes et remissi
intelligantur praedicti domini omnes fuisse et esse in dicto negocio, quo-

ciens praedicta capitula non servarentur in totum ut superius continetur. In quibus poenis Potestas et Capitaneus, Antiani et alii debeant condempnari per sindicum Communis, secundum quod superius est expressum. Millesimo ducentesimo nonagesimo quinto, Indictione octava.

Incipit de officio judicum Potestatis.

Capitulum quod Potestas teneatur facere stare unum ex judicibus suis ad inquirendum et cognoscendum de accusationibus et maleficiis; et judex ille, qui cognoscet de praedictis, non possit nec debeat se intromittere de aliquibus aliis quaestionibus; et, si contrafecerit, totus processus ab eo factus sit nullius momenti. Et hoc ut maleficia melius et diligentius inquirantur, et omnes accusationes, quae fient, cujuscumque conditionis sint, fiant et fieri debeant coram dicto judice in civitate Parmae, et non alibi. Et, si aliter fieret, non valeat, nec quicquid sequetur ex eis vel eorum occasione.

Alius vero judex Potestatis, deputatus ad lupum, superstet et intendat ad exacionem condempnacionum et coltarum et omnium quae debentur Communi. Et diligenter sine fraude, remoto precio, precibus et amore, inquirat, exigat et ad solvendum compellat omnes et singulos condempnatos secundum formam Statutorum Communis Parmae inde loquencium, et ad coltas exigendas ab omnibus civitatis et episcopatus Parmae, et super ipsis habeat plenam cognitionem, et super focis habeat hominum episcopatus, secundum quod continetur in Statutis Communis; et nihilominus possit cognoscere de omnibus quaestionibus civilibus.

Tertius vero judex Potestatis cognoscat in civilibus [Unus quorum judicum Potestatis solum possit et debeat cercare omnes carnarolos et omnes utentes balanciis, marchis, staderiis et ponderibus, quae quidem pondera et balanciae bollari debeant semel in anno tantum, et de hoc inquirat unus ex praedictis judicibus, et, si invenerit aliquem non bullasse praedicta, debeat condempnare quemlibet non observantem in x. sol. parmen. pro quolibet et qualibet vice, et plus et minus ad voluntatem Potestatis].

Quartus vero judex moretur cum Potestate, et intendat sollicite et mandet executioni Statuta et reformaciones Consiliorum, secundum quod ordinatum est seu ordinabitur in futurum; et nihilominus possit inter-

ponere auctoritatem suam pro Communi Parmae in contractibus et alienacionibus minorum, et in dando tutores et curatores, et in emancipationibus, si super praedictis fuerit per aliquem seu aliquos requisitus.

Qualiter cognitio coltarum debet fieri solum
per judices Potestatis.

Capitulum quod sub examine Potestatis et suorum judicum sit cognitio
tantum de omnibus quaestionibus, quae intervenerint causa coltarum, et
nullus alius officialis Communis possit absolvere nec condempnare nec
relassare aliquem a coltis in poena et banno trium librarum parmensium
pro quolibet et qualibet vice; et quilibet possit accusare et habeat medietatem banni, et cercatores possint eos cercare. Et insuper Potestas et
sui judices, quorum, secundum formam hujus capituli, debet esse cognitio
de quaestionibus coltarum tantum, cognoscant secundum voluntatem Consilii generalis; et judex, qui cognoscet de coltis, cognoscat summarie et
sine strepitu judicii; et, si reus subcubuerit, restituat omnes expensas
actori. Et nemo possit appellari ab aliqua sententia, quam judex Potestatis tulit vel ferret, ita quod omnibus et singulis denegetur beneficium
appellationis. Et hoc locum habeat in omnibus quaestionibus coltarum
tam pendentibus quam futuris, et de praedictis possit cognosci tempore
feriato et non feriato.

Qualiter judices Potestatis, qui morantur ad jura reddenda et coltas
exigendas, possint cognoscere de omnibus quaestionibus.

Capitulum quod judices Potestatis, qui morantur ad jura reddenda et
coltas et condempnationes exigendas, debeant, possint et teneantur cognoscere de omnibus quaestionibus et causis civilibus et laudis ruptis,
et eciam officium appellationum fiat per eos secundum formam Statutorum Communis; et causas, quae coram eis vel aliquo ipsorum movebuntur, recipere, cognoscere et diffinire bona fide, sine fraude, nihil
tollendo nec accipiendo per se vel per alium, nec dando operam frau-
dulentam quod ad alios judices deveniant; et hoc facere teneantur praedicti judices Potestatis, remoto precio vel precibus, et omni extraneo
intellectu.

Item teneantur omnes et singuli judices Potestatis non accipere occasione sui officii aliquod donum fraudulentum, servitium vel aportum; et, si sciverint aliquem qui promiserit sibi vel alicui pro eis, teneantur in publico Consilio manifestare, et non consentire furtum fieri per aliquem de denariis et avere Communis, sed assignare massario Communis quicquid pervenerit ad eos vel aliquem ipsorum occasione sui officii.

Item teneantur praedicti judices Potestatis operari toto posse et dare operam cum effectu quod Potestas observet Statuta Communis et sacramenta sui officii, et dare consilium Potestati super negociis Communis ad majorem honorem et utilitatem Communis Parmae, et procurare quod omnes et singuli officiales Communis observent Statuta loquencia de eorum officiis, et sacramenta sui officii.

Item teneantur tenere secretum et non manifestare perpetuo in dampnum Communis Parmae aliquid quod audiverint de factis dicti Communis, et non ire de cetero pro guastis neque pro maleficiis neque pro bannis per episcopatum expensis Communis, sed pro gravibus maleficiis et homicidiis inquirendis ire protinus teneantur secundum quod in capitulo de hoc loquente plenius continetur.

Item teneantur praedicti judices quod non vocabunt aliquos judices, nisi de illis qui sunt vel erunt de collegio judicum civitatis, ad consilium alicujus quaestionis, quae coram eis vel aliquo ipsorum examinabitur.

Item teneantur praedicti judices Potestatis non consulere nec recipere consilium aliquod ab aliqua persona saeculari et ecclesiastica, durante eorum officio, aliquo modo vel ingenio; et, si contrafactum fuerit per ipsos vel aliquem ipsorum, nullius sit valoris, et sit irritum et inane; et poena sit cuilibet contrafacienti pro qualibet vice xxv. librarum parmensium. Et de hoc, si contrafecerint, puniantur et sindicentur ipsi judices Potestatis per sindicos Communis.

Item teneantur dicti judices Potestatis venire bis in die in palatium Communis et reddere jura petentibus et stare ad jura reddenda ad campanellam de mane usque ad terciam, et a campanella de post nonam usque ad vesperas; et non vocare aliquem judicem ad aliquod consilium alicujus quaestionis vel causae, qui sedeat secum in palatio super banco intus a stanghis. Et, si Potestas contrafecerit vel aliquis ex judicibus suis, sindicetur in c. sol. parmen. pro quolibet et qualibet vice.

Item quod Potestas et judices sui non possint audire nec cognoscere de aliqua quaestione civili, quam deposuerit coram se vel aliquo eorum aliquis homo oriundus de terra vel territorio seu episcopatu civitatis de qua fuerit ipse Potestas vel judex qui de ipsa quaestione cognoscet seu coram quo fieret. Et teneantur praedicti Potestas, sui judices et milites, non blasfemare vel rusticitatem aliquam dicere aliquibus officialibus Communis nec aliquibus aliis hominibus civitatis et episcopatus Parmae, poena decem librarum parmensium pro quolibet et qualibet vice.

Item teneantur judices Potestatis semel in anno approbare omnia capitula et ordinamenta misteriorum et artium civitatis, ita quod propterea homines dictorum misteriorum et artium nihil expendant. Et nulla ordinacio alicujus artis possit approbari contra formam alicujus Statuti Communis vel Societatis; et, si approbaretur, talis approbacio nullam obtineat firmitatem. Et in fine libri ordinamentorum cujuslibet artis scribatur numerus approbatorum; et, si inter unum Statutum et aliud esset aliquod spatium non scriptum, in illo spatio fiant plures canzellaciones, ut, si aliquid postea scriberetur, habeatur pro canzellato, et canzellationes illae sint indicia novae adjectionis. Et, si dicta Statuta vel ordinamenta non fuerint approbata secundum formam dicti capituli, non valeant nec teneant, nec vigore ipsorum aliquis aggravetur.

Qualiter Potestas tenetur facere cercari bis in mense
omnes tabernarios civitatis et burgorum.

Capitulum quod Potestas Parmae, qui pro tempore fuerit, teneatur facere cercari per familiam suam omnes tabernarios civitatis et burgorum, ad minus bis omni mense sui regiminis, et nullus alius officialis Communis possit nec debeat eos aliquo modo cercare; et, si Potestas vel ejus judices invenerint aliquem vel aliquos facere contra banna Communis, teneatur Potestas illum vel illos condempnare secundum formam bannorum Communis infra terciam diem, et praedictas condempnaciones possit facere Potestas sine illis de curia.

De officio unius ex sociis Potestatis, et quid sit faciendum per ipsum.

Reformatum fuit per Consilium quingentorum millesimo ducentesimo nonagesimo, die xxv. junii, quod Potestas futurus et quilibet successor ejus, in illis xv. diebus in quibus debet esse Parmae ante introitum sui officii, faciat venire coram se notarios tascharum novos et veteres, et eis proponat illum ex sociis suis qui ad dictum officium tascharum pro exactione denariorum bannorum debuerit superesse. Qui socius Potestatis faciat per veteres notarios infra dictum. tempus xv. dierum fieri consignacionem novis notariis de omnibus libris penes eos existentibus; et, eis datis et assignatis, per officiales Communis faciat fieri de ipsa tali assignatione tres publicas scripturas seu libros ejusdem tenoris, una quarum remanere et esse debeat penes ipsum socium Potestatis, alia penes notarium tascharum, et alia in camera Communis sigillata: et de cetero singulis sex mensibus, quando debuerit fieri dicta assignacio, videatur scriptura quae erit in camera Communis sigillata cum aliis praedictis duabus scripturis, et examinetur diligenter ne fraus aliqua esset in ipsis scripturis commissa. Qui socius Potestatis in adventu successoris sui infra dictum tempus xv. dierum ipsi successori suo dictam scripturam consignationis assignet in Consilio generali, qui, habita dicta scriptura, incontinenti, vocatis dictis notariis, ut supra dicitur, procedat ad consignacionem librorum fieri faciendam, habendo dictam scripturam penes se ut videre possit si fraus aliqua esset commissa de dictis libris: et, si aliquis esset deperditus vel subtractus, vel inveniret fraudem aliquam esse commissam, vel librum seu partem libri deperditum vel subtractum, illud referat coram dictis Potestate, Capitaneo, Ancianis et aliis; et tunc dictus Potestas secundum qualitatem culpae, et libri seu partis libri de quo ageretur, procedat et procedere teneatur contra illum, cui assignatus esset et qui ipsum non restitueret, inquirendo et puniendo ad suam voluntatem, considerata semper qualitate personae et culpae, sicut superius est expressum.

Item providerunt quod omnes libri reformationum Consiliorum tam Communis quam Societatis et libri Credenciarum assignentur et debeant assignari notario deputando ad custodiendum ipsas reformaciones Consiliorum et Credenciarum infra praedictum tempus xv. dierum, qui debeat stare in palatio veteri Communis cum dictis libris, et de ipsis copiam faciat unicuique petenti, ita quod de aliqua reformacione, quam exemplabit alicui, non possit accipere ultra xii. imperiales, sed abinde infra. Sic et designatio ipsorum librorum fiat dicto officiali, numeratis quaternis et chartis scriptis; et non scriptis fiant mortificaturae, ita quod de novo nihil possit scribi in eis; et in fine ipsorum librorum scribatur somma quaternorum et chartarum. Et fiat dicta assignatio in Consilio generali.

Item super designacione librorum officialium veterum, quod quilibet notarius, qui est et erit in officio Communis, de cetero singulis sex mensibus, vel ante si minus duraverit ad officium, teneatur assignare libros sui officii omnes et singulos notariis tascharum suae portae, exceptis libris reformacionum, de quibus superius dictum est, in praesentia dicti socii Potestatis et massarii laboreriorum Communis, qui massarius secum habeat scripturam quaternorum de pecude, quos ipsis notariis dedit, ut sciatur si ipsi notarii assignabunt tot quaternos de pecude et tot copertas, quot receperunt; et, si tot non assignaverunt, compellantur restituere infra secundam diem totam quantitatem, quae defuerit, cum poena dupli; et, si contigerit postea praedictum talem non restituentem habere aliquod officium, nullum quaternum vel chartam habeat a Communi; eo salvo quod notarii reformacionum Consiliorum tam generalium Communis, quam Societatis libros dictorum Consiliorum et Credenciarum non assignent notariis tascharum, sed solum officiali qui ipsas reformaciones debuerit custodire.

De jurisdicione Capitanei Societatis, et de electione Ancianorum et Primiceriorum, et baylia et privilegiis ipsorum.

Capitulum, ad honorem Dei et beatae Mariae Virginis et bonum statum Communis Parmae, quod illi de Consorcio populi Parmae habere debeant octo Ancianos et octo Primicerios, scilicet duos Ancianos et duos Primicerios per portam; et nullus possit esse Ancianus nec Primicerius qui non sit scriptus in libro Societatis croxatorum. Qui Anciani et Primicerii teneantur et debeant interesse omnibus Consiliis generalibus et specialibus Communis et Societatis; et Potestas teneatur et Capitaneus eis dare Consilium generale et speciale, sicut et quando et quociens pecierint; et nullum Consilium generale vel speciale, ad quod non fuerint, habeat aliquam firmitatem.

Item quicquid Capitaneus, Anciani et Primicerii omnes in concordia cum voluntate Credenciae populi et Societatis dixerint seu denunciaverint Potestati seu rectori Parmae, ipse rector seu Potestas teneatur audire diligenter et executioni mandare; et, si Potestas praedicta non fecerit, aut in aliquo contrafecerit, amittat medietatem sui feudi, salvo quod Capitaneus, Anciani et Primicerii per se vel eciam auctoritate alicujus sui Consilii generalis vel specialis, populi vel Societatis, vel alio modo, non possint tractare, ordinare, firmare nec facere quod aliqua condempnacio alicui remittatur, vel terminus ordinetur ad aliquam condempnacionem solvendam, vel aliquis bannitus affidetur contra formam Statutorum Communis Parmae, vel aliquis confinatus causa partis de confinibus absolvatur. Et nulla denunciatio possit fieri Potestati nec suae familiae per praedictos in contrarium Statutorum Communis quae locuntur de condempnacionibus exigendis et non remittendis, et de bannitis pro maleficio non affidandis, et de confinatis causa partis a confinibus absolvendis; et, si aliqua denunciatio fieret, Potestas non teneatur nec debeat in aliquo observare.

Item quod nulla denunciatio possit fieri per praedictos vel aliquem praedictorum Potestati aliquo modo, nec eciam aliquid ordinari auctoritate alicujus sui Consilii contra formam alicujus Statuti, nisi illud manifeste foret contra vigorem et honorem Capitanei, Ancianorum et Primiceriorum.

Item teneatur Potestas facere fieri ordinamenta, quae Anciani et Primicerii voluerint, per tubatores Communis: et judices et milites Potestatis hoc similiter facere fieri teneantur.

Item quod in numero Ancianorum et Primiceriorum sit unus providus vir de collegio judicum, et alius de collegio notariorum, et uterque ipsorum habeat similem auctoritatem sicut habet unus de Ancianis et Primiceriis, et sit privilegiatus in omnibus casibus et conditionibus sicut Anciani et Primicerii.

De privilegiis observandis in favorem Ancianorum et suorum sequacium.

Capitulum quod, si aliquis Ancianorum vel aliorum, vel notarius eorum, exercendo officium incideret vel incurreret aliquam inimicitiam seu brigam, Potestas teneatur facere ei fieri pacem, et securitatem sibi dari de non offendendo ad suam voluntatem; et, si alicui ex Ancianis seu Primiceriis vel eorum notario aliqua offensio facta fuerit per aliquem, exercendo officium suum et occasione ipsius officii, Potestas teneatur procedere et punire ad voluntatem Ancianorum et aliorum qui pro tempore fuerint.

Qualiter Potestas non possit condempnare aliquem de Ancianis nec eorum sequacibus.

Capitulum quod Potestas teneatur sacramento non condempnare aliquem de Ancianis nec de Primiceriis, nec eos qui pro judicibus et notariis sunt vel erunt per tempora cum praedictis ad negocia Communis, nec eorum notarios, nec aliquod gravamen eis imponere, nec filio nec filiis alicujus eorum, nec alicui de familia ipsorum, toto tempore suae potestariae de aliquo quod fecerint vel dixerint, excepto de maleficio commisso ab aliquo ipsorum seu a filiis vel aliquo de suis familiis, super quo possit procedere secundum formam Statutorum Communis et non aliter; et, si contrafecerit, Potestas amittat de suo feudo centum libras parmen. pro quolibet et qualibet vice, et dampnum emendet injuriam passo; et de hoc debeat sindicari. Et ad omne dubium removendum, expresse maleficium intelligatur tenere ludos prohibitos, mutuare ad ludos prohibitos, ludere ad ipsos ludos, stare ad ipsos videndos, et tenere tabernas, et vendere seu vendi facere vinum contra formam Statutorum et ordinamentorum Communis factorum et faciendorum, et portare seu ducere res prohibitas, vel dare consilium ad exportandum vel ad educendum res prohibitas de civitate et forcia Communis Parmae. Ista omnia intelligantur esse maleficia, ita quod Anciani et ceteri, qui superius privilegiantur, et illi de eorum familiis, non intelligantur habere privilegium in praedictis casibus.

Qualiter Potestas teneatur praecise observare omnia Statuta Societatis.

Capitulum ad honorem praedictae Societatis croxatorum, et ad hoc ut omnis honor, vigor, auctoritas et baylia et jurisdicio ipsius Societatis augeantur et in solidum conserventur, quod Potestas, Commune et omnes et singuli de civitate et de episcopatu Parmae teneantur observare perpetuo et praecise omnia Statuta, decreta, ordinamenta seu stanciamenta facta et facienda per Societatem praedictam, et quod Potestas Parmae teneatur punire omnes et singulos realiter et personaliter qui praesumerent aliquid tractare, ordinare vel facere contra praedicta vel aliquod praedictorum aut in diminuendo honorem dictae Societatis, vel alio quocumque modo, dicendo, tractando vel faciendo vel consentiendo fieri ultra praedicta vel aliquod praedictorum, secundum qualitatem delicti et delinquentis. Et inquirendo vel procedendo in praedictis et contra quemlibet habeat plenum arbitrium omnibus modis qui possint melius inveniri, aliquo capitulo non obstante. Et, si Potestas aliquid obmiserit facere, totum facere teneatur ad voluntatem et beneplacitum Capitanei, Primiceriorum et Societatis. Et, si Potestas praedicto modo praesens capitulum non observaverit in puniendo et observando omnia praedicta et singula, cassetur ab officio suae potestariae, et sibi non debeat obediri, nec teneri pro rectore civitatis nec episcopatus Parmae, et perdat totum salarium sibi concessum a Communi occasione suae potestariae. Et, si aliquis dixerit quod hoc capitulum non sit praecisum, aut quis interpretari, corrigere vel mutare voluerit, ex nunc habeatur infamis et tamquam inimicus Communis et populi, et perpetuo non sit sub protectione ipsorum, et puniatur omnibus suis bonis perdendis, ita quod dox uxoris, nurus, seu matris, seu partes filiorum nihil ex bonis ejus defendant. Et, si aliquod dubium esset in isto capitulo in toto vel in aliqua parte sui, semper debeat intelligi in ea parte quae majorem exaltacionem Societatis respiciat, et majorem poenam delinquentis. Et insuper interpretacio sit Capitanei, Primiceriorum et Societatis; et Capitaneus ad suam voluntatem et Societatis possit punire quemlibet qui committeret opere vel tractatu seu consensu, vel alio modo, in diminuendo honorem dictae Societatis. Et hoc capitulum adeo sit praecisum, quod semper intelligatur quoad ordinem in fine omnium capitulorum Communis, populi et Societatis, et nihil possit perpetuo in contrarium fieri.

De electione sindicorum Potestatis et suae familiae.

Capitulum quod quilibet, qui erit rector civitatis Parmae, teneatur sacramento infra terciam diem postquam intraverit in suo regimine et ante, si poterit, facere eligi ad brevia in Consilio generali quatuor legales viros cum uno notario, qui debeant sindicare Potestatem veterem et suam familiam, et qui jurent in pleno Consilio generali, in quo eliguntur, illud facere bene et diligenter, et esse et stare continue ad exercendum officium dicti cercamenti et sindicatus in illo loco quem eligent in palatio Communis, faciendo cridari publice et minutim per civitatem et burgos quod, si quis voluerit dicere aliquid contra Potestatem vel ejus familiam, se repraesentet coram eis in loco, in quo stabunt ad dictum officium exercendum, in palatio vel alibi, tempore Consiliorum; et, si aliquis venerit cum libello de quacumque re dando Potestati vel alicui de sua familia, si ille libellus conceptus fuerit apte sive inepte seu debite vel indebite, et quamcomque causam contineat, incontinenti scribatur dictus libellus per notarium sindicorum, omni exceptione, cavillatione et oppositione personarum vel alia quacomque occasione cessante; et incontinenti dicti sindici, sub banno xxv. librarum pro quolibet ipsorum, vocent Potestatem et quemlibet de sua familia, contra quem libellus daretur, coram se, et incontinenti faciant responderi per eum tali libello; et incontinenti, cum libellus fuerit porrectus, lix habeatur pro contestata; et, si Potestas vel ille de familia sua, qui vocaretur in jus coram sindicis, non veniret incontinenti coram eis ad defendendum jus et causam suam, incontinenti sindici proferant sententiam contra ipsum tamquam contra contumacem et confessum. Et omnes dies officii sindicorum, quantumcumque solempnes fuerint, sint juridici, et quaelibet hora cujuslibet ipsorum dierum, ita quod exceptio feriarum non possit opponi; et, si opposita fuerit, non audiatur. Et, si sindici secundum hoc capitulum non exercuerint officium suum, cadant in poena perjurii et in poena xxv. librarum parmensium pro quolibet ipsorum et qualibet vice. Et quilibet, qui libellum obtulerit, cui hoc capitulum non fuerit observatum in differendo vel imponendo aliquid vel in negligendo vel in omittendo aliquid de solempnitatibus hujus Statuti, possit convenire praedictos sindicos et quemlibet ipsorum ad praedictam poenam sibi vendicandam et quodlibet suum interesse coram quolibet officiale Communis Parmae.

Item teneantur praedicti sindici, sacramento et ad praedictam poenam, ex officio suo inquirere et facere sibi repraesentari libros dispendiorum Communis, videlicet illius massarii qui steterit seu fuerit tempore illius rectoris qui sindicabitur, et inquirere diligenter per ipsos libros et massarium Communis qui tunc temporis fuerit, et quolibet alio modo; et, si invenerint quod ipse Potestas qui sindicabitur vel aliquis de sua familia habuerit aliquid a Communi ultra illud quod sibi concessum est per Statuta Communis, vel aliter quam Statuta Communis contineant, eciam auctoritate alicujus Consilii reformati ad scurtinium vel sine scurtinio vel aliter, sindici teneantur condempnare ipsum Potestatem et suam familiam, seu illum de sua familia qui aliquid aliter vel ultra habuit, ad restitutionem, et eciam ad restituendum compellatur, omni exceptione remota. Et, si sindici officium sui sindicatus ex officio suo non fecerint modo praedicto, Potestas regens tunc temporis teneatur punire sindicos secundum poenam in hoc Statuto positam, et compellere eos ad omne dampnum Communi restituendum.

Insuper dicti sindici possint et debeant sindicare Potestatem et suam familiam, et cercare omnibus modis et ex omnibus occasionibus, de quibus et pro quibus debet sindicari et cercari Potestas et sua familia secundum formam Statutorum Communis Parmae. Et sindicis et eorum notariis non noceat hoc officium in aliis officiis habendis, nec electoribus in aliis brevibus habendis. Et omnia et singula, quae in hoc capitulo continentur, praecise debeant observari, et non possit absolvi Potestas sindicandus nec sua familia nec Potestas, qui tunc fuerit ad regimen civitatis Parmae, de aliquibus, quae in hoc capitulo continentur, per Consilium vel Concionem. Et, si Potestas per se vel alium absolutionem quaesiverit, sindicetur et condempnetur Communi pro qualibet vice in centum libris parmen., et insuper sindicetur per sindicos, et condempnetur in duplum de omnibus et singulis quae receperit per se vel alium aliqua occasione vel jure ipse vel aliquis de sua familia ab aliqua persona saeculari vel ecclesiastica; salvo quod dominus Potestas non possit sindicari secundum formam Statutorum pro vindicta facta in persona alicujus pro maleficio facto in personam alicujus, nec pro vindicta facta pro incendio facto in bonis alicujus de consilio collegii judicum vel illorum de curia, nec de iis quae fecerit contra potentes committentes contra illos de Societate, secundum formam Statutorum et ordinamentorum contra magnates.

Qualiter omnes et singuli officiales tam ordinarii quam extraordinarii eligantur ad brevia.

Capitulum quod omnes et singuli officiales tam ordinarii quam extraordinarii, praeter ambaxatores qui ulterius eligi debuerint, eligantur ad brevia in Consilio generali; et nullis aliis possit committi baylia eligendi aliter auctoritate Consiliorum vel alia, praeter ambaxatores. Et hoc capitulum sit praecisum, et absolvi non possit. Millesimo ducentesimo LXXXII., Indictione x., die xxvii. augusti.

Quantum durare debeant officiales.

Capitulum quod omnes officiales Communis durent tantum per sex menses, exceptis Potestate, suis judicibus, cercatoribus et eorum notariis et correriis, qui durent per totum annum. Et Potestas teneatur hoc capitulum facere observari, et non possit absolvi, nec absolutionem petere a Consilio vel a Concione. Et nullus bannitus Communis possit eligi in aliquo officio.

Per quantum tempus cessare debeant officiales ordinarii.

Capitulum quod omnes officiales Communis ordinarii cessent post depositum officium per unum annum; et officiales ordinarii intelligantur illi qui eligentur ad brevia quando generalis electio officialium fit. Et non alii qualitercumque postea eligantur, nisi fieret electio de aliquo, electo tempore generalis electionis, qui renuntiaverit vel esse non possit. Et, si aliquis receperit aliquod officium contra formam dicti capituli, solvat pro banno x. libras parmen., et quilibet possit eum accusare, et accusator habeat medietatem banni, et Potestas teneatur ei auferre dictum bannum, qui contrafecerit, sine remissione, et cassetur ab omni officio, computato anno a tempore depositi officii. Et hoc locum habeat in officialibus Communis et mercatorum, ita quod officiales Communis cessent modo praedicto ab officiis Communis et ab officiis mercatorum et e converso, et qui fuerit officialis mercatorum cesset ab officiis mercatorum similiter. Et hoc capitulum praecise debeat observari; et, si Potestas contrafecerit, sindicetur per sindicos in xxv. libris parmen. pro quolibet et qualibet vice.

Item quod nemo praesumat de cetero facere aliquas scripturas in libris et actis Communis, nisi illi solomodo qui fuerint ad brevia in officiis deputati, sive substituti ab eis, de quorum substitutione constet per scripturam publicam notatam in libro officialium Communis. Et quilibet officialis Communis, tam electus quam substitutus, cesset ab officiis Communis et substitutionibus per annum; et qui contrafecerit, solvat pro banno l. libras parmen., et expellatur ab officio; et scripturae, et totum et quicquid factum fuerit contra formam hujusmodi provisionis, ex nunc pro irritis habeantur, et nulli prodesse valeant vel obesse, salvo quod pater possit facere officium pro filio et e converso, et frater pro fratre. Millesimo ducentesimo octuagesimo nono, Indictione secunda.

De modo observando per illos qui habuerint brevia in electione officialium.

Capitulum quod quicumque habuerit breve eligendi officialem, unum vel plures, quem vel quos debeat sine alio vel aliis eligere, habita sorte seu brevi, statim veniat coram Potestate vel coram judice Potestatis, qui pro eo esset, in Consilio; et, si elegerit aliquem qui esse non possit, elector perdat electionem; et eciam perdat electionem, si elegerit aliquem qui renunciaverit, ita quod nec electus nec elector habeat potestatem eligendi alium. Et nemo, qui sortem habuerit, juret in electione facienda, seu faciat juramentum, nisi in electione massarii Communis. Et hoc capitulum sit praecisum, et praecise debeat observari; et, si contrafactum fuerit, Potestas amittat de suo feudo xxv. libras parmen.

De modo observando in brevibus seu sortibus dandis in Consilio generali pro electionibus officialium.

Capitulum, ad evitandum quod aliquis, qui non sit de Consilio generali, debeat stare ad sortes recipiendas, nec habere, et ad evitandum contentiones super hoc contingere consuetas inter electores, quod de cetero nomina consiliariorum et consulum vicinearum et consulum artium seu misteriorum, qui secundum formam Statuti Communis possunt venire ad Consilium generale, scribantur in cedulis per portas separate una ab alia, et ponantur ipsae cedulae in uno capello et extrahantur singulariter de capello, et pro illo vocetur cujus nomen erit scriptum in cedula quae levabitur, et aliae totidem cedulae non scriptae ponantur in alio capello, in numero quarum ponantur et scribantur nomina officialium pro quibus debebit electio celebrari; et sic de capello, in quo fuerint cedulae continentes nomina illorum de Consilio, levetur una, et pro eo vocetur cujus nomen erit scriptum in ea, et alia extrahatur de alio capello; et, si vocatus per illam cedulam sortem habuerit, veniat ad faciendum electionem, si fuerit in Consilio; et, si fuerit absens, una cedula alba tollatur de alio capello. Et quicumque vocatus fuerit, sive breve habuerit sive non, debeat de Consilio discedere, vocato ipso, facta electione ejus qui sortem habuerit, et eciam si sortem non habuerit postquam vocatus fuerit, ne, si nomen alicujus per errorem vel aliter esset scriptum in pluribus cedulis, praesumat pati vocari bis essendo in Consilio. Et quicumque, postquam vocatus fuerit, non discesserit de Consilio, et fuerit in secunda vocatione in Consilio, condempnetur in decem libris parmen. sine remissione. Et, si Potestati videbitur, vel ei qui pro eo erit ad Consilium, pro negocio velocius expediendo facere scribi nomina consiliariorum praesencium, possit facere sine perjurio in cedulis et servare praedictum modum in ipsis cedulis levandis et electione celebranda de officialibus. Et nemo, praeter Potestatem vel judicem suum vel illos de familia sua, et fratres, qui solum debeant dare brevia, et notarium domini Capitanei electiones officialium scripturum, debeat stare intra stangas banchorum, in quibus sedet Potestas ad Consilia in palacio Communis, tempore electionis officialium, nec eciam super ipso bancho.

Quod nemo possit habere ultra unum breve in anno.

Capitulum quod aliquis in eodem anno non possit habere ultra unum breve eligendi aliquos officiales, excepto quod possit stare ad electionem Potestatis Pontremuli quando eligetur, et ad electionem guardatorum vinearum, pensatorum farinarum, emendatorum Statuti, custodum castrorum, dugarolorum, suorum notariorum, custodum civitatis, et ad electionem massarii, et generaliter ad electionem officialium extraordinariorum.

Qualiter nemo minor decem octo annorum possit eligi in aliquo officio Communis, et qui non possit conveniri sub Commune Parmae in civilibus et criminalibus, et qui non serviat Communi ipse vel pater.

Capitulum quod aliquis non possit eligi in aliquo officio ordinario vel extraordinario Communis, qui non sit de jurisdicione Communis, et qui non possit conveniri sub Communi Parmae in civilibus et criminalibus Communis, et qui non serviverit Communi Parmae cum armis ipse, pater vel filius, et si non fuerit major decem octo annorum. Et, si de aliquo fieret electio contra formam hujus capituli, nulla sit. Et quicquid in hoc capitulo continetur praecise debeat observari.

De electione et numero advocatorum et consulum justiciae.

Capitulum quod per omnes portas civitatis Parmae eligentur duodecim viri, scilicet tres per portam, inter quos ad minus sint judices pro medietate, et tales judices qui sint de collegio et scripti in matricula judicum, et qui audiverint leges per quinque annos, ante electionem, studendo et legendo continue. Et quilibet, qui habuerit sortem eligendi aliquem de praedictis, eligat secundum formam dicti Statuti; et vocentur isti duodecim tales advocati et consules justiciae.

De numero et electione notariorum Potestatis,
et qualiter notarii reformationum debent cessare per quinquennium.

Capitulum quod Potestas et judices sui habeant duodecim notarios, videlicet tres in qualibet porta civitatis, et pro electione cujuslibet ipsorum detur unum breve: quorum quatuor stent ad maleficia, duo ad reformaciones Communis, et tres ad quodlibet aliorum banchorum; et qui steterit ad reformationem, cesset per quinquennium a dicto officio.

Qualiter nullus de parte Imperii possit esse in officio
nec habere bayliam prò Communi.

Capitulum quod quicumque erit rector civitatis Parmae teneatur sacramento praeciso non pati quod aliquis de civitate vel aliunde, qui sit de parte Imperii, vel qui tempore rumorum de Pascha et de Nativitate fuerit contra partem Ecclesiae, sit vel possit esse ad aliqua Consilia generalia vel specialia Communis, populi, vel Societatis, militum, mercatorum, nec confalonerius alicujus viciniae civitatis, nec consul nec ancianus alicujus artis seu misterii seu collegii, nec eligi in rectorem alicujus castri seu alicujus villae vel loci episcopatus Parmae, nec mistralis nec consul nec camparius nec custos alicujus terrae de parmexana, nec facere exercere per se vel loco alicujus per substitutionem vel alio modo aliquod de praedictis officiis, nec esse ad aliquam coltam imponendam in civitate vel extra, quae debeat solvi per homines utriusque partis, et generaliter quod nemo praedictarum condicionum possit, seu habere debeat, aliquam bayliam in civitate vel extra pro Communi, populo vel Societate, pro mercatoribus, seu consulibus militum. Et Potestas teneatur tollere xxv. libras parmen. cuilibet de parte Ecclesiae qui eliget aliquem praedictae condicionis in aliquo officio vel baylia, seu ad aliquam coltam imponendam, contra formam hujus capituli; et similiter xxv. libras parmen. ei qui eligetur, si ipsum officium vel bayliam exercuerit, et insuper electio sit nulla. Et scripturae illorum notariorum, qui essent praedictae condicionis, quas facerent in aliquo officio vel baylia ad quam vel quod deputarentur contra formam hujus capituli, sint pro inefficacibus et nullis, et omni tempore qui velit uti hac exceptione contra ipsas scripturas audiatur a Potestate Parmae, et debeat condempnare facientes contra formam hujus capituli infra xv. dies postquam sibi denunciatum fuerit. Ad denunciationem cujuslibet publicam vel occultam, teneatur Potestas cum judicibus suis de praedictis inquirere et procedere et condempnare, sine illis de curia, modo praedicto; quod si non fecerit, aut negligens fuerit in totum vel in partem, perdat de suo feudo l. libras parmen., in quibus per sindicos Communis debeat condempnari. Et praedicta omnia sint praecisa, et praecise debeant observari.

Qualiter clerici et conversi non possint esse de Consiliis, nec habere officia nec Consilia.

Capitulum quod nullus clericus nec conversus, vel qui non solvat coltas Communi et non serviat, possit esse de cetero de aliquo Consilio generali vel speciali; et, si esset electus vel scriptus, deleatur nomen suum de libro consiliariorum, et insuper non possit esse in aliquo officio ordinario vel extraordinario, modo vel in futurum, et non possit vocari in causis civilibus vel criminalibus per Potestatem nec ejus judices nec aliquos alios officiales Communis, populi vel Societatis ad dandum consilium in aliqua quaestione; in quibus casibus, si contrafactum fuerit, procedatur in hunc modum: primo quod, si aliquis praedictae condicionis habuerit aliquod breve alicujus electionis, non possit facere aliquam electionem; et, si fecerit, non valeat, et quicquid sequetur ex ea sit inefficax et nullius momenti; et, si eligetur in aliquo officio ordinario vel extraordinario, in quo, occasione ipsius officii, haberet jurisdicionem cognoscendi, cognitio sua, et quicquid fieret seu ageretur sub examine ipsius, nullius sit valoris ne sint in alicujus odium vel favorem, et omni die et tempore cuilibet competat actio et exceptio contra praedicta: si vero fuerit notarius, scripturae suae nullum effectum in se contineant, coram quocumque officiale Communis fecerit eas, ut similiter non sint in favorem nec odium alicujus. Praeterea, si fuerit judex et consilium daret super aliqua quaestione, super ipso consilio non possit pronunciari; et, si pronunciaretur per Potestatem vel aliquem officialem Communis, illa sua pronunciatio nullam in se obtineat firmitatem, ut superius dictum est. Et, si per consules judicum vel aliquam aliam personam publice vel occulte dictum fuerit Potestati vel suis judicibus quod aliquis, qui dicatur esse judex, sit clericus vel conversus, aliquo modo non possit per Potestatem nec judices suos ad aliquod Consilium vocari, nec eciam per aliquem officialem Communis; et, si Potestas contrafecerit seu aliquis ex judicibus suis, condempnetur ipse Potestas in c. libris parmen.; et judex seu officialis, qui aliquem praedictae condicionis eliget, condempnetur in decem libris parmen. pro quolibet et qualibet vice per sindicos Communis, et fiat inquisicio super praedictis per libros coltarum impositarum in vicineis, in quibus dixerit se morari. Et praedicta omnia et singula praecisa sint, et praecise debeant observari.

Qualiter Statuta prohibentia aliquos in officiales eligi sint legenda.

Capitulum quod, quando et quociens fiet electio de aliquibus officialibus, legantur illi, qui cessare debuerint, in Consiliis, et Statuta prohibencia aliquos officiales eligi.

De modo observando in electione officialium pensorum.

Capitulum quod ad officium pensatorum blavae et farinae eligantur in porta nova unus superstans et unus notarius, et in porta de Parma unus notarius tantum, in porta Benedicta unus superstans et unus notarius, et in porta sancta Christina unus superstans et unus notarius. Et omnes, qui eligentur ad dicta officia, sint majores triginta annorum, et cessent ab ipso officio per duos annos, sive per se sive per interpositam personam fecerint dictum officium, ita quod electus et substituendus loco ejus cesset a dicto officio. Et, si aliquis electus vel substitutus ad dictum officium exercendum steterit infra duos annos deposito officio, vel cum minor esset xxx. annorum, Potestas teneatur condempnare quemlibet contrafacientem in x. libris parmen. ad denunciationem cujuslibet publicam vel occultam, eciam sine illis de curia; et nihilominus cercatores possint inquirere et contrafacientes punire poena praedicta, si ad eos quaestio fuerit devoluta, vel si ante incoeperint inquirere quam Potestas.

De electione massarii.

Capitulum quod massarius Communis Parmae, qui eligetur, sit laicus ulterius, et eligatur ulterius in hunc modum: quod fiat electio successive de porta in portam, et duo brevia dentur pro electione ipsius in qualibet illarum trium portarum, de quibus eligi non debuerit, et nullum breve detur in ea in qua esse debuerit; et quilibet, qui habuerit breve, veniat et juret de nominando magis ydoneum in illa porta in qua esse debuerit, et scribatur ille quem nominaverit: et ipsi sex, qui nominabuntur praedicto modo, teneantur secreti donec publicabuntur in Consilio generali, et publicentur quam citius esse poterit; et de omnibus nominatis praedicto modo fiat partitum ad scurtinium; et qui habuerit plures voces sit primus, et qui post primum habuerit plures voces sit secundus, et sic in aliis. Et massarius debeat esse major xl. annorum et habere valimentum mille librarum parmensium, et habere domum propriam in civitate, et habeat unum massarolum; et faciant massarius et massarolus per se officium et non per interpositam personam, et cesset massarius et massarolus per quinquennium.

Qualiter nemo debeat eligi in aliquo officio, nisi in illa porta in qua habitaverit, et qui non sit scriptus in matricula notariorum.

Capitulum quod nemo eligatur in aliquo officio nec de Consilio generali nisi in ea porta, in qua habitavisset cum familia sua ante electionem per sex menses continue usque ad electionem; et, si contrafieret, elector et electus, si receperit officium, pro quolibet condempnentur in x. libris parmen. Et quilibet possit accusare, et habeat medietatem banni; et Potestas teneatur ad denunciationem cujuslibet publicam vel occultam invenire veritatem et punire.

Item quod nullus possit eligi in aliquo officio ordinario vel extraordinario civitatis Parmae pro notario, nisi fuerit scriptus in matricula et collegio notariorum; et, si aliquis electus fuerit contra formam dicti capituli, electio ejus non valeat, et Potestas teneatur cassare eum a dicto officio. Et nullus possit recipi in dicta matricula, nisi de mense januarii.

Quod nemo possit promittere aliquod servicium, neque dare,
ut eligatur in aliquo officio, et de poena imposita.

Capitulum quod nullus praesumat promittere neque dare nec recipere aliquod servicium nec aliquam promissionem, modo aliquo vel ingenio quod dici possit vel excogitari, occasione eligendi aliquem in officialem Communis seu mercatorum seu in potestariam alicujus loci districtus Parmae; et, si quis contrafecerit, electio nulla sit, et puniatur in c. libris parmen., et cassetur de Consilio, nec possit amplius esse ad Consilium, nec eligi in aliquo officio ordinario nec extraordinario Communis Parmae, seu mercatorum, hinc ad x. annos. Et Potestas teneatur procurare apud dominum episcopum quod debeat excommunicare omnes et singulos contrafacientes, et omnes et singulos judices et advocatos et consules justiciae et notarios eorum, et habentes aliquam jurisdicionem cognoscendi, qui partiuntur lucra consiliorum cum aliis, seu qui fecerint contra formam capitulorum loquentium de praedictis in totum vel in partem seu in fraudem ipsorum, sive praedicti per se vel pro alio exercuerint dictum officium. Et Anciani et consules judicum et notariorum sacramento teneantur procurare cum domino episcopo et domino Potestate quod dicta excommunicacio fiat per xv. dies ante electionem officialium in die sollempni in qualibet ecclesia civitatis, qualibet vice qua officiales eligentur. Et valeat ex nunc.

Item insuper Potestas habeat plenam auctoritatem inquirendi contra committentes in hoc capitulo, et puniendi sine illis de curia omnes et singulos qui in hoc capitulo committerent, et omnes et singulos officiales qui servicium vel donum reciperent, vel baratarias facerent, et dictum consiliaturae dividerent et lucra cum notariis suis, secundum formam Statutorum inde loquencium. Et teneantur officiales praedicti sacramento non accipere per se vel per alios toto tempore sui officii aliquod servicium vel apportum, nec emere de pignoribus nec de rebus Communis.

Qualiter qui est vel erit capud alicujus societatis debeat cessare
per quinquennium a dicto officio.

Capitulum quod quicumque est vel erit seu fuit capud alicujus societatis cesset ab eodem officio per quinquennium, et qui modo eligetur
ad dictum officium sit major xxv. annorum, et ipsum officium faciat personaliter et non per interpositam personam. Et anciani misteriorum et
artium amodo eligentur communiter et aequaliter per portas, et successive de porta in portam, et nullus ancianus misteriorum seu artis duret
ultras tres menses, et cesset per duos annos a dicto officio. Et sit praecisum.

De electione notariorum tascharum.

Capitulum quod in qualibet porta civitatis Parmae eligantur duo providi et legales notarii, qui debeant tenere, et quibus debeant assignari
libri Communis et officialium suae portae, et vocentur notarii tascharum.

De electione custodum civitatis.

Capitulum quod pro electione cujuslibet custodis civitatis detur unum
breve, et quod in qualibet porta civitatis eligantur sex custodes, et nullus
frutarolus, fornarius, nullus mulinarius, nullus pistor, nullus pancogu-
lus, nullus tabernarius, nullus pollarolus, nullus scutifer, nullus raschus
possit esse custos civitatis Parmae; et, si aliquis elector aliquem praedictae condicionis elegerit, condempnetur in c. sol. parmen., et quicumque fuerit electus ad dictum officium, et ipsum exercuerit, cesset a dicto
officio per quinquennium.

De electione notariorum, advocatorum
et consulum justiciae Communis.

Capitulum quod in qualibet porta civitatis eligantur sex notarii, qui
debeant esse notarii advocatorum et consulum suae portae, secundum
quod eis devenerit per sortem, et pro electione cujuslibet detur unum
breve.

De electione notariorum massarii.

Capitulum quod massarius Communis habeat duos notarios, qui eligantur ad brevia in Consilio generali, et sint in duabus portis per medium annum, et in aliis duabus per medium annum.

De electione extimatorum equorum.

Capitulum quod in qualibet porta civitatis eligatur unus extimator equorum laycus per eum qui sortem habuerit, et extimator sit major xxv. annis, et valimentum cc. librarum imperialium habens, et consuetus tenere equum per pacem et guerram. Qui extimatores debeant habere tantum unum notarium eligendum successive de porta in portam singulis annis quibus eligetur, quorum officium duret per totum annum; et eligantur dicti officiales de voluntate Consilii generalis, facta prius proposicione in Consilio generali si placet Consilio quod dicti officiales eligantur; et aliter eligi non possint.

Qualiter nemo possit eligi in officio ad vocem.

Capitulum quod aliquis officialis Communis non eligatur in aliquo Consilio generali vel alibi ad vocem, et Potestas teneatur non permittere aliquem eligi, nec eciam nominari ad vocem; et, si contrafactum fuerit, electio nulla sit; et Potestas, si permiserit fieri contra, perdat de suo feudo centum libras parmen.

Qualiter nemo possit cogi ad officium recipiendum.

Capitulum quod nemo cogatur ad aliquod officium ordinarium vel extraordinarium recipere, nec potestariam alicujus castri; nec Potestas possit imponere nec facere aliquam gravitatem alicui renuncianti, exceptis pensatoribus farinarum.

De Potestate Tereni eligenda.

Capitulum quod in pratis de Tereno eligatur unus Potestas ad brevia in Consilio generali per eum qui habuerit breve.

Item quod de eodem modo in pratis de Parola eligatur Potestas ad brevia.

Item similiter eligatur unus Potestas in pratis de Pratosellis ad brevia.

Item quod in pratis Cledariae, et in aliis pratis quae sunt inter Colurnium, Coparmulum, Sacham et Sanguineam, eligatur unus Potestas ad brevia, qui faciat custodiri dicta prata eo modo et forma quibus custodiuntur prata de Tereno, eodem salario et eisdem bannis, et sit de habentibus ad faciendum in eis.

De electione cercatorum Communis et eorum notariorum.

Capitulum quod Potestas teneatur, infra terciam diem postquam intraverit in suo officio, facere eligi ad brevia in Consilio generali quatuor cercatores, scilicet unum per portam, et unum judicem et unum notarium; item alium notarium, qui sit de fratribus poenitenciae, qui debeat esse eorum massarius, et tenere quicquid sibi assignabitur occasione officii cercamenti. Et teneatur Potestas sacramento praeciso de praedictis officialibus eligendis, et quod dicti officiales fideliter et legaliter debeant officium suum exercere, faciendo prius propositionem in Consilio generali de eorum officio quomodo et qualiter et contra quos debeant suum officium exercere et a quo tempore citra.

De electione arbitrorum.

Capitulum quod omnes arbitri, qui debuerint eligi ex parte Communis Parmae cum arbitris aliarum civitatum vel locorum quae sunt de extra jurisdictione Communis Parmae, eligi debeant de civitate Parmae ad brevia in Consilio generali, et electores jurent ad sancta Dei evangelia, corporaliter tacto libro, eligere illum et illos quos crediderint meliores et utiliores pro Communi Parmae, et de quolibet arbitro eligendo duo ex ipsis electoribus praedictis ad minus esse debeant concordes, et arbitrium seu cognitio, quod et quam habebunt, non computetur in aliquo officio, nec aliquis de civitate Parmae possit habere, nisi unum officium arbitratus in anno, pro Communi; et, si aliquis receperit aliquod officium arbitratus contra formam hujus capituli, condempnetur in L. libris parmen., et Potestas teneatur sacramento facere condempnationem de fa-

cientibus contra praedicta, et exigere in pecunia numerata. Et quicquid
arbitri electi contra formam hujus capituli, vel qui contra formam hujus
Statuti officium exercerent, sit ipso jure nullum et nullius momenti; et
quicquid haberent praedicta occasione, restituant, et in Communi Parmae
deveniat, cum poena dupli. Et hoc capitulum sit praecisum.

De electione Consilii generalis.

Capitulum quod teneatur Potestas, infra quartum diem postquam intraverit in suo regimine, facere eligi in Consilio generali ad brevia duos
viros in qualibet porta de utilioribus et magis ydoneis ad hoc factum;
quorum singuli duo in sua porta debeant eligere consiliarios Consilii
generalis, et quos Potestas faciat jurare hoc facere bene, legaliter et diligenter, dummodo eligant magis ydoneos et utiliores pro factis Communis, et ad minus cxl. in qualibet porta: de quibus cxl. ad minus illi
duo de porta de Parma eligant l. in capite pontis. Et teneantur non
eligere aliquem qui non sit scriptus in libro Societatis; et, si aliquem
eligerent qui non esset scriptus in libro Societatis, vel aliquem electum
dimitterent ex illis qui essent in libro Societatis, Potestas teneatur
sacramento praeciso condempnare quemlibet ex electoribus in xxv. libris
parmen.; et, ut electores non habeant causam ignoranciae, habeant copiam ad suam voluntatem de libro in quo scripti sunt illi de Societate
[intelligendo quod, si pater erit scriptus in libro Societatis, filius intelligatur et possit de consiliariis eligi; et quilibet possit accusare electores
qui contrafecerint, et habeat medietatem banni], et hanc partem istius
capituli continentem quod aliquis non possit esse de Consilio, nisi sit
scriptus in libro Societatis, et nemo de altera parte possit esse de Consilio Communis. Et haec Potestas praecise debeat observare.

Item non possit eligi, nec esse de Consilio generali, aliquis bannitus
Communis Parmae.

Item electores praecise teneantur non eligere consiliarios Consilii generalis in majori numero quam sint modo, salvo quod possint ponere
de aliis loco mortuorum et loco illorum qui non essent ad mandata
Communis. Et hoc praecise debeat observari.

Item similiter nemo possit poni in numero illorum de Consilio generali, nisi per illos qui habuerint sortem electionis, et praecise similiter

observetur. Et, ut nulla fraus possit committi, a cc. ad hoc de electis ad Consilium generale Communis fiant duo libri infra quindecim dies mensis januarii, unus quorum ponatur in camera Communis, et alius remaneat penes Potestatem et suos judices.

Item, si aliquis bannitus venerit ad Consilium Parmae, Potestas teneatur sibi pro banno auferre xx. sol. parmen.; et teneatur semel omni mense cercare Consilium, si banniti venerint.

Item teneantur Potestas et sui judices sacramento praeciso facere canzellari de libris consiliariorum quemlibet qui allegaverit, coram aliquo officiale Communis in aliqua quaestione civili vel criminali, vel causa excusandi se de coltis Communis, se esse clericum, vel non esse de jurisdictione Communis.

Item non possit eligi de Consilio Communis Parmae aliquis qui sit minor xxv. annorum; et qui eligeretur de Consilio, habeatur ab illo tempore in antea pro majore, tam in civilibus causis quam criminalibus, intelligendo quod quilibet qui erit de Consilio debeat jurare se esse majorem xxv. annorum postquam venerit ad Consilium.

Item teneatur Potestas sacramento praeciso facere canzellari de libris Consiliorum generalium omnes et singulos qui esse noluerint de ipso Consilio.

Item quod nullus correrius possit venire, nec eligi, ad Consilium generale Communis Parmae, nec aliquis qui non fuerit natus de Parma nec parmexana, nec aliquis qui non possit conveniri sub Communi Parmae in civilibus et criminalibus, nec aliquis qui non solvat coltam Communi Parmae, nec aliquis qui vere non sit laycus et qui non sit antiquus et legitimus civis parmensis natus de civitate et episcopatu.

Item, si aliquis error esset in aliquibus nominibus seu pronominibus consiliariorum Consilii generalis vel Societatis, quod Potestas et Capitaneus, quilibet in suo Consilio, teneatur ipsos errores corrigi facere ad petitionem cujuslibet in nomine et pronomine cujus esset factus error, faciendo tolli de libro consiliariorum id in quo erratum esset de nomine vel pronomine, facta prius fide per duos testes fide dignos de dicto errore nominis vel pronominis.

De electione consulum vicinearum.

Capitulum quod ad plus in qualibet vicinea civitatis possint esse quatuor consules. Et nemo possit esse in consulem alicujus vicineae, nisi fuerit scriptus in libro Societatis, et major xxv. annorum. Et fiat electio de eisdem modo infrascripto post electionem Consilii generalis: eligantur in qualibet vicinia dicti consules ad brevia inter vicinos ipsius vicineae congregatos ad ecclesiam per campanas sonatas, facta prius denuntiatione ad domos vicinorum per consules veteres, ante per unam diem, quod sequenti die debeant interesse ad electionem consulum suorum. Et dicta electio fiat ad brevia infra terciam diem post electionem Consilii generalis, et nemo possit eligi consul qui sit de electis de Consilio. Et nullus veniat ad ecclesiam pro brevibus habendis, nec intersit electioni consulum, qui sit minor xviii. annorum; nec ille, qui habuerit breve electionis, possit eligi consul, nec frater nec filius alicujus illorum qui habuerint brevia. Nec aliquis eligatur consul, si non habitaverit in civitate ante electionem per decem annos, et per sex menses cujuslibet anni continue, cum familia sua, et de melioribus vicineae et de habentibus valimentum ad minus c. librarum parmensium. Et brevia non leventur in hac electione, nisi pro praesentibus. Et nemo vadat ad ecclesiam pro brevibus recipiendis, nisi serviat Communi cum armis. Et, facta electione consulum vicinearum, ipsi consules repraesentent se coram uno de judicibus Potestatis, et scribantur in libro Communis infra primum mensem regiminis Potestatis, et nihil solvant pro scriptura illa. Et officium ipsorum consulum duret per unum annum. Et qui habuerit breve eligendi, eligat antequam pro alio levetur. Et quilibet cesset a dicto officio consulatus per unum annum; et habeat unam domum propriam in dicta vicinea; et aliter non eligatur dictus consul.

De electione consulum artium.

Capitulum quod judices et notarii habeant in qualibet porta duos consules, et tabernarii similiter; qui consules possint et debeant venire et esse de Consilio generali Communis Parmae tempore sui consulatus, et officium ipsorum duret per unum annum. Et quodlibet misterium seu ars, subjectum seu subjecta mercadanciae, habeat similiter in qualibet porta duos consules ad plus, et debeant esse et venire ad Consilium generale Communis; et duret officium sui consulatus per unum annum; et eligantur infra tres dies post electionem Consilii generalis, sicut consueverant eligi per homines suae artis (salvo quod de consulibus beccariorum unus ad minus eligatur de illis qui vendunt ad voltam Ghynamorum de capite pontis), et scribantur nomina eorum in libro Communis infra mensem januarii, et nihil solvent de scriptura.

De electione mendatorum Statuti et eorum officio.

Capitulum quod Potestas teneatur quolibet tercio anno de mense augusti in Consilio generali Communis et populi, antequam eligantur emendatores Statutorum Communis, proponere si placet emendare Statutum vel non; et quod majori parti placuerit, observetur. Et, si ordinabitur de ipsis Statutis emendandis, eligantur in Consilio generali xii. viri probi, videlicet tres per portam, duo layci et unus judex, qui sit de Collegio et in matricula judicum; et habeant secum unum notarium ad suam voluntatem, et tres correrios, unus de quibus correriis sit tubator. Et illa capitula et addiciones de quibus duae partes ipsorum emendatorum concordabunt, faciendo inter se partitum ad scurtinium cum fabis albis et nigris, sint pro approbatis, et aliter nullum Statutum nec adjectionem approbare possint, ut, volendo facere quod deceat vel vitare, inimicitiam non incurrant, et aliter non valeat quod fecerint. Et illa capitula et illae adjectiones, quae et quas praedicto modo approbaverint, reducantur ad Consilia generalia Communis et populi (salvo quod non possint facere aliquod Statutum in favorem Potestatis nec alicujus de sua familia; et, si contrafecerint, Potestas non permittet legi, publicari nec approbari; et, si contrafecerit, perdat de suo feudo cc. libras parmen., et quicquid factum fuerit contra hoc sit irritum et inane, et de hoc servando Potestas teneatur praecise, et de hoc petere non possit absolutionem, et data non valeat). Et illa capitula et adjectiones, de quibus major pars Consilii concordabit, sint pro approbatis, salvo quod, si fecerint aliquod Statutum vel adjectionem alicujus Statuti de novo, Potestas non habeat pro approbato et approbata, nec permittat dimitti inter approbata capitula vel adjectiones, nisi partitum fecerit super quolibet et qualibet ad sedendum et levandum, etiam si non appareret contradictor. Et quod de cetero in omnibus Statutis et adjectionibus novis Statutorum debeat apponi millesimus et Indicio.

Item teneatur Potestas sacramento praeciso non permittere approbari in Consiliis aliquod Statutum vel adjectionem novam, quod vel quae facerent in favorem specialium personarum, nisi ad scurtinium et in concordia trium partium; nec aliquod Statutum vel adjectionem novam, per quod vel quam debeat dari vel expendi aliquid de avere Communis in aliqua re vel casu seu condicione, nisi ad scurtinium et in concordia duarum parcium ad minus illorum consiliariorum qui erunt ad ipsum Consilium, et aliter nullum capitulum vel addicio hujus condicionis habeantur pro approbatis. Et, cum fuerint capitula approbata et addiciones in concordia majoris partis, scilicet illa in quibus concordia majoris partis sufficit, et, cum fuerint approbata illa et illae in quibus concordia duarum vel trium parcium exigitur, sigillentur cum sigillo Communis, et ponantur in segrestia, et non removeantur nec aperiantur nisi cum Potestas novus juraverit; et, post juramentum, possit ea disigillare et aperire Potestas novus ad suam voluntatem. Et, si Potestas et Capitaneus substinuerint quod aperiantur vel disigillentur aliquo quocumque modo nisi ut supra, condempnentur per sindicos in ccc. libris parmen. pro quolibet. Et nullum Statutum possit canzellari de libro Statutorum Communis, postquam fuerint approbata; et, si aliquod Statutum inveniretur canzellatum vel vacuatum sine subscriptione notarii qui canzellaverit ipsum, vel essendo scriptum nomen et pronomen ipsius sine praesentia duorum testium, habeatur pro non canzellato. Quae quidem Statuta et adjectiones Statutorum, quando fient, scribantur in duobus libris, unus quorum remaneat penes massarium Communis sigillatus, et alius penes dictum Capitaneum ut per ipsum possit haberi copia de praedictis capitulis.

De capitulis et addicionibus sibi cohaerentibus apud se scribendis.

Capitulum quod Potestas teneatur, quociens Statuta Communis emendabuntur et addiciones fient de novo, ipsis apertis, facere poni et scribi in omnibus libris Statutorum Communis, qui debeant esse quatuor, in ea parte cujuslibet libri in qua plus conveniant esse ponenda, et, apud quodlibet Statutum, addicionem sibi factam, et vacationem apud quodlibet quod vacatum fuerit, ita quod Statutum Communis sit in quatuor

54

libris ejusdem tenoris scriptum et rublicatum in littera grossa; unus quorum sit apud Potestatem et suos judices, alius incatenatus in palatio Communis, ut quilibet possit de eo habere copiam, alius apud massarium Communis et cercatores, et alius in segrestia. Et teneatur Potestas sine tenore usque ad carnisprivium, quóciens Statuta fient de novo, expensis Communis ipsa Statuta, addiciones et vacaciones facere scribi praedicto modo in omnibus quatuor libris. Et nullus praesumat tenere Statutum, quod debet stare in palatio incadenatum, clavatum, nec aliquod impedimentum praestare quominus possit haberi copia, in poena c. sol. parmen. cuilibet contrafacienti.

De modo observando in propositionibus Consiliorum generalium.

Capitulum quod omnes peticiones et postae, quae debebunt proponi in Consilio generali Communis, debeant approbari coram Potestate, Capitaneo, Ancianis, Primiceriis et aliis ad scurtinium cum fabis albis et nigris; et illae, quae approbabuntur per Ancianos et Primicerios et alios in praesentia Potestatis et Capitanei in concordia trium partium, debeant reduci ad Consilium generale. Et, si aliquae postae vel peticiones fuerint, super quibus factum fuerit partitum modo praedicto, et non fuerint approbatae in concordia trium parcium, non possint postea reduci nec approbari per eos nec coram eis usque ad sex menses completos: propter quod omnes peticiones approbatae et reprobatae scribantur in libro Communis per notarium Ancianorum, et nullae proposiciones nec peticiones nec postae possint in Consiliis generalibus fieri, nisi praedicto modo fuerint approbatae. Et Anciani et Primicerii et alii non possint aliquam proposicionem facere, nec aliqua proposicio seu peticio possit reduci ad aliquod Consilium, nisi fuerit tempore sui officii approbata. Et Potestas et Capitaneus teneantur non permittere aliquam proposicionem fieri in Consiliis, quae praedicto modo non fuerit approbata.

Item quod Potestas et Capitaneus teneantur sacramento praeciso quamlibet peticionem approbatam coram se et de ipsorum consensu per Ancianos et alios, secundum formam dicti Statuti, ad Consilium reducere, videlicet ad illud per quod, juxta solempnitates Statutorum Communis vel Societatis, melius possit determinari negocium peticionis propositae, et quam cito ad id obtulerit se facultas. Et sufficiat quod tantum semel quaelibet peticio approbata ad Consilium reducatur. Et, si Potestas et Capitaneus hanc adjectionem non observabunt, perdat uterque eorum xxv. libras parmen.

De eodem.

Capitulum pro utilitate Communis quod, quando fiet aliqua proposicio in Consilio, non possit auctoritate ipsius aliquod Statutum absolvi quod non fuerit primo lectum et publicatum in praesencia dominorum Potestatis, Capitanei, Ancianorum et aliorum antequam ipsa proposicio approbetur per eos, et de quo non fiat mentio in ipsa proposicione. Et, si aliter factum fuerit, non valeat. Et sit praecisum.

Qualiter Potestas teneatur ponere ad Consilium quingentorum singulis tribus mensibus de jure et jurisdictione quam Commune Parmae habet in aqua Paudi.

Capitulum ad defensionem et honorem Communis et populi Parmae, et ad defensionem et conservacionem juris quod Commune Parmae habet et habere debet in flumine et aqua Paudi et quod ab hinc retro habuit, quod de cetero Potestas, qui pro tempore fuerit, teneatur vinculo juramenti et adstrictus sit, singulis tribus mensibus sui regiminis ad minus, facere generalem postam in Consilio generali Communis et populi, in quo sint ad minus quinginti consiliarii, de conservacione aquae Paudi et jurium et racionum, quae Commune Parmae habet et habere debet et consuetum est habere in aqua et flumine Paudi, quid placet consiliariis et volunt super hoc negocio providere; et, quod provisum fuerit per praedictum Consilium, executioni mandare. Et hoc capitulum sit praecisum et praecise debeat observari, aliquo alio capitulo non obstante; et, si Potestas praedictum capitulum non observaverit, perdat de suo feudo c. libras parmen. pro qualibet vice qua fuerit contrafactum: in quibus per sindicos Communis debeat sindicari cum poena dupli.

Qualiter Potestas tenetur esse ad Consilium in palatio Communis ad secundam pulsationem.

Capitulum quod Potestas sit in palacio Communis ad quodlibet Consilium generale personaliter, et stare (sic) usque ad finem, et praecise ad secundam pulsacionem campanae; et, lectis proposicionibus, surgere et consilium postulare super ipsis, secundum tenorem ipsorum, et intelligere et facere intelligi diligenter dicta volentium consulere in Consiliis, et facere partita super dictis arengatorum et secundum ea quae consuluerint. Et nullus de Consilio debeat surgere de loco ubi sederit in Consilio, nec ire ad arengheriam, nisi prius Potestas consilium pecierit et sederit post consilium postulatum, in poena xx. sol. parmensium pro quolibet et qualibet vice.

Item quod nemo ex illis, qui voluerint consulere in aliquo consilio, praesumat aliquid recordari de iis quae dicta fuerint per aliquem, qui ante se consuluerit, sub eadem poena.

Item similiter sub eadem poena nemo praesumat consulere in aliquo consilio, nisi super iis quae proposita fuerint, nec aliter aliquid recordari.

Item similiter sub eadem poena non praesumat surgere de loco in quo sedet in Consilio nec ire ad arengheriam, nisi ille, qui primo consuluerit, descenderit et reversus fuerit ad sedendum.

Item teneatur Potestas depellere de omnibus Consiliis omnes et singulos, quos tangeret aliqua ex proposicionibus, patres, fratres, filios, consanguineos et cognatos et nepotes alicujus eorum, advocatos et procuratores parcium, nec eciam aliquid dicere, in poena et banno trium librarum parmensium pro quolibet qui steterit vel contrafecerit.

Item quilibet consiliarius Consilii generalis teneatur venire et esse omni die veneris ad Consilium, si fiet, in poena et banno pro quolibet et qualibet vice v. sol. parmensium; et in aliis diebus sit poena cuilibet, qui fuerit in Concione, non venienti ad Consilium, de quatuor imper.: et sub eadem poena quilibet teneatur venire et esse in palatio ad Consilium ad ultimam pulsationem campanae, et de Consilio non recedere sine licentia Potestatis, in poena trium sol. parmensium, donec in Consilio fuerit conclusum et lecta fuerit reformacio, seu in conspectu Consilii publicata; salvo quod nemo teneatur de aliquo praedictorum bannorum, si habuerit licentiam a Potestate.

Item quod nemo tempore alicujus Consilii exeat de palacio causa eundi in cameram, vel alias, nisi esset pro necessitate corporis, in poena et banno v. sol. parmensium pro quolibet et qualibet vice.

Item quod Anciani et Primicerii et ceteri teneantur interesse omnibus Consiliis; et nulla proposicio possit fieri, quae tangat aliquem eorum nec de sequacibus suis.

Item in partitis faciendis Potestas teneatur facere ad sedendum et levandum partitum, et ipsum revolvere, nisi negocium fuerit talis condicionis quod exigatur scurtinium secundum formam alicujus Statuti.

Item, si Potestas in suis Consiliis fecerit aliquod partitum ad sedendum et levandum, et dubitacio intervenerit quae pars consiliariorum fuerit major, tale partitum non debeat dividi per medium palacium, sed debeat sciri veritas faciendo partitum ad scurtinium.

Item quod, si Potestas vel Capitaneus habuerit aliquos sapientes super aliquo negocio tangente aliquas speciales personas civitatis Parmae vel episcopatus vel aliquod collegium vel universitatem hominum, partitum semper debeat fieri ad scurtinium inter dictos sapientes: et idem observent Potestas et Capitaneus in Consiliis eorum quae facient.

Item quod in aliquo Consilio nulla proposicio possit fieri, nisi fuerint cc. consiliarii ad minus, salvo quod plures debeant interesse secundum quod per Statuta Communis exigitur in numero per Statuta determinato.

Item, si Potestas voluerit petere absolucionem de aliquo capitulo seu Statuto, faciat ipsum legi, si unum vel plura fuerint, de quibus postulaverit absolvi, in Consilio in conspectu consiliariorum ante postam; et, si aliquid fuerit reformatum in aliquo Consilio contra formam alicujus capituli non lecti et non publicati in conspectu Consilii et non absoluti, si de jure possit absolvi, reformacio non valeat, et Statutum in sua firmitate permaneat.

Item, si in aliquo Consilio generali vel speciali Communis vel populi aliqua proposicio fieret contra formam alicujus capituli, vel aliquis de consiliariis consulendo super ipsa proposicione aliquid diceret contra formam alicujus Statuti, et eciam si Potestas vel alius pro Potestate contra formam alicujus capituli reformaret, tunc notarius deputatus ad reformaciones scribendas debeat manifestare, publicare et legere in conspectu illius Consilii vel Consiliorum, in quo vel quibus proponeretur, arengaretur vel reformaretur contra formam alicujus capituli, illud capitulum vel capitula quae contradicerent tali proposicioni, consilio vel reformacioni; et nihilominus Potestas teneatur observare capitulum in quo continetur de faciendo legi ante proposicionem Consilii capitula de quibus vellet absolvi. Et, si notarius praedictus fuerit negligens in praedictis, aut non observaverit in solidum tenorem et formam hujus capituli, condempnetur pro qualibet vice, et pro quolibet capitulo non lecto et non

publicato a principio usque ad finem, in x. libris parmen., et quicumque accusaverit eum habeat medietatem banni praedicti, et teneatur ad
suam voluntatem secretus; et, si nolet teneri secretus, habeat actionem
contra praedictum notarium in petendo et exigendo medietatem dicti
banni coram quolibet officiale Communis. Et nihil possit in aliquo Consilio reformari, nisi propositio praecesserit et consultum fuerit. Et hoc
capitulum sit praecisum, et quaecumque continentur in ipso praecise debeant observari. Et Potestas infra xv. dies sui officii faciat praedictum
notarium jurare in conspectu consiliariorum quod hoc capitulum obser-
vabit. Et Potestas teneatur facere interrogari consiliarios per buccas
super singulis capitulis, de quibus absolvi voluerit, stando ad sententiam majoris partis, si illa capitula non fuerint praecisa.

Item quod Potestas et judex deputatus ad reformationes Consiliorum
exequendas teneantur et debeant omnes reformationes Consiliorum, quae
de cetero fient, executioni mandare infra xv. dies postquam dictae reformationes factae fuerint, salvo quod Potestas et judex non teneantur nec
sint alligati infra tempus xv. dierum de iis reformationibus, quae propter
laboreria vel alia impedimenta fieri non possent infra praedictum tempus.
Et, si Potestas vel judex praedicta non observaverint, sindicentur Potestas in L. libris, et judex in xxv. libris parmen.

Item, ad evitandum multitudines et gravitates Consiliorum, et specialiter aestivo tempore, quo homines supersunt ad sua negocia facienda,
quod, cum multa Statuta sint in libro Statutorum Communis ad quae Potestas tenetur ad certos terminos, videlicet infra decem dies, xv., vel
mensem, vel alios terminos contentos in ipsis Statutis, quod sufficiat
quod ipsa Statuta proponantur in primis sex mensibus anni, qui incoepit ad annum novum, infra terminos in ipsis Statutis contentos, ita quod
de ipsis non fiat postea proposicio in toto anno, salvo quod hoc non
habeat locum in Statutis loquentibus de electione officialium, nec in Statutis loquentibus de laboreriis. Et sit praecisum.

De modo observando in Consiliis in quibus ordinaretur aliquid
pro expensis faciendis de avere Communis.

Capitulum quod, si debebit poni ad aliquod Consilium generale Communis et populi de aliquo debito faciendo vel dono vel majoribus expen-

sis, aut quod aliquid debeat dari alicui ultra, aliter vel praeter quam Statuta Communis contineant, pro Communi Parmae de denariis Communis vel de aliqua re Communis, consiliarii, qui debebunt interesse dicto Consilio, sint ad minus D., et tres partes ex ipsis consiliariis sint concordes de eo quod debebit reformari, et fiat inquisicio per scurtinium (et, si aliter fieret, non valeat) super singulis articulis qualibet vice in quolibet Consilio, et semel in illo Consilio tantum. Et, si Potestas contrafecerit, perdat de suo feudo c. libras parmen. pro qualibet vice, et quicquid contrafactum fuerit sit nullius momenti.

Item quod omnia partita, quae debebunt de cetero fieri in Consiliis ad scurtinium, fiant et fieri debeant ad fabas albas et nigras; et tubatores Communis mittantur per palacium, qui recipiant granum fabae a quolibet consiliariorum, per quod granum voluerit obtinere partitum quod fiet; et jurent quod non recipient ultra unum granum fabae ab aliquo; et granum, quod quilibet dabit, recipiant secrete, et ponatur in uno sacculo quem quilibet colligens penes se habeat. Et sic observetur ulterius in partitis ad scurtinium faciendis.

Item quod in omnibus partitis, quae de cetero fient in Consiliis generalibus, in quibus et pro quibus debeat aliquid expendi de avere Communis Parmae, teneatur Potestas, seu ille qui pro Potestate partitum faceret, semper praemittere negativam.

Qualiter notarius reformationum tenetur scribere dicta arengatorum et legere antequam fiant partita.

Capitulum quod notarius reformationum Consiliorum Communis teneatur scribere dicta arengatorum, qui consulunt in Consiliis, et, antequam fiant partita, legere in Consilio dicta eorum in conspectu et audiencia Consilii, et scribere omnes reformaciones Consiliorum Communis in chartis pecudinis antequam Consilium separetur, et ad finem cujuslibet reformacionis faciat unam lineam directam cum penna, ita quod postea, separato Consilio, nihil in ipsis possit diminui neque addi.

Qualiter Statuta praecisa possint absolvi, et quae.

Capitulum quod omnia et singula Statuta Communis praecisa, facta et quae fient ulterius, possint absolvi in generali Consilio quingentorum in concordia duarum parcium ad scurtinium et secundum solempnitates in scurtinio observandas: et illa capitula et adjectiones capitulorum, factae et quae fient, intelligantur esse absoluta et absolutae, de quibus in absolucione duae partes consiliariorum secundum praedictum modum concordes fuerint; salvo quod per hoc capitulum non intelligatur posse absolvi, nec absolvatur, nec possit absolvi, capitulum quod loquitur de scurtinio, nec aliquod Statutum Societatis, nec aliquod Statutum factum in odium condempnatorum vel bannitorum et obligatorum Communi, nec aliquod capitulum praecisum prohibens expendi de avere Communis, nec aliquod Statutum prohibens absolvi Potestatem de sindicatu et suam familiam, nec aliquod capitulum prohibens sibi vel familiae suae dari aliquid ultra, praeter vel aliter, quam Statuta Communis contineant. Nec eciam per hoc capitulum possit absolvi capitulum prohibens aliquam quaestionem, peticionem vel causam audiri in praejudicium Communis per aliquem officialem Communis, nisi sindicus Communis legitime constitutus interfuerit. Et hoc capitulum sit praecisum.

De modo qui debuerit observari in Consiliis, in quibus proponeretur de aliqua remuneratione danda alicui officiali ordinario vel extraordinario.

Capitulum quod, si debebit proponi in aliquo Consilio generali de aliqua remuneratione danda alicui officiali ordinario vel extraordinario pro Communi, illa remuneracio debeat ordinari per Consilium generale Communis ante electionem. Et nullus officialis possit habere aliquam remuneracionem a Communi, nisi fuerit in Consilio determinata quantitas suae remuneracionis, et nulli officiali possit aliquod salarium constitui postquam fuerit in officio sibi concesso parabola Consilii vel Concionis. Et Anciani et Primicerii et alii teneantur non eligere nec permittere eligi aliquem officialem qui debeat habere aliquid a Communi, nisi primo determinata fuerit quantitas suae remuneracionis per Consilium generale et in Consilio generali. Et, si quis officialis, post electionem de eo factam, postquam fuerit in officio constitutus aliquid receperit a Communi aliter quam superius dictum sit, restituat et restituere teneatur Communi cum poena dupli, et cercatores debeant cercare similiter et condempnare et punire quemlibet qui per Potestatem praedicto modo non fuerit punitus.

Et Potestas, Capitaneus, Anciani et alii teneantur sacramento praeciso hoc capitulum, et quaecumque continentur in eo, inviolabiliter observare et facere observari, et non possit absolvi in totum nec in partem; et, si contrafieret, sit irritum et inane.

Qualiter possit ordinari quod exercitus fiat pro Communi Parmae.

Capitulum quod nullus exercitus generalis possit ordinari nec fieri pro Communi Parmae, nisi in Consilio generali in quo sint ad minus quingenti consiliarii, nec possit interpretacio fieri nec ordinacio quod aliqua andata vel cavalcata sit vel dicatur exercitus generalis, nisi illa ordinacio vel interpretacio fieret in Consilio quingentorum, faciendo partitum ad scurtinium, et essendo tres partes in concordia. Et hoc capitulum sit praecisum.

De modo observando in electione ambaxatorum.

Capitulum quod electio ambaxatorum, qui ibunt de cetero pro Communi Parmae, fiat per Ancianos, Primicerios et suos consocios et illos de curia, videlicet pro medietate per Ancianos, Primicerios et ceteros, et pro alia medietate per illos de curia, et quod nec Potestas et Capitaneus, nec aliquis de eorum familiis intromittant se de aliquibus ambaxatoribus eligendis. Et eligantur et mittantur communiter et aequaliter per portas in ambaxatis Communis. Et nemo eligatur qui roget se eligi. Et scribantur electiones ambaxatorum in libris Communis, quilibet in sua porta. Et nemo possit habere ultra duas ambaxatas per annum. Et de praedictis non possit absolvi Potestas parabola Consilii vel Concionis, et non permittat Potestas dari alicui ultra duas ambaxatas per annum; et, si quis receperit, cercatores teneantur ei in duplum auferre. Et, si quis renunciabit ambaxatam, non habeat aliquam usque ad annum; salvo quod, si de cetero contigerit eligi ambaxatores, quod simul et unanimiter debeant interesse dictae electioni electores dictorum ambaxatorum, videlicet Anciani et alii et illi de curia, et inter eos fiat partitum secrete ad scurtinium cum fabis albis et nigris de electione praedictorum ambaxatorum, dum tamen in praedicta electione praesens sit et esse debeat major pars omnium praedictorum Ancianorum et aliorum, et illorum de

curia, et quod major pars praedictorum ordinaverit illud debeat observari. Et, si aliquis eligetur contra formam dicti capituli, pro electo et
ambaxatore non habeatur; nec solucio possit sibi fieri per massarium
Communis. Et hoc capitulum sit praecisum.

De ambaxatoribus mittendis expensis Communis pro aliquibus
petentibus, et de faciendis pro petentibus.

Capitulum quod, si aliquis laycus de civitate vel episcopatu Parmae
juraverit coram Potestate et Capitaneo, Ancianis et aliis dicens se non
posse habere jus in aliqua civitate vel loco extra jurisdictionem Communis Parmae, vel de suo occupatum, vel possessiones habere quas non
permittatur gaudere, et de hoc fecerit fidem per testes ydoneos, et juraverit praedicta vera esse, et quod illa occasione, pro qua postulat, numquam habuit ambaxatores nec litteras expensis Communis, quod Potestas, Capitaneus, Anciani et alii teneantur proponere in Consiliis generalibus Communis et populi quod Commune illius civitatis vel loci, quod
ex parte Communis Parmae requiri postulaverit, debeat requiri expensis
Communis Parmae, et rogari ex parte ipsius Communis quod illum talem
suum subjectum exaudiat et defendat in jure suo, et possidere permittat
pacifice quicquid habet in forcia ipsius Communis. Et, si negocium, pro
quo postulabitur quod requisicio fiat per unum ambaxatorem, fuerit valimenti c. librarum parmensium vel infra, sufficiat quod requisicio fiat
per litteras Communis; et, si fuerit majoris valimenti c. librarum imperialium, sufficiat quod requisicio per duos ambaxatores fiat secundum
praedictum modum. Et requisiciones ad peticiones specialium personarum possint fieri expensis Communis, placendo majori parti consiliariorum; et nec in praedictis occasionibus nec aliquibus aliis alicui dentur
ambaxatores expensis Communis, nisi solverit coltas Communi Parmae,
et nisi fuerit sibi subjectus in omnibus. Et teneatur Potestas facere quod
ambaxatores, qui mittentur pro talibus requisicionibus faciendis, referant
in Consilio generali Communis Parmae illud quod fecerint et fuerit sibi
responsum, et debeat credi sibi ut possint represaliae concedi, si placebit Consilio generali, si non fuerit adimpletum quod fuerit postulatum.
Et ambaxatores non possint mitti ad peticionem alicujus, nisi praedicto
modo; salvo quod pro negociis Communis Parmae, et quae vere et solum

essent Communis Parmae, possint ambaxatores mitti ad voluntatem Consilii generalis. Et eciam in negociis specialium personarum possint ambaxatores transmitti, extra praedictos casus qui superius continentur, expensis Communis ad voluntatem duarum parcium Consilii D., facto partito ad scurtinium, si talis ambaxata non constaret ultra x. libras parmen.; et, si debuerit constare majus precium, illud non possit ordinari nisi cum voluntate Consilii D. ad scurtinium et in concordia trium partium. Et pro aliquo negocio non fiat requisicio expensis Communis, nisi semel.

De eodem.

Capitulum quod nemo de civitate vel episcopatu Parmae, cujuscomque condicionis sit vel fuerit, praesumat ire de cetero ad soldum vel sine soldo in servicium aliquorum amicorum, sine voluntate expressa generalis Consilii Communis Parmae; et, si quis contrafecerit, et ei male cesserit, sibi debeat imputare, nec ob hoc habeat ambaxatores, unum vel plures, nec litteras a Communi Parmae in suum favorem, nec possit represalias consequi. Et teneatur Potestas sacramento praeciso non permittere fieri aliquod Consilium generale vel speciale in favorem alicujus praedictae condicionis, nec represalias concedi. Et hoc capitulum sit praecisum.

Item quod quilibet de civitate et districtu Parmae caveat sibi cum quo vel quibus contrahat vel mercatum faciat, videlicet cum hominibus de alienis civitatibus, terris vel locis; et illi vel illis, seu ab illo vel illis, cui vel quibus dederit, requirat, ita quod propterea non oriantur represaliae; et quod Potestas et Commune Parmae non se intromittat nec represalias concedat ea occasione (1). Et eciam teneatur Potestas, quam citius poterit, infra duos menses sui officii facere publicare per civitatem et burgos et praecipi quod nemo de jurisdictione Communis Parmae vadat in aliquam terram, cujus homines habeant represalias contra homines Parmae, faciendo in crida specificari et divulgari quae fuerint illae terrae: et, si quis de jurisdictione Communis Parmae iverit in terram praedictam nominatam in cridamento, et sibi male cesserit, sibi debeat imputare; et teneatur Potestas non concedere tali ob hoc litteras, ambaxatores nec represalias pro Communi.

---

(1) V. la giunta a' piedi della pag. 59 del 1.º Statuto.

De modo observando in represaliis concedendis.

Capitulum quod, quando et quociens petitum fuerit ab aliqua persona civitatis vel districtus Parmae vel aliunde quod per Potestatem seu per Commune Parmae concedantur sibi represaliae seu licentia represaliarum contra homines alicujus civitatis, universitatis vel loci, vel contra aliquam specialem personam quae fuerit de extra jurisdictionem Communis Parmae, de capiendo seu detinendo de rebus tantum vel de personis et rebus alicujus vel aliquorum qui essent de extra jurisdictionem Communis Parmae pro eo quod talis petitor diceret, obstenderet vel allegaret se captum, dampnificatum, vel de suo occupatum vel ablatum vel detemptum, vel jus habere non posse in illa terra, contra homines cujus dictam licentiam postularet, dicta licentia solomodo possit concedi et concedatur de voluntate Consilii generalis Communis, in quo sint ad minus D. consiliarii et tres partes ex ipsis concordes si dicta licentia debebit concedi, faciendo partitum ad scurtinium. Et aliter in futurum non possint pro Communi represaliae concedi, nec aliquid aliud in fraudem represaliarum. Nec possit committi aliqua auctoritas vel baylia aliquibus sapientibus super hoc auctoritate alicujus Consilii, sed solomodo hoc fieri debeat in Consilio D. ut supra. Et sit praecisum.

Item quod Potestas non dabit fiduciam, nec dare possit, mercatoribus nec alicui personae de civitate vel loco, contra quos hominibus hujus terrae represaliae sunt concessae vel concederentur in futurum per Commune Parmae. Et teneatur Potestas sacramento praeciso non concedere nec permittere ordinari quod represaliae concedantur alicui vel aliquibus infra xv. dies ultimos sui officii. Et quod omnes et singuli, quibus concessae sunt represaliae seu concedentur per formam praedicti capituli, vadant ad cameram Communis infra xv. dies post concessionem sibi factam, et faciant scribi in libro Communis concessionem represaliarum, et qualiter sibi facta est, et millesimum, diem, Indicionem, et nomen notarii qui fecit instrumentum concessionis; qui liber concessionum inde ponatur in camera Communis servandus per massarium Communis, et de massario in massarium et de tempore in tempus. Et concessiones quae non essent praedicto modo scriptae, non valeant, et nemini liceat eis uti; et notarius, qui scribet in dicto libro aliquam chartam concessionis, scribat nomen suum et nomen notarii qui fecerit chartam concessionis, diem et millesimum, et in dicto libro apud concessionem cujuslibet debeat scribi id totum quod occupabit occasione represaliarum infra v. dies post occupationem, si exinde contentio non fuerit; et, si fuerit contentio, infra v. dies post quaestionem decisam scribatur illud quod habuit. Et qui non observaverit hoc capitulum, cadat de jure suo, et restituat rem habitam cum poena dupli ei, cui abstulerit, vel Communi, si non fuerit alius accusator. Et quilibet possit accusare eum qui contrafecerit, et habeat medietatem. Et iste liber sit perpetuus et continuus in veteribus concessionibus et futuris, ut sciantur seu sciri possint nomina illorum quibus represaliae sunt concessae et concedentur, et quantum habuerit quilibet occasione praedicta.

Item quod represaliae concessae vel concedendae non praejudicent alicui homini de curte, vel buffoni. Et quaestiones, quae amodo contingent occasione represaliarum, debeant et cognosci et determinari per unum ex judicibus Potestatis; et saximenta, quae fient occasione praedicta, non relassentur sine parabola Potestatis vel judicum suorum; nec hospites res saxitas dimittant, nisi praedicto modo.

Qualiter Potestas tenetur habere pro diffidatis homines cujuslibet universitatis, prohibentis ire homines Parmae in suam forciam, ut non veniant in forciam Communis Parmae.

Capitulum quod, si homines alicujus universitatis prohibuerint homines Parmae ire et redire per suam forciam cum personis et rebus, Potestas pro Communi Parmae teneatur homines illius universitatis prohibere venire et redire similiter per forciam Communis Parmae.

Item, si aliquis de jurisdictione Communis Parmae iverit in locum prohibitum, seu ad locum ad quem divulgatum fuerit per civitatem Parmae homines Parmae stare non posse, et sibi male cesserit, Potestas non se intromittat, nec litteras nec nuncium nec ambaxatores transmittat, nec aliquod in praejudicium faciat alicui. Et nemo de jurisdictione Communis Parmae capiat aliquem foresterium, nec impediat, sine parabola Potestatis vel alicujus ex judicibus suis; et, si impediverit seu ceperit aliter, teneatur restituere ablata et omne dampnum; et eciam si ceperit, obtenta licentia, repraesentet personam et res ante Potestatem Communis seu aliquem ex judicibus suis, quorum solum debeat esse cognicio quaestionum emergentium occasione represaliarum.

66

De eodem.

Capitulum quod, si aliquis de jurisdictione Communis Parmae fuerit dampnificatus in aliquo loco extra jurisdictionem Communis Parmae occasione alicujus obligationis vel promissionis factae alicui foresterio per aliquem de jurisdictione Communis Parmae, Potestas teneatur praecise illum de jurisdictione sua compellere satisfacere illi suae jurisdictionis de omni dampno quod habuerit occasione praedicta; et, si non venerit, teneatur sibi dare in solutum de bonis ejus, cujus causa esset dampnificatus, pro omnibus dampnis et expensis.

De eodem.

Capitulum, cum Commune et homines de Sancto Jeminiano de Tuscia requisiti fuerint per litteras et ambaxatores Communis Parmae quod facerent racionem mercatoribus et civibus parmensibus de Mozo de Sancto Jeminiano et de Lamberto fratre suo, qui furtive et malo modo fugerunt cum robis et denariis dictorum civium parmensium, de bonis dictorum Mozi et Lamberti, et eis negaverint facere racionem contra Deum et justiciam, quod Potestas teneatur praecise sine aliquo scurtinio represalias concedere omnibus et singulis civibus Parmae spoliatis per praedictos fratres, vel alterum eorum, in avere et personis contra Commune et homines Sancti Jeminiani, aliquo capitulo seu prohibicione aliqua non obstante, quousque de dampnis et expensis suis eis fuerit satisfactum.

De nundinis celebrandis sancti Herculiani,
et de modo observando in eis.

Capitulum quod Potestas teneatur facere fieri nundinas generales, seu feram generalem, pro Communi Parmae in glarea parmensi ad festum sancti Herculiani, et principium dictae ferae sit prima die jovis mensis septembris, in quo celebrari debuerit a ponte lapidum inferius a sero muri foveae civitatis, et procurare quod dictae nundinae fiant secundum voluntatem Consilii de mense septembris, et fiant in eis binae stacionatae coopertae et mercaciones, et in eis sint et portentur de drapis et aliis rebus venalibus. Et invitentur per litteras generales Communis Communia civitatum et locorum, quae sunt extra jurisdictionem Communis Parmae, quod sui subjecti possint venire ad eas et sint affidati et affidentur, sicut placuerit Consilio generali, et alii extranei quod veniant et venire possint secure et conducere quascumque res voluerint ad vendendum, et educere de forcia Communis Parmae illas de quibus ordinabitur per Consilium, et quilibet sit affidatus per illud tempus prout dicto Consilio placuerit. Et in litteris mittendis occasione praedicta contineatur modus fidanciae et per quantum tempus durare debuerit, et contineatur in ipsis litteris quod omnes et singuli, qui erunt de jurisdictione illius Communitatis ad quam mittentur, debeant sibi cavere et caveant qualiter et cum quibus de civitate et districtu Parmae contrahant, ita quod ab eo et ab eis requirant, quibus dederint seu cum quibus contraxerint, et hoc faciant manifestum suis subjectis, quia Commune Parmae non vult teneri nisi ad faciendum jus de obligatis, ut represaliae non proveniant, ex quibus consuevit provenire causa et materia scandalorum. Et rogentur per ipsas litteras Communia, ad quae mittentur litterae, quod hoc ex parte sua respondeant Communi Parmae per instrumenta vel litteras de faciendo consimilia. Et teneatur Potestas procurare quod praedictae nundinae fiant et crescant ad honorem Communis Parmae; et qui contrafecerit, solvat pro banno L. libras parmen., et medietas sit accusatoris. Et nullus projiciat ledamen nec remondaturam andronae in loco dicti mercati, et Potestas bis in anno cum advocatis et consulibus mercatorum teneatur ire et videre dictum locum, et teneri expeditum faciat; et solvat pro banno quilibet qui impediverit X. libras parmen., et medietas sit accusatoris. Et nullus homo de Parma vel parmexana vadat amodo, nec locet stationes aliquas in glarea Parmae, nisi ubi fit forum, nec aliquis aliquid inde accipiat ab aliqua persona. Et duret dicta fera per quatuor dies ad minus.

Item quod omnes et singuli de illis misteriis, quorum consules veniunt ad Consilium Communis, teneantur cum mercacionibus suis ire et stare in praedicta fera, et habere binas, sub poena III. librarum parmensium. Et consules eorum teneantur accusare illos qui non iverint, ut dictum est: alioquin solvant dictum bannum (1).

---

(1) V. il capitolo terzo a pag. 347 del 1.° Statuto.

De mercatis faciendis in civitate Parmae in quolibet die sabbati et quolibet die mercurii.

Capitulum quod bis in hebdomata cujuslibet mensis, videlicet in die sabbati et in die mercurii, fiat mercatum in civitate Parmae; et omnes volentes possint venire ad vendendum cum rebus suis venalibus ad utrumque dictorum mercatorum, sicut veniunt et soliti sunt venire in die sabbati.

De eodem.

Capitulum quod mercatum de pullis, ovis, anseribus et caseo, panno lini et bixeto fiat et teneatur in ea parte plateae Communis quae de novo est amplificata.

Item quod nemo possit nec debeat de cetero portare vel portari facere in mercatis in aliqua parte civitatis vel burgorum vel glareae fluminis parmensis, nec eciam vendere in civitate aliquod bixetum nec angnelinum quod sit plegatum in rotello, ita quod quilibet, volens emere ex ipsis, possit dictos pannos videre et tentare in omnibus partibus; quia ipsi drapi taliter tirantur ad sublum, quando plegantur in rotellis, quod, ipsis desplegatis, remanent breviores, quam esse debent, per quatuor brachia. Et, si quis contrafecerit, solvat pro banno pro quolibet et qualibet vice xx. sol. parmen.; et quilibet possit accusare et habeat medietatem banni. Et Potestas faciat hoc praeconizari per civitatem suo tempore ad minus ter.

Qualiter qui duxerit blavam et oleum et carbonem ad vendendum in civitate Parmae sit affidatus.

Capitulum quod quilibet, qui duxerit blavam, oleum vel carbonem ad vendendum ad civitatem Parmae de alieno districtu, non possit nec debeat impediri, nec gravamen sibi fieri in persona vel rebus, sed libere possit vendere, et precium recipere, et portare, aliquo capitulo non obstante, faciendo scribi, quicquid conduxerit, alicui de notariis Potestatis qui deputabitur ad praedicta; de qua scriptura notarius nihil accipiat.

Item omnes mercadanciae, cujuscumque conditionis fuerint, possint duci ad civitatem Parmae, et ibi vendi in grossum et in minutum per quamlibet personam volentem vendere, non obstantibus aliquibus capitulis vel Statutis, ut major ubertas et melior numata possit haberi in civitate Parmae. Et de praedictis attendendis teneatur Potestas praecise et sine tenore observare.

Item quod omnes et singuli, qui Parmam sine fraude aliquas mercaciones conduxerint, sint realiter et personaliter affidati in veniendo, stando et discedendo, non obstantibus aliquibus represaliis concessis et concedendis, et quolibet alio cessante obstaculo; et hoc beneficium habeat locum tam in civibus quam foresteriis, undecumque fuerint, exceptis inimicis et bannitis Communis Parmae. Et hoc locum habeat ex nunc, et praecise debeat observari.

De eodem.

Capitulum quod Potestas teneatur, infra mensem postquam intraverit in suo regimine, facere Consilium generale Communis, et in ipso proponere quomodo et qualiter tam mercationes victualium, quam aliarum rerum possint et debeant venire et duci ad civitatem Parmae; et quicquid super hoc placuerit majori parti Consilii faciendum, Potestas teneatur bona fide adimplere et ad finem perducere.

Item liceat cuilibet civi et foresterio ducere et vendere linum in civitate Parmae in grossum et in minutum in glarea Parmae, et alibi ubi voluerint, in die sabbati et qualibet alia die, salvo quod nullus linarus debeat emere linum in die sabbati, in poena et banno xx. sol. parmen. et amissionis lini; et quilibet possit accusare et habeat medietatem banni.

Quid ordinatum est super mercatis, et in quibus locis possint fieri per episcopatum.

Capitulum quod Potestas teneatur manutenere mercatum, quod fit Brixilli quolibet mense, secundum quod designatum est, et teneatur facere jurare homines episcopatus Parmae juxta riperiam Paudi quod de cetero non ibunt ipsi, nec eorum masnatae, ad aliquod forum extra episcopatum Parmae.

Item idem observetur de mercato castri Gualterii, quando fieri debuerit.

Item observetur idem in mercato de Sacha: et in utroque mercato sit bannum xx. sol. parmen. illi qui contrafecerit, quorum medietas sit accusatoris.

Item quod ultima die martis cujuslibet mensis fiat mercatum Fornovi.

Item teneatur Potestas facere fieri mercatum Soraniae in burgo Luporum in capite cujuslibet mensis.

Item quod in prima dominica cujuslibet mensis fiat mercatum Colurnii.

Item quod duo mercata fiant in burgo Sancti Donini ultra Sustironum ad festum sancti Donini, et aliud ad octavam sancti Donini.

Item quod in festo sancti Lionardi possit et debeat fieri unum mercatum in villa de Cugurucio, duraturum in die festi et sequenti, et fiat de bestiis et aliis rebus, ut homines de illis contratis habeant majorem abundanciam, et foresterii possint ad ipsum mercatum venire, et alii de contratis.

Item quod omnia mercata, quae consueverunt fieri per episcopatum Parmae, restituantur et restituta sint, aliquo capitulo non obstante; et fiant sicut fieri consueverunt.

De mercato solito fieri in terra de Calestano, quod de cetero fiat in terra de Soragnola.

Capitulum, ad utilitatem mercatorum et aliorum hominum civitatis, ad evitandas rissas, violencias et damnificaciones quae fiunt in mercato de Calestano tam per bannitos Communis, quam per alios malefactores, quod de cetero illud mercatum non fiat nec fieri possit in dicta terra de Calestano, sed illud mercatum, quod fieri consuevit in praedicta terra, de cetero fiat in terra de Soragnola de Sancto Hilario, et praedicti de Calestano ibi non permittant amodo dictum mercatum fieri; et, si contrafecerint, puniantur Commune et homines dictae terrae, pro qualibet vice qua contrafecerint, in c. libris parmen.; et quilibet possit accusare, et habeat medietatem banni. Et hoc capitulum sit praecisum, et praecise debeat observari. Et valeat ex nunc.

De modo observando in mercatis, quae fiunt tam in civitate quam in episcopatu.

Capitulum quod nemo debeat ire per episcopatum occasione emendi blavam, pullos, bestias et ova vel alia victualia, nec lanam nec linum, nisi solomodo in mercatis concessis pro Communi, et nulla villa aut communitas hominum vel singulares personae facere possint aliquod forum vel mercatum in diebus sabbatorum, nec aliquid quod in fraudem istius capituli converti possit; et illa villa vel communitas hominum, vel singulares personae, quae hoc facient vel fieri pacientur, solvant pro banno xxv. libras parmen.; et ille qui vendet vel ad vendendum deferet aliquid venale, vel portabit eundo et redeundo a dicto foro in die sabbati, puniatur in xx. sol. parmen., et res deveniant in Commune, si de hoc denunciatus vel accusatus fuerit: si vero aliquis propria voluntate et auctoritate abstulerit, ipsas res habeat licite et impune.

Item quod nemo debeat exire de mercatis civitatis vel episcopatus Parmae eundo obviam personis ducentibus mercimonia ad vendendum pro eis emendis, ut mercimonia et victualia melius et uberius veniant ad mercata. Et hoc non habeat locum in frugibus nec in herbis; et qui contrafecerit, solvat pro banno decem libras parmen. pro qualibet vice, et quilibet possit accusare, et habeat medietatem banni; et amittat rem emptam, et cercatores possint cercare contrafacientes.

Item quod quilibet homo teneatur non ducere secum aliquem foresterium ad aliquod mercatum civitatis et episcopatus ad emendum aliquam rem quae sit contra bannum, nec eciam emere pro ipso foresterio; et, qui contrafecerit, solvat pro banno x. libras parmen. pro qualibet vice; et quilibet possit accusare, et habeat medietatem banni, et cercatores possint cercare et auferre dictum bannum.

Qualiter quilibet tenetur vendere et emere ad legitimum starium Communis et ad mensuras a stario descendentes.

Capitulum quod quilibet, qui emerit vel vendiderit in civitate vel episcopatu seu districtu Parmae aliquam rem quae debuerit mensurari ad starium vel ad mensuram a stario descendente, debeat mensurare emendo vel vendendo ad legitimum starium Communis Parmae et ad legitimam mensuram ipsius Communis vendendo vel emendo in grossum vel ad minutum.

Item quod staria, ad quae venditur sal vel aliqua alia res, debeant adaequari cum stariis Communis.

Item quod quaelibet universitas cujuslibet villae episcopatus Parmae, quae habeat vel habebit ab octo focis supra, teneatur habere starium, minam et quartarium, et mensuram vini, bullatum et bullatam cum bullo Communis Parmae; et debeant stare praedictae mensurae ad ecclesiam vel alibi ubi mistrales vel Commune dictae terrae voluerint, et debeant bullari in capite cujuslibet quarti anni quando bixestus curret; et illa universitas quae praedicta non observaverit, condempnetur pro qualibet vice in c. sol., et nihilominus compellatur attendere praedicta: et quilibet possit accusare contrafacientes, et habeat medietatem banni.

Item quod quaelibet persona de civitate vel episcopatu Parmae, vel aliunde, quae vendiderit blavam vel legumen, debeat et teneatur agranare starium, et quamlibet aliam mensuram ad quam mensurabitur, cui mensurae bene agranate liceat emptori dare de pede; qua percussione facta, venditor iterum bene repleat et agranet ipsam mensuram, et postea ducat raxoriam ab una sponda ad aliam, ita quod nihil relinquatur super ipsa mensura. Et hoc teneatur observare quilibet emptor et venditor in poena et banno c. sol. parmen. pro quolibet et qualibet vice.

Item quod licitum sit cuilibet personae civitatis et episcopatus Parmae habere starium proprium legitimum, et cum ipso vendere et emere, et quod singulis sit licitum hoc facere, nihil solvendo pro dacio, non obstante aliquo cridamento, quod fieret, quod volentes vendere cum stario proprio faciant illud scribi; ita quod quilibet possit quolibet tempore, non faciendo se scribi, ad starium suum vendere. Et sit licitum cuilibet mercatori sine dacio solvendo rem suam mensurare, et in stacione sua reponere et emere et vendere cum stariis suis legitimis et bullatis.

Item teneatur Potestas, infra xv. dies mensis januarii, invenire quatuor legales homines, scilicet unum per portam, qui debeant adaequare et ad legitimum modum bullare staria et mensuras a stario descendentes; et sufficiat quod eligantur semel in anno, salvo quod hoc capitulum non habeat locum quando venderentur bulla pro Communi, et committeretur praedictum officium emptoribus vel emptori. Et quicumque fuerit rector civitatis Parmae, per se vel per aliquem ex judicibus suis, suo motu, et quam plus secrete facere poterit, faciat tolli staria et alias mensuras a stario descendentes, ubicumque invenerit, infra confines plateae vel alibi ubi possit subito invenire, et faciat adduci coram se et assazari cum mensuris Communis; et, si invenerit aliquas mensuras minores vel majores legitimo modo, teneatur facere comburi in platea Communis in ignominiam illius qui eas tenuerit, et insuper teneatur sibi auferre pro banno decem libras parmen. pro quolibet et qualibet vice; et hoc cercamentum fiat bis in anno ad minus, scilicet ante sanctum Petrum bis, et post sanctum Petrum bis.

De staderiis Communis.

Capitulum quod eligantur quatuor religiosi viri per Potestatem, Capitaneum et Ancianos et alios, quorum officium duret per annum, vel minus ad voluntatem Consilii generalis (quorum duo sciant litteras et scribere, et stent in mercatis et alibi, sicut opus fuerit), ad dictas staderias tenendas et ad ponderandum cum eis; et ponderent bene et legaliter secundum formam Statuti, et conservent pro Communi introitum dictae staderiae, scribendo in qualibet die ordinarie in uno libro quicquid exinde colligent, et omni mense reddant racionem massario Communis in praesentia judicis Potestatis, et assignent quicquid exinde habuerint: et habeant pro suo salario quod determinabitur per Consilium generale. Et quilibet qui emet vel vendet, teneatur ponderare et facere ponderari ad staderiam Communis et ad pondera Communis. Et dicti religiosi debeant tantum accipere pro quolibet penso unum denarium parmen., et a penso in sursum usque in summam centonarii, et pro centonario duos parmenses et non plus; et, si contrafecerint, puniantur in decem sol. parmen. pro qualibet vice; et quilibet possit accusare, et habeat medietatem banni, et cercatores possint eos cercare.

Qualiter staderiae et pondera Communis debeant adaequari.

Capitulum quod Potestas teneatur, infra primum mensem sui regiminis, saltem semel in anno, eligere cum Capitaneo, Ancianis et aliis certam quantitatem sapientum habencium noticiam marcorum, balantiarum et ponderum, et faciant adduci coram se staderias omnes, pondera, marcos et balantias civitatis et burgorum; quibus praesentatis, faciant eas adaequare ad unum modum, ita quod staderiae magnae sint ejusdem longitudinis, et habeant pontos et plumbinos aequales, salva staderia magna facta pro Communi, quae in suo statu permaneat. Quibus adaequatis, bullentur cum bullo Communis, et alia fiant circa praedicta quae fuerint utilia pro Communi. Et nemo vendat nec emat cum aliis balanciis, staderiis, ponderibus et marchis, nisi cum adaequatis et bullatis ut dictum est. Et quilibet campsor teneatur habere unum marchum, et eo tantum uti et non alio, nisi foret marchus de Apulia pro auro pensando. Et quilibet teneatur observare praedicta; et, si quis contrafecerit, solvat pro banno x. libras parmen. pro qualibet vice, et quilibet possit accusare et habeat medietatem banni. Et illi de Burgo Sancti Donini teneantur et compellantur habere et tenere balantias, libras, passos et pondera Communis Parmae, et eis uti tantum; et teneatur Potestas facere jurare consules Burgi hoc observare. Et quicumque deputabitur pro Communi ad aequandum et bullandum aliquas staderias, pondera seu marchos non possit accipere pro adaequatura et bullatura ultra duos parmenses parvos de aliqua staderia, pondere vel mensura. Et hoc habeat locum in quolibet stario et mensura a stario descendente, et qualibet alia re quae debuerit adaequari et bullari pro Communi.

Qualiter vendentes ad minutum debent habere omnes pensas et bullatas.

Capitulum quod omnes vendentes ad pensum ad minutum debeant accipere a Communi et bullari facere, infra mensem januarii, quamlibet pensam, qua uti debebunt in vendendo et ponderando, ita quod habeant libram grossam et mediam libram subtilem et mediam unciam de brunzo vel ramo vel de ferro vel de auricalco et non alterius maneriei; et hoc ut fraudes melius in ponderando cessent; et, si praedicti venditores tenuerint vel habuerint pensas alterius maneriei, et praesumatur per fraudem tenere eas, solvat quilibet contrafaciens pro banno, pro qualibet vice, x. sol. parmen.; et quilibet possit accusare, et habeat medietatem banni. Et Potestas teneatur facere cercari per unum ex judicibus suis bis in anno omnes marchos, libras, uncias, passos, staderias, pensas et balantias ut sciantur si justae sint: et, si quis reperiatur non habere justas pensas, solvat pro banno x. sol. parmen., et plus et minus ad arbitrium Potestatis.

Quod nullus vendat vel emat ad pondus staderiae parvae,
sed solomodo ad cazas.

Capitulum quod aliquis non vendat vel emat ad pondus staderiae parvae, sed solomodo ad cazas vel ad balantias in civitate vel burgis; et qui contrafecerit, solvat pro banno x. sol. parmen., et amittat staderiam et rem quae ponderabitur ad eam. Et nullus possit nec debeat pensare nisi ad staderiam Communis; et qui contrafecerit, perdat id totum quod pensaretur, et amittat xx. sol parmen. pro qualibet vice, salvo et reservato omni jure pro eo quod concessum est bechariis per Statutum super sua staderia. Et quilibet possit et debeat accusare, et accusator habeat medietatem banni, et alia medietas veniat in Commune; et quicumque mensuraverit ad aliquam mensuram vel starium vinum vel blavam, nisi bullatum pro Communi, solvat pro qualibet vice c. sol. parmen.

De modo passi cum quo debet emi et vendi
in jurisdictione Communis Parmae.

Capitulum quod Potestas teneatur sacramento praeciso facere conservari et observari magnitudinem passi, cum quo mensurantur panni, drapi et aliae res, quod passum est de ferro bullatum in capite cujuslibet partis, cui tantum debeat dari fides super legalitate passorum et non alii passo. Et quicumque vendiderit vel emerit cum passo, in quo sit aliquis defectus vel superfluum, condempnetur pro qualibet vice in xxv. libris parmen.; et quilibet possit accusare, et habeat medietatem banni. Praedictum vero passum factum ad modum passi novi debeat semper stare ferratum et bullatum, et teneri ubi et sicut videbitur Potestati, Capitaneo, Ancianis et aliis. Ponatur in tali loco quod possit haberi inde copia, et esse testimonium quociens et quando in hoc fuerit aliqua quaestio, vel dubietas oriretur. Et ad ipsum passum funes et aliae res, quae mensurantur ad brachium, mensurentur.

De officio advocatorum et consulum justiciae (1).

Capitulum quod advocati et consules justiciae teneantur sacramento toto tempore sui officii non arengare in aliquo Consilio nec esse de par-

___
(1) V. 1.° Statuto, pag. 110 e seguenti.

tito, et venire et interesse omnibus Consiliis generalibus in palatio Communis, et sedere in bancho ubi sedet Potestas ad Consilia.

Item teneantur praedicti et quilibet eorum venire in plateam Communis, et stare ad banchum sub palatio Communis sibi deputatum ad rationem reddendam, et rationem reddere, et stare bona fide, et causas et lites audire, cognoscere et diffinire, stando in loco praedicto ab ultimo sono campanellae, quae pro officialibus pulsatur, de mane usque ad terciam, et post prandium venire et stare usque ad vesperas ab anno novo in antea usque ad carnisprivium, nisi in diebus festivis qui servandi sunt sine fraude, et exceptis diebus jejuniorum in quibus post prandium venire non debeat aliquis eorum, nec eciam tempore feriarum, nisi Potestas miserit pro eis. Et tempore quadragesimae majoris debeant stare praedicti officiales quolibet die, nisi in diebus festivis, ab ultimo sono campanellae officialium usque ad missam de medio die, et tota illa die postea non veniant. Et a Pascha Resurrecionis in antea usque ad festum omnium Sanctorum non teneantur stare a tercia usque ad nonam, sed ante terciam et post nonam stent ut superius continetur. A festo vero omnium Sanctorum usque ad annum novum stent ad eorum officium exercendum, ut superius dictum est, salvo quod praedicti officiales de stando ad banchum ad racionem reddendam non teneantur tempore quo interessent et vocarentur pro condempnationibus faciendis. Qui advocati et consules amodo cum massario Communis, si fuerit laycus, sint et esse debeant ad condempnationes faciendas.

Dies autem jejuniorum, in quibus praedicti officiales non debent venire post prandium nec stare ad banchum nec cognoscere de aliquibus quaestionibus, sunt omnes dies majoris quadragesimae, omnes dies veneris tocius anni, quaelibet dies sabbati quadragesimae, vigiliae festivitatum beatae Mariae Virginis et omnium Apostolorum. Et, si praedicti officiales contrafecerint, solvant xx. sol. parmen. pro banno pro quolibet et qualibet vice, et Potestas teneatur condempnare eos de praedictis; et quilibet possit eos accusare, et habeat medietatem banni.

Item teneantur praedicti officiales sacramento expresso in diebus et horis prohibitis non venire nec stare ad bancha nec sub palatio Communis, nec aliquid in fraudem juris reddendi facere aliquo modo, salvo quod possint facere praecepta et condempnationes quae voluntarie recipiuntur; et, si quis contrafecerit, solvat pro banno iii. libras parmen.

pro qualibet vice; et quilibet possit accusare, et habeat medietatem banni, et cercatores debeant eos cercare.

Item teneantur praedicti officiales discedere de sub palatio Communis, et non stare, postquam de voluntate. abbatis eorum sonita fuerit campanella, quae est sub palatio Communis, quae pulsetur congruis horis pro recessu faciendo. Quem abbatem inter se et de se unum faciant infra octo dies post introitum sui officii.

Item, si advocati et consules stabunt ad banchum aliter quam superius dictum est, totus processus, qui fieret ab ipsis, vel ab aliquo ipsorum, sit nullius valoris.

Item teneantur praedicti officiales et quilibet ipsorum non ducere secum extra civitatem aliquem notarium, nisi unum ex illis duobus qui stare secum debuerint ad officium exercendum; et, si alius notarius ibit, solvat pro banno xx. sol. parmen.; et ille advocatus vel consul, qui duceret alium, solvat pro banno similiter c. sol. parmen.

Item teneantur Potestas, advocati et consules justiciae ad petitionem cujuslibet conquerentis de aliquo legitimae aetatis de debito, de quo chartam ostendet, facere ut illi, de quo quaerimonia facta fuerit, si habitaverit in civitate, per duos nuncios domui ejus denuncietur, et, si extra civitatem habitaverit, semel denuncietur; et facere diffinitivam sententiam, eciam lite non contestata, dato termino post denunciationem per octo dies antequam sentencia feratur, si habitaverit extra civitatem, et, si habitaverit in civitate, per IIII. dies, et hoc ponatur in sententia: et ei credatur de termino, et hoc sive reperiatur personaliter sive non. Et hoc habeat locum in debito personali certae quantitatis, excepta poena.

Qualiter praedicti officiales debeant jus reddere.

Capitulum quod advocati et consules, qui sunt et erunt per tempora secundum formam Statutorum Communis Parmae, debeant stare sub palatio Communis Parmae vel in palatio vel in aliis locis quae ordinabuntur pro Communi (et faciant rationem ibi, quilibet ipsorum, cuilibet sub examine suo secundum Statuta civitatis Parmae), et cognoscere et diffinire quaestiones, lites, causas et controversias secundum quod in sacramento eorum continetur et illis terminis, et servare Statuta loquentia de praedicto officio. Et habeant jurisdicionem cognoscendi de omnibus quaestio-

nibus de quibus cognoscebat Commune Parmae ante compositionem factam inter ipsum Commune et episcopum, de quibus non est prohibitum
in composicione; et eciam debeant cognoscere de laudis ruptis et scave-
zatis, tenutis ruptis, et mandare sententias executioni in omnibus et per
omnia ut judices Potestatis possunt. Et haec jurisdicio data fuit in millesimo cc. xxx. Indictione quarta.

Qualiter advocati et consules justiciae debeant praeceptum
facere super debito confesso, et ad quem terminum, et quali-
ter appellacio dicti praecepti fieri possit.

Capitulum quod advocati et consules justiciae Communis Parmae de
cetero de aliquo debito confesso non debeant aliquam sentenciam facere
in scriptis vel aliter, nisi praecipere quod solvant, et praeceptum illud
loco sentenciae teneatur. Et Potestas teneatur praeceptum illud ita ad-
tendere et observari facere quemadmodum tenetur de sententia, et teneatur auferre ei, qui non observaverit dictum bannum, tantumdem quomodo de sententia, nisi appellaverit: et appellacio non recipiatur, nisi
primo appellator juret quod non se appellat nisi quod se putat cum racione tueri, et appellacio locum non habeat nisi juraverit. Et hoc locum
habeat in debitis confessis.

Item teneantur advocati et consules justiciae dare terminum, de xx. sol.
imper. in condempnationibus, xx. dies; et a viginti sol. imper. injosum,
decem dies et minus ad suam voluntatem; et a viginti sol. imper. insursum usque in c. sol. imper., xx. dies; et a centum sol. imper. insursum, triginta dies et non plus, quantacumque fuerit quantitas.

Item quod nullum praeceptum seu condempnacionem faciant seu facere
debeant praedicti officiales, nec aliquis ipsorum, super aliquibus debitis
pecuniariis, nisi causa fuerit in condempnacione seu praecepto inserta,
et nisi partes fuerint praesentes; alioquin condempnacio seu praeceptum
nullius sit valoris. Et haec adjectio facta fuit m. cc. lxviii. Indictione
undecima.

Item quod advocati et consules praedicti teneantur non condempnare
ad minorem terminum aliquem, ut in Statuto Communis continetur, nisi
in concordia parcium, nec pro remuneracione aliqua, salvo quod fidejussor condempnari debet ad xii. dies in laudo rupto.

Item quod Potestas et judices sui et officiales praedicti teneantur non dare terminum alicui ultra laudum scavezatum, qui est v. dierum vel septem in fidejussore; et postea, nisi reperiatur debitor, compellatur ad solutionem corporaliter faciendam.

De recusacione advocatorum et consulum, et amonicione libelli.

Capitulum quod advocati et consules justiciae teneantur facere dari libellum petentibus, et dare eis terminum ad respondendum IIII. dierum ad minus a tribus libris parmen. insursum, et a tribus libris parmen. injosum detur terminus eorum arbitrio. Et scribatur libellus in libro Communis statim cum datur, et terminus quando debeant respondere, et solvat quaelibet pars pro libello et termino notario, secundum quod in tassationibus scripturarum continetur. Et teneantur amonere partes primo si volunt libellum et advocatum antequam respondeant. Et possint rei recusare advocatos et consules, si fuerint conjuncti actori usque in tercium gradum, vel si fuerint ejus domini vel vassalli, sive de una eadem vicinia, sicuti si judex esset delegatus; et hoc similiter locum habeat causa parentelae mulierum, quemadmodum et masculinorum, si uxor actoris et advocati et consulis fuerint gradu parentelae contento in Statuto praedicto: et quod eodem modo consul vel advocatus possit recusari, si aliquis ex tabellionibus ejus fuerit in eodem casu suspicionis, de qua dictum est de advocato et consule.

Qualiter die dati consilii vel sequenti debeat fieri sentencia.

Capitulum quod judices Potestatis, advocati et consules justiciae, et omnes alii qui cognoscunt ordinario jure seu modo, teneantur die dati consilii vel sequenti ferre sententiam, nisi dimiserint de voluntate utriusque partis.

Qualiter advocati non possint causari ante alios advocatos Communis, nisi in suis propriis causis, et in quibus causis advocare possint, et qualiter non possunt esse sindici seu procuratorcs.

Capitulum quod advocati non debeant causari ante alios advocatos Communis, nisi in suis propriis causis, et in ipsis causis quas incoepissent antequam fuissent advocati, unde essent soluti vel pignora haberent, vel occasione. Et advocati non possint advocare ante alios advocatos, nec possint esse sindici nec procuratores pro aliquo vel aliquibus tempore advocariae ante alios advocatos Communis vel mercadanciae vel militum, vel ante aliquem officialem, nec ante officiales episcopi.

De causis non delegandis, nisi in concordia parcium.

Capitulum quod advocati et consules justiciae teneantur non delegare causas, nisi in concordia parcium. Et quod nec per Potestatem nec aliquem officialem Communis Parmae possit mitti consilium alicujus quaestionis alicui vel aliquibus sapientibus, qui sint extra jurisdicionem Communis Parmae, et qui non sint de collegio judicum civitatis Parmae, nisi hoc fieret in concordia parcium; et, si contrafieret, processus non valeat ex nunc. Millesimo cc. lxxvi., Indictione quarta.

Quod bannum auferatur judici vel layco praecedenti in calumpnia.

Capitulum quod rector civitatis Parmae et advocati et consules justiciae teneantur auferre judici praecedenti in calumpnia, vel respondenti, xx. sol. parmen., et layco de civitate et episcopatu x. sol. parmen., sine remissione.

Item, in eo qui juraverit de veritate dicenda, quod nulla persona doceat aliquem ad calumpniam respondere.

De judicibus communiter ad consilia causarum vocandis,
et qualiter nemo debeat venire, nisi vocatus fuerit, ad consu-
lendum; et qualiter aliquis officialis, habens aliquam jurisdi-
ctionem, non possit consulere super aliqua quaestione.

Capitulum quod advocati et consules justiciae teneantur sacramento bona fide, sine fraude, convocare judices de collegio civitatis ad consilia causarum habenda. Et nullus judex vadat ad consulendum ad consilium alicujus quaestionis, nisi fuerit vocatus ab eo, seu per nuncium illius coram quo quaestio ventilabitur. Et judices Potestatis et ceteri officiales, qui habent aliquam jurisdictionem, teneantur tollere pro banno c. sol.

parmen. cuilibet judici contrafacienti, et dictum bannum sit Communis Parmae; et judex qui contrafecerit nihil habeat de consiliatura talis consilii, et advocati et consules justiciae Communis Parmae, et eciam alii officiales habentes aliquam cognitionem non possint nec debeant, nec aliquis ipsorum, interesse consiliis causarum; et, si interfuerint et aliquid habuerint, cercatores teneantur ei vel eis in duplum auferre, et cassentur ab omni officio Communis hinc ad decem annos. Et non possit aliquis praedictorum officialium dare alicui judici toto tempore sui officii ultra tria consilia.

Item non possint nec debeant officiales praedicti pro aliis causari sub aliquibus officialibus habentibus aliquam cognitionem pro Communi, Societate, nec mercatoribus.

Item, si aliquis officialis habens aliquam jurisdicionem cognoscendi, seu sit in aliquo officio ordinario, vocabitur solus vel cum alio, et consilium dabit solus vel cum alio super aliqua quaestione, consilium ejus non valeat, nec pronunciacio facta super ipso consilio, nec sentencia quae ex ipso sequetur, sed sit inanis et nulla, nec sit in favorem nec in praejudicium alicujus. Et hoc habeat locum contra quemlibet officialem, si officium per se faciat, sive per interpositam personam.

Item quod aliquis clericus vel conversus, licet judex fuerit, non vocetur ad consilium alicujus quaestionis.

De articulis scribendis in quaestionibus, super quibus debebit haberi consilium sapientum.

Capitulum quod, antequam judices eligantur super aliqua quaestione, ille articulus vel articuli, super quo vel quibus debebit haberi consilium sapientum, scribantur in libris Communis sub examine officialis, coram quo illa quaestio ventilabitur, antequam sapientes eligantur ad consulendum; et ille articulus vel articuli, super quibus debebit haberi consilium, legantur partibus.

Additum est praedicto capitulo, quod, nisi articulus prius scriptus fuerit secundum formam Statutorum antequam sapientes eligantur, sententia non valeat nec teneat; et sapientes, qui super illa quaestione habebuntur, consilium dare debeant tantum secundum articulum et non ultra; et, si aliter suum consilium dederint, non habeatur pro consilio, nec secundum ipsum possit pronunciari nec sentencia fieri; et, si fieret, non valeat; nec de tali consilio aliquod salarium habeant judices supradicti. Et singuli officiales, coram quibus illa quaestio ventilabitur, teneantur sacramento praeciso facere denarios restitui illi, vel illis, qui dederit, alioquin sindicentur et cerchentur et puniantur pro quolibet et qualibet vice in x. libris parmen.

Qualiter judex alterius episcopatus admittatur ad consilia causarum, et qualiter non.

Capitulum quod nullus, qui sit de alieno episcopatu, admittatur ad consilia causarum nec ad placita peroranda coram aliquibus officialibus Communis, nisi ita juret quemadmodum judex Parmae; nisi ductus esset in civitatem Parmae pro certa causa. Et hoc capitulum habeat locum in civilibus causis tantum.

Item quod nemo de una et eadem quaestione de aliquo seu de aliquibus sub diversis judicibus conqueratur; et qui contrafecerit, solvat pro banno pro qualibet vice xx. sol. parmen., et quilibet teneatur et debeat accusare; et insuper qui contrafecerit, restituat ei, de quo conqueretur, omne dampnum quod habebit praedicta occasione.

Item quicumque fecerit citari aliquem in episcopatu coram aliquo judice seu officiale Communis quod die certa coram tali officiale debeat comparere, et ille, qui citacionem fecerit fieri, non venerit per se vel alium, qui legitime possit agere pro eo, in die termini designati citato, et tali hora quod facere possit et faciat scribi peticionem suam et antequam judex discedat a bancho, solvat pro banno xx. sol. parmen., et restituat omne dampnum et expensas citato; et credatur de dampno ejus et expensis sacramento citati. Et teneatur judex seu officialis facere scribi repraesentacionem citati, qui venerit ad terminum sibi datum, eciam actore absente, et postea nullum dampnum faciat officialis ei qui sic se repraesentaverit. Et, si officialis, sub cujus examine praedicta contingerent, per fraudem aut maliciose aliquid faceret vel facere obmitteret quod vindicare sit in permissione et beneplacito Potestatis, quod possit condempnare talem officialem qualibet vice in xL. sol. parmen. Si vero requisitus seu citatus nesciverit sub quo judice fuerit requisitus, et ab actore quaesiverit certificari de hoc, actor teneatur eum certificare pro expensis ejus, et credatur de praedictis sacramento citati cum uno teste. Et ille, qui voluerit facere citari aliquem de episcopatu Parmae, faciat scribi nomen et pronomen debentis citari, et coram quo debeat comparere; quae scriptura debeat dari et relaxari ad domum illius qui debuerit citari.

De officio massarii et officialium camerae.

Capitulum quod massarius debeat esse laycus, et eligi secundum formam Statuti inde loquentis, et successive de porta in portam. Et nemo possit eligi qui non habeat valimentum de mille libris parmen., et habeat domum propriam in civitate. Et habeat unum massarolum ad suam voluntatem, qui sit notarius, et sit talis qui habeat valimentum de mille libris parmen. Et sit major XL. annorum, et ejus scripturae sint tantae auctoritatis tantaeque efficaciae in officio, quantum illae aliorum duorum notariorum qui eligentur ad brevia. Et massarius et massarolus faciant officium suum personaliter et non per interpositam personam. Et, antequam ipse massarius incipiat officium suum, vel assignentur sibi aliquae res Communis, debeat jurare in pleno Consilio et promittere et fidejussores dare de faciendo officium suum bene et legaliter, et de observando Statuta Communis de officio suo loquencia, et de reddendo racionem administrationis sui officii secundum Statuta Communis tam Potestati et judicibus suis, quam cercatoribus, et sicut in Statutis Communis continetur, et de non faciendo furtum nec permittendo fieri de rebus Communis.

Qualiter massarius Communis non possit aliquid solvere avere Communis, nisi reformatum fuerit tempore sui officii per Consilium generale.

Capitulum quod massarius Communis teneatur nihil solvere nec aliquas expensas facere pro Communi, nisi primo reformatum fuerit tempore sui officii per Consilium generale; et, si contrafecerit, teneatur de suo restituere cum poena dupli, eciam si Statutum contineat quod aliquid debeat alicui dare; ita quod non teneatur ad aliquid persolvendum, nisi primo fuerit reformatum per Consilium generale, excepto quod pro

Communi possit emere vi. brachia scharleti, porcellam et galum (1) ad festum sanctae Mariae de augusto singulis annis, eciamsi non fuerit reformatum.

Item non possit massarius de denariis, deputatis ad expendendum in certo loco, in alio loco vel negocio expendere.

Qualiter massarius tenetur reddere racionem administracionis sui officii.

Capitulum quod massarius Communis in fine, seu circa finem, cujuslibet mensis teneatur et debeat reddere racionem administracionis sui officii judici Potestatis et Capitanei et xii. viris eligendis per judicem Potestatis et Capitanei, inter quos non sint aliquis officialis Communis nec aliquis electus ad brevia in aliqua baylia in Consilio Societatis. Et aliquis non possit esse ad dictam racionem videndam tempore officii ipsius massarii, nisi semel, nec possit esse aliquis attinens sibi usque in tercium gradum, nec aliquis ex officialibus camerae Communis, nec aliquis ex officialibus attinens alicui officiali camerae Communis. Et eligantur de praedictis duodecim viris tres in qualibet porta, inter quos sit unus judex ad minus in qualibet porta, et unus providus vir instructus ad calculum ponendum. Et, si invenerint quod massarius expenderit aliquid de quo non fuerit reformatum tempore sui officii, compellatur ad restitutionem cum poena dupli infra tres dies postquam in hoc inventus fuerit commisisse; et, si non fuerit punitus praedicto modo, cercatores habeant plenam auctoritatem cercandi et condempnandi modo praedicto infra x. dies postquam racio massarii Communis fuerit publicata, et nihilominus judex Potestatis et judex Capitanei teneantur facere in Consilio publicari id totum quod invenerint ipsum commisisse contra Statutum et formam sui officii, salvo quod massarius non dampnificetur nec condempnetur de culpa notariorum suorum. Et possint judex Potestatis et Capitanei et praedicti xii. viri ad voluntatem suam habere libros introitus et dispendii camerae ad praedictam racionem examinandam in absentia massarii et officialium ejus; salvo quod massarius et officiales ejus ad voluntatem utriusque dictorum judicum possint interesse ad exhibendum libros et

---

(1) Misura vinaria.

causas ostendendum quibus aliquas expensas fecerint, et, introductis libris et auditis allegacionibus et causis suis, debeant discedere ad voluntatem ipsorum judicum, ut ipsi et dicti sapientes possint eciam in absencia officialium camerae racionem examinare secundum quod eis placuerit. Publicata racione massarii in Consilio, libri pertinentes ad officium cercamenti cercatoribus in Consilio assignentur, et alii libri restituantur massario et ejus notariis.

De eodem.

Capitulum quod massarius Communis ad voluntatem Potestatis et Capitanei, vel alterius ipsorum, teneatur quolibet mense, quando et quociens sibi vel alteri ipsorum placuerit, et eciam ad voluntatem ipsorum exhibere libros dispendii et introitus, ut per ipsos possint inquirere et examinare diligenter si in officio suo commiserit faciendo aliquas solutiones ultra vel aliter quam per Statuta Communis sit ordinatum, vel, si in libris sui officii minus sit scriptum quam receperit; et, si inventus fuerit in aliquo deliquisse, per Potestatem vel Capitaneum, vel alterum eorum, vel per Ancianos et alios, Potestas, infra tres dies postquam inventus fuerit commisisse, compellat ipsum restituere cum poena dupli. Et teneatur Potestas de omni furto, quod fecerit, et de omni fraude, quam commiserit, ipsum massarium in palacio Communis in pleno Consilio publicare.

Ubi massarius debeat stare ad exercendum suum officium.

Capitulum quod massarius Communis cum officialibus suis debeat stare cum massaratico et rebus Communis in camera Communis quae dicitur camera massarii, et illic tenere denarios et alias res Communis, et in inferiori parte turris Communis, quae est ante cameram massarii, stare sine fraude cum officialibus suis ad recipiendum denarios et alias res Communis; et quicquid receperit, teneatur recipere in praesencia unius cercatorum.

Item teneatur massarius similiter omnes solutiones, quas faciet, facere in praesencia unius cercatorum.

De eodem.

Capitulum quod massarius Communis teneatur in poena x. librarum parmensium pro qualibet solucione facta de avere Communis sibi et qualibet vice dare boletam sigillatam sigillo camerae de toto eo, quod sibi datum fuerit nomine Communis, illi qui dederit seu solverit: in qua boleta sit scriptum nomen notarii massarii, qui scripsit eam, et nomen illius qui solvit, et quantitas solutionis, et dies in qua solucio facta fuerit; quae boletae repraesententur judici Potestatis deputato ad avere Communis exigendum, et judici Capitanei illae quae ad suum officium pertinebunt; et illae, quae dabuntur pro solutione bannorum cursorum, assignentur socio Potestatis deputato cum notariis tascharum ad illud officium. Et judex et socius Potestatis et judex Capitanei teneantur facere scribi omnes boletas sibi repraesentatas in qualibet die per notarios suos; et aliter non intelligatur aliquis solvisse, nisi suam boletam repraesentaverit. Et nullus officialis Communis debeat aliquem gravare pro boleta facienda, repraesentanda vel scribenda, vel ejus occasione, ultra unum imper. Et istae boletae faciant plenam fidem contra massarium Communis et officiales camerae, et serventur ut judex Potestatis et judex Capitanei possint scire omni mense quae massarius Communis receperit pro Communi, et cercatores habeant copiam ut possint melius et solicitius suum officium exercere, salvo quod massarius non gravetur de culpa notariorum suorum.

Qualiter Potestas teneatur facere quod massarius Communis reddat racionem introitus et expensarum in fine cujuslibet mensis.

Capitulum quod Potestas teneatur sacramento circa finem cujuslibet mensis facere Consilium generale Communis, in quo faciat massarium Communis reddere racionem de eo quod receperit et expenderit, ponendo causas, et non in summa, ut sciatur in fine cujuslibet mensis quantitas quae de avere Communis remanserit penes massarium. Et, si Potestas non fecerit hoc capitulum observare, sindicetur pro quolibet mense in xxv. libris parmen.

Qualiter massarius Communis tenetur in die, qua receperit aliquid,
facere totum scribi in libris camerae.

Capitulum quod massarius Communis teneatur qualibet die, qua receperit aliquid, facere totum scribi ea die qua receperit in omnibus libris
camerae, scilicet in libris racionum suarum; et, si contrafecerit vel inventus fuerit contrafecisse aliquo modo, intelligatur per fraudem fecisse,
et, omni exceptione cessante, Potestas habeat auctoritatem condempnandi
et condempnare teneatur massarium cum poena dupli, et in restituendo
Communi quod obmiserit facere scribi et ultra in poena in Statuto contenta; et quilibet possit accusare et habeat medietatem poenae a sorte
superius, et Potestas omnibus modis quibus voluerit possit et teneatur
inquirere veritatem et punire massarium, qui contrafecerit, infra v. dies
postquam in hoc commiserit; et, si non puniverit, Capitaneus infra alios
totidem dies postea subsequentes praedicta adimplere debeat; et, si Potestas vel Capitaneus fuerint negligentes, cercatores Communis, post dictum tempus, habeant plenam auctoritatem, omni exceptione cessante,
inquirendi, condempnandi et puniendi, hoc intellecto expresse quod massarius non debeat substinere aliquod dampnum de culpa notariorum
suorum.

De modo observando per massarium in recipiendo et expendendo,
et in exercendo officium suum.

Capitulum quod massarius teneatur omnia, quae receperit et expenderit, recipere et expendere in praesencia unius cercatoris et duorum
testium ad minus, et notare in omnibus libris tam cercatorum quam
racionum ejus, nulla mora interveniente, et non in libellis.

Item teneatur non prolongare terminum alicui nec aliquibus debentibus aliquam coltam vel daciam Communi: nec sparabit aliquem nec aliquos a coltis Communis nec a facionibus toto tempore sui officii.

Item quod non recipiet coltam ab aliqua speciali persona alicujus viciniae, nisi solum a consulibus.

Item teneatur similiter non recipere coltam ab aliqua persona alicujus
universitatis episcopatus Parmae, nisi solum a mistralibus vel hominibus
ipsius universitatis.

88

Ubi massarius debeat facere soluciones, et qualiter.

Capitulum quod massarius Communis sacramento praeciso teneatur facere omnes solutiones, quas fecerit de avere Communis, communiter et aequaliter, in palatio Communis coram uno ex cercatoribus et uno ex judicibus Potestatis, omnibus personis debentibus recipere una et eadem causa, faciendo fieri cridam per praecones Communis publice per civitatem quod debentes recipere una et eadem causa debeant venire in palatium Communis ad solutionem suam recipiendam, quae fiat eis coram uno ex cercatoribus et uno ex judicibus Potestatis, ut omnes et singuli habeant integre quod habere et recipere debuerint. Et cercatores teneantur, et eciam Anciani, examinare libros massarii, et inquirere diligenter; et, si contrafactum fuerit, teneantur condempnare massarium in restitutione cum poena dupli, et manifestare in Consilio si contrafactum fuerit. Et teneatur Potestas praecise de faciendo hoc capitulum observari; quod si non fecerit, sindicetur in l. parmen. (*sic*); salvo quod hoc capitulum non habeat locum in solutionibus quae debebunt fieri ambaxatoribus, qui mittentur auctoritate Consiliorum tempore officii ipsius massarii, notariis, correriis, qui mittentur per episcopatum aut extra, nec in solvendo spiis Communis; intelligendo expresse quod capitulum praedictum de faciendo solutiones in palacio Communis locum habeat quando diversi ex eadem causa sint pecuniam recepturi.

De duobus notariis quos massarius Communis habere debeat.

Capitulum quod massarius Communis habeat duos notarios eligendos ad brevia secundum formam Statuti inde loquentis, qui teneantur scribere omnia quae fuerint necessaria scribi pro massario et ejus officio, et non habeant aliquid pro aliqua scriptura nec inventione alicujus scripturae, nisi salarium quod eis debetur a Communi, et unum imper., qui sibi conceditur de qualibet boleta; et, si ultra ab aliquo aliquid habuerint vel receperint, solvant bannum in Statuto contentum, et restituant quod habuerint cum poena dupli, et credatur juramento cujuslibet de eo quod dixerit se dedisse alicui ex notariis massarii.

De officio notariorum massarii.

Capitulum quod nullus ex notariis massarii praesumat facere aliquam bolletam neque chartam de denariis vel alia re, qui vel quae dati vel data fuerint massario Communis, nisi primo illi denarii, vel res, scripti fuerint in libro massarii Communis, videlicet totum quod datum fuerit et receptum; et, si aliquis de notariis massarii inventus fuerit commisisse, condempnetur in decem libris parmen. pro qualibet vice, et in restituendo Communi cum poena dupli totum quod scribere obmiserit, per Potestatem vel Capitaneum, secundum quod punire debet massarium, si in officio suo deliquerit, et infra illud tempus; et in defectum Potestatis et Capitanei, post tempus per quod vindicta conceditur Potestati et Capitaneo, cercatores habeant plenam auctoritatem inquirendi et puniendi notarios massarii, qui in hoc deliquerint.

Item teneantur notarii massarii per sacramentum sui officii subscribere in quaternis condempnationum, juxta quamlibet condempnationem quae debuerit canzellari, qualiter illa condempnacio soluta fuerit, et cui massario, et subscribant se. Et, si non fuerit observatum praedictum capitulum, Potestas teneatur auferre sibi c. sol. parmen. Et nulla solucio intelligatur esse facta, nisi eo modo reperiatur esse scripta et facta postmodum in libro cercatorum et massarii.

Item quod per unum ex praedictis notariis debeant scribi omnes ambaxatae ambaxatorum, qui mittentur pro Communi, in uno libro per se, videlicet: dies motus et dies reversionis, ut sciant si aliquis ambaxator debuerit aliquid restituere camerae Communis de eo quod receperit a massario, quid debuerit recipere, si distulerit ultra terminum suae primae solutionis. Et ambaxata alicujus non scribatur post diem motus. Et, si aliquis distulerit facere scribi ambaxatam, postea scribi non possit, et quilibet ambaxator teneatur facere scribi ambaxatam suam infra secundam diem suae reversionis; et, si quis diem motus et diem reversionis scribi non fecerit secundum praedictum modum, nihil habeat a Communi; et notarii massarii jurent hoc fideliter observare. Et nemini possit solvere massarius, cujus ambaxata scripta non fuerit tali modo, nec eciam possit solvere alicui qui non fuerit missus auctoritate Consiliorum in casibus in quibus auctoritas Consiliorum exegerit, vel praecepto Potestatis vel suorum judicum et Capitanei, Ancianorum et aliorum in casibus in quibus sibi per Statuta conceditur. Et, si massarius aliquid alicui solverit, praedictis solempnitatibus non servatis, debeat cercari per cercatores, et de suo cum poena dupli restituere compellatur.

Item debeant scribere praedicti notarii ad quae loca ire debuerint ambaxatores, et ea specificare. Et praedicta omnia locum habeant in omnibus andatis quas correrii vel aliqui officiales Communis fecerint per episcopatum, ut similiter scribatur dies motus eorum et dies reversionis.

Qualiter massarius Communis non possit dare alicui de avere Communis causa mutui nec depositi.

Capitulum quod massarius Communis teneatur non dare aliquid alicui causa mutui, nec causa condempnacionis, de avere Communis nec alio modo per se vel per alium, nec permittere dari nec recipi; et quod de avere Communis non expendet in suam utilitatem, nec furtum inde faciet nec fieri permittet, nec mutuo accipiet sine voluntate Consilii quingentorum (1).

Qualiter debita Communis debeant scribi et registrari, et per quos.

Capitulum, ut de cetero non possint aliquae fraudes committi in aliquo debito requirendo, quod de cetero omnia et singula debita, quae pro Communi solvi debebunt aut per massarium alicui vel aliquibus pro Communi, sive illa debita contrahantur per mutuum acquirendum, sive per reformacionem aliquam aliquorum Consiliorum generalium vel specialium vel per alium modum, per quem vel quam dari debeat aliquid alicui pro Communi, scribi debeant et registrari ad cameram Communis in uno libro per se tenendo de massario in massarium; et sit dictus liber perpetuus et continuus, ponendus et servandus in duabus assidibus: et nullum debitum possit scribi in dicto libro nisi de voluntate Consiliorum; et notarius, qui scribet, subscribat se, millesimum, Indicionem et diem, et cui debetur illud debitum, et causam, et qua auctoritate scribat: et in solutionibus, quas massarius faciet pro Communi, debeat stare et credere dicto libro, et non aliis instrumentis nec scripturis: et nullum debitum per aliquam viam, quae possit excogitari, possit registrari in dicto

____

(1) V. pag. 122 del 1.º Statuto.

libro post depositum officium illius massarii, tempore cujus contrahetur; et non possit massarius solvere aliquod debitum, quod fiet de cetero pro Communi, nisi scriptum fuerit in dicto libro. Et, si contrafecerit massarius, cercatores debeant ipsum condempnare in restitutione cum poena dupli; et insuper Potestas vel Capitaneus teneantur ipsum condempnare, pro qualibet vice qua contrafecerit, in xxv. libris parmen. (videlicet ille cui primo factum fuerit expositum), et eciam in restitutione praedicta, si ante quam ad cercatores ad ipsum Potestatem vel Capitaneum quaestio fuerit devoluta; et quilibet possit accusare, et teneatur secretus et habeat medietatem banni. Et, quando massarius Communis solvet aliquod debitum scriptum in dicto libro, debeat supradictum debitum de dicto libro facere canzellari, si totum debitum solverit; et, si partem solvet, illam partem faciat scribi apud ipsam scripturam debiti; et notarius, qui canzellabit seu scribet partem solucionis debiti, subscribat millesimum, diem et Indicionem, et per quem massarium facta fuerit illa solutio. Et nullum instrumentum de aliqua re, quae debeat dari alicui pro Communi, fiat per aliquem notarium, nisi quando aliqua pecunia mutuo acquireretur pro Communi; in quo casu possint licenter fieri instrumenta, et nihilominus scribatur illa pecunia in praedicto libro. Et possint eciam instrumenta fieri pro Communi, quando per Commune promitteretur de aliqua indempnitate praestanda de aliqua re acquirenda pro Communi illis qui se pro Communi obligaverint; salvo et excepto quod salarium Potestatis, Capitanei Societatis, advocatorum et consulum justiciae, custodum civitatis, officialium mercatorum quod eis debetur secundum formam Statutorum Communis, non debeat scribi in dicto libro, si massarius solvet illud; sed, si in aliquo eventu contingeret quod non solveret praedictis durante suo officio, ut jus suum non pereat, scribatur similiter illud debitum in dicto libro in fine officii massarii, qui non solverit, antequam assignet libros successori suo. Praeterea non debeat scribi factum ambaxatorum, nec nunciorum, nec spiarum; nec expensae nec debita, quae et quas massarius fecerit durante suo officio. Et hoc capitulum, et omnia quae continentur in eo, praecise et inviolabiliter observentur, et non possit absolvi per aliquem modum in totum nec in partem. Factum fuit hoc capitulum in millesimo cc. lxxi., Indicione xiii.

Qualiter massarius non possit aliquod debitum solvere
sine voluntate Consilii generalis.

Capitulum quod massarius Communis sine voluntate Consilii generalis non possit solvere aliqua debita Communis, nisi debita contracta tempore sui officii pro Communi; et, si debuerit proponi in aliquo Consilio de aliquo debito veteri persolvendo, non possit proponi ad Consilium nisi in genere de omnibus veteribus debitis persolvendis; et, si massarius contrafecerit, condempnetur et compellatur per cercatores de suo restituere Communi, et ipsum condempnare teneantur.

De eodem.

Capitulum quod Potestas et massarius teneantur nullum debitum facere nomine Communis super se, nec aliquid accipere mutuo pro Communi, nisi de voluntate generalis Consilii, in quo sint ad minus quingenti consiliarii, et in concordia trium parcium, nominando in ipso Consilio debitum et quantitatem, et quare fit, et creditorem, et quantitatem doni. Et nulla securitas possit fieri nomine Communis pro aliquo debito, nisi in Consilio generali facto ad campanam sonatam, sine fraude, in concordia trium parcium; et, si aliter fieret, non valeat, nec teneatur Commune; sed qui contrafecerit, debitum solvat illud de suo. Et massarius teneatur non facere aliquod debitum sine voluntate Consilii, vel aliter pro Communi, per quatuor dies proximos ante exitum sui officii, et infra ipsos quatuor dies Potestas et massarius teneantur facere in Consilio publicari omnia debita acquisita mutuo pro Communi, tempore sui officii, quae soluta non fuerint.

De eodem.

Capitulum quod, si de cetero debebit poni ad Consilium generale Communis et populi de aliquo debito faciendo vel dono vel de majoribus expensis, aut quod aliquid debeat dari alicui, praeter, ultra vel aliter quam Statuta Communis contineant, pro Communi Parmae de denariis Communis vel de aliqua re Communis, consiliarii, qui debebunt interesse dicto Consilio, sint ad minus quingenti, et tres partes ex ipsis

consiliariis sint concordes de eo quod debebit reformari; et fiat inquisicio per scurtinium; et, si aliter fieret, non valeat. Et sit praecisum,
et sine tenore observandum.

Qualiter Potestas et massarius teneantur solvere denarios
acquisitos mutuo suo tempore.

Capitulum quod Potestas et massarius teneantur solvere et restituere
creditoribus Communis omnes denarios suo tempore mutuo acquisitos, tam
sortem quam donum, antequam massarius exeat de officio suo, praecise et
sine tenore; et, si non restituerit, amittat Potestas de suo feudo L. libras
parmen., et, si in camera Communis non essent denarii, quibus possent
dicta debita restitui, teneatur facere Consilium generale, et facere invenire viam et modum quibus solvantur dicta debita, et non possit petere
absolutionem de hoc, et data non valeat.

Item non possint creditores Communis compelli per Potestatem nec
aliquem officialem Communis vel aliter directo vel per obliquum renovare debitum nec terminum prorogare, nec ad aliquid cogi quod sibi
praejudicet in aliquo; et, si contrafecerit Potestas, amittat de suo feudo
CC. libras parmen. pro qualibet vice qua contrafecerit; et insuper quilibet creditor, in cujus praejudicium aliquid fieret, habeat actionem realem
et personalem contra Potestatem ad omnem poenam judicandam et dampnum suum. Et non possit fieri aliquod Statutum de novo ulterius in
praejudicium creditorum Communis; et, si fieret, non valeat. Et teneatur Potestas successorem suum facere jurare super isto Statuto.

De compellendo illos, quos postulabunt creditores, se obligare
aliquibus creditoribus pro Communi.

Capitulum quod Potestas teneatur compellere, quociens ordinabitur et
fuerit opportunum quod aliqui denarii acquirantur mutuo pro Communi,
illos obligare se apud creditores, quos postulaverint creditores.

Qualiter nullum instrumentum in praejudicium Communis
possit refici sine voluntate Consilii generalis.

Capitulum quod nullum instrumentum possit refici, quod sit contra
Commune, nisi cum voluntate Consilii generalis; et, si contrafactum fue-

rit, ipso jure sit nullum, et ille, qui fecerit illud, solvat pro banno pro quolibet et qualibet vice x. libras parmen.

Qualiter Potestas et massarius sint districti conservare indempnes illos qui se obligaverint pro Communi.

Capitulum quod Potestas et massarius teneantur sacramento praeciso conservare indempnes pro Communi Parmae omnes et singulos qui se obligaverint pro Communi et eorum bona, et non substinere quod aliqui, obligati pro Communi apud aliquos creditores, dampnum in personis vel rebus aliquod paciantur, nec injuriam, nec gravamen; sed procurare et facere cum effectu teneantur quod ipsi obligati et sui heredes et bona conserventur indempnes pro Communi de omni obligacione cujuslibet debiti, quam fecerint pro Communi, et de omni causa talis debiti secundum formam obligacionis factae sibi per Potestatem et massarium in Consilio generali et voluntate Consilii, et secundum solempnitates quas Statuta praecipiunt observari.

Qualiter massarius et officiales sui non possint emere de rebus Communis.

Capitulum quod massarius Communis et officiales stantes secum ad cameram Communis non possint nec debeant per se nec per interpositam personam emere de rebus Communis aliquo modo vel ingenio, ne fraudem committant in emendo sub aliquo praetestu; et, si contrafactum fuerit, massarius solvat nomine poenae pro qualibet vice x. libras parmen., et quilibet possit accusare et habeat medietatem banni. Et hoc habeat locum in omnibus officialibus Communis, durante eorum officio, videlicet quod non possint emere de rebus ad Commune pertinentibus.

De victura non solvenda alicui pro Communi.

Capitulum quod massarius Communis nullam victuram possit solvere expensis Communis alicui personae nec alicui privato, nisi in aliquo equo vel equa vel bestia, cum quo vel qua duceretur aliquis malefactor ad judicium; in quo casu possit solvere quatuor sol. imperial. et minus ad voluntatem Potestatis.

Item quod massarius Communis non vadat de cetero in aliquam ambaxatam pro Communi expensis Communis nec per episcopatum nec extra.

De quantitate salarii Potestatis, et qualiter sibi solvi debeat.

Capitulum quod massarius Communis solvat Potestati pro suo salario
sex mensium sexcentas libras imperial. et pro salario quatuor judicum,
duorum sociorum et pro duodecim equis, quorum octo sint armigeri,
habendis et tenendis toto tempore sui regiminis et tempore sindicatus
et pro alia familia quam tenere debet in dicto regimine per formam alicujus Statuti, scilicet terciam partem ad introitum sui officii, et aliam
terciam partem post complementum duorum mensium, et aliam terciam
partem ad introitum ultimorum quatuor mensium; salvo quod de ultima
solutione salarii Potestatis debeant retineri per massarium Communis in
deposito c. librae imperial., donec sentencia sindicorum, qui ipsum Potestatem cum familia sua sindicare debuerint, fuerit in Consilio publicata; et, si fuerit absolutus ipse Potestas et sua familia, tunc dictum
depositum restituatur eidem per massarium supradictum; et, si fuerit
condempnatus ipse vel aliquis de sua familia, incontinenti dictus depo-
sitarius, facta sententia, ipsa die debeat solvere et dare massario Communis illam partem condempnationis, in qua condempnaretur Potestas
vel aliquis de familia sua. Pro quo quidem salario dictus Potestas debeat habere et tenere secundum formam Statuti civitatis toto tempore
sui regiminis, et ultra tempore sui sindicatus, quatuor judices, duos
socios et duodecim equos praedictae condicionis omnibus suis expensis,
risighis et periculis, in veniendo, stando et discedendo in officio et extra
officium, et tempore sindicatus. Et aliquid ultra non possit habere per
aliquem modum, qui possit excogitari, per se vel per alium; et, si daretur sibi, vel alii pro ipso, teneatur non recipere, salvo quod possit
habere omni die praeessendo et stando in aliquo exercitu generali, qui
fieret pro Communi Parmae, vel in aliqua ambaxata, in quam ire possit
de voluntate Consilii quingentorum faciendo partitum ad scurtinium et
in concordia trium parcium, xx. sol. imper., et habendo et tenendo secum ambos socios suos pro dicto salario in praedicto exercitu faciendo
et alios familiares suos sibi opportunos. Et in aliquem exercitum generalem ire non possit Potestas sine voluntate praedicti Consilii quingento-

rum, faciendo partitum ad scurtinium secundum formam Statuti, et essendo tres partes consiliariorum concordes; et nulla andata possit dici, nec de ea possit fieri interpretacio quod sit vel dicatur exercitus generalis, nisi in Consilio supradicto, faciendo partitum ad scurtinium ut superius dictum est. Et ultra praedictam quantitatem salarii et ultra praedictum modum non possit habere Potestas per se vel alium aliquo modo, qui possit excogitari, aliquid a Communi Parmae, nec aliquis de sua familia. Et sit hoc capitulum adeo praecisum et sine tenore servandum, quod non possit absolvi per scurtinium nec aliter. Et, si receperit Potestas vel aliquis de sua familia aliquid aliqua causa vel modo, illi, qui deputabuntur ad sindicandum Potestatem et suam familiam, teneantur inquirere, condempnare et compellere ad restituendum Communi cum poenis in capitulis ordinatis, non obstante aliquo decreto alicujus Consilii generalis vel specialis, per quod aliquid aliud aliter ordinaretur: salvo quod socii Potestatis et socius Capitanei possint (placendo Consilio generali, vel majori parti, mittere unum de sociis Potestatis, vel illum Capitanei, in aliquam cavalcatam vel andatam) habere soldum cum quatuor equis in quantitate determinata secundum formam Statuti; et hoc ideo ut aliquis ipsorum semper de cetero vadat pro Capitaneo cernae militum vel peditum qui ibunt pro Communi in servicium aliquorum; et ire socius Potestatis et socius Capitanei recusare non possint nec debeant postquam fuerit ordinatum.

Item teneatur Potestas mittere unum ex judicibus suis omnibus suis expensis per episcopatum Parmae ad omnia homicidia et gravia maleficia, quae fierent in episcopatu seu districtu Parmae, et nihil propterea debeat recipere a Communi, occasione dictae andatae, nec a specialibus personis.

De quantitate salarii domini Capitanei, et qualiter sibi solvi debeat.

Capitulum quod massarius Communis debeat solvere de avere Communis domino Capitaneo Societatis pro suo salario sex mensium, et pro salario unius judicis, unius socii et duorum notariorum, et pro sex equis, quos secum ducere debeat et tenere toto tempore sui officii secundum formam Statutorum Societatis, trecentas xxv. libras imper., quod sala-

rium sibi solvi debeat per dictum massarium eo modo et forma, quo
et qua solvitur dictum salarium Potestati, salvo quod eidem massarius
de ultima solutione sibi debeat retinere L. libras imper. in deposito, donec sentencia sindicorum, qui ipsum debuerint sindicari, fuerit in Consilio publicata, sicut dictum est de Potestate et sua familia.

De habendis centum stipendiariis, cum duobus equis quilibet,
et centum peditibus ad soldum Communis.

Capitulum ad honorem Dei et beatae Virginis Mariae, et ad bonum,
quietum et pacificum statum civitatis et populi Parmae provisum, firmatum, sancitum et decretum est quod de cetero continue haberi, teneri
et conduci debeant ad expensas Communis Parmae centum soldaterii,
equites forenses, cum bonis armis et equis, et centum pedites, inter
quos esse debeant xxv. balesterii cum bonis balestris et aliis armis, ducendi de parte ecclesiastica sive guelfa. Qui soldati, equites et pedites,
non sint nec esse debeant de Lombardia nec de partibus Lombardiae;
et, si quis eorum reciperetur seu eligeretur, habeatur pro non recepto,
nec ullum jus ex tali electione vel receptione acquiratur ei contra Commune: imo, si quis lombardus eligeretur vel reciperetur contra hoc decretum, ille electus tamquam graviter delinquens puniatur in avere et
persona arbitrio domini Potestatis, et insuper equus et arma deveniant
in Communi; et qui eos elegerit, similiter puniatur in avere et persona
arbitrio Potestatis. Quibus soldatis per massarium Communis, qui nunc
est vel qui pro tempore fuerit (absque eo quod de cetero reformetur de
novo, et absque eo quod hoc non sit in aliquo registratum registro
Communis vel reformatum tempore sui officii), habendo boletam dominorum Potestatis, Capitanei et Ancianorum, qui Anciani ad ipsam boletam
debeant consentire secundum formam boletae, solvi et satisfieri debeat
de redditibus Communis Parmae et avere. Qui soldaterii stare et esse
debeant ad mandata dominorum Potestatis et Capitanei, et cuilibet ipsorum obedire in eundo, stando et redeundo, et alia faciendo prout et
sicut voluerint ipsi domini Potestas et Capitaneus, Anciani et Primicerii,
et facere mostras ad voluntatem ipsorum dominorum Potestatis et Capitanei et cujuslibet ipsorum, et sub poenis eis imponendis per Potestatem
et Capitaneum. Qui numerus soldatorum, equitum et peditum et bale

strariorum, haberi et teneri debeat pro Communi Parmae et ad servicium Communis modo praedicto, sine aliquo de novo faciendo vel reformando seu statuendo quousque per Consilia generalia Communis fuerit contrarium ordinatum. Et haec praesens provisio, stanciamentum, firmamentum seu decretum sit praecisum, et omnia et singula suprascripta sint praecisa, et habeant vim Statuti praecisi et tronchi, et intelligantur semper ultima et derogatoria et abrogatoria cujuslibet Statuti, provisionis et reformacionis vel decreti Communis et populi contrarium vel aliud sancientis nunc vel in futurum, et valeat ex nunc, et ponatur in quolibet volumine Statutorum Communis et Societatis croxatorum. Et auctoritate praesentis provisionis, decreti, sancionis et stantiamenti, sine aliqua proposicione seu reformacione de novo facienda per aliqua Consilia Communis et populi, domini Potestas et Capitaneus praesentes et futuri semel et pluries possint facere sindicum seu sindicos pro praedictis adimplendis et execucioni mandandis, et pleno libero et generali mandato pro Communi, prout eis videbitur faciendum; qui sindicus possit soldum promittere praedictis stipendiariis, seu conestabilibus eorum, usque ad eam quantitatem et ad eos equos et pacta, quos et quae dominis Potestati et Capitaneo praesentibus et futuris videbitur convenire.

Infrascriptae sunt quantitates, quas massarius Communis tenetur solvere et debet tam officialibus, quam aliis, secundum formam Statutorum Communis.

Primo : sibi massario xx. libr. parmen. pro suo salario infra quatuor menses sui officii.

Item massarolo suo xxvii. (*sic*) libr. parmen. pro suo salario infra praedictum tempus.

Item cuilibet advocato et consuli justiciae c. sol. imper. pro suo salario infra praedictum tempus.

Item octo notariis tascharum quatuor libr. imper., videlicet decem sol. imper. pro quolibet ipsorum ad praedictum tempus pro suo salario.

Item notario Ancianorum quolibet mense xx. sol. parmen.

Item advocato mercatorum iiii. libr. parmen. pro suo salario ad praedictum tempus.

Item xx. sol. imper. cuilibet consulum mercatorum, qui sunt quatuor, infra praedictum tempus.

Item c. sol. parmen. correrio camerae massarii Communis pro medio anno, et pro ambaxatis camerae.

Item vii. libr. imper. ad carnisprivium, seu usque ad carnisprivium, cuilibet tubatorum; qui sunt octo, scilicet duo per portam. Et det singulis annis cuilibet praedictorum ad sanctam Mariam de augusto unum vestitum, secundum quod consuevit fieri ab antiquo.

Item singulis nunciis et spiis, qui mittentur pro Communi seu pro factis Communis de mandato dominorum Potestatis, Capitanei, Ancianorum et aliorum, pro quolibet die sedecim imperiales.

Item singulis judicibus, qui sunt in matricula judicum, duos sol. imper. ad festum Nativitatis Domini, et totidem ad festum Paschae, et xii. imperiales ad festum sanctae Mariae de Augusto quolibet anno.

Item singulis correriis, qui mittuntur per episcopatum Parmae de mandato dominorum Potestatis et Capitanei, judicum vel militum suorum, pro factis Communis, pro singulis diebus xii. imperiales.

Item debeat solvere massarius quolibet die sex imperiales Bertholdo et Rolandino fratribus et filiis quondam Giberti Zopellarii, videlicet cuilibet ipsorum, debentibus stare ad custodiam turris Communis et ibi jacere de nocte desubtus a campanis, hinc ad v. annos pro ipsis pulsandis causa Consiliorum et causa officialium, et pro custodia civitatis, et pro sonandis horis: scilicet terciae, nonae, vesperarum et matutinorum, et pro aliis necessitatibus Communis de die et nocte secundum voluntatem et beneplacitum Potestatis, et quociens fuerit opportunum; et qui custodes debeant pulsare campanam, quae est super hospitio domini Capitanei, pro Consiliis Societatis, sicut et quando et quociens placuerit dominis Capitaneo, Ancianis et aliis; et hoc secundum formam Statuti novi facti millesimo ccc., Indictione xiii.

Item solvat massarius Communis emendatoribus eligendis ad emendandum Statuta Communis et Statuta Societatis, et eorum notariis, duos sol. imper. pro quolibet et qualibet die qua stabunt ad dicta Statuta emendanda. Et emendatores Statutorum Communis debent esse xii., et unus notarius, et debent stare per octo dies ad plus: et eligendi ad emendandum Statuta Societatis debent esse octo, et unus notarius, et debent stare ad plus per sex dies.

Item solvat massarius Communis tribus correriis, inter quos sit unus tubator, debentibus stare cum emendatoribus Statutorum Communis, pro quolibet die duodecim imperiales; et aliis tribus correriis, inter quos sit unus tubator, debentibus stare cum emendatoribus Statutorum Societatis, pro quolibet ipsorum et quolibet die XII. imperiales.

Item ad festum Nativitatis Domini fratribus Minoribus pro eleemosyna tres libras imper., et totidem ad festum Paschae quolibet anno.

Item tres libras imper. fratribus Praedicatoribus bis in anno, et ad praedicta tempora.

Item alias tres libras imper. bis in anno ad eadem tempora fratribus de Martorano.

Item similiter tres libras imper. bis in anno ad eadem tempora fratribus Heremitanis.

Item emat massarius unum palium pro Communi, quod in vigilia sanctae Mariae de augusto offeratur ad altare dictae Virginis, remanendo ibi seu in segrestia majoris ecclesiae ad honorem et reverenciam dictae Virginis, ut Dominus noster Jesus Christus civitatem Parmae defendat et manuteneat in statu pacifico et tranquillo.

Item tres libras imper. sororibus Convertitis bis in anno ad praedicta tempora.

Item hospitali fratris Baratini tres libras imper. bis in anno ad praedicta tempora.

Item tres libras imper. sororibus de sancto Dominico bis in anno ad praedicta tempora.

Item tres libras imper. sororibus Minoribus bis in anno ad praedicta tempora.

Item sororibus de Cistellis tres libras imper. bis in anno ad praedicta tempora.

Item tres libras imper. sororibus de Vigortulo bis in anno et ad praedicta tempora.

Item tres libras imper. sororibus de Cistellis de Burgo Sancti Donini bis in anno et ad praedicta tempora.

Item XX. sol. imper. hospitali Rodulfi bis in anno et ad praedicta tempora.

Item tres libras imper. fratribus sanctae Mariae de Monte Carmelo bis in anno et ad praedicta tempora.

Item tres libras imper. hospitali fratris Alberti bis in anno et ad praedicta tempora.

Item xx. sol. imper. hospitali sancti Sepulcri bis in anno et ad praedicta tempora.

Item xx. sol. imper. infirmis sancti Lazari bis in anno et ad praedicta tempora.

Item xx. sol. imper. hospitali sancti Bartholamaei de strata rupta bis in anno et ad praedicta tempora.

Item xx. sol. imper. hospitali sancti Francischi bis in anno et ad praedicta tempora.

Item xx. sol. imper. Consorcio Sancti Spiritus et pauperibus verecundis bis in anno et ad praedicta tempora.

Item xx. sol. imper. hospitali de Misericordia bis in anno et ad praedicta tempora

Item xx. sol. parmen. bis in anno et ad praedicta tempora singulis heremitis, masculis et feminis, existentibus in aliquibus heremitaticis in civitate, vel extra positis prope civitatem per unum milliare.

Item solvat massarius singulis de duobus mille, qui eligentur, duos sol. imper. pro quolibet die quo ibunt de mandato Potestatis et ad vendictam sumendam de potentibus offendentibus illos de Societate.

De eodem.

Capitulum ad sustentandum vitam captivorum, qui sunt vel erunt per tempora in carcere Camuxinae, quod amore Dei ematur unus panis de imperiali de avere Communis pro singulis eorum, si non habent unde possint aliter substentari, et pro quolibet die detur dictus panis cuilibet ipsorum praedictae condicionis. Et non dentur eis denarii, sed panis, et solumodo pro illis quorum nomina fuerint in Consilio publicata, et de quibus Consilium concordabit ut massarius Communis licite possit facere emi dictum panem et eis dari. Et in pane det tantum massarius dictam eleemosynam.

Qualiter massarius possit facere expensas opportunas in praejudicium filiorum Jacobini de Palude et suorum sequacium.

Capitulum quod massarius Communis secundum voluntatem Potestatis, Capitanei, Ancianorum et aliorum, qui pro tempore fuerint, possit licite de avere Communis facere expensas opportunas in praejudicium et confuxionem filiorum Jacobini de Palude et suorum sequacium.

De salario dando correriis stantibus ad scalas hospicii Potestatis.

Capitulum quod massarius Communis debeat solvere quolibet die quatuor imperiales de avere Communis singulis quatuor correriorum, qui stabunt ad custodiam scalarum hospicii Potestatis. Qui correrii mutentur singulis quindecim diebus, ita quod aliquis correrius in aliquo medio anno non possit ad dictam custodiam ultra xv. dies stare.

De eodem.

Capitulum quod massarius solvat de avere Communis quatuor imperiales singulis quatuor correriorum, qui steterint per tempora ad custodiam scalarum hospicii Capitanei et palacii Communis pro quolibet die. Qui correrii debeant jacere ad custodiam scalarum et palacii, et custodire ipsa palacia de die et nocte, et stare ad custodiam Consiliorum generalium et specialium, tam Communis quam populi et Societatis, et custodire quod aliquis non ingrediatur contra voluntatem et beneplacitum Potestatis et Capitanei in suis Consiliis; et debeant stare tempore generalium Consiliorum Communis ad custodiam ipsorum ad portas inferiores palacii Communis; et, si non steterint, Potestas habeat auctoritatem puniendi singulos ipsorum pro qualibet vice in v. sol. parmen.; et insuper, si aliquod dampnum datum fuerit in ipsis palaciis seu rebus existentibus in ipsis, ad quorum custodiam stare debent, teneantur emendare cum poena dupli.

Item teneatur massarius solvere illi, seu illis qui deputabuntur ad custodiam lionesae, et facere omnes expensas opportunas et necessarias tam in pascendo quam in custodiendo, seu custodiri faciendo, id totum quod determinatum fuerit per Potestatem, Capitaneum, Ancianos et alios et de ipsorum mandato.

De salario solvendo arbitris eligendis per Commune Parmae,
essendo cum arbitris aliarum civitatum vel locorum.

Capitulum quod massarius Communis solvat arbitris, qui eligentur ad brevia, et eorum notario, qui similiter eligetur, in hunc modum, videlicet: cuilibet ipsorum tres sol. imper. pro quolibet die et quolibet equo, et cum tribus equis, stando extra forciam Communis Parmae et per sex dies tantum: et stando in districtu Parmae, soldum pro duobus equis, scilicet duos sol. imper. pro equo, et notario; et sex sol. imper. extra districtum Parmae cum duobus equis. Et istos soldos habeant arbitri et eorum notarius in principio sui officii tantum semel, et per sex dies tantum; et post praedictos sex dies singuli arbitri habeant tantum a Communi IIII. sol. imper., et notarius duos sol. imper. tantum pro quolibet die, et non habendo necessitatem tenendi equos. Et nemo arbiter possit sub aliquo praetestu, causa ambaxatae vel alia, postquam fuerit electus arbiter, vel habuerit aliquam jurisdictionem cognoscendi, ultra praedictam quantitatem a Communi vel ab aliis aliquid plus percipere; salvo quod possit habere quatuor imperiales de libra a partibus litigantibus coram se secundum quantitatem petitam.

De salario Potestatum castrorum et suorum custodum,
et pro quibus custodiendis possint expensae fieri pro Communi.

Capitulum quod massarius Communis debeat dare et solvere de denariis Communis Potestati seu Capitaneo Belfortis pro medio anno duodecim libras imper., scilicet XL. sol. imper. quolibet mense, et pro octo custodibus habendis et tenendis ad custodiam dicti castri VIII. libras imper. pro quolibet mense, scilicet XX. sol. imper. pro quolibet ipsorum.

Item Potestati rochae Vallissazulinae XII. libras imper. similiter per sex menses.

Item sex libras imper. pro sex custodibus quolibet mense, videlicet XX. sol. imper. pro quolibet ipsorum, debentibus stare ad custodiam dicti castri pro dicto tempore.

Item Capitaneo castri de Grondula XII. libras imper. pro suo salario per sex menses.

Item quatuor libras imper. pro quatuor custodibus quolibet mense, videlicet XX. sol. imper. pro quolibet ipsorum.

Item Potestati Berceti pro se, et uno serviente eligendo ad suam voluntatem, pro sex mensibus XVIII. libras imper. Et eligantur praedicti Capitanei et custodes ad brevia in Consilio Societatis secundum formam Statuti Societatis inde loquentis, et unus notarius in Berceto, sed nihil habeat a Communi. Et custodes et Capitanei, qui de cetero eligentur ad custodiam alicujus ipsorum castrorum, non possint alios substituere loco sui, sed personaliter vadant ad custodiam castrorum, ad quam electi fuerint, et faciant securitatem et promissionem de castro salvando et custodiendo et restituendo in forciam Communis Parmae ad voluntatem ipsius Communis. Et nullus recipiatur pro fidejussore Capitanei alicujus castri, qui non habeat valimentum ad minus cc. librarum parmensium, nec pro fidejussore alicujus custodis, qui non habeat valimentum c. librarum parmensium; et cesset quilibet Capitaneus et custos ad minus per tres annos post depositam custodiam a custodia illius castri, a qua redierit. Et Capitanei et custodes per aliquod tempus non possint stare extra castrum, nec discedere a custodia castri, ad quam deputati fuerint, eciam parabola Potestatis Parmae vel Capitanei sine voluntate Consilii generalis; et quicumque contrafecerit, puniatur pro quolibet et qualibet vice in x. libris parmen.; et quilibet possit accusare, et habeat medietatem banni; et cercatores possint eos cercare et punire praedicto modo. Et similiter puniatur Capitaneus et custos qui non venerint ad terminum ordinatum et steterint ad custodiam castri ad quam fuerint deputati.

Item quod nullus custos possit eligi ad custodiam alicujus castrorum praedictorum, qui non habeat valimentum c. librarum parmensium in rebus immobilibus per unum annum ante electionem; et, si contrafactum fuerit, solvat pro banno x. libras parmen.; et quilibet possit accusare, et habeat medietatem banni, et cercatores possint inquirere et punire.

Item quod abhinc in antea aliquod castrum, quod sit in aliqua parte episcopatus vel districtus Parmae et quod sit sub jurisdictione Communis Parmae, nec portae civitatis Parmae, possint dari alicui speciali personae seu concedi in custodiam; sed pro custodia ipsorum et ipsarum procedatur secundum formam Statutorum loquencium quod dentur ad brevia. Et hoc capitulum sit praecisum, et praecise debeat observari; et, si Potestas contrafecerit, condempnetur in cc. libris parmen.; et quilibet ex Ancianis et Primiceriis, qui consenserint proposicioni faciendae in contrarium, in L. libris parmen.

Quod Potestas non permittat stare nec habitare in castro nec in burgo
castri Belfortis aliquem partis extrinsecae.

Capitulum quod Potestas de cetero teneatur non permittere stare nec habitare in castro nec in burgo castri Belfortis aliquem partis extrinsecae, et maxime qui tempore guerrae proximae praeteritae fuisset et stetisset rebellis et inimicus Communis Parmae et dicti castri, cum permittere stare tales homines et personas sit periculum dicti castri.

De Potestate Colliculi eligenda.

Capitulum quod, quando et quociens generalis electio officialium Communis fit, debeat eligi ad brevia unus providus et legalis civis Parmae, major xxv. annorum, in Potestatem Colliculi, cujus officium duret tantum per sex menses, et habeat pro suo salario ab hominibus dictae terrae tam civibus quam rusticis, qui habent ibi facere, sex libras imper.; et officium ejus sit in faciendo custodiri fructus possessionum hominum dictae terrae; et habeat illam auctoritatem, circa dictam custodiam, quemadmodum habent Potestates villarum episcopatus Parmae. Et, si cives et rustici dictae terrae, vel major pars ipsorum, fuerint concordes, conveniendo se ad ecclesiam vel alibi, de majoribus bannis imponendis super custodia dictorum fructuum et possessionum, possint hoc facere. Et habeat auctoritatem ipse Potestas exigendi dicta banna et compellendi ipsos homines ad vias aptandas et canalia cavanda et aquam ducendam, et ad alia laboreria fieri facienda pro communi utilitate hominum dictae terrae. Et habeat ipse Potestas terciam partem omnium bannorum, et custodes aliam terciam, et Commune Parmae aliam terciam, secundum formam Statuti. Et teneatur dictus Potestas a kalendis aprilis in antea usque ad festum omnium Sanctorum ire qualibet septimana, et stare ibi per tres dies, si fuerit opportunum, ad suum officium cum diligentia exercendum, et alio tempore bis in mense. Quod salarium dividatur per unum civem et unum rusticum, qui sint de parte Ecclesiae. Et fiat electio dicti Potestatis successive de porta in portam.

De electione Capitanei castri de Mariano.

Capitulum quod unus providus vir civis Parmae, major xl. annorum, de cetero singulis sex mensibus eligatur ad brevia in Consilio generali in Capitaneum castri de Mariano, et habeat pro suo salario x. libras imper.; qui Capitaneus debeat stare continue in dicto castro, et custodiat et faciat custodiri dictum castrum, et ne blava et aliae res vetitae portentur extra forciam Communis Parmae contra ordinamenta Communis. Et illi de Grecio, de Montesalso, Varano et Banzolis solvant dictum salarium massario Communis, qui nomine dicti Capitanei colligat ipsum salarium, ita quod Capitaneus de colligendo dictum salarium non se aliquatenus intromittat. Et omnes et singuli tam cives quam rustici, cujuscumque condicionis sint, habitantes in dictis terris cum familiis suis, ad solucionem dicti salarii teneantur.

De electione Capitanei de Fornovo.

Capitulum quod in castro de Fornovo eligatur singulis sex mensibus ad brevia unus providus vir in Capitaneum dicti loci, qui debeat ibi manere pro Communi, et habeat pro suo salario XII. libras imper.; quod salarium sibi solvi debeat per homines habitantes in ipso plebatu.

De domibus emendandis expensis Communis, quae destruerentur occasione ignis.

Capitulum quod, si contingeret, quod Deus avertat, quod ignis accenderetur seu accendatur in aliqua domo civitatis Parmae vel burgorum, et contingeret, occasione ipsius ignis extinguendi de aliqua domo, aliquam de sibi cohaerentibus deguastari, vel de aliis; vel quod, causa dicti ignis, aliquae aliae domus arderent, ipsae domus, quae deguastarentur occasione praedicta, et dampnum, quod in eis contingeret causa dicti ignis, secundum quod valuerint, pro Communi Parmae debeant emendari et expensis Communis.

Quid debeant habere brentatores, qui ibunt ad extinguendum ignem in civitate.

Capitulum quod massarius Communis debeat dare singulis brentatoribus, et singulis vicibus quibus ibunt et fuerint et aquam portaverint ad ignem extinguendum in civitate vel burgis, XII. imperiales de avere Communis. Et liceat ipsis brentatoribus stare cum brentis suis juxta sanctum Petrum, et alibi, in platea Communis, sicut et ubi consueverunt, et brentas suas tenere in locis consuetis, non dando aliquid Communi nec speciali personae.

Qualiter massarius tenetur et debet emendare dampnum
quod provenerit ambaxatoribus et officialibus Communis.

Capitulum quod massarius Communis debeat et teneatur pro Communi, si aliquis sit ambaxator Communis, qui iverit pro Communi in aliquam ambaxatam Communis per episcopatum vel extra, sive sit officialis sive non, sive miles vel quicumque alius fuerit, et amiserit equum morte, vel equus crus sibi fregerit vel oculum amiserit, vel arma portaverit et sibi per vim fuerint ablata, vel perdiderit vestes et aliam robam, dampnum equi mortui emendare, vel cruris fracti, secundum extimationem factam ab extimatoribus, et dampnum oculi perditi, et, secundum quod extimatores dixerint, pejoramentum pro Communi debeat emendare; dampnum vero de armis per vim ablatis, vestibus et alia roba, emendet massarius secundum quod declaraverint suo sacramento illi qui perdiderint, ita quod credatur sacramento eorum. Et aliter nullum dampnum emendetur ambaxatoribus, nec officialibus Communis, nec aliquibus qui iverint pro Communi in aliquam ambaxatam.

De eodem.

Capitulum quod, ut omnes et singuli milites et cavalcatores Communis habeant bonam et sollicitam curam circa equos suos et equas custodiendas, quod, si quis de cetero perdiderit equum suum vel equam in aliqua cavalcata, andata vel exercitu Communis Parmae currendo per campagnam vel relaxando vel currendo ad terras vel alio modo, non emendetur ei a Communi, nisi esset occisus in sturmo vel bataia, vel nisi magagnaretur ex aliquo vulnere vel cazando inimicos visos, vel currendo ad aliquem locum in quo publice dicerentur esse inimici; et tunc, si ex tali cursu vel cazamento proveniret evidens magagna, aut perderet per violentiam factam sibi ab inimicis (et hoc si infra v. dies docebitur, postquam factum contigerit, coram Potestate vel aliquo ex judicibus suis manifeste quod esset mortuus vel mortua, magagnatus vel magagnata ex illo cursu et infra dictum terminum), tunc possit emendari expensis Communis per massarium Communis tantum, et non aliter. Et hoc non habeat locum in aliquibus cavalcatis, vel exercitibus, si aliquis sua auctoritate iverit ad aliquem locum ubi equum vel equam perderet.

108

Item, si aliquis volet petere mendam a Communi occasione alicujus equi vel equae perditi vel perditae modo praedicto, det peticionem suam, coram uno ex judicibus Potestatis, sindico Communis secundum formam Statuti inde loquentis; et testes producendi super hoc jurent in conspectu judicis, sub cujus examine porrecta fuerit peticio, et in conspectu sindici; et legatur ipsa peticio, antequam detur sindico, in Consilio generali secundum formam Statuti inde loquentis; et, si Commune condempnabitur, massarius solvat infra mensem post sententiam latam.

Quantum massarius possit dare officialibus extraordinariis.

Capitulum quod massarius Communis ad plus possit dare cuilibet officiali extraordinario quatuor imperiales de avere Communis quolibet die quo steterit et dictum officium exercuerit.

Quid debeant habere ambaxatores et alii qui iverint
expensis Communis.

Capitulum quod quilibet ambaxator vel alius cujuscomque condicionis fuerit, qui iverit cum Potestate vel sine Potestate, possit ducere et habere eundo extra forciam et episcopatum Parmae tres equos, et habere pro quolibet equo et quolibet die tres sol. imper. a Communi. Et quilibet tubator et correrius, qui iverit cum Potestate et sine Potestate extra forciam Communis Parmae pro Communi, possit ducere et habere unicum equum tantum, et habere pro ipso equo tres sol. imper.; excepto quod quilibet tubator, qui iverit in aliquam cavalcatam factam extra districtum Parmae, possit ducere duos equos et habere soldum praedictum pro utroque, praeterquam in exercitum generalem, in quem quilibet tubator, qui iverit pro Communi, debeat habere unum equum expensis Communis et ad soldum praedictum. Per episcopatum vero quilibet qui iverit pro Communi, possit ducere duos equos et habere duos soldos imper. pro quolibet equo et qualibet die: et quilibet correrius et tubator possit habere expensis Communis unum equum et simile soldum. In quolibet vero exercitu generali, qui fiet pro Communi Parmae, possit habere Potestas expensis Communis duodecim correrios et sex tubatores, et plus secundum voluntatem Consilii generalis; qui tubatores et correrii debeant stare et esse cum militibus et populo, secundum quod placuerit Potestati, et habere a Communi unam vel duas tendas de illis Communis, si Commune habuerit ad sufficientiam, et boves et plaustra ad deferendum res suas, sicuti homines civitatis habent. Et quando Potestas ibit in aliquam cavalcatam sine populo, habeat minus de correriis ad suam voluntatem secundum praedictum modum et praedictas condiciones. Et massarius Communis possit expendere de avere Communis et solvere praedictis, et teneatur solvere omnibus et singulis praedictae condicionis, de quibus supra fit mentio, infra octo dies ex quo redierint et quaesiverint; quod si non fecerit massarius, possit ille, qui solucionem non receperit, et quaesiverit, a massario postulare de suo proprio.

Qualiter dacia et gabellae et introitus Communis debeant subhastari et vendi.

Capitulum quod nec Potestas nec massarius nec aliquis alius possit nec debeat vendere aliquos introitus Communis, dacia nec gabellas, nisi de voluntate Consilii generalis et in Consilio generali, faciendo postam in ipso et reformationem. Et de illis daciis et introitibus Communis, de quibus Consilium concordabit, possit solum fieri vendicio, et non de aliis: videlicet, illi et illa, quae concedi debeant in Consilio generali; et illi et illa, quae debent subhastari in Consilio Societatis, solomodo vendi debeant de voluntate dicti Consilii, et in ipso Consilio subhastari et non alibi, subhastando, vendendo et concedendo plus offerre volentibus.

Item, ut dacia et introitus et jura Communis non succelentur, sed ex ipsis per Commune Parmae facilius copia habeatur, quod per Commune Parmae et expensis Communis fiant et fieri debeant duo registra in quibus registrentur et debeant registrari omnia et singula dacia Communis, pedagia, gabellae, domus, stationes, archinbanca et tabulae, et generaliter omnia jura spectantia ad Commune, unum quorum remaneat et remanere debeat perpetuo penes massarium Communis, et aliud penes judicem qui deputabitur pro Communi ad avere Communis recuperandum.

Item quod, quotiénscumque fiat subhastacio in aliquibus Consiliis Communis vel Societatis de aliquibus daciis, pedagiis vel gabellis, vel de aliquibus introitibus Communis vendendis, semper debeant scribi prolationes quae fient in ipsis daciis, pedagiis vel gabellis vel introitibus Com-

munis, ita quod singuli teneantur ad prolaciones quas facient, non obstante quod alii majores prolaciones fecerint, ut, si non obediverint illi
qui post eos majorem prolationem fecerint, compellantur ad solvendum
id quod protulerint, et hoc quousque inveniantur qui satisfacient, et ideo
semper scribantur prolationes singulorum in subhastacionibus; et incontinenti, facta concessione per judicem de aliquo pedagio, dacio vel gabella
seu introitu Communis, compellat ipse judex illum, cui concessionem
fecerit, praestare bonam et ydoneam securitatem de obediendo, servando
et solvendo secundum prolationem quam fecit secundum pacta condicta
super illo dacio, pedagio vel gabella vel introitu Communis, quem vel
quam concessit tali conductori.

Item quod, quando fiet aliqua concessio per Potestatem vel Capitaneum vel judicem alicujus ipsorum de aliquibus daciis, pedagiis vel gabellis, stationibus vel aliqua re Communis, quae quidem fieri debeat
solomodo in Consiliis generalibus Communis vel Societatis et non alibi,
semper debeat interesse unus ex notariis massarii, qui scribere debeat
in quodam quaterno de pecude concessionem dacii, pedagii vel gabellae
vel illius rei quae concedetur, et cui vel quibus fiet, et quid et quantum tenetur dare Communi pro ipsa concessione, et ad quem terminum,
et fidejussores quos praestiterit praedicta de causa, et nomen rectoris
seu judicis qui ipsum concedat; et, quando contigerit talem conductorem
aliquid solvere de dicto dacio, pedagio vel gabella, scribatur per unum
ex notariis massarii apud dictam concessionem id quod solverit, et cui
massario solverit, et nomen et pronomen sui notarii cum millesimo,
Indictione et die. Et similis scriptura fiat per unum ex notariis Potestatis, qui morabitur cum judice praedicto, in alio quaterno. Ex quibus
quaternis scriptis per notarium massarii fiat unus liber, qui semper debeat remanere penes massarium Communis, et ex illis quaternis, qui
scribentur per notarium judicis Potestatis, fiat alius liber qui similiter
remanere debeat apud judicem qui deputabitur pro Communi ad avere
Communis recuperandum. Et, si concessio talis rei spectaret ad Capitaneum, fiat similis scriptura per notarium domini Capitanei, quemadmodum fieri debet per notarium Potestatis quando concessio spectaret ad
Potestatem, et faciat librum per se de hoc, similem libro concessionum
qui fiet per notarium massarii. Et nullus intelligatur solvisse aliquid pro
praedictis concessionibus, quae sic fient, nisi reperiatur scriptum id quod

solverit in ambobus praedictis libris cum condicionibus supradictis, et nihilominus scribatur in recepto massarii, et hoc ut Commune Parmae non fraudetur in concessionibus daciorum nec in solucionibus eorumdem. Et sint praedicti libri tam de registris, quam de concessionibus perpetui et continui, et assignandi de massario in massarium et de tempore in tempus; et debeat semper fieri assignacio dictorum librorum in Consilio generali per massarium successori suo, per judicem similiter suo successori, et per notarium Capitanei suo successori. Et fiat specialis mentio in dicto Consilio de praedictis libris, hoc modo, videlicet dicendo: « isti sunt tales libri qui assignantur ». Et legatur praesens Statutum in Consilio praedicto; et, si libri dictarum concessionum viderentur fieri minus grossi, possint alii cum praedictis condicionibus fieri singulis decem annis.

Infrascripta sunt dacia, pedagia et gabellae, quae debent vendi pro Communi de voluntate Consilii generalis.

Primo dacium civitatis et episcopatus panis venalis, dacium vini civitatis et episcopatus, et gabella quae colligitur occasione vini.

Item pedagium militum, et gabella Communis antiqua.

Item dacium lignorum, paleae, herbae et foeni, quae venduntur in faxibus.

Item dacium lignorum, paleae, foeni, quae venduntur in plaustris.

Item dacium de carris et caretis feratis.

Item dacium herbae de foveis novis, et terraleis novis et veteribus civitatis.

Item piscaria fovearum.

Item pedagium pontis de Grugno.

Item dacium stariorum.

Item dacium mensurarum vini, cum quibus mensuratur vinum.

Item locus in quo venduntur pisces. Et ante subhastacionem dicti dacii teneatur Potestas infra xv. dies habere certam quantitatem sapientum ad determinandum quid et quantum et quomodo solvi debeat dictum dacium.

Item subhastentur molendina Communis et incantentur.

Item palacium Imperatoris, quod concedi non possit pro minori precio x. librarum imperialium pro anno.

Item, ad evitandum fraudes, quae committuntur in occultationibus scripturarum daciorum et solutionibus eorum, quod de cetero omnia et singula dacia, pedagia et gabellae, quae venduntur pro Communi singulis annis, debeant subhastari et incantari de mense januarii et februarii, et in ipsis mensibus vel in aliquo ipsorum procedi ad concessionem ipsorum plus offerre volentibus, ita quod principium ipsorum daciorum semper sit et esse debeat in kalendis marcii proxime subsequentis. Quorum daciorum precia solvi debeant incontinenti pro medietate, videlicet infra octo dies mensis marcii, et pro alia medietate infra octo dies mensis septembris proxime venientis, salvo quod precium pedagii et gabellae vini de civitate et episcopatu, panis venalis civitatis et episcopatus, et dacii foeni et lignorum et palearum, quae venduntur in plaustris, solvi debeant singulis mensibus pro rata. Et sic cessabunt inordinatae concessiones et soluciones daciorum.

Item quod quicumque conduxerit de cetero a Communi de pedagiis, gabellis, daciis, stacionibus, domibus, archenbanchis, tabulis et aliis rebus Communis debeat solvere precium ipsorum, seu precia, ad tempus et terminum, quem promittet, in poena quarti. Et judex, qui deputabitur super hoc, teneatur et debeat sacramento praeciso illud quartum exigere a quocumque, qui non solverit ad terminum ordinatum, in poena et banno xxv. librarum parmensium pro quolibet et qualibet vice. Et notarius, qui scripserit solucionem sine quarto apud concessionem dacii, pedagii vel gabellae vel aliarum rerum, elapso dicto termino, cadat in tantundem poenam, exigendam ab ipso per Potestatem sine remissione.

De privilegiis et baylia advocatorum et consulum justiciae et massarii Communis.

Capitulum quod nec Potestas nec aliquis ex judicibus suis faciat fieri aliquod sacramentum consulibus justiciae nec advocatis Communis nec massario Communis de obediendo suis praeceptis, nisi pro injuria quam facerent vel dicerent alicui; nec possit percipere sub certo banno aliquid eis vel alicui eorum, nec pignus auferre, nisi pro injuria sibi vel aliis facta; et, si contrafecerit Potestas vel aliquis ex judicibus suis, sindicetur pro quolibet et qualibet vice in L. libris parmen.

De eodem.

Capitulum quod Potestas non teneatur condempnare aliquem, nisi in concordia advocatorum et consulum justiciae et massarii, omnium vel majoris partis, interrogando eos palam vel secrete, faciendo partitum ad scurtinium inter eos, salva libertate data Potestati secundum formam Statuti de condempnacionibus faciendis in certa quantitate.

De eodem.

Capitulum quod Potestas teneatur et judices sui praedecessorem suum et suos judices et milites non citare, nec citari permittere nec gravari per sindicos nec aliquem officialem Communis, nec aliquod dampnum fieri de condempnacionibus factis in concordia condempnatorum vel majoris partis, vel occasione ipsarum condempnacionum factarum cum concordia condempnatorum.

De modo observando in condempnacionibus faciendis.

Capitulum quod Potestas teneatur facere appellari quemlibet, contra quem velit facere fieri aliquem processum occasione alicujus inquisicionis, quam ipse vel judices sui vellent facere contra eum occasione alicujus maleficii, de quo fuerit inculpatus, faciendo ipsam appellacionem in civitate vel extra ubi habitat, vel est solitus habitare, per aliquem nuncium Communis, faciendo scribi in actis Communis qualiter et ubi fuerit appellatus; quo facto, possit procedere ad condempnandum eum secundum modum culpae manifestum sibi per confessionem inculpati, vel per alias probaciones, et non aliter parabola Consilii vel Concionis; et, si Potestas fecerit contra praedictum capitulum condempnando aliquem non citatum secundum praedictum modum, condempnacio et processus non valeat. Et non intelligatur citatus aliquis, nisi de citatione facta constiterit per scripturam publicam factam per unum ex notariis Potestatis ad maleficia deputatum, et aliter condempnacio non valeat nec possit exigi. Et, si Potestas contra praedictum capitulum fecerit, perdat de suo feudo L. libras parmen. pro quolibet et qualibet vice. Et insuper sub eadem poena Potestas sacramento praeciso teneatur audire quemlibet volentem uti beneficio dicti Statuti, et illud sibi beneficium observare, et sub poena emendandi omne dampnum illi cui beneficium Statuti non observaretur.

Item quod amodo in omnibus condempnacionibus, quae fient, scribantur nomina et pronomina correriorum qui appellaverint aliquos condempnatos, et ubi et qualiter appellaverint. Et, servata hac solempnitate, quilibet intelligatur legitime appellatus, qui fuerit amonitus ab aliquo judice Potestatis ad suam defensionem faciendam, salvo quod hoc capitulum non habeat locum contra aliquod Statutum Societatis.

De condempnationibus scribendis et ubi poni debeant.

Capitulum quod Potestas et ejus judices teneantur scribi facere omnes condempnaciones, quas facient super maleficiis et aliis factis, in tribus libris; unus quorum ponatur apud Capitaneum Societatis, et alius ad cameram massarii, et alius stet apud judicem deputatum ad condempnationes exigendas. Et omnes praedicti tres libri sint praesentes quando condempnationes debuerint publicari in Consilio vel Concione, et tunc intersit massarius vel unus de notariis suis, et notarius Capitanei similiter: et uterque ipsorum habeat unum de praedictis libris ante se quando legi et publicari Potestas faciet condempnationes, et auscultet cum libro condempnacionum, quas leget notarius Potestatis, ut non sit plus in uno libro quam in alio; et statim, lectis et publicatis condempnacionibus, notarius, qui leget, scribat diem et testes post ipsas condempnaciones in quolibet quaterno dictarum condempnacionum in ipso Consilio seu Concione, et apud singulas condempnaciones ponantur fidejussores dati. Et liber praedictus ita auscultatus et lectus portetur per massarium, vel aliquem ex notariis suis, ad cameram Communis, et alius liber ad dominum Capitaneum in die publicacionis. Et, si Potestas et sui judices non observaverint dictum capitulum, perdat Potestas pro qualibet vice xxv. libras parmen., et quilibet ex judicibus suis x. libras parmen. Salvo quod hoc capitulum non habeat locum in condempnacionibus personalibus, quarum singulas scribi in uno libro sufficiat, et ipsae condempnaciones personales semper de cetero in Concione et non in Consilio debeant publicari; quae quidem condempnaciones personales, cum fuerint publicatae, assignentur per notarios, qui ipsas publicaverint, supradictis, alioquin cadant in poenam xxv. librarum parmensium pro quolibet et qualibet vice, et judex maleficiorum compellat notarios ad praedicta sub praedicta poena; et quilibet possit accusare et habeat medietatem banni.

Item quod nulla condempnacio intelligatur esse soluta, nisi facta fuerit subscriptio per notarium massarii, ponendo nomen, diem, Indictionem et millesimum, et nomen massarii cui facta fuerit dicta solucio.

Qualiter Potestas tenetur singulis duobus mensibus carceratos absolvere vel condempnare.

Capitulum quod Potestas teneatur omnes et singulos carceratos pro maleficio singulis duobus mensibus absolvere vel condempnare, et sic eos dimittere vel punire. Et teneatur Potestas facere scribi omnes, qui sunt in carcere Communis, in uno libro, et causas, et homines pro quibus sunt in dictis carceribus; et similiter, quando ponentur in carcere, scribantur nomina illorum et causae pro quibus ponentur. Et teneatur non extrahere aliquem de dictis carceribus, nisi primo appellatis illis pro quibus fuerint in carcere, et habito generali Consilio judicum. Salvo quod Potestas teneatur non dimittere aliquem de carcere infra ultimos xv. dies sui officii; quod si contrafecerit vel fieri permiserit, perdat de suo feudo Potestas xxv. libras parmen. pro quolibet et qualibet vice. Et, si in die anni novi aliquis remanserit in carcere, teneatur Potestas assignare successori suo, et praedictum librum ei dare, in quo libro debeant esse scripta nomina et pronomina omnium qui erunt in carcere pro Communi, et causae quibus erunt (1).

Item quod omnes et singuli, qui de cetero debuerint suspendi pro maleficiis commissis et committendis, solum suspendi debeant ad pontem Taronis, vel ad pontem de Hencia.

De collegio judicum in statu pristino reducendo.

Capitulum, ad honorem et conservacionem hominum popularium et jurium suorum, quod collegium dominorum judicum civitatis Parmae sit et esse debeat et reducatur in eo statu, jurisdictione, honore, consuetu-

---

(1) Veggasi a pag. 50 del 1.º Statuto il capitolo: *De carceratis pro maleficio ecc.*

dine et baylia, in qua et quibus erat in omnibus et per omnia ante festum sanctae Luciae, quo pars episcopi de civitate recessit, et ante tempus quo guerra domini marchionis Hestensis incoepit, ita et taliter quod
rectores, qui per tempora fuerint, quaestiones sive causas criminales, in
quibus poena sanguinis esset imponenda, teneantur et debeant diffinire
et terminare cum consilio et de consilio et secundum consilium dicti
collegii judicum, sicut ante dictum festum sanctae Luciae fieri consuevit, Statuto vel arbitrio postea dato aliquo non obstante: hoc semper
intellecto quod judices partis Imperii et partis episcopi non intelligantur
habere istud beneficium; et, si contingeret ipsos vel aliquem ipsorum
venire ad aliquod collegium tempore quo tractaretur de sentenciis dandis
in causis criminalibus, depellantur et puniantur secundum quod in Statuto Societatis plenius continetur de judicibus partis Imperii; quod locum
habeat et servetur in judicibus partis episcopi, et sit praecisum.

De duobus libris faciendis de condempnacionibus
quae fient per dominum Capitaneum et per notarios ipsius.

Capitulum quod notarii domini Capitanei teneantur facere de cetero
duos libros de condempnacionibus, quas Capitaneus faciet, et dare unum
de dictis libris et assignare massario Communis, et alium librum penes
se retinere pro recuperando ipsas condempnaciones. Et, finito regimine,
Capitaneus assignare debeat successori suo, ut de ipsis condempnacionibus copiam habeat, et condempnaciones non recuperatas recuperare debeat; et, si contrafecerit, puniatur et condempnetur in xxv. libris parmen. per sindicos eligendos ad sindicandum dominum Capitaneum et
suam familiam.

De modo observando in condempnationibus exigendis.

Capitulum quod Potestas teneatur facere superesse unum ex judicibus
suis ad omnes condempnaciones Communis exigendas, et recuperari faciat per ordinem omnes condempnationes factas ab eo tempore citra quo
dominus Manfredus de Saxolo fuit Potestas Parmae, videlicet ab anno
Domini m. cc. lxviii., Indicione undecima, a die xxii. mensis octubris
citra, in quo die fuit pax inter Commune Parmae et burgenses; et omnes

et singulas condempnaciones, factas a dicto tempore citra, facere recuperari secundum quod scriptae sunt in libris Communis et per ordinem et aequaliter. Et condempnatos, qui non solvent condempnaciones suas, teneatur bannire et eorum bona vastare, et eos postea legi facere in Consilio generali; et, si contrafactum fuerit, amittat Potestas de suo feudo x. libras parmen. quociens contrafecerit, et cercatores praesentes et futuri possint et teneantur eum condempnare et ab eo exigere dictam poenam; salvo quod Potestas et sui judices non teneantur nec possint compellere comunalia neque homines comunalium episcopatus Parmae ad condempnaciones, factas de eis, solvendas, factas tempore domini Bergognoni Angusollae olim Potestatis Parmae in millesimo cc. LXXI., Indictione XIIII., pro eo quod non miserunt aut stare non fecerunt homines ordinatos ad obxidionem Corvariae; salvo quod de omnibus praedictis condempnacionibus homines dictorum comunalium solvant cc. libras imperial. ad racionem librae pro rata dictae quantitatis, et a praedictis cc. libris imper. in sursum nihil solvere compellantur citra quinquaginta annos.

Item teneatur Potestas infra primum mensem sui officii facere cridari per civitatem et burgos quod omnes et singuli condempnati veniant ad solvendum condempnaciones suas usque ad Pascha Resurrectionis Domini. Et teneatur Potestas omnes condempnaciones sui temporis recuperare infra duos menses, postquam eas fecerit, mittendo et eundo ad domos condempnatorum, et procedendo contra eos et sua bona modis omnibus, quibus condempnaciones melius exigantur, et exigere quartum (?) denariorum plus. Et condempnaciones factas circa finem sui praedecessoris teneatur exigere Potestas, sicut illas quas faciet, et nihilominus teneatur praedicto modo exigere seu exigi facere alias condempnaciones praedictas.

Item quod judex praedictus teneatur et debeat praecise exigere et recuperare omnes et singulas condempnaciones, quae suo tempore fient, de quibus securitas vel fidejussores recepti fuerint, in poena L. librarum parmensium pro qualibet condempnacione praedictae condicionis non recuperata, et qualibet vice; et in quibus sindicetur per sindicos Communis, si praedicta non observaverit.

Qualiter condempnationes non possint compensari.

Capitulum quod condempnaciones de cetero non possint compensari aliquo modo ut maleficia cessent.

Item quod Potestas non possit condempnaciones solutas facere reddi nec restitui occasione pacis factae seu faciendae vel confovendae, nec aliquo alio modo parabola Consilii vel Concionis, nec aliter qualitercomque; et, si Potestas contrafecerit, amittat de suo feudo tantum quantum fuerit illa condempnacio; et cercatores teneantur tantum ab eo exigere. Et hoc habeat locum in praeteritis et futuris.

Qualiter nullus possit canzellari de bannis, cujus causa homines alicujus viciniae civitatis vel loci episcopatus condempnarentur, nisi prius passis restitueret.

Capitulum quod, si aliquis fuerit bannitus vel condempnatus occasione alicujus maleficii, de quo fuerit inculpatus, et illa occasione homines alicujus viciniae civitatis vel burgorum, vel alicujus loci episcopatus Parmae, condempnarentur, vel dampnum aliquod substinerent pro eo quod talem malefactorem non cepissent et non dedissent in forciam Communis Parmae, quod talis bannitus et condempnatus non possit absolvi perpetuo, nisi restituet omne dampnum dampnificatis praedicta occasione. Et quociens condempnaciones fient de aliquibus malefactoribus, quorum occasione aliqua vicinia civitatis vel aliqua universitas episcopatus Parmae dampnum aliquod pateretur, in condempnatione malefactoris fiat mentio de condempnacione facta de vicinia civitatis vel de universitate episcopatus.

Qualiter condempnaciones non possint aliquo modo remitti.

Capitulum quo, sub spe veniae quae de facili proveniens dat materiam delinquendi, nemo ulterius aliqua maleficia committat in civitate vel extra, et, si commiserit, impunitate non gaudeat, ordinatum est quod omnes et singulae condempnaciones, quae amodo fient, non possint remitti pro bono pacis etiam de voluntate Consilii generalis vel aliter; salvo Statuto, quod loquitur de pacibus et concordiis factis infra novem dies, quod in sua firmitate permaneat. Et hoc capitulum adeo sit praecisum, quod absolvi non possit per aliquem modum qui possit excogitari.

De modis observandis in coltis imponendis.

Capitulum, ad conservacionem populi Parmae et hominum episcopatus, quod Potestas et sui judices teneantur sacramento praeciso non permittere imponi nec imponi facere aliquam coltam seu mutuum inter homines civitatis et episcopatus Parmae, nisi primo fuerit reformatum in Consilio quingentorum, proponendo in ipso Consilio quod dictae coltae et mutua imponantur inter homines civitatis et episcopatus Parmae, et eciam qualiter exigi debeant; et, secundum quod placuerit duabus partibus, ita procedatur, facto partito inter ipsos ad scurtinium; et, si aliter fieret, non valeat. Et quod Potestas et judices sui teneantur sic in praedictis procedere et executioni mandare; et, si non observaverint praedicta, sindicentur in c. libris parmen. per sindicos Communis pro quolibet et qualibet vice, nullo jure vel Statuto obstantibus.

Item, quando et quociens generalis colta debuerit imponi per Commune Parmae hominibus civitatis et episcopatus Parmae, imponatur generaliter per omnia loca episcopatus Parmae, exceptis dominis de Valosneria et dominis de Vagero, et mansnatis habitantibus cum dominis; et excepto quod non tollatur dacia hominibus habitantibus in Monteglerugulo et ejus curte, quia Guidones Anselmi habent illud castrum in feudum a Communi Parmae, nisi quando civitas et sicut civitas (et inter homines episcopatus Parmae, quibus sit colta imponenda, specialiter intelligantur illi de Burgo Sancti Donini); et exceptis illis, qui de alieno episcopatu venerunt, vel venient, ad habitandum in episcopatum Parmae, quibus non tollatur aliqua colta, nec aliqua gravitas imponatur usque ad xx. annos, computandos ab inicio temporis quo primo venerunt ad habitandum in episcopatum Parmae (1); et habeant hoc privilegium praedicti, si observaverint et dum observaverint infrascripta, videlicet: si laborabunt, et dum laborabunt, de terris civium civitatis solvencium coltas Communi Parmae ad minus, quilibet non habens boves, tres bobulcas; et, qui boves habuerit, xx. bobulcas ad minus annuatim. Et privilegium hujus immunitatis, concessae vel concedendae, non valeat nec sit in favorem alicujus, qui non habitaverit continue in districtu Parmae, et infra confines per unum milliare, et terram civium labora-

---

(1) V. il capitolo: *Qualiter colta debeat imponi* ecc. a pag. 68 del 1.° Statuto.

verit, ut supra continetur; et hoc eciam locum habeat in omnibus et singulis, qui habent privilegium immunitatis, gratia culturae terrarum; et
aliter privilegium immunitatis non valeat. Et quod omnes et singuli,
quibus concedetur seu concessum est privilegium immunitatis, scribantur in uno libro ad cameram Communis; et qui in dicto libro scriptus
non fuerit, non intelligatur aliquam immunitatem habere.

Item quod omnes et singuli, qui in die sanctae Luciae, et ante, sta-
bant ad castrum de Cruce, et omnes alii, quorum patres et majores eorum non sunt scripti in libris focorum Communis, qui voluerint ire ad
standum ad dictum castrum et penes illud per xxv. perticas, stando ibi
et laborando de terris civium civitatis secundum formam capituli, habeant
et habere debeant immunitatem, ab illo tempore in antea quo iverint,
steterint et laboraverint usque ad xxv. annos, eodem modo et forma,
quo habent illi qui venient de alieno episcopatu ad habitandum in episcopatu Parmae, et cum illis condicionibus.

Item excipiantur et excepti sint pontes, hospitalia, et homines eorum,
quibus a Consilio specialiter est remissum; quibus non tollatur colta,
nisi quando civitas solvet; salvo quod praedicti privilegiati, et alii de
quibus superius dictum est, teneantur ad laboreria de stratis.

Item nulla colta, nulla dacia nec mutuum imponatur, nec requiratur,
in castris, terris et locis, quae Commune habet, vel in futurum habebit, ultra alpes.

Item, ut villae episcopatus de cetero melius habitentur, et melius debeant habitari et laboreria fieri de terris, quod eo modo et forma, quibus imponentur et exigentur coltae hominibus civitatis, imponantur et
exigantur hominibus episcopatus; salvo quod hoc capitulum non habeat
locum nec prosit aliquibus habitantibus in civitate vel burgis, et nisi
continuam residentiam fecerint in episcopatu cum eorum familiis.

Item quod aliquis laycus non praesumat laborare de terris aliquorum
qui non sint subjecti jurisdictioni Communis Parmae et sibi coltas non
solvant et alias faciones non faciant; et qui contrafecerit in totum vel
in partem, solvat pro qualibet bobulca x. sol. parmen. et qualibet vice
qua laboraverit contra hanc inhibitionem; et quilibet possit accusare et
habeat terciam partem banni: et, si aliquis laycus, sub praetestu faciendi
laborare de terris prohibitis secundum formam hujus capituli, fecerit aliquod acaptum de ipsis terris, puniatur in xx. parmen. pro qualibet bobulca, et qui accusabit habeat terciam partem banni.

Qualiter coltae per episcopatum debeant imponi per focum,
vel per extimum, quando fuerit factum.

Capitulum quod coltae, quae imponentur per episcopatum secundum quantitatem quae debebit imponi, debeant imponi et dividi per villas episcopatus per focum, videlicet secundum numerum focorum, quem quaelibet villa habet, vel secundum extimum hominum villarum, cum bona ipsorum fuerint extimata.

Item quod, quociens colta imponetur pro Communi, quilibet mulinarius solvat xx. sol. parmen., et plus, si plus imponetur pro foco.

Item quod quantitas coltae, quae amodo imponetur pro Communi praedictis mulinariis, debeat communiter dividi inter ipsos per tres ex ipsis mulinariis, duos pauperes et unum divitem, eligendos per consules ipsorum sub examine judicis cognoscentis de coltis; et secundum facultates suas singuli solvant, videlicet divites plus quam alii.

De eodem.

Capitulum quod quilibet solvat coltam in ea terra, in qua habitaverit tempore imposicionis coltae, non obstante quod sit in foco alibi; et illa villa, in qua reperiretur in foco, exoneretur ab illo foco, et addatur focis illius villae in qua habitaverit tempore imposicionis coltae, et alia villa sit absoluta et exonerata ab illo foco (1).

Qualiter sentenciae super citadanciis et focis canzellandis
debeant fieri.

Capitulum quod de cetero aliquae sentenciae in absolvendo super citadanciis et focis canzellandis, vel in absolvendo aliquem quod non debeat solvere pro rustico, non possint fieri nisi in Consilio generali, faciendo propositionem, et petendo consilium, et legendo in ipso Consilio dicta testium productorum et ex officio receptorum et alias probaciones introductas qualitercumque: et tunc valeant sentenciae in praedicto casu, si fuerit reformatum et placuerit majori parti consiliariorum, facto partito ad scurtinium; et, si aliter factum fuerit, non valeat.

---

(1) V. la giunta a' piedi della pag. 70 del 1.° Statuto.

De eodem.

Additum est quod de cetero aliquis oriundus de episcopatu Parmae nullo modo possit civis fieri sine voluntate Consilii generalis, nec possit fieri proposicio in Consiliis vel alibi quod aliquis fiat civis Parmae de novo ex illis qui debent esse scripti in libris focorum cum hominibus episcopatus, nisi in genere omnes rustici fierent cives. Et hoc capitulum sit praecisum, et praecise debeat observari.

Qualiter foresterii possint fieri cives.

Capitulum, ad decorem et augumentum civitatis, quod quicumque foresterius a decem annis citra factus est civis teneatur emere infra unum annum in civitate Parmae domum ad minus valentem c. libras parmen., de qua acquisicione instrumentum praesentet Potestati; et dicta domus remaneat obligata Communi pro coltis solvendis et aliis facionibus adimplendis, et vendi non possit talis domus sine voluntate Consiliorum: et, qui hoc non adimpleverit, si a decem annis citra factus fuerit civis auctoritate alicujus Consilii generalis, non intelligatur esse civis, et privilegium sibi datum amittat.

Item, si aliquis oriundus de extra jurisdictionem Communis Parmae velit fieri civis Parmae, seu fiet, autoritate alicujus Consilii generalis, infra terminum, qui per Consilia debeat ordinari, teneatur et debeat praecise facere fieri unam domum in civitate vel burgis de novo, valentem c. libras parmen. ad minus, quae simili modo et pro simili causa Communi remaneat obligata; et instrumentum, quod fiet ex emptione casamenti seu terreni super quo facta fuerit ipsa domus, debeat assignari Potestati, et ipsa instrumenta, quae sic fient et assignabuntur, poni debeant ad cameram Communis et ibi scribi, facta prius fide Potestati vel alicui ex judicibus suis de valimento dictae domus; et praedicta instrumenta scribi debeant per unum ex notariis massarii in uno libro per se, ut inde, quociens Communis intererit, copia facilius habeatur. Et, si debebit proponi in aliquibus Consiliis quod aliquis oriundus de extra jurisdictionem Communis Parmae debeat fieri civis Parmae, fieri non possit nisi promiserit adimplere, et adimpleverit, promixionem praedictam ad terminum qui sibi ordinabitur per Consilium generale; et, si non adimpleverit, perdat privilegium sibi datum. Et insuper nemo possit fieri civis Parmae aliquo modo per Consilium vel aliter, qui vere non sit amicus et de parte Ecclesiae nunc regentis. Et hoc capitulum sit praecisum. Millesimo cc. octuagesimo sexto, Indictione quartadecima.

Qualiter homines episcopatus, qui non sunt cives, compellantur discedere de civitate et habitare in episcopatu.

Capitulum quod omnes homines, qui venerunt de episcopatu ad habitandum in civitate Parmae tempore primae guerrae quae incoepit millesimo cc. xlvii., compellantur discedere de civitate et ire ad habitandum in episcopatu, et solvere coltas et facere faciones pro rusticis.

Item quod omnes, qui reperiuntur scripti in libris focorum domini Thebaldi Francischi vel domini Masinerii de Burgo, seu ab illis temporibus citra, qualitercumque scripti inveniantur, vel de quibus poterit probari habitasse et solvisse cum rusticis per comunale seu homines villae in qua habitaverunt et solverunt, teneantur et tractentur ut rustici, ita quod nullo modo audiantur ad sui defensionem, et compellantur solvere coltas cum hominibus terrarum in quibus reperiuntur in focis, vel in quibus probabitur eos solvisse ut superius dictum est. Et, si aliquis praedictae condicionis fuerit qui habitet in civitate, solvat cum vicinis vicineae in qua habitaverit et in terra in qua reperiretur in foco vel in qua probabitur eum solvisse; et, propter solucionem vel habitationem quam fecerit in civitate a tempore domini Thebaldi Francischi citra, non efficiatur civis nec factus sit, nec possit esse consul alicujus vicineae civitatis, nec venire ad Consilium civitatis, nec imponere coltam in aliqua vicinia nec villa; et, si aliqua sentencia citadanciae seu pactum, vel aliquis contractus factus cum comunalibus suis seu hominibus alicujus terrae, reperiretur facta seu factum, nullius sit momenti. Et hoc habeat locum in illis, qui descenderunt ab ipsis, sive sint heredes eorum sive non. Et teneantur tam consules viciniarum, quam mistrales villarum sacramento imponere seu imponi facere eis coltas quousque steterint in civitate, et hoc sub poena et banno c. sol. parmen. pro quolibet et qualibet vice; et quilibet possit accusare contrafacientes, et habeat medietatem banni. Et, redeundo ad habitandum in villis, continue liberentur ab solutione coltarum civitatis.

Item quod quicumque de episcopatu venerit ad habitandum in civitate solvat coltam semper sicut rusticus, et faciat alias faciones; et Potestas teneatur compellere omnes et singulos praedictae condicionis et facere reverti ad habitandum in episcopatu Parmae infra octo dies postquam denunciatum fuerit.

Item quod omnes sentenciae, factae super citadanciis a tempore domini Thebaldi Francischi citra in favorem aliquorum qui venerunt ad habitandum ad civitatem, sint cassae et vanae; et, si aliquis voluerit amodo probare se stetisse in civitate per decem annos ante tempus domini Thebaldi Francischi praedicti, Potestas et sui judices de hoc cognoscant, recipiendo super hoc testes ex officio; qui testes debeant esse de illa terra, de qua venerit ad habitandum in civitate, et de vicinia civitatis in qua se dixerit habitasse; et dicti testes sint in electione Potestatis et sui judicis vel aliunde, prout sibi videbitur, ut fraudes cessent, et nulli prosit habitacio facta in civitate a tempore domini Thebaldi Francischi citra.

Infrascripta sunt poenae et banna impositae et imposita contra illos qui non sunt vere cives Parmae, et qui non fecerint se scribi in libris focorum.

Primo quod omnes et singuli, ubicumque habitent in civitate, episcopatu vel districtu Parmae, qui non sunt legitimi cives Parmae, vel qui non sunt facti cives secundum aliquam reformacionem Consiliorum vel secundum formam alicujus Statuti, si non sunt scripti in libro focorum Communis qui factus fuit coram uno ex judicibus Potestatis tempore domini Manfredi de Saxolo Potestatis Parmae olim millesimo cc. sexagesimo nono, Indictione XII. auctoritate Consilii generalis, aut, si non scribentur usque ad VIII. dies in dicto libro cum aliis hominibus episcopatus Parmae, solvere compellantur, pro quolibet eorum qui non fuerit inventus scriptus in dicto libro, c. sol. parmen.; et quilibet possit accusare et habeat medietatem banni, et quicumque accusabit aliquem praedictae condicionis teneatur accusare publice, et testes, qui super hoc producentur, sint publici, ita quod de dictis ipsorum testium fiat copia postulanti.

Item quod omnes et singuli praedictae condicionis, qui non sunt scripti in praedicto libro focorum, possint realiter et personaliter conveniri a suis creditoribus coram officialibus Communis secundum formam Statutorum et juris omni die et tempore, non obstantibus aliquibus feriis, ita quod de ipsis et quolibet ipsorum fiat jus per Potestatem et officiales Communis modo praedicto cuilibet conquerenti.

Item quod omnes et singuli praedictae condicionis, qui non sunt scripti in libro praedicto, cum videantur se velle furari Communi et se serviciis Communis subtrahere, sint exenti a protectione et beneficio Communis, ita quod in aliquo actu judiciali non audiantur per Potestatem nec a suis judicibus vel aliquo officiali Communis nec a Communi Parmae (donec solverint dictum bannum et se scribi fecerint in libro praedicto) nec offendentes aliquem seu aliquos praedictae condicionis aliquam poenam inde substineant nisi tantum in casu homicidii. Salvo et excepto quod ista non praejudicent illis aut alicui illorum, quorum pater seu patres scripti sunt, ut supra dictum est, in praedicto libro focorum, si praedicti filii, vel filius, stant cum patre vel patribus in una et eadem familia ad unum panem et unum vinum et unum focum; et hoc similiter locum habeat in nepotibus stantibus cum avis vel barbanis modo praedicto; et eciam in fratribus, si duo vel plures fuerint stantes simul, ut supra continetur, si unus ex illis scriptus fuerit in libro praedicto.

Item quod poena et banna praedicta et decreta similiter locum habeant contra omnia et singula comunalia villarum et locorum episcopatus Parmae, et contra omnes et singulos ipsorum comunalium, si singulis annis infra xv. dies mensis januarii non fecerint ad minus unum mistralem ad respondendum Communi et officialibus Communis secundum formam Statuti Communis. Nec obstare possit aliquod Statutum continens quod villae secundum certum numerum focorum mistrales faciant quin ita debeant observari praedicta, videlicet quod, si aliquod comunale sit habens tantum unicum focum, ad faciendum mistralem de se ipso protinus teneatur, et nullum comunale propter paucitatem focorum a faciendo ad minus unum mistralem aliquatenus excusetur. Et sic successive in annis futuris mistrales fiant per villas episcopatus Parmae, ut in hoc capitulo continetur, et secundum formam Statutorum Communis et mandata cujuslibet qui fuerit rector civitatis Parmae.

Item, si contigerit aliquem praedictae condicionis accusari ab aliquo pro eo quod non sit scriptus in dicto libro, et ille talis accusatus, vel pater suus, scriptus sit seu scriptus inveniatur in libris focorum veterum de tempore domini Thebaldi Francischi condam Potestatis Parmae, et ab inde citra, vel illi de domo talis accusati scripti sint in praedictis libris vel in aliquo praedictorum librorum seu scripti esse reperiantur, plena sit probacio contra talem accusatum, et procedatur contra ipsum secundum quod ordinatum est; et nihilominus scribatur in praedicto libro focorum, salvis privilegiis illorum qui facti sunt cives tempore guerrae de Burgo.

Item, si aliquis accusabit aliquem eo quod non sit scriptus in dicto libro focorum, et nomen patris vel alicujus de domo sua, scilicet praedecessorum suorum, invenietur scriptum in praedictis libris veteribus Communis, tunc judex, coram quo fiet talis processus sive inquisicio, procedat hoc modo:

Primo quod accusator, qui accusabit aliquem praedictae condicionis, det in scriptis ipsi judici nomina testium qui sciant veritatem negocii; et tunc dictus judex dictos testes ex officio recipiat et inquirat omni modo qui sibi placuerit; et, si constiterit per testimonia praedictorum testium vel per aliquam aliam inquisicionem, quam ipse judex possit facere, quod talis accusatus debeat esse in focis, compellatur solvere praedictum bannum et scribatur in libro focorum cum aliis hominibus episcopatus Parmae in illa villa in qua scribi debuerit.

Item quicumque scriptus fuerit seu invenietur in libris seu in aliquo librorum focorum veterum tempore domini Thebaldi Francischi, vel in aliquibus libris seu aliquo librorum focorum factis vel facto ab hinc retro, ipse vel pater vel avus vel proavus paternus et sic deinceps, scribatur in foco in villa, in qua habitat, in libro Communis; et, si talis in civitate habitaverit, scribatur in foco in villa in qua scriptus reperiretur ipse vel pater vel avus seu antecessores ipsius, nullo Statuto vel reformacione Consilii vel sentencia facta in favorem alicujus praedictae condicionis obstantibus; et insuper nulla sentencia seu provisio possit fieri in contrarium; et, si fieret, non valeat.

Qualiter rustici compellendi sint redire ad habitandum
in episcopatu Parmae.

Capitulum quod omnes rustici, qui habitabant in episcopatu Parmae ante guerram quam habuit Commune Parmae cum Imperatore et suis sequacibus, quae incoepit in millesimo CC. XLVII., compellantur reverti cum familiis suis ad habitandum et standum in episcopatu Parmae, ubicumque sint; et, si quis ipsorum fuerit qui non iverit et non observaverit hoc, perdat omnia sua bona mobilia et immobilia, et publicentur in Commune. Et homines seu mistrales villarum et locorum episcopatus Parmae teneantur dare in scriptis Potestati infra mensem sui officii, et Potestas habeat auctoritatem puniendi suo arbitrio, omnes et singulos praedictae condicionis, qui non iverint et steterint, et mistrales, qui non dederint in scriptis nomina et pronomina rusticorum praedictae condicionis qui praedicta non observaverint; et quilibet possit accusare, et habeat medietatem banni.

De ordinatione focorum terrarum et villarum episcopatus Parmae in Consiliis proponenda.

Capitulum, ad utilitatem hominum civitatis et episcopatus Parmae, et ad evitandum gravamina quae cotidie inferuntur hominibus villarum episcopatus Parmae contra justiciam, quod dominus Potestas teneatur proponere in Consilio generali Communis, in quo debeant esse quingenti consiliarii ad minus, primo mense sui regiminis, quid sit faciendum et providendum super focis villarum episcopatus Parmae; et, secundum quod provisum et ordinatum fuerit per praedictum Consilium, procedatur. Et hoc capitulum sit praecisum, et praecise debeat observari.

Qualiter mistrales et camparii sint eligendi in singulis locis episcopatus Parmae.

Capitulum quod Potestas, infra XV. dies post annum novum, mittat per totum districtum Parmae ad requirendum mistrales veteres ut veniant coram uno ex judicibus suis ad dandum in scriptis mistrales novos, et camparios similiter, quos ante annum novum vel infra praedictos XV. dies debeant facere eligi in terra sua. Et quaelibet villa possit habere unum nuncium ad suam voluntatem, vel plures, pro faciendo ambaxatas. Et in qualibet terra ad minus sint duo mistrales, et eciam, si unicus rusticus esset in terra, ipse solus fiat mistralis. Et ipsi mistrales novi, camparii et nuncii inveniantur in concordia vicinorum omnium vel majoris partis, et veniant mistrales et camparii infra octo dies postquam electi fuerint ad jurandum officium suum, et per juramentum, quod facient, teneantur facere jurare vicinos suos sequi mandata Potestatis Communis; et coltas et gravitates, quas deberent substinere et solvere homines suae terrae, facient imponi communiter et aequaliter secundum facultates suas sibi et aliis vicinis suis et omnibus et singulis secum solvere debentibus, et quod assignabunt massario Communis coltam, quam assignare debuerint. Et ipsi camparii totum et quicquid pertinuerit ad Commune assignabunt similiter. Et in qualibet villa assignetur colta per massarium Communis mistralibus cujuslibet villae communiter, et non divisim, in tota villa, sive villa mistrales habeat per contratas, sive non.

Item jurent et securitates dent mistrales de obediendo et observando praecepta Potestatis, suorum judicum et Communis, de custodiendo ne res prohibitae portentur per territorium suae villae, et quod non stabunt banniti in ea nec malefactores, et capient eos et repraesentabunt Potestati, et generaliter quod obedient omnibus praeceptis suis, et quod observabunt Statuta Communis loquencia de stariis Communis habendis et mensuris a stario descendentibus, et de tenendis mensuris, clavis, ferris pro equis ferrandis et aliis bestiis, et de observando Statuta ad quae tenentur homines episcopatus; et de hoc debeant dare bonam securitatem coram uno ex judicibus Potestatis, et non ad cameram massarii, et notarii Potestatis possint habere quatuor imperiales ad plus de qualibet securitate, et scribantur securitates per portam in uno libro Communis; et duret per totum annum.

Si vero homines episcopatus non fecerint mistrales infra tempus praedictum, vel, si fecerint et non repraesentaverint se infra tempus praedictum et securitates praestiterint de observando et attendendo praedicta, Potestas habeat auctoritatem condempnandi quamlibet universitatem, quae mistrales non elegerit, et mistrales electos, si non venerint, in xxv. libris parmen., et minus, secundum qualitatem villae et condicionem mistralis.

Item teneatur Potestas mittere pro dominis castrorum, terrarum et locorum episcopatus Parmae et ab eis similem securitatem recipere de obediendo suis praeceptis et suorum judicum et officialium Communis, et de observando Statuta et ordinamenta Communis: quae securitas similiter scribatur in uno libro per portam, de singulis quarum notarii Potestatis possint tollere quatuor imperiales ad plus; et ad faciendum requisiciones praedictas Potestas mittat per episcopatum expensis Communis quam minoribus expensis, et infra octo dies sui officii.

De eodem.

Item, si aliqua villa fuerit in episcopatu Parmae, de qua mistrales non venerint et non observaverint supradicta, domini, qui habent ad faciendum in tali terra, praecise per Potestatem debeant cogi ad solvendum ipsas coltas et dacias pro hominibus ipsius villae; et, quantum ad istas condiciones substinendas, domini intelligantur qui habent honorem, jurisdicionem et vassallos in tali terra, et non alii cives Parmae, qui propterea non graventur, licet habeant ad faciendum in ipsa terra, non habitando in ipsa terra.

Item quod omnes homines, qui iverunt ad habitandum in loco ubi dicitur Toranum majus, sive Casale majus, compellantur solvere coltas per se, et facere mistrales per se, et scribantur in focis per se ad cameram Communis, et faciant alias faciones reales et personales et sindicum; et ad aliquid faciendum non cogantur cum hominibus de Palaxono, licet aliquo tempore habitaverint in dicto loco et solverint cum hominibus dicti loci.

Item, cum in villa de Palaxono non sit aliquis rusticus qui Communi respondeat, ordinatum est quod cives, qui habitant in dicta villa cum familiis suis, nisi rustici dictae villae fecerint mistrales et coltas solverint, compellantur realiter et personaliter ad solvendum coltas et faciendum alias faciones, quae per alias terras episcopatus fiunt Communi Parmae; et ad respondendum Communi, compellantur facere sindicum de seipsis. Et hoc locum habeat et habere debeat in qualibet alia villa episcopatus Parmae, in qua mistrales non fuerint, ut cives habitantes in ea similiter compellantur ad coltas solvendas et ad respondendum Communi, non praejudicando ipsis civibus in aliis suis negociis.

Qualiter sindici sint eligendi in qualibet villa episcopatus Parmae.

Capitulum quod homines cujuslibet universitatis episcopatus Parmae possint facere sindicum unum et plures ad suam voluntatem, qui pro nomine suo possint agere et conveniri in quolibet actu judiciali. Et scribantur nomina talium sindicorum in libris Communis; et, postquam scripta fuerint, non possit opponi quod aliqua solempnitas sit obmissa.

Item quod, quociens fuerit opportunum quod homines talium locorum, qui sindicos praedicto modo constituerint, debeant requiri ad emendum salem, vel coltam solvendam vel condempnacionem seu condempnaciones, vel ad aliquam gravitatem substinendam vel ordinacionem adimplendam, vel ad respondendum alicui singulari personae, mittatur pro sindicis eorum, et sciatur ab eis si volunt respondere pro ipsis hominibus, antequam pro illis mittatur quorum sindici sunt: et, si recusaverint respondere, vel citati non venerint, possit mitti pro hominibus, quorum sindici sunt, expensis ipsorum hominum; et aliter pro ipsis mitti non possit suis expensis aliquo modo qui possit excogitari, et, si aliter missum fuerit, non graventur aliquibus expensis, nec aliquod onus inde substinere cogantur.

Item quod idem servetur in quolibet actu judiciali, qui intentaretur contra aliquam universitatem, ut, antequam pro talibus mittatur hominibus, sindici appellentur modo praedicto.

Item eciam iste modus observetur in procuratoribus scriptis in actis causarum requirendis, antequam mittatur pro principalibus, et, si principales fuerint appellati, nullum onus expensarum solvant; et eciam idem locum habeat in favorem illorum principalium, qui denunciaverint adversario suo aliquem procuratorem constituisse, licet scriptus non esset in actis.

De eodem.

Capitulum quod homines positi sub aliquo plebatu episcopatus Parmae possint facere sindicum generalem, qui pro eis possit agere et conveniri; et scribatur nomen et pronomen ejus, et, postquam scriptum fuerit nomen ejus, nulla exceptio possit opponi quod non sit legitime constitutus; nec homines plebatus possint opponere contra ea quae fecerit sindicus pro plebatu. Et officium talium sindicorum duret per annum.

De eodem.

Capitulum quod nulli homini de civitate vel episcopatu Parmae liceat habere ultra iiii. sindicatus alicujus universitatis vel hominum alicujus plebatus; et qui ultra numerum praedictum aliquos sindicatus receperit vel fecerit, solvat pro banno c. sol. parmen.; et Potestas teneatur inquirere per libros, in quibus erunt scripta nomina sindicorum; et, si inveniretur aliquem plures sindicatus recepisse, condempnetur ut supra. Et nemo pro aliqua terra possit agere vel defendere, nisi scriptum fuerit nomen ejus in libro Communis.

De immunitate danda habitantibus in alpibus de la Cisa.

Capitulum, ut transeuntes per alpes de la Cisa sint securi in eundo et redeundo, quod omnes et singuli tam cives quam rustici volentes ire ad habitandum, et dum habitabunt, ad ecclesiam sanctae Mariae de la Cisa in alpibus sint absoluti et immunes ab omni onere coltarum, facionum, exercituum et cavalcatarum; et nulla imposicio seu exacio alicujus coltae vel facionis possit nec debeat eis fieri per Commune Parmae vel alias singulares personas, vel homines alicujus villae, nec teneantur solvere salarium seu tributum Capitaneo alicujus loci vel castri usque ad xxx. annos. Et, si non invenirentur aliqui ire volentes sponte, homines et Commune Berceti, Valbonae, Corchiae et Berguti compellantur mittere et facere habitare iiii. masnatas de suis in praedicto loco per Potestatem per totum mensem maji, et stare et habitare in praedicto loco cogantur. Quod si non adimpleverit Potestas, perdat de suo feudo l. libras parmen., in quibus per sindicos Communis debeat sindicari. Et quaecumque continentur in praedicto capitulo praecise debeant observari.

De modo observando in divisionibus coltarum.

Capitulum quod teneatur Potestas facere imponi coltas, quae imponentur hominibus episcopatus, ubicomque habitent (inter quos sint illi de Burgo Sancti Donini), et possessionibus rusticorum habitantium extra districtum Parmae, et exigere seu exigi facere ab eis et de eis, omnibus modis quibus melius possit exigi; salvis privilegiis concessis aliquibus. Et teneatur Potestas facere exigi coltas ab hominibus episcopatus, scilicet illas quae imponentur pro Communi Parmae, usque ad duos menses post imposicionem; et qui non solverit infra praedictum tempus, compellatur solvere quartum denariorum plus, et Potestas teneatur, elapso praedicto termino, facere legi et publicari nomina terrarum episcopatus Parmae, quorum homines non solverint coltas sibi impositas pro Communi: quod si non fecerit, perdat de suo feudo ʟ. libras parmen.

De eodem.

Capitulum quod quilibet officialis Communis Parmae teneatur sacramento non facere chartam absolucionis alicujus coltae, nec possit aliquem a colta absolvere occasione miliciae vel citadanciae vel alia causa, sine parabola Consilii generalis, observando formam Statutorum Communis.

De modis observandis in imponendo coltas hominibus civitatis, et qualiter debeat fieri divisio de ipsis coltis, et qualiter scribi debeant.

Capitulum quod Potestas teneatur sacramento praeciso, a quo absolvi non possit aliquo modo, facere dividi per portas mutua et coltas, quae debebunt solvi per homines civitatis, communiter et aequaliter secundum facultates cujuslibet, non habendo aliquos libros nec documenta, per aliquos libros camerae, alicujus veteris divisionis coltarum vel mutuorum, quam per documenta veterum divisionum portarum, quae semel fuerunt agravatae et semper remanere consueverunt agravatae. Et hoc semper observetur quando et quociens casus hujus necessitatis intervenerit, nisi extima forent in civitate, secundum quae solvere deberent homines civitatis. Et teneantur illi, qui erunt ad divisiones hujusmodi faciendas, non habere aliquos libros nec aliquas scripturas, per quas in praedictis divisionibus seu imposicionibus faciendis habeant aliquod documentum, sed bona fide, arbitrio suo considerando portas et vicineas et facultates hominum civitatis, dictam divisionem et imposicionem faciant, non habendo respectum ad aliquam veterem imposicionem et divisionem. Et non possit ordinari modus per Consilium vel aliquos sapientes, auctoritate quam habeant ab aliquo Consilio, quod aliqua divisio vel imposicio coltae vel mutui fiat ad modum alicujus veteris seu praecedentis imposicionis, sed solum debentes interesse secundum formam Statuti, procedant et de novo faciant, ut superius est expressum. Et; si aliquid quod in praesenti Statuto contineatur non fuerit in solidum observatum, talis divisio non valeat, nec aliqua vicinea seu singularis persona ad dandum vel mutuandum occasione talis imposicionis vel divisionis aliquid compellatur Communi dare. Et hoc capitulum totaliter et in qualibet parte sui praecise debeat observari. Et Potestas teneatur sacramento praeciso taliter singulis impositoribus seu divisoribus coltarum et mutuorum quaerentibus libros camerae vel alias scripturas, per quas possent habere aliquod documentum, tollere xxv. libras parmen. pro quolibet contrafaciente.

De eodem.

Capitulum quod Potestas teneatur sacramento praeciso, a quo non possit absolvi aliquo modo, facere inveniri in qualibet vicinea civitatis habente iii. familias unum hominem, et, si ultra dictum numerum familias habuerit, duos, et esse ad divisiones coltarum et mutuorum, tociens quociens coltae seu mutua pro Communi imponentur; et aliter divisiones praedictae non valeant. Et hoc capitulum sit praecisum.

De eodem.

Additum est praedicto capitulo quod amodo divisiones mutui et coltarum, quae fient et scribentur ad cameram, scribi debeant per consequenciam litterarum et integras diciones, et non per litteras simplices aliquam quantitatem notantes. Et idem facient consules vicinearum quando et quociens coltae Communis eis imponentur et vicinis suis; et ponatur in juramento ipsorum, et jurent hoc observare quando jurabunt suum officium consulatus; quod si contrafecerint, Potestas teneatur auferre cuilibet consuli xx. sol. parmen. pro qualibet vice; et quilibet possit accusare, et habeat medietatem banni. Et idem habeat locum in mistralibus villarum et locorum episcopatus Parmae.

Additum est praedicto capitulo loquenti de divisionibus coltarum et mutuorum quod, quando et quociens fiet imposicio coltae in aliqua vicinea civitatis vel in aliquo castro, loco vel burgo vel villa episcopatus Parmae, consules cujuslibet vicineae et mistrales cujuslibet villae vel loci episcopatus Parmae teneantur sacramento facere scribi illas coltas et mutua in duobus libris; unus quorum remaneat apud consules vicinearum, mistrales villarum et locorum, et alius ponatur penes presbyterum ecclesiae suae vicineae seu loci, et in principio cujuslibet libri scribatur millesimus et nomina consulum seu mistralium et causa qua imponitur talis colta seu tale mutuum; et hoc ad evitandas contentiones, et ut semper possit sciri quid impositum fuerit, et quid collectum, et tempore quorum consulum seu mistralium. Si mistrales et consules non fecerint, vel non observaverint dictum capitulum, condempnentur pro quolibet et qualibet vice in c. sol. parmen.; et quilibet possit accusare et habeat medietatem banni, et teneatur secretus ad suam voluntatem.

Qualiter colta debeat imponi cuilibet facienti familiam per se.

Capitulum quod cuilibet facienti familiam per se imponatur colta per impositores coltae, et coltam solvat per se in ea vicinea in qua solvere debuerit secundum formam Statuti.

De eodem.

Additum est praedicto capitulo, in quo continetur quod cuilibet facienti familiam per se imponatur colta per se, quod, quando et quociens aliqua colta ponetur in civitate, judex Potestatis qui cognoscit de coltis mittat pro consulibus cujuslibet vicineae, et inquirat ab eis diligenter si aliquis faciens familiam per se remanserit, cui colta non sit imposita, et eciam inquirat a vicinis cujuslibet vicineae de praedictis; et, si invenerit aliquem remansisse cui colta secundum formam Statuti non fuerit imposita, Potestas teneatur tollere sibi nomine poenae x. libras parmen., et singulis impositoribus, qui aliquem dimiserint, c. sol. parmen. Et hoc capitulum, vel haec addicio, quociens colta debebit imponi seu ordinabitur imponi, debeat in Consiliis generalibus publicari.

Qualiter colta non debeat tolli nec imponi alicui homini de curte.

Capitulum quod nulli homini de curte auferatur aliqua colta seu dacia ab illis qui habitant in civitate, si continuam residenciam fecerit in civitate cum familia sua tamquam civis.

Qualiter coltae debeant imponi communiter et aequaliter in singulis vicineis.

Capitulum quod nulla vicinea possit esse divisa, nec dividatur, per quarterios vel burgos; et colta dividatur et imponatur communiter et aequaliter per quamlibet vicineam civitatis. Et hoc capitulum sit praecisum.

Qualiter consules vicinearum debent fidejussores praestare.

Capitulum quod, facta electione consulum vicinearum, consules electi in singulis vicineis infra VIII. dies postquam electi fuerint veniant coram uno ex judicibus Potestatis, et dent, seu praestare cogantur, bonos et ydoneos fidejussores de solvendo ad cameram Communis omnes coltas suae vicineae, et de non imponendo nec permittendo imponi majorem quantitatem coltae, quam fuerit illa quae ordinabitur per Commune seu assignabitur ad cameram Communis, et quod de ipsa colta non imponetur nisi illis vicinis quibus imponi debebit secundum formam Statutorum Communis, et quod facient imponi coltam singulis suis vicinis facientibus familiam per se, et quod fraudem in aliqua colta imponenda seu exigenda non committent contra Commune nec vicinos suos, et quod reddent administracionem sui officii Communi et officialibus Communis ad quos spectabit, et eciam vicinis suis, quando et quociens requirerentur. Et ad praedicta observanda compellat judex Potestatis ipsos consules et fidejussores eorum, si non obedirent, secundum quod superius scriptum est, et faciat eligi in singulis vicineis civitatis consules ad respondendum Communi et officialibus Communis pro negociis Communis infra praedictum tempus. Et Potestas possit procedere et procedat in condempnando vicinos et consules non observantes praedicta, secundum quod sibi videbitur, inspecta quantitate et qualitate vicineae.

Qualiter consules non possint compelli pro vicinis suis.

Capitulum quod Potestas et judices sui non debeant compellere consules alicujus vicineae ad solvendum coltam pro aliquo vicino suo, a quo recuperari non possit, vel qui ipsam solvere recusaret; sed solum teneantur consules dare in scriptis judici illos qui coltam non solvunt;

et, si non dederint in scriptis Potestati vel judici, consules possint compelli ad solvendum; et, si Potestas vel judices sui compellent aliquem consulem vel gravabunt aliter quam superius continetur, Potestas perdat de suo salario xxv. libras parmen., si substinuerit fieri contra praedicta. Et sit praecisum.

Item teneatur judex, qui praeest ad exigendum pecuniam et avere Communis, sacramento praeciso facere inquisicionem contra omnes et singulos non solventes coltam, omni mense, per vicinos et homines vicinearum; et omnes et singulos quos invenerit non solvisse, et debere solvere coltas, teneatur tales personas compellere ad solvendum omnes coltas, sibi impositas, consulibus vicinearum seu aliis debentibus recipere ipsas coltas, omni exceptione et cavillacione cessantibus. Et non audiatur in aliquo actu judiciali civili qui non solverit coltas, quousque solverit coltas sibi impositas. Et sit praecisum.

De modo solvendo coltas per vicineas civitatis.

Capitulum quod quilibet solvat coltam, mutuum et quamlibet aliam daciam in vicinea, in qua habitat cum familia sua, solvendo in ea porta in qua est ecclesia vicineae suae, ne aliqua vicinea onus habeat pro illis, qui non habitaverint in eadem, in alia solventibus. Et hoc capitulum sit praecisum. Et non possit compelli aliquis aliter ad solvendum.

De eodem.

Capitulum quod bona cujuslibet, cui imposita fuerit colta vel alia gravitas pro Communi, intelligantur et sint obligata pro ipsa colta seu gravitate solvenda, scilicet illa quae habebat tempore imposicionis coltae seu gravitatis, salvo jure cujuslibet.

De eodem.

Capitulum quod, si aliquis homo de Parma seu parmexana habuerit vel habebit possessiones uxoris vel nurus vel alicujus feminae vel hominis occasione successionis vel alio modo, plenam potestatem et licentiam habeat addendi ad suum extimum, ita quod exinde non debeat solvere aliquam daciam vel coltam, nisi sicut solvit de suo occasione alicujus extimi, ita quod non faciat aliquod praejudicium alicui homini vel mulieri, majori vel minori, in possessione vel proprietate.

De privilegiis Fratrum de poenitentia.

Capitulum quod Fratribus de poenitentia debeant observari privilegia facta sibi ab Ecclesia, et non debeant agravari contra formam suorum privilegiorum, salvo quod ipsi Fratres et alii Fratres, cujuscomque condicionis fuerint, morantes in domibus suis compellantur servire Communi cum equis et armis et aliis rebus suis, secundum quod serviunt alii homines civitatis.

Qualiter quaelibet villa episcopatus Parmae debeat habere mistralem per se et solvere coltas.

Capitulum quod quaelibet contrata, villa et locus episcopatus Parmae, in quo vel qua sit ecclesia ad quam homines ipsius possint convenire, intelligatur esse villa per se, et per se tantum facere mistrales, et solvere coltas, et facere faciones, et condiciones adimplere sicuti villa per se; et non possit inquietari nec compelli ab aliqua persona ecclesiastica vel saeculari, universitate vel loco facere mistrales vel consules, vel solvere coltas, vel aliquas facere faciones aliter quam dictum est, non obstantibus aliqua sentencia vel pronunciatione vel alio jure communi vel speciali; et Potestas teneatur facere scribi in libro Communis ad cameram massarii homines cujuslibet villae praedictae condicionis per se, ut sunt aliae villae quae sunt per se.

Qualiter Burghetus Taronis sit terra per se.

Capitulum quod Burghetus Taronis usque ad costam de turre sit villa per se, et per se compellatur respondere Communi, et facere mistrales et solvere coltas per se, ita quod non sit nec teneatur facere aliquid, nec esse, cum aliqua terra vel communitate nisi cum Communi Parmae.

Item quod homines de Soragna et curia ponantur et stent in quarteriis, ut antiquitus erant; et hoc ut homines et foci melius inveniantur.

Qualiter terra de castro Gualterio sit in Communi reducenda.

Capitulum quod, cum terra de castro Gualterio propter divisionem factam in dicta terra non possit servire Communi sic pacifice et quiete, ut facere consuevit, quod terra de castro Gualterio de ambabus vicineis reducatur et revertatur in unum et ad unum consulatum sive mistraliam, sicut antiquitus consuevit; et quod pro una mistralia vel uno consulatu et una terra ambae vicineae dictae terrae respondere Communi Parmae et Communi de castro Gualterio in coltis et quibuslibet oneribus et facionibus teneantur; et quod homines utriusque vicineae dictae terrae stare debeant contenti dicto Communi tantum, et ab ipsa communacione non discedere in poena cc. librarum parmensium pro quolibet et qualibet vice.

Qualiter villa de Maxedoneo sit una eademque villa
cum terra de Rivalta.

Capitulum quod, cum terra de Maxedoneo eadem quod villa de Rivalta ab antiquo consueverit esse, et modo contingat quod per se villa sit, neque a tempore sanctae Luciae citra fecerit aliquos mistrales seu consules nec aliquas faciones Communis propter paucitatem hominum morancium in eadem, statuimus et ordinamus quod praedicta villa de Maxedoneo sit et esse perpetuo debeat una eadem villa seu terra quod est villa de Rivalta, ita quod in omnibus oneribus et honoribus, qualitercumque ei contingentibus et evenientibus, unum idemque corpus villae seu terrae de cetero censeatur.

De portis civitatis in Communi tenendis.

Capitulum quod portae civitatis, factae et quae fient ad honorem Dei et pro bono statu civitatis Parmae, in Commune deveniant et pro Communi teneantur, et in perpetuum vendi non possint nec alienari, nec in feudum dari, nec aliquo titulo in aliquem transferri. Et illae portae, quae fuerint guastatae pro Communi Parmae tempore guerrae quam Commune habuit cum Imperatore, perpetuo guastatae permaneant; et quod portae factae et quae fient pro Communi Parmae perpetuo habitari non possint per aliquem aliquo modo vel ingenio, nisi per custodes ponendos et eligendos in Consilio generali Societatis.

*Infrascripta est copia privilegii concessi Communi Parmae
per dominum Fredericum Imperatorem super decretis aliena-
tionum minorum interponendis pro Communi Parmae, et
aliis in ipso contentis.*

Fredericus Dei gratia Romanorum Imperator semper augustus, Hierusalem et Siciliae rex etc. Contingit aliquando quod justiciae debitum, ad
praestacionem cujus Regis officium tam necessario quam sponte constrin-
gitur, fidelibus nostris et subditis per Italiae partes ubique diffusis contra Majestatis nostrae propositum subtrahatur; quia dum, emergentibus
rei publicae curis, ipsis praesencia nostrae Serenitatis adimitur, nec aliorum judicum copia subpetit, quibus auctoritate nostra pollentibus jura
petentibus ministrentur, defectus hinc inde justiciae nostris fidelibus de-
plorandus occurrit. Propter quod (1) quaedam juris solempnia, quae tam
praerogativa rerum quam privilegio personarum nostro potissime sunt
annexa dominio, plerisque fidelibus explicanda committimus; sed in hoc,
illorum praecipue vota petencium libencius amplexamur, quos per expe-
rientiam novimus et fide conspicuos et obsequiorum continua exhibicione
devotos. Per quorum personas auctoritate suffultas expedire videbimur
omnia, quae merito nostra facimus, et quibus auctoritatem nostri culminis impartimur. Hinc est igitur quod praesentis scripti serie notum
fieri volumus universis Imperii fidelibus tam praesentibus quam futuris
quod nos, attendentes fidem constantem et devocionem sinceram quam
Commune Parmae, fideles nostri, ad majestatis nostrae personam et
Sacrum Imperium habent, pro magnis quoque, gratis et acceptis serviciis, quae Majestati nostrae exhibuerunt hactenus fideliter et devote, et
quae exhibere poterunt in antea gratiora, ad supplicationem ejusdem
Communis ei de gratia nostra concedimus jus et potestatem interponendi
decreta in alienacionibus rerum immobilium pupillorum, et jus dandi
tutores et curatores generales minoribus xxv. annis, et omnibus aliis
quibus de jure dantur, et emancipandi, et insinuandi testes qui dantur

---

(1) Nella Storia d'Affò, T. III. pag. 383, leggiamo: *ipsius presentie nostre serenitatis ad-
mittitur nec aliorum judicium copia suppetit quibus auctoritate nostra pollentibus et vera petentibus ministrentur defectus hinc inde justitie nostris fidelibus deplorandis propter quod ecc.* Ciò
serva per saggio de' molti errori, che sono nella copia di questo diploma prodotta dallo storico
parmigiano.

ad aeternam rei memoriam, non obstante quod cumpetat episcopo parmensi jus praedicta faciendi de jure vel de consuetudine ex forma com-
positionis quae est inter Commune et episcopum Parmae, nec aliqua
lege vel racione ostante. Mandamus itaque, et Imperiali auctoritate san-
cimus, quatenus nullus sit qui Commune Parmae, fideles nostros, contra praesentis scripti nostri tenorem super praedictis vel aliquo praedictorum ausu temerario inquietare, molestare vel impedire praesumat;
quod qui praesumpserit, indignationem nostri culminis se noverit incursurum. Ad cujus rei memoriam et robur perpetuo valiturum praesens
scriptum fieri, et sigillo nostrae Majestatis jussimus communiri.

Datum Parmae anno Dominicae Incarnationis millesimo cc. quadragesimo quinto, mense decembris, quartae Indicionis, imperante Domino
nostro Frederico Dei gratia invictissimo Romanorum Imperatore semper
augusto, Hierusalem et Siciliae Rege, Imperii ejus anno vicesimo sexto,
regni Hierusalem vicesimo secundo, regni vero Siciliae quadragesimo
septimo, feliciter, amen.

Infrascripta sunt Statuta facta per Commune Parmae
ex concessione praedicti privilegii.

Capitulum, cum Serenissimus dominus Imperator Fredericus etc. (1).

Qualiter emancipationes debeant fieri coram Potestate vel
suis judicibus seu aliis officialibus Communis Parmae, et de-
creta interponi in alienacionibus rerum immobilium pupil-
lorum.

Capitulum quod quicumque in civitate Parmae vel episcopatu voluerit
de cetero emancipare suos filios vel nepotes, vel decretum interponi in
alienacionibus rerum pupillorum, et dari et confirmari tutores et curatores generales minoribus et omnibus quibus de jure dantur et conceduu-
tur, et qui voluerint producere testes ad aeternam rei memoriam, vel
aliquid aliud fieri in quo auctoritas vel decretum judicis requiratur, illos
emancipare debeat et praedicta omnia et singula facere coram Potestate

---

(1) Il capitolo è già publicato a pag. 203 e 204 del 1.° Statuto.

Parmae vel suis judicibus seu aliis officialibus Communis Parmae, quibus per formam alicujus capituli praedictum negocium est commissum. Qui praedicta omnia et singula gratis et sine alicujus precii solutione ipsius decreti interposicionem omnibus et singulis hoc petentibus facere teneantur. Et, si aliquis alibi vel aliter quam supradictis officialibus in civitate vel episcopatu Parmae fecerit praedicta vel aliquod praedictorum, condempnetur per Potestatem in cc. libris parmen. pro quolibet et qualibet vice; et notarius, qui fecerit instrumentum exinde, in totidem infra terciam diem, postquam hoc fuerit manifestum Potestati vel judici suo, quas ab eo vel ab eis sine remissione exigere teneatur, et nihilominus scripturae factae exinde sint nullius valoris et pro inefficacibus habeantur; quod si non fecerit Potestas, cadat in poena ccc. librarum parmensium in quibus per sindicos Communis debeat condempnari. Et insuper notarius reformationum, sub poena c. librarum parmensium exigenda ab eo per Potestatem pro qualibet vice qua contrafecerit, emancipationem alibi factam, seu aliter, in Consiliis Communis vel Societetis nullomodo audeat publicare.

Item quod omnes et singulae emancipationes, quae de cetero fient, debeant in Consiliis generalibus publicari et scribi ad cameram Communis, et aliter nullus pro emancipato habeatur. Millesimo trecentesimo, Indictione XIII.

De videndis privilegiis Communis.

Capitulum, pro habenda melius commemoratione privilegiorum Communis tam veterum quam novorum et cujuslibet alterius juris pertinentis ad Commune, quod Potestas teneatur semel in anno, quando sibi videbitur et placebit, habere sex homines per portam de militibus et peditibus, antiquis et juvenibus, civitatis, quibus legi faciat, et quos videre faciat instrumenta et jura Communis et privilegia quae Commune habet in camera Communis, vel alibi, ubicumque sint. Et praedicti sapientes nihil propterea habeant a Communi.

De juribus et jurisdicionibus Communis recuperandis.

Capitulum quod, si quis tenet vel tenuerit de juribus seu jurisdictionibus Communis seu de aliis rebus et racionibus pertinentibus ad Com-

mune in quocumque loco et qualitercumque, universaliter vel singulariter, vel ad communitatem vel universitatem alicujus vicineae vel loci seu
Communis Parmae, seu in platea seu alibi infra confines plateae, vel alibi
in saldis, glareis, canalibus et ripis canalium seu fluminibus, Potestas
teneatur praedictam occupationem facere restitui et expediri, et expeditam teneri amodo, ita quod ulterius in aliquo praedictorum locorum aliquod impedimentum non sit; et, si aliquis occupaverit rem ad Commune
pertinentem, solvat congruam et debitam pensionem Communi de eo tempore quo ipsam rem tenuerit ad similitudinem rei similis condicionis,
et insuper solvat pro banno quilibet contrafaciens c. sol. parmen. pro
qualibet vice; et quilibet possit accusare, et habeat medietatem banni.

De palacio Imperatoris locando, manutenendo et aptando (1).

Capitulum quod palacium Imperatoris, Coquina et Rena deveniant et
devenire debeant in Commune Parmae, et salvari et custodiri per Commune ad honorem Imperii et Communis. Et per Potestatem seu judicem
suum locentur ad pensionem non pro minori precio decem librarum imperialium, sed plus accipiatur, si plus exinde haberi poterit; alioquin
locentur pro decem libris ad racionem anni de mense januarii, praemissa
subhastacione, in Consilio generali. Et pensio solvatur massario Communis
in termino ordinato, de qua pensione ipsum palatium debeat reaptari.

De vendicionibus factis per Commune Parmae firmis tenendis.

Capitulum quod rector civitatis Parmae teneatur sacramento praeciso
venditionem factam Jacobo de Mediano (*sic*) per Commune Parmae de
terra, quae condam fuit Zumignani Coroni de Vigofertulis, ut in instrumento facto per Hubertum Ferrarium notarium continetur, firmum et
ratum habere et tenere, nec aliquam lamentanciam per aliquos officiales
Communis Parmae permittere recipi; et, si per ignoranciam reciperetur,
sit inanis et vacua. Et hoc habeat locum in vendicionibus factis et faciendis per Commune, et specialiter de foveis de Capite pontis, et in vendicionibus factis de castro Ravarani et curte, ut non retractentur (2).

---

(1) V. 1.º Statuto, pag. 41. — (2) V. lo stesso Stat., pag. 80.

Et praedictum capitulum locum habeat in omnibus vendicionibus, quae fiunt pro Communi, si de jure fiunt. Et sit praecisum.

Qualiter nemo possit poni in confinibus, nec teneri.

Capitulum quod rector civitatis Parmae teneatur non ponere aliquem in confinibus, nec positum tenere, salvo quod offensor non debeat ire in contratam offensi, et similiter offensus non vadat in contratam offensoris; et qui contrafecerit, solvat pro banno x. libras parmen. Et, secundum istas condiciones, Potestas possit tenere in confinibus offensorem et offensum, salvo quod non possit prohibere ipsos venire in plateam Communis et ejus confines, et salvo quod nec offensor vadat sub porticu domus offensi, nec e converso (et contrata determinetur arbitrio Potestatis); et salvo, si offensor et offensus fuerint ejusdem viciniae, quod sit in arbitrio Potestatis prohibere offensorem ire ad ecclesiam, si fuerit posita in eadem vicinia, de qua ambo fuerint. Et quod non possit tenere aliquem in confinibus dictus Potestas ultra tempus sui officii, nec praecipere quod ultra tempus sui officii debeat in confinibus remanere. Et similiter non possit Potestas ponere nec tenere in confinibus filios alicujus civis Parmae offensi, nec heredes alicujus civis Parmae mortui, nec aliquem de sua parte; salvo quod possit praecipere illi, cui offensio facta fuerit, et filiis suis et eciam heredibus occisi, ut non vadant in contratam seu viciniam illorum, civitatis vel burgorum, in qua moratur ille ex cujus parte offensio provenerit. Et hoc capitulum, et quaecumque continentur in ipso, praecise debeant observari; quod, si contrafecerit, perdat Potestas de suo feudo cc. libras parmen., et non possit absolvi aliquo modo. Et eciam non possit Potestas aliquem civem Parmae extrahere de civitate occasione alicujus discordiae seu guerrae incoeptae suo tempore vel alieno, nec extrahi permittere; salvis Statutis bannorum; et salvo quod, si partes morarentur nimis prope, Potestas possit eas ab invicem alongare secundum modum et qualitatem personarum: et eodem modo teneatur Potestas de illis episcopatus Parmae qui morarentur in eadem terra nimis prope (1).

---

(1) V. 1.° Statuto, pag. 51-55.

Item quod praedictum capitulum non intelligatur habere locum in favorem illorum de altera parte ut possint, quando et quociens fuerit opportunum, pro securitate civitatis ad confinia relegari.

Item quod non habeat locum, nec intelligatur Potestatem dare confines alicui de civitate vel episcopatu Parmae, si compellet ipsum stare in civitate vel districtu Parmae causa boni status, vel quia ducat vel duci faciat blavam extra districtum Parmae.

Item quod, si appensate alicui offensio facta fuerit, quod pars illius, cui offensio facta fuerit, non possit compelli dare securitatem illi qui offensam fecerit, nec alicui personae quae sit de domo sua ex parte patris; et hoc locum habeat in offensionibus factis et faciendis.

Item quod istud capitulum non habeat locum nec habere possit aliquo modo, si ille, cui facta fuerit offensio, erat in banno pro maleficio tempore offensae sibi factae, sed inter alios bene locum habeat.

Incipiunt capitula facta pro judicibus.

Capitulum quod Potestas teneatur compellere consules judicum, qui pro tempore fuerint, ponere seu poni facere in scriptis et in matricula judicum omnes scholares legum, scilicet illos quos utiles et sufficientes videbunt.

De eodem.

Item quod nomina judicum, quae sunt et erunt per tempora scripta in matricula judicum, scribantur et scripta sint in principio Statuti Communis, vel in fine, infra xv. dies mensis januarii quolibet anno; et qui non erit scriptus in libro Statutorum Communis quod non intelligatur esse scriptus in matricula judicum. Nec possit aliquis poni, nisi infra primos xv. dies mensis januarii, nec aliquis qui non sit vere civis Parmae, nec aliquis clericus nec conversus; et, si aliquo eventu aliquis clericus vel conversus vel alius qui non esset civis Parmae scriptus inveniretur, debeat canzellari. Et judex non possit vocari ad consulendum super aliqua quaestione, nisi fuerit scriptus in matricula judicum.

Infrascriptus est modus solutionis, quem judices et notarii civitatis consueverunt servare super consiliis sentenciarum.

In primis quod de qualibet sentencia interlocutoria xx. sol. imper., et a xx. sol. infra, judices qui dederint illud consilium, unus vel plures, possint habere licite et percipere a qualibet parte tantum, et non ultra, vi. imperiales; de diffinitiva vero xii. imperiales a qualibet parte.

Item a xx. sol. imper. usque in c. sol. imper. de interlocutoria, xii. imper. a qualibet parte tantum; de diffinitiva vero x. sol. parmen., et non ultra.

Item a x. libris imper. usque in xx. libras imper. de interlocutoria, x. sol. parmen. tantum; de diffinitiva vero x. sol. imper. a qualibet parte tantum, et non ultra.

Item a xxv. libris usque in l. libras imper. de interlocutoria, v. sol. imper. tantum; de diffinitiva vero xl. sol. parmen. a qualibet parte tantum, et non ultra.

Item a l. libris imper. usque in c. libras imper. de interlocutoria, xx. sol. parmen. pro qualibet parte tantum; de diffinitiva vero xx. sol. imper. tantum a qualibet parte.

Item a c. libris imper. usque in ducentas libras imper. de interlocutoria, x. sol. imper. a qualibet parte; de diffinitiva tantum xl. sol. imper., et non ultra.

Item a cc. libris imper. usque in ccc. libras imper. de interlocutoria, l. sol. parmen. a qualibet parte; de diffinitiva l. sol. imper., et non ultra.

Item a ccc. libris imper. usque in cccc. libras imper. de interlocutoria, xx. sol. imper. pro qualibet parte; de diffinitiva x. libras parmen., et non ultra.

Item a cccc. libris imper. usque in d. libras imper. de interlocutoria, xx. sol. imper. tantum; de diffinitiva xii. libras parmen., et non ultra, pro qualibet parte.

Item a d. libris imper. et ultra, quantacumque sit quantitas, de interlocutoria, xx. sol. imper. tantum pro qualibet parte; de diffinitiva y. libras imper., et non ultra, a qualibet parte.

Item primum decretum intelligatur interlocutoria, secundum vero diffinitiva.

Item in illis quantitatibus corporalium et incorporalium rerum, seu
servitutum vel ficti seu aliarum condicionum cujuscomque condicionis
sint, ubi non sit certa quantitas expressa, relinquatur salarium arbitrio
judicis terminandum; et praedicta salaria in posicionibus et aliis interlo-
qu . . possint minui arbitrio judicis secundum qualitatem laboris et negocii, augeri numquam possint; interloquent . . vero intelligantur eciam
approbacio interrog . . et omnis tassacio expensarum.

Item quod in omni eventu, super quo consultum fuerit per judices
in causis, cujuscomque conditionis sint vel fuerint, notarius qui scribet
habeat a partibus terciam partem minus, pro scriptura consilii, ejus, quod
habuit unus ex judicibus qui dederit illud consilium: et hoc, si duo vel
plures fuerint judices; si vero unus fuerit judex, tunc notarius habeat
terciam partem ejus quod habuerit judex solus, et non ultra.

Item quod notarii teneantur formare sententias, si partes voluerint,
et dare eis exemplatam et attestatam in chartis pecudum, et non possint percipere nec habere pro labore suo, nisi tantum medietatem ejus
quod habuerint pro scriptura consilii praedicti.

Item, scripto articulo, super quo debebit haberi consilium, incontinenti
fiat depositio penes notarios officialis, coram quo ventilabitur causa, de
salario seu mercede ipsorum judicum et notariorum secundum quantitates superius taxatas; et, si aliqua tassacio in dicto deposito faciendo
fieret, officialis, coram quo dicta causa ventilabitur, possit et debeat procedere in dicta causa ad depositum fieri faciendum juris remediis.

Infrascripta sunt capitula facta pro notariis.

Capitulum quod quilibet notarius possit complere et explere et in publicam formam reducere instrumenta inbreviata per alium notarium, de
voluntate illius notarii qui ea inbreviaverit, facta ascultacione et subscriptione per illum notarium qui ea expleverit seu compleverit; et sint ipsa
instrumenta ejusdem valoris et auctoritatis, quemadmodum si essent inbreviata et reducta in publicam formam per unum et eumdem notarium.

De eodem.

Capitulum quod Potestas teneatur facere jurare omnes tabelliones
civitatis et suburbiorum quod omnia instrumenta, quae tradaverint

et imbreviaverint, facient et reddent infra xxx. dies, postquam eis solucio facta fuerit et eis fuerint requisita, nisi remanserit justo impedimento personae, vel parabola illius ad quem spectabunt talia instrumenta. Et teneatur Potestas hoc facere infra mensem januarii, et tollere pro banno cuilibet contrafacienti xx. sol. parmen.; cujus banni medietas sit illius cujus esset instrumentum; et nihilominus talis notarius faciat instrumentum et restituat (1).

De eodem.

Capitulum quod omnes notarii civitatis et suburbiorum et episcopatus Parmae cogantur sacramento imbreviare scedas instrumentorum in eo loco sine fraude in quo tradaverint, antequam celebretur contractus, et partibus legere. Et notarius debeat reddere chartam infra xxx. dies quibus tradaverit eam, et hoc in poena et banno x. sol. parmen.; medietas cujus banni sit accusatoris, vel illius cui spectaret illud instrumentum seu charta, si ab eo fuerit requisitum, nisi hoc remanserit justo Dei impedimento, vel parabola illius vel illorum qui deberent habere illud instrumentum seu chartam, vel causa oblivionis. Et, si quem notarium mori contigerit, quod alii qui remanserint debeant facere chartas illius, et idem observetur in notariis qui sunt in longaeva absencia (2).

De eodem.

Capitulum quod omnes tabelliones, quibus concessa sunt vel concedentur breviaria alicujus tabellionis, scribantur in uno libro per portam, qui liber ponatur apud ydoneam personam eligendam per Potestatem, ut facilius instrumenta reperiantur; et quod aliqua breviaria non possint concedi alicui clerico et alii non subjecto jurisdicioni Communis.

Item quod quilibet notarius teneatur scribere millesimum, et quantitatem pecuniae, quae apponetur in chartis, per consequenciam litterarum et in scedis et instrumentis. Et teneatur in quolibet anno apponere signum suum in capite libri, in quo debet chartas imbreviare in illo anno, et millesimum; et scribat praedictum librum esse breviarium, et in fine

---

(1) V. 1.° Statuto, pag. 10. — (2) V. Stat. cit., pag. 144-145.

similiter subscribat se, et quantum receperit de solutione; et apud chartam in breviario, extra continenciam scedae, sit illud verbum quod *solvit:*
et quod quilibet notarius de civitate et episcopatu teneatur ponere in
chartulis et aliis scripturis quas atestabitur et nomen et supranomen
suum et unde fuerit (1). Et concessio breviariorum ulterius notariis fiat
per Potestatem voluntate·Consilii generalis.

De eodem.

Capitulum quod omnes intenciones ponantur in libro Communis per
notarios, quibus committetur examinare et recipere testes super ipsius
intencionibus. Et hoc observetur tam in civilibus quam criminalibus causis. Et teneantur ponere intenciones in scriptis in libro ante receptatio-
nem testium, et quod intencio praecedat, et dicta testium subsequantur.
Et in omnibus intencionibus et testimoniis scribatur millesimus et dies.

Item quod omnes testes, qui producentur a partibus et qui etiam re-
cipientur ex officio, partibus ostendantur, et eis fiat copia cum nominibus ipsorum, ut possint removeri et reversari, et eciam ante aperturam
testium dentur in scriptis nomina testium receptorum. Et Potestas et
sui judices teneantur hoc capitulum observare, alioquin perdat Potestas
de suo feudo L. libras parmen.

De eodem.

Capitulum quod quilibet notarius civitatis Parmae teneatur, si fecerit
aliquod testamentum pertinens ad Commune Parmae vel aliquam scripturam de aliquo legato vel aliqua re, aliqua occasione vel jure, infra mensem, postquam fecerit, manifestare Potestati et suis judicibus, et facere
et complere et reddere et assignare Potestati. Et Potestas teneatur praecise, et quilibet ex judicibus suis, procedere, exigere et in Commune
convertere modis omnibus quibus melius poterit et sine dilactione termi-
norum, et maxime infra mensem postquam notum sibi fuerit, totum et
quicquid poterit et debebit ex vigore ipsius instrumenti. Et teneatur Potestas facere cridari singulis tribus mensibus sui regiminis per civitatem

---

(1) V. 1.° Stat., pag. 145-146.

et burgos praedicta publice et minutim. Et in sacramento notariorum contineatur quod expressim facient, et hoc capitulum observabunt. Et qui contrafecerit, et non manifestaverit, solvat nomine poenae x. libras parmen., et Potestas teneatur auferre dictam poenam, et quilibet possit accusare, et habeat medietatem banni, et teneatur ad suam voluntatem secretus.

Item teneatur Potestas facere satisfieri cuilibet notario, repraesentanti et assignanti aliquod instrumentum praedictae condicionis, de labore suo expensis Communis usque in quantitatem x. sol. parmen., et minus, secundum quod sibi Potestati videbitur.

De eodem.

Additum est praedicto capitulo continenti de instrumentis ad Commune pertinentibus assignandis, quod Potestas teneatur infra duos primos menses sui regiminis quolibet anno instare domino episcopo aut vicariis ejus quod per omnes ecclesias civitatis et episcopatus Parmae fiat ex parte sua amonicio generalis quod quilibet, qui habet vel scit aliquod instrumentum in quo aliquid debeatur Communi, debeat illud assignare et manifestare Potestati infra terminum in amonicione contentum, et sub poena excommunicacionis; alioquin fiat sentencia excommunicacionis contra inobedientes. Et praedicta omnia et singula fiant de cetero contra testes qui fuerint ad aliquod testamentum, in quo Communi aliquid relinquetur, ut ipsi testes manifestent Potestati infra mensem. Et praedicta fiant praedicto modo, ut animae hominum civitatis et episcopatus non remaneant inlaqueatae peccatis.

De eodem.

Capitulum quod nullum instrumentum possit refici contra Commune Parmae sine voluntate Consilii generalis; et, si contrafactum fuerit, ipso jure nullum sit; et qui contrafecerit, solvat pro banno pro quolibet et qualibet vice x. libras parmen.

Quid debent observare notarii Potestatis, advocatorum et consulum justiciae, et de poena contrafacientium.

Capitulum quod notarii Potestatis, qui pro tempore fuerint, teneantur sacramento non committere nec committi facere suo opere vel tractatu aliquos testes recipiendos, nec aliquas scripturas faciendas nec exemplandas, alicui notario cum quo habeant spem partecipandi lucrum, quod de ipsis scripturis, quas sibi commiserint, faceret.

Item teneatur Potestas infra octo dies introitus sui officii facere jurare notarios suos in Consilio generali quod observabunt formam praedicti capituli; quod si non fecerit, sindicetur in L. libris parmen.

Item teneantur omnes notarii, qui testes receperint, facere omnes interrogaciones ipsis testibus secundum quod in libello continebitur, et recipere dicta testium et scribere secundum quod dixerint. Et notarii Communis teneantur non causari per se vel per alium sub judicibus, advocatis vel consulibus, cum quibus steterint, et illi officiales teneantur illas querimonias non recipere.

Item teneantur notarii Potestatis scribere et exemplare condempnationes et absolutiones per se tantum, et nihil ob hoc habeant a Communi praeter chartas.

De modo servando in donacionibus factis alicui tam inter vivos, quam causa mortis, et in testamentis seu codicillis qui fient in civitate Parmae.

Capitulum quod, si aliqua donacio seu contractus donacionis factus sit ab hinc retro inter vivos vel causa mortis, et adhuc vivit donator et possideat rem donatam vel fructus percipiat, donatarius debeat comparere coram uno ex notariis reformacionum, qui super hoc per Potestatem vel ejus judicem specialiter deputetur, et faciat scribi instrumentum donacionis praedictae; et postea mittatur pro donatore, et sciatur ab eo si dictus contractus est verus, et scribatur secundum quod dixerit: si vero dicere voluerit donator illam donacionem non esse veram, tunc inter eos disputetur illa quaestio et diffiniatur de jure, et requiratur donator ad peticionem et ad expensas donatarii. Et praedicta faciant infra xv. dies illi de civitate, et illi de episcopatu infra mensem, postquam praedictae donaciones factae fuerint. Et quicumque donatarius non venerit, et scribi non fecerit instrumentum suae donacionis, et requiri non fecerit donatorem ut superius continetur, habeantur ille contractus et illa donacio pro nullis, in quocumque loco factus fuerit ille contractus; et non possit consequi aliquod commodum occasione suae donacionis. Et haec omnia serventur et servari debeant in illis donacionibus, quae amodo fient inter vivos vel causa mortis, et tantum plus quod duo notarii debeant interesse, unus quorum scribat instrumentum; et alius subscribat; et, si fuerit contrafactum in aliquo, talis contractus sive donacio nullius sit momenti.

Item quod de cetero interesse debeant duo notarii omnibus testamentis seu codicillis, qui fient in civitate Parmae; unus quorum scribat testamentum vel codicillum, et alter subscribat: et, si aliter factum fuerit, non valeat illud testamentum seu ille codicillus. Et praedicta omnia et singula sint praecisa et praecise debeant observari. Millesimo cc. nonagesimo octavo.

De solucionibus notariorum existentium in officiis de scripturis, quas facient in ipsis officiis seu extra.

Reformatum fuit per Consilium generale Communis Parmae quod omnes et singuli notarii civitatis Parmae, qui de cetero deputabuntur pro Communi seu Societate seu mercatoribus ad aliqua officia exercenda, stent contenti et sint de remunerationibus scripturarum, quas facient in dictis officiis seu extra, secundum quod inferius per ordinem continetur, nec ea occasione possint aliquid accipere alicui sub poena et banno arbitrio Conscilii imponenda. Primo possit accipere quilibet notarius pro scriptura libelli et termini duos imperiales a qualibet parte, et non plus, nisi libellus fuerit prolixus sive longus; et, si fuerit ita quod teneat mediam chartam, tunc possit accipere a qualibet parte tres imperiales cum termino; et, si teneret totam chartam ab utroque latere, sine fraude, tunc possit accipere sex imperiales a qualibet parte. Et sic servetur in aliis, quantumcumque tenerent, ita quod notarius possit habere de qualibet media charta et accipere tres imperiales a qualibet parte. Item unum imper. de qualibet posicione, et unum imper. de quolibet termino a qualibet parte: de saximento, duos imperiales, et, quantumcumque sit longum quantaeque quantitatis, non ultra quatuor imperiales: de securitate praestita occasione dicti saximenti, quatuor imperiales; et, si fuerint plures fidejussores et saximentum magni valoris, non possit accipere ultra octo imperiales: de littera saximenti, non ultra quatuor imperiales: de cridamento, duos imperiales: de citatione propinquorum et aliorum vicinorum, non ultra duos imperiales: de qualibet alia citatione, unum imper.: de banno vero possit accipere tres imperiales, si fuerit scripta relatio correrii, et, si non fuerit scripta, non ultra duos imperiales: de securitate, quae datur occasione alicujus banni cursi, duos imperiales, et, si fuerint plures fidejussores, non ultra quatuor imperiales. De scripturis vero consiliorum observetur modus consuetus secundum tasaciones judicum. De reducendo sentencias in formam publicam haberi debeat medietas ejus, quod habitum fuerit a parte de scriptura consilii. De accusa dampni dati, quatuor imperiales et non plus: de remissione ejusdem dampni, totidem: de accusa facta sine sanguine non possit accipere ultra sex imperiales: de securitate, defensione et termino, non ultra vIII. imperiales: de remissione dictae accusationis, non ultra xII. imperiales: de accusa facta cum sanguine seu magagna, non possit accipere ultra octo imperiales: de securitate et defensione et termino, non ultra xvi. imperiales, eciam si plures fuerint fidejussores: de remissione, non ultra x. sol. parmen.; sed, si esset magagnatus vel graviter vulneratus, tunc possit accipere de remissione xx. sol. parmen. et non plus; et tantum similiter possit accipere de remissione facta de insultu facto ad domum alicujus: de inquisicione facta ex officio per judicem contra aliquem seu aliquos non possit accipere notarius quicquam ab offenso, nisi vellet copiam scripturarum, et tunc possit sibi facere satisfieri de ipsis scripturis secundum quod dictum est et dicetur inferius; ab inculpato tamen possit notarius facere sibi satisfieri de scripturis arbitrio judicis: de testibus possit quilibet notarius, sive in officio sive extra, accipere pro quolibet teste, qui dixerit se nihil scire de tota intentione, unum imper.: de quolibet alio teste, qui aliquid dixerit de contentis in intencione, duos imperiales, et totidem de intencione; et, si intencio seu testis esset longus seu longa, seu dictum ipsius, ita quod teneat mediam chartam seu faciem unius chartae, tunc possit accipere de quolibet sex imperiales ad plus, et, si teneret totam chartam ab utraque parte, non possit accipere ultra sex imperiales pro qualibet facie; et sic servetur in dictis aliorum testium longioribus secundum praedictum modum pro rata: de interrogacionibus autem, quae fient super intencionibus, solvat pars illa, quae fecerit, secundum quod tenuerint, ut superius continetur de teste et ad racionem testium pro rata: de copia vero testium habeat notarius duos imperiales de quolibet teste, si dictum ipsius fuerit breve, et, si fuerit prolixum sive longum, non ultra sex imperiales pro qualibet facie, sine fraude; et hoc similiter debeat observari in reversionibus testium scribendis et exemplandis, ut dictum est de testibus. Notarii vero, qui stant seu stabunt ad cameram Communis, possint accipere de condempnatione canzellanda: a decem libris parmen. infra, duos imperiales; quando canzellabitur a x. libris parmen. supra usque in xxv. libras parmen., non ultra tres imperiales; a xxv. libris usque in L., non ultra quatuor imperiales; et a L. libris parmen. usque in C., et ab inde supra, quantumcumque ascendat quantitas, non ultra VIII. imperiales, sed minus sic, nec cum bolleta nec alia de causa, salvo quod, si vellet chartam de eo quod solverit, possit accipere duos imperiales de charta et non ultra. Et hoc idem observetur in coltis, salvo quod, si aliqua singularis persona solveret pro suo foco, vel aliquis mistralis seu consul alicujus villae solverit pro uno vel duobus focis, non possit haberi de canzellatura et charta dictae coltae ultra duos imperiales, et unum imperialem pro bolleta quae sibi conceditur per Statutum. Notarii vero tascharum observent in solucionibus, quas receperint occasione sui officii et de ostensione librorum, Statuta Communis loquentia de officiis eorumdem. Notarii autem reformacionum non possint accipere de littera concessionis alicujus rei educendae per episcopatum vel extra, non ultra octo imperiales, sed minus sic; de littera, quae conceditur mulinariis euntibus per episcopatum causa blavae portandae ad macinandum, XII. imperiales; de aliis vero litteris, quae concedentur comunalibus seu universitatibus vel specialibus personis, non ultra XII. imperiales, nisi essent litterae magni ponderis et negocii longhi, et tunc debeat esse in arbitrio Potestatis seu judicis reformacionum; et, si solum debent litterae sigillari cum sigillo Communis, et non scripserint ipsas, possint accipere pro sigillo ponendo super ipsis cum cera IIII. imperiales tantum pro qualibet littera: de reformatione Consiliorum exemplanda, non ultra duodecim imperiales; super ostensione vero reformationum facienda petentibus, servetur Statutum Communis et Societatis. Et praedictae solutiones solomodo servari debeant in laycis et contra laycos. Et praedicta reformacio ponatur in Statuto Communis, et pro Statuto Communis debeat de cetero observari. M. CC. nonagesimo, die X. februarii.

Incipiunt capitula facta in favorem scholarium et suarum rerum.

Capitulum quod Potestas teneatur manutenere scholares, qui morantur in civitate Parmae, et eorum bona et res bona fide, sine fraude, et racionem eis facere; et, si quid eis ablatum fuerit, facere eis restitui modis omnibus quibus melius poterit (1).

De eodem.

Item magistri artis grammaticae debeant intrare scholas omni anno in octava sancti Michaelis, et continuare studium, et debeant jurare coram Potestate vel aliquo ex judicibus suis, per octo dies antequam sit tempus intrandi scholas, quod continue intrabunt scholas et studium continuabunt usque ad sanctum Petrum, si scholares habuerint qui voluerint legere, nisi remanserit justo impedimento. Et repetitores simile faciant juramentum.

Item, ut magistri artis grammaticae melius studeant et doceant scholares suos, non teneantur in aliquos exercitus vel cavalcatas Communis Parmae ire.

Item quod nullus repetitor, qui sit cum aliquo magistro artis grammaticae in scholis, possit habere sub sua disciplina ultra LX. scholares studentes in grammatica, sub poena XXV. librarum parmensium pro quolibet repetitore contrafaciente, et qualibet vice. In quam poenam eciam cadat doctor repetitoris et scholarium, qui contra hoc capitulum fecerit vel fieri permixerit; et eciam insuper doctor cadat in poenam repetitoris qui non posset conveniri sub jurisdicione Communis. Et quilibet possit accusare et habeat medietatem banni, et teneatur secretus ad suam voluntatem.

Item quilibet doctor artis grammaticae teneatur legere scholaribus suis Sommam cremonensem.

De eodem.

Capitulum quod in aliqua facultate septem liberalium artium, aut legum, aut decretorum vel decretalium, in qua aliquis legere vel studere

---

(1) V. 1.º Statuto, pag. 43.

seu docere voluerit in civitate vel burgis, prohiberi non possit studere, legere vel docere illos, qui illum audire voluerint; nec illis, qui illum audire voluerint, possit prohiberi eum audire aliqua occasione. Et quicomque contra hoc capitulum fecerit, vel fieri fecerit, puniatur per Potestatem in xxv. libris parmen. pro quolibet et qualibet vice. Et, si per aliquam personam ecclesiasticam fieret aliqua prohibicio contra formam hujus Statuti, doctores illius facultatis, qui sunt de jurisdicione Communis, in qua facultate aliquis fuerit prohibitus ab aliquo clerico vel layco, intelligantur illam prohibicionem fecisse et fieri fecisse, et singuli illorum doctorum illius facultatis condempnentur in xxv. libris parmen. per Potestatem, nulla defensione vel exceptione audita.

De eodem.

Capitulum quod represaliae concessae, et quae ulterius concedentur, non praejudicent doctoribus foresteriis nec scholaribus, nec eorum bonis, nec eorum servientibus, qui venerint de extra jurisdictionem Communis Parmae ad legendum et studendum in civitate Parmae, quamdiu legere et studere voluerint, ita quod ipsi doctores et scholares et eorum nuncii sint securi in civitate et districtu Parmae in veniendo, stando et discedendo ad suam voluntatem.

Incipiunt capitula facta ad honorem festivitatis beatae Mariae Virginis celebrandae de mense augusti (1).

Capitulum quod festivitas Ascensionis beatae Mariae, quae adnuatim de mense augusti celebratur, ad cujus reclamacionem et spem vivunt homines civitatis Parmae et episcopatus, cum majori diligentia, honorificentia et reverentia celebretur, quod non possit ordinari, per octo dies ante diem festivitatis praedictae, fieri aliquem exercitum generalem pro Communi, qui movere debeat ante diem festivitatis ejusdem. Et, si aliquo casu contigerit vel continget quod homines Parmae sint in aliquo exercitu tempore ipsius festivitatis, Potestas Parmae, in loco ubi erit exercitus, teneatur ipsum festum facere celebrari sicut esset in civitate, et sicut est consuetudo civitatis.

---

(1) V. 1.° Statuto, pag. 84, 200-203.

Item, ut dicta festivitas magis honorifice celebretur, omnes homines civitatis et episcopatus, volentes fieri milites, fieri possint et fiant tantum in praedicta festivitate.

De eodem.

Capitulum quod quilibet civis, et qui utitur privilegio civium, debeat venire, morari et esse in civitate Parmae in vigilia festivitatis praedictae, et in die festi et sequenti, nisi justo impedimento remanserit, et canellam in vigilia festivitatis ejusdem portare ad ecclesiam majorem in propriis manibus cum vicinis suis usque ad ipsam ecclesiam a domo propria, vel a vicinea sua, si domum non haberet. Et teneantur omnes et singuli utentes privilegio civili, qui fuerint in episcopatu, venire ad civitatem et stare, et canellam portare modo praedicto in poena et banno xx. sol. parmen. pro quolibet contrafaciente ct qualibet vice. Et teneatur Potestas facere venire coram se vel aliquo ex judicibus suis infra octavam ipsius festivitatis omnes consules vicinearum civitatis, et inquirere diligenter ab eis de illis suae vicineae qui non venerint, non steterint et canellam non portaverint praedicto modo. Et praedicta non praejudicent illis, qui custodiunt se publice cum armis, qui venire non teneantur.

De eodem.

Item teneatur Potestas, qui pro tempore fuerit, facere custodiri taliter vigiliam festivitatis in hora qua canellae portantur ad ecclesiam majorem, quousque portatae fuerint omnes canellae, quod aliquid enorme non fiat, et quod canellae non projiciantur, et quod quilibet offerat suam reverenter, in poena et banno c. sol. parmen. pro quolibet et qualibet vice, in quibus condempnetur Communi per Potestatem, et quilibet possit accusare et habeat medietatem banni. Et Potestas faciat publice et minutim praeconari et praecipi per civitatem quod praedicta omnia praedicto modo debeant observari per unam diem ante vigiliam festivitatis similiter.

De eodem.

Item quod duo cerei fiant expensis Communis, qui ambo sint unius ponderis cerae, offerendi altari praedictae Virginis, et qui cerei serventur et accendantur in solempnitatibus festivitatis pro divinis officiis celebrandis coram altari praedicto. Et pro quolibet plebatu et praepoxitura et ecclesia batismali et hominibus suis episcopatus Parmae debeat fieri unus cereus v. librarum cerae ad minus, quos cereos offerant singulis annis ad ecclesiam majorem in vigilia festivitatis praedictae, in quibus cereis sint scripta nomina cujuslibet plebatus qui fecerit eos fieri; et serventur appensi in ecclesia, ut aperte videantur, usque ad annum, et, completo anno, auferantur exinde per massarium laborerii sanctae Mariae praedictae, et alii ponantur ibidem loco ipsorum.

De eodem.

Capitulum quod Potestas teneatur per duos menses ante festum beatae Mariae Virginis facere eligi, sicut placebit Consilio generali, unum providum virum pro qualibet porta, qui faciant fieri canellas, et qui provideant quod fiant de bona cera sine colla et sepo, et sine colore nisi naturali, et quod qui facient eas non ponent lignum parvum nec grossum, sed solum papyrum et ceram super positam, et nihil aliud ponent; et quod non facient eas colatas nec zeratas: et hoc observandum cridetur per civitatem et burgos publice et minutim in poena c. sol. parmen. pro quolibet et qualibet vice; et quilibet possit accusare, et accusare teneatur Potestati contrafacientes. Et praedicti quatuor, si eligentur, jurent diligenter inquirere si aliquis attentaverit facere contra praedicta, et accusent et habeant terciam partem banni. Et quilibet possit facere canellas, habendo bullam suam cum qua bullet eas, dando exemplum bullae praedictis officialibus. Et illi, qui facient canellas, faciant tales quod lucrentur ad plus unum imperialem de qualibet libra cerae, faciendo canellas de libra et media libra, et minus, ascendendo et descendendo de lucro ad racionem lucri pro rata et deductis expensis; salvo quod quilibet possit facere canellas et duplerios pro se et familia sua in domo sua. Et qui fecerit contra praedicta condempnetur in c. sol. parmen.; et quilibet praedictorum officialium habeat a Communi xx. sol. parmen. et medietatem banni ab illis quos accusabunt, et credatur praedictis officialibus de falsitate canellarum contra quemlibet, et si factae fuerint ad veram pensam, vel non.

De eodem.

Capitulum quod Potestas et ejus judices teneantur de cetero annuatim ad peticionem fratrum et massarii laborerii sanctae Mariae praedictae facere eligi octo bonos et legales homines, qui custodiant ecclesiam de die et nocte, ne fiat illic aliquid turpe nec inhonestum nec aliquid in obrobrium Salvatoris in ecclesia vel prope.

Infrascripta sunt capitula facta ad honorem omnium festivitatum, quae fiunt in civitate.

Capitulum ad honorem Dei et beatae Virginis et omnium sanctorum et sanctarum Dei, quo Deus misericorditer conservet civitatem Parmae in bono statu, quieto, pacifico et tranquillo, quod omnes personae civitatis Parmae amodo teneantur celebrare devote omnes festivitates, sub quorum nominibus vocabula appellantur ecclesiarum civitatis Parmae, taliter quod in dictis festivitatibus nemini civitatis Parmae intus de civitate Parmae liceat laborare. Et Potestas teneatur praecise facere inquirere de praedictis et intendere suo posse; et, quos culpabiles invenerit, puniat in xx. sol. parmen., et quilibet possit accusare et habeat medietatem banni.

De festivitate sanctae Luciae celebranda.

Capitulum ad honorem Dei et beatae Virginis Mariae et beatae Luciae, quod de cetero in quolibet anno in festo sanctae Luciae debeat celebrari dictum festum per homines civitatis Parmae, et portari debeant canellae per dominos Potestatem, Capitaneum, Antianos, capita societatum, et per societates, misteria, artes et alios civitatis Parmae itidem et eodem modo, in omnibus et per omnia, quemadmodum portantur et solitae sunt portari ad festum sancti Hilarii. Offertae vero, quae fient ad praedictum festum sanctae Luciae, debeant colligi, salvari et custodiri et converti secundum quod placuerit dominis Potestati, Capitaneo, Ancianis et Consilio generali, facta determinacione per octo dies in dicto Consilio de offertis, et ubi converti debeant. Et hoc capitulum sit praecisum, et praecise debeat observari ob reverenciam praedictae festivitatis beatae Luciae.

Infrascripta sunt castra, quae destructa sunt per Commune Parmae, et quae perpetuo restitui non debent.

Castrum Montis Palerii et Torexellae; castrum Rivarolli; castrum de Parola; castrum Pellavicinorum de Sorania; forticia de Sancto Secundo, quae fuit Hugolini dominae Giliae; muri et municiones Burgi Sancti Donini et foveae ex omni circuitu ipsius castri et burgorum; castrum sive forticia Salsi de Joco; castrum de Bargono; castrum de Banzola ultra Taronem; domus Naulorum; castrum de Cellolis; castrum de Miano; castrum de Montexalso; forticia de Vixiano; Solegnanum pro parte Huberti Pellavicini; castrum de Corticellis marchionum; castrum de Montemanulo; castrum de Costamezana; tumba de Noceto; rocha Lanzonum; castrum de Grecio; forticia Salxi de Varano Mellegariorum; castrum de Seravalle; domus Rassorium de castro Gualterio; forticia et castrum de Campizine; castrum de Torclaria; castrum de Ravarano; castrum de Corzago; castrum Castioni marchionum; forticia de Tocalmata; forticia domini Guidonis de Pizo; forticia et domus domini Antonii domini Janini Hugonis Rubei de Certizellis; castrum de Viarolo; forticia de Pizo novo; castrum Varani; castrum Cavaturtorum de Cotaro; Colurnium; domus Baldichinorum de Turilli; castrum de Niviano Arduynorum; forticiae quas habebant Barati Nigri in Guardaxono; castrum de Alpexellis; turris et forticia de Rivalta.

Qualiter Potestas tenetur non permittere aliquod castrum de praedictis restitui, seu habitari.

Capitulum quod Potestas teneatur sacramento praeciso non permittere quod perpetuo debeat aliquid aedificari in aliquo praedictorum locorum, nec quod aliquis habitet in aliquo ipsorum, nec permittere quod de ipsis nec de aliquo ipsorum fiat datum in aliquam personam ecclesiasticam vel saecularem, nec accaptum per aliquam personam, nisi per Commune Parmae, ita quod perpetuo praedicta loca omnia et singula sint Communis Parmae et per Commune Parmae perpetuo deguastata, inaedificata et inhabitata permaneant. Et quicomque fuerit rector civitatis Parmae teneatur sacramento praeciso sic observare et facere observari praedicta; et, si in aliquo neglexerit, perdat de suo feudo L. libras parmen. pro

qualibet vice, et, si consilium postulaverit contra praedicta, similiter.
Et, si aliquis consulendo vel alio modo contra praedicta fuerit recordatus,
si fuerit milex, condempnetur in ccc. libris parmen.; si vero fuerit pedes, in c. libris parmen. Et nemo praesumat litteras vel scriptum aliquod
impetrare contra praedicta vel aliquod praedictorum sub praedicto banno.
Et hoc capitulum sit adeo praecisum, quod non possit mutari nec diminui neque tolli, nec interpretacionem recipere, nec acquiri licentiam
nec dari contra ea quae in eo continentur, nec arbitrium concedi per Consilium nec per Concionem, nec per aliquam personam unam vel plures
aliquod officium, dignitatem vel potestatem habentes, per quam licentiam
vel absolucionem aliquid diminueretur de iis, quae in praesenti capitulo
continentur; et, si contrafactum fuerit, Potestas sindicetur per sindicos,
et condempnetur secundum quod in praesenti capitulo continetur.

De rocha Vallis Sazolinae manutenenda et defendenda
pro Communi Parmae.

Capitulum quod Potestas teneatur castrum et rocham Vallis Sazolinae
manutenere pro Communi Parmae cum omnibus hominibus, jurisdicionibus, pascuis, montibus, vallibus, sylvis et boschis ad dictam rocham
pertinentibus, et dare operam efficacem quod omnes possessiones, homines, jurisdictiones et raciones, quae unquam fuerunt habitae et detem-
ptae per ipsam rocham, per Commune Parmae teneantur et defendantur (1).

De castro Pizofredi.

Capitulum quod Potestas teneatur castrum Pizofredi cum spaldis cum
omni jure, accessionibus et honore ipsius in Communi Parmae tenere
etc. (2).

De castro Montis Clari.

Capitulum quod Potestas teneatur infra xv. dies sui regiminis ponere
ad Consilium generale qualiter castrum Montis Clari debeat habitari pro
securitate stratae; salvo si invenietur aliquis volens sponte habitare in

---

(1) V. 1.º Statuto, pag. 102. — (2) Il resto come a pag. 392 dello Stat. cit.

dicto castro pro securitàte stratae, sit privilegiatus a Communi Parmae, sicut sunt homines de Belforti.

De castro inter nos et reginos fiendo.

Capitulum ad honorem Dei et beatae Virginis Mariae et pro manutenendo honorem et statum civitatis Parmae et districtus quod Potestas teneatur facere fieri unum castrum bonum et magnum et ydoneum inter nos et reginos etc. (1).

De domo monetae cum cohaerentiis suis manutenenda (2).

Capitulum quod Potestas teneatur domum monetae a porta de Parma cum suis cohaerentiis et pertinentiis usque ad murum alterius partis fossae in Communi tenere, secundum quod continetur in instrumento publico scripto per Hubaldum notarium, nec a Communi Parmae permittere separari aliquo modo vel ingenio, nec alienari, nec aliquo modo in aliquem transferri, nec consentire absolvi de hoc aliquo ingenio quod possit excogitari. Et hoc capitulum sit praecisum.

De moneta Communis Parmae manutenenda.

Capitulum quod Potestas teneatur facere fieri Consilium generale ad sonum campanae, et consilium postulare infra mensem sui regiminis de moneta Communis Parmae tundenda grossa et minuta, et facere illud quod Consilio placuerit, non permittendo quod deterioretur seu diminuatur, sed perpetualiter debeat manuteneri in eodem statu bonitatis et valoris. Et, si aliquis ipsam monetam scienter deterioraverit vel falsificaverit, et haberi poterit in forcia Communis, Potestas teneatur ei manum destram facere amputari; et, si haberi non poterit, ponatur in banno perpetuali, et omnia sua bona publicentur et ponantur in Communi Parmae. Et teneatur Potestas dare operam bona fide quod moneta, quae fiet et quae facta est pro Communi Parmae, debeat expendi et in usu haberi per Parmam et ejus districtum et alibi, prout fieri poterit,

---

(1) Come nel 1.º Stat., pag. 391 e 392. — (2) V. lo stesso Stat., pag. 39-41.

sine fraude; et, si aliqua persona de jurisdictione Communis Parmae refutaverit recipere monetam factam per Commune Parmae, et querimonia facta fuerit Potestati, Potestas sine remissione teneatur tollere pro omni libra XII. denarios parmenses, et cogere eum, qui refutaverit, accipere ipsam monetam. Et, si quis dederit cremonenses vel medalias placentinas pro parmensibus, eos vel eas perdat, et nihilominus parmenses solvat.

De eodem.

Capitulum quod Potestas teneatur compellere superstantes deputatos ad monetam faciendam fieri pro Communi reddere rationem singulis duobus mensibus de moneta, quam fieri fecerint, sibi et Communi Parmae, et teneatur compellere dominos et aligatores monetae non habere aliquam societatem cum aliqua persona quae noceat monetae Communis; et, si societatem habuerint, compellat eos ad eam destruendam et non observandam; et quod non recipient servicium nec aportum ab aliqua persona.

Qualiter nemo habens possessiones seu forticias, vassallos vel honores in episcopatu Parmae seu in confinibus episcopatus possit vendere eas alicui de extra jurisdictionem Communis Parmae, et de poena contrafacientis.

Capitulum quod nemo de civitate vel districtu Parmae debeat vendere nec alienare, nec aliquo titulo transferre in aliquem hominem, qui et cujus pater et avus non fuerint nati in civitate vel episcopatu Parmae, aliquas terras, possessiones, jurisdiciones, honores vel vassallos; et, si contrafactum fuerit, alienacio sit nulla; et qui contrafecerit, solvat pro banno c. libras parmen., et insuper teneatur Potestas recuperare rem alienatam et in Commune convertere; et nihilominns cercatores possint cercare et in duplum exigere. Et hoc habeat locum tam in clericis, quam in laycis. Et teneatur Potestas ad minus semel tempore sui regiminis ab hominibus cujuslibet terrae positae in confinibus episcopatus inquirere si aliquis vendidit vel emit contra formam hujus capituli, et nihilominus teneatur ad denunciationem cujuslibet publicam vel occultam inquirere, procedere et punire secundum formam hujus capituli. Et quaecumque in hoc capitulo continentur praecise debeant observari.

*Qualiter Potestas tenetur defendere forticias et possessiones
quae sunt in confinibus episcopatus.*

Capitulum quod rector civitatis Parmae teneatur omnes forticias et
possessiones, quae sunt in confinibus episcopatus Parmae vel erunt, manutenere et defendere bona fide, sine fraude. Nec permittet Potestas terras, forticias seu possessiones, quae sunt vel erunt in confinibus episcopatus Parmae, vendi nec alienari alicui personae quae sit extra jurisdictionem Communis Parmae; et, si contrafactum fuerit, teneatur ipsas
vendiciones seu alienaciones facere rescindi, nec permittat acquisitoribus
eas habere nec possidere, nec alicui pro eis. Et teneatur infra mensem
sui regiminis eligere cum Ancianis et aliis quatuor bonos et legales viros
qui debeant superesse ad videndum et ad inquirendum si aliquid est
occupatum vel detentum de territorio et districtu Parmae, et specialiter
in confinibus episcopatus reginorum et parmensium; et, si aliquid invenerint occupatum a parte superiori vel a meridie vel a parte inferiori
vel alibi, Potestas teneatur recuperare illud sicut placebit Consilio generali. Et dictam inquisicionem faciant sapientes praedicti omnibus modis
quibus melius poterunt.

De eodem.

Capitulum quod, cum certa pars villae de Fano esse consueverit et
sit Communis Parmae, et nemo habitans in ea parte dictae villae quae
est Communis Parmae respondeat in aliquo Communi Parmae, ordinatum est quod Potestas teneatur praecise facere cum effectu quod omnes
et singuli, qui habitant in ea parte dictae villae quae est Communis
Parmae, scribantur in focis ad cameram Communis, et compellantur solvere coltas sicut et quando rustici solvunt. Et aliquis, qui habitat vel
de cetero habitabit in ea parte dictae villae quae est episcopatus Parmae,
licet de alieno episcopatu fuerit oriundus, non habeat nec habere possit
aliquod privilegium alicujus immunitatis quod per quoddam Statutum
conceditur venientibus de alieno districtu ad habitandum in districtu
Parmae, quia sub hoc praetextu dicta villa perdebatur et tollebatur Communi Parmae. Et insuper, si aliquis civis vel contadinus alterius civitatis habet aliquas possessiones in pertinenciis dictae villae districtus

Parmae, solvat de ipsis possessionibus coltam Communi, et faciat quaslibet faciones. Et Potestas teneatur infra duos menses sui regiminis praecise ire cum sapientibus vel mittere sapientes, qui habeant noticiam facti, ad inquirendum et ponendum in scriptis omnes et singulos qui in dicta villa districtus Parmae habitant, et habent possessiones, ut plenius quae in hoc capitulo continentur executioni mandentur. Et quaecumque supra continentur, observentur praecise, et quaecumque superius scripta sunt habeant locum in Cella Crotorum et in omnibus et contra omnes qui habitant in dicto loco et qui illic habent possessiones, ut scribantur et Communi respondeant, et nullum privilegium prosit eis.

Incipit de officio tubatorum et de eorum salario.

Capitulum quod tubatores Communis sint octo, duo in qualibet porta, et singuli duo compellantur habitare cum familiis suis in illis portis in quibus servire debuerint, et unus illorum duorum de porta de Parma stet ad minus in capite pontis. Et hoc capitulum sit praecisum et sine tenore servandum.

Item debeant habere expensis Communis tubas, et annuatim pro salario ipsorum singuli septem libras imper. usque ad carnisprivium pro cridamentis faciendis praecepto Potestatis vel Capitanei, Ancianorum et aliorum; et debeant interesse omnibus Consiliis generalibus Communis et populi et Societatis ad voluntatem Potestatis et Capitanei et utriusque ipsorum et suorum judicum, et facere in ipsis Consiliis cridamenta et praecepta de voluntate praedictorum per civitatem, et in exercitibus et cavalcatis. Et cridamenta, quae facient pro factis Communis, populi vel Societatis, faciant per civitatem et per cavalcatas et exercitus eundo equites et cum tubis pulsatis et alta voce cridando et faciendo sic spisse, in locis non distantibus uno ab alio nec longinquis, quod possint de loco, in quo primo cridaverint, audiri in alio in quo postmodum fecerint cridamentum. Et non exibunt civitatem sine licentia Potestatis vel suorum judicum vel militum. Et in poena et banno x. sol. parmen. pro quolibet ipsorum et qualibet vice attendant omnia et singula supradicta. Et in poena trium sol. parmen. pro quolibet ipsorum et qualibet vice teneantur bis in die repraesentare se Potestati vel suis judicibus, scilicet semel ad campanellam de mane, quae sonat pro officialibus Communis, et semel ad illam de nona quae sonat pro eisdem officialibus. Et pro praedictis observandis et attendendis, et pro praedictis poenis solvendis si non obedierint, annuatim promissiones faciant et fidejussores praestent.

De officio correriorum (1).

Capitulum quod omnes, qui sunt et erunt correrii Communis Parmae per tempora, debeant esse scripti in uno quaterno in libro Statutorum Communis, qui erit apud Potestatem; et nullus possit esse correrius nec scribi in dicto libro qui non habeat valimentum de xxv. libris parmen. ad minus in bonis. Et nullus possit esse correrius, qui non sit liber et civis Parmae per quinque annos continuos ante electionem sui officii. Et nullus scutifer possit esse correrius, et nullus intelligatur esse correrius, nisi fuerit scriptus in libro Statutorum Communis modo praedicto: et haec debeant jurare et observare et quod praedictas conditiones habent in se. Et nullus correrius debeat laborare in laborerio alicujus ad precium, nisi in suo proprio, donec durareverit suum officium; et, si quis inventus fuerit contra fecisse vel aliter quam juraverit in aliquo praedictorum, condempnetur per Potestatem sine remissione in iii. libris parmen.; et quilibet possit accusare et habeat medietatem banni. Et insuper, si aliquis correrius condempnabitur in praedictis vel in aliquo praedictorum, expellatur ab omni officio ordinario et extraordinario usque ad x. annos. Et quilibet correrius infra mensem januarii det bonam et ydoneam securitatem de Statutis eorum observandis massario Communis, quae securitas scribatur in uno libro Communis per portam; et nullus intelligatur esse correrius, nisi securitatem dederit scriptam in libro Communis, et nisi scriptus fuerit in libro Statutorum Communis ut supra continetur, et duret securitas cujuslibet correrii toto tempore sui officii. Et nemo possit fieri correrius Communis, nec scribi in dicto libro Statutorum, nisi de mense januarii. Et, quando fiet correrius Communis, non possit fieri nisi habuerit secum consulem suae vicineae, qui juret quod habet valimentum praedictum, et quod est liber et civis, et non rusticus; et in sacramento illius, qui fiet correrius, hoc contineatur. Et nullus recipiatur in correrium, nisi fuerint praedictae solempnitates ob-

(1) V. 1.° Statuto a pag. 168 e segg.

servatae, et nisi solverit Communi v. sol. parmen. ad introitum sui officii. Et, si quis consul alicujus vicineae laudaverit aliquem correrium contra hujus Statuti formam, solvat pro quolibet correrio, quem laudaverit, c. sol. parmen.; et quilibet possit accusare et habeat medietatem banni.

Item quod nullus correrius qui iverit per parmexanam habeat ultra duos parmenses pro milliario, sive iverit pro facto Communis sive pro facto alicujus privati hominis, sive pro facto alicujus terrae, sive ad unum locum tantum sive de loco ad locum, sive de persona ad personam, quemcumque locum cercaverit et quascumque personas. Et, si pro facto uno debuerit ire ad aliquem locum vel ad aliquam personam, et unus voluerit, vel plures, quod ei vel eis ambaxatam faciat unam vel plures in eodem loco vel in eisdem locis, habeat sex parmenses de ambaxata illa vel illis ambaxatis et non plus; et, si alius vel alii voluerint quod faciat ei vel eis ambaxatam de illo loco ad quem iverit vel ad alium longiorem (puta de Colliculo ad Fornovum), habeat tantum de milliario duos parmenses de illa via, quae est de Colliculo ad Fornovum, ab eo qui eum miserit de Colliculo ad Fornovum, et sic de ceteris. Et Potestas teneatur compellere comunale cujuslibet villae parmexanae facere mensurari suis expensis per unum racionatorem quot milliaria sunt a foveis civitatis usque ad villam, et de villa in villam, et, sicuti fuerint mensurata milliaria, per tantam quantitatem solvatur correrio, et non plus; et cogantur ire et facere ambaxatas per episcopatum per precium consuetum de milliario, prout in Statuto continetur, et de hoc habeat quaelibet villa publicum instrumentum. De tenuta data habeat correrius tantum iiii. parmenses in civitate et burgis; et, extra, sex parmenses sine precio viae. Et, quando aliquis correrius iverit cum Potestate vel ambaxatoribus per episcopatum vel extra, si contigerit ipsum ducere equum, habeat duos sol. imper. pro quolibet die pro uno equo. Et quilibet correrius teneatur sacramento redire de qualibet ambaxata, quam fecerit per episcopatum, infra terciam diem sine fraude, si iverit longe a civitate per xv. milliaria vel infra, et ante, si ante redire poterit; et, si iverit longe a civitate ultra per xv. milliaria, teneatur redire infra quintam diem in poena et banno xx. sol. parmen. pro quolibet et qualibet vice; et quilibet possit accusare et habeat medietatem banni, et credatur accusatori cum uno teste. Et de quolibet homine, quem cridaverit in banno, habeat unum imperialem; et, si duos cridaverit, duos imperiales, et, si plures cridaverit aut comunale alicujus villae, habeat tantum duos imperiales et non plus, si fuerit in civitate; et, si cridaverit in villa, habeat illos sine precio viae. Et quilibet, qui debuerit cridari in banno, sive de civitate vel episcopatu fuerit, debeat praeconari in platea Communis et in vicinia sua aut in villa in qua habitaverit, et nihilominus teneatur correrius denunciare dictum bannum ad domum ipsius vel personaliter. Et nullus correrius pro ambaxata, quam fecerit in civitate vel burgis, aliquid habeat; et illi correrio, qui contrafecerit, Potestas teneatur auferre pro banno tres sol. parmen. et eum expellere de dicto officio. Et de cetero non debeant ire ad mortuos civitatis et burgorum ultra sex correrii causa cridandi. Et quilibet correrius teneatur stare in civitate, et se omni die praesentare coram illo officiale, cui designatus fuerit per consulem correriorum, si alicui officiali fuerit designatus, nec exire de civitate sine parabola dicti officialis vel ejus notarii; et, si contrafecerit correrius, solvat Communi v. sol. parmen. pro quolibet et qualibet vice. Et quilibet correrius teneatur facere ambaxatam sibi impositam personaliter, et non per alium, sub eadem poena. Et teneatur correrius non refutare aliquam ambaxatam faciendam per civitatem, sibi impositam ab advocatis vel consulibus justiciae, sub praedicto banno. Ambaxatam vero sibi impositam a Potestate vel Capitaneo vel eorum judicibus seu militibus per civitatem seu per episcopatum teneantur omnino facere, nisi justo impedimento remanserit.

Item teneantur correrii non ire per episcopatum pro bannitis, qui sunt vel fuerint in banno pro debitis, nisi de mandato Potestatis vel ejus judicum seu advocatorum et consulum justiciae, et hoc ad peticionem illorum pro quibus sunt in banno seu procuratorum ipsorum; et, si quis contrafecerit, Potestas teneatur ei auferre pro banno c. sol. parmen., et expellere eum de omni officio. Et teneantur correrii sub eadem poena non suscipere procuraciones seu curas voluntarias, nec pro aliquo patrocinari.

Item quod aliquis correrius non debeat esse custos alicujus canalis, nec scutifer alicujus qui habeat molendinum; et, si quis contrafecerit, solvat pro banno x. sol. parmen.; et quod omnes et singuli correrii, ad quorum manus pervenerit de denariis Communis seu de denariis guastorum vel de aliquibus rebus Communis, teneantur et debeant illud dare et assignare massario Communis infra octo dies, postquam habuerint, in poena dupli. Et hoc locum habeat in omnibus aliis rebus Communis, quae ad manus ipsorum pervenerint. Et quod nullus correrius debeat aliquem pignorare, exceptis bannitis, nisi esset pro negociis et factis Communis.

De privilegiis manutenendis illis qui facti fuerunt cives tempore domini Albrici Soardorum Potestatis Parmae.

Capitulum quod omnes et singuli, qui solverunt M. libras imp. etc. (1).

Additum fuit ad declarandum praedictum capitulum, in ea parte in qua continetur de nominibus parentum suorum canzellandis, quod, cum plus contineat Statutum quam privilegium, considerata mente Statuti et privilegii, quod solum secundum formam dicti Statuti debeant canzellari nomina parentum dictorum privilegiatorum qui genuerint aliquem vel aliquos ex illis qui scripti sunt in privilegio. Et, si ex ipsis genitoribus remanserunt plures filii quam in privilegio scripti sint, non debeant canzellari. In M. CC. LXXX., Indictione octava, die XXIII. februarii ex decreto Consiliorum.

Infrascripta sunt pacta facta per Potestatem et Commune Parmae domino Guilielmino de Rivalta et aliis de Cadonica.

In nomine Domini amen, millesimo CC. LXVII., Indictione decima, die dominico sexto exeunte septembri.

Infrascripta sunt pacta, quae sunt facta inter dominum Albertum de Fontana Potestatem Parmae pro Communi Parmae et ipsum Commune ex una parte, et dominum Guilielmum de Rivalta, Rolandinum de Cadonica, Pegolotum et Albertum de Adano, Guidonem de Adano, Guilielmum de Cadonica, Gerardum de Cadonica, Bernardum Buxinum, Matthaeum de Cadonica, Gerardinum de Vezano, Aycardum de Vezano, Johannem Ferarium, Gerardum de Plano, Sanctum ejus filium, Gerardinum Bajardum, Bernardinum et Albertinum ejus fratres, Johannem Bajardum, Albertinum de Beducio, Albertinum de Ripa, Guidonem, Ja-

---

(1) Questo capitolo sta per intero nel 1.° Statuto a pag. 475-477.

cobum, Hubertum, Johannem et Albertinum ejus filios, Armanum Belloti, Guidonem et Albertinum ejus filios, Johannem de Fossa, Rolandinum de Fossa, Rolandinum qui dicitur Palanzanus, Albertinum de Canoxano, Armanum de Molino, Johannem Barberium, Muxonem ejus fratrem omnes de Cadonica, Fabene et Giliolum de Cassio, qui omnes erant in castro Ravarani tempore quo Commune Parmae erat circa ipsum in obsidione, et dictum castrum dederunt et tradiderunt libere in forcia Communis Parmae et baylia dictae Potestatis pro se et ipsis et pro Roberto de Vezano montanario de Cadonica, Laurencio ejus filio, Bertramo Jordani de Beducio, Guidone Barberio, Xandrello ejus filio, Zanello de Adano, Zanino Armani Beleote (*sic*), Rolandino ejus filio, Gerardo de Sellena, Jacopello Scoti, Jacobino de Adano omnibus de parte illorum de Cadonica, et eciam pro omnibus aliis eorum absentibus, qui sunt in guerra et guerris, aut in banno seu in bannis causa guerrae illorum de Cadonica, qui a die praedicta ad unum mensem proximum venient ad mandata Potestatis et Communis Parmae juranda et facienda, ex alia: quae ordinamenta statuerunt habere vim Statuti Communis praecisi et populi perpetuo et in corpore Statutorum Communis mitti debere per dominum Potestatem, Capitaneum, Ancianos, Primicerios et Consilia generalia Communis et populi in eodem millesimo et Indicione, die xi. decembris.

In primis quod ipsi omnes, tam absentes quam praesentes, qui infra praedictum tempus unius mensis venerint et juraverint mandata Potestatis et Communis Parmae, extrahantur, canzellentur, absolvantur et eximantur de omnibus bannis et condempnationibus in quibus essent vel invenirentur condempnati vel banniti per Commune Parmae vel aliquos officiales dicti Communis ab hinc retro aliqua occasione, sine aliqua dacione pecuniae facienda Communi vel alii personae, non obstante Statuto aliquo vel reformatione Consilii contrariis, et quod restituantur in bonis eorum, et sint affidati in avere et personis.

Item quod omnes offensiones, injuriae, insultus, eccessus, homicidia, arsaliae (1), dampna data in avere et personis per eos vel aliquem eorum in Commune Parmae, vel aliquam specialem personam dicti Communis, eis omnibus ex nunc sint remissae et remissa, et quietata tam

---

(1) Nel Dueange è *arsalium* (*incendium*).

a Communi Parmae quam ab aliis singularibus personis, et ab eis omnibus ex nunc sint absoluti et pro absolutis.

Item quod ipsi omnes de Cadonica tam praesentes quam absentes, qui infra praedictum tempus unius mensis venerint et juraverint mandata Potestatis et Communis Parmae, qui videlicet erant vel sunt modo in banno aut in guerra causa guerrae illorum de Cadonica et de Bochanovis, sint in protectione tutela et defensione Communis Parmae, Potestatis, Capitanei, Ancianorum et Primiceriorum et Societatis croxatorum; et sint amodo omnes praedicti de Cadonica, in quibus non intelligantur Fabene nec Giliotus de Cassio, cives civitatis Parmae et pro civibus de cetero tractentur et habeantur in omnibus coltis, facionibus, exactionibus, oneribus et honoribus Communis Parmae, et non aliter, per Potestatem, Capitaneum, Ancianos et Primicerios et Societatem croxatorum; et per Commune et populum Parmae teneantur et defendantur in avere et personis in justicia, jure et libertate contra quemlibet qui eis violenciam inferret in personis vel bonis; et nulla colta vel aliud gravamen hinc ad unum annum proximum eis vel alicui ipsorum imponatur pro Communi.

Item quod praesens Potestas, et qui pro tempore fuerit, Capitaneus, Anciani et Primicerii et eorum successores teneantur et debeant eis omnibus tam praesentibus quam absentibus, qui infra praedictum tempus fuerint et venerint ad mandata Potestatis et Communis Parmae, facere fieri, reddi et teneri bonam, veram, firmam et perpetuam pacem, quietationem et remissionem ab omnibus et singulis Bochanovis et ab omnibus aliis et singulis cum quibus ipsi vel aliquis eorum haberet guerras aut inimicitias, qui tamen fuerint ad mandata Communis. Et, si aliquis inimicus eorum non redderet pacem eis, praesens Potestas, et qui pro tempore fuerit, contra eum vel eos procedere teneatur ad banna, condempnationes et guasta tamquam rebellem et inimicum Communis Parmae; et quod ipsi Bochanovi eis compellantur dare bonam securitatem super pace servanda, et si non ipsi eis eamdem securitatem praestiterint. Et quod Jacopellus Guidonus de Bellaxola, Rolandinus Guidonus Cortixii, et Zaninus Guilielmi de Vezano omnes de Cadonica, qui erant in carceribus Communis Parmae tempore quo dictum castrum datum fuit Communi, liberati sint ab eis, et sint in eo statu in quo sunt dicti praesentes vel aliquis eorum.

Item quod omnes et singuli tam praesentes quam absentes, qui venerint ad mandata Potestatis et Communis infra dictum tempus unius mensis, canzellentur et canzellari debeant de omnibus libris focorum in quibus reperirentur. Et quod omnia praedicta et singula sint Statuta praecisa et tronca, et pro Statutis praecisis Communis et populi perpetuo debeant observari per Potestatem, Capitaneum, Ancianos et alios, et per quemlibet officialem Communis.

Qualiter et ubi et infra quod tempus pedaligia colligenda sint.

Capitulum quod Potestas teneatur sacramento praeciso, infra xv. dies postquam intellexerit quod cremonenses vel homines alterius civitatis vel loci posuerint vel ponent, exegerint vel exigent aliquod pedagium vel tholomeum (1) novum in aliquo loco suae jurisdicionis ab hominibus civitatis Parmae, simile pedalium ponere et facere exigi pro Communi Parmae ab hominibus illius civitatis vel loci, in cujus jurisdictione pedagium de novo fuerit positum hominibus civitatis Parmae, et hoc tholomeum seu pedagium facere exigi ubi et sicut et quomodo melius videbitur Consilio generali.

Item, si aliquo tempore reperiretur quod aliqua civitas seu terra acciperet [plus per] pedagium quam solveretur in civitate, quod illud plus auferatur mercatoribus illius civitatis vel terrae per Commune Parmae.

Qualiter et usque ad quod tempus habentes jurisdictionem colligendi pedalia in districtu Parmae debeant venire coram Potestate.

Capitulum quod omnes et singulae speciales personae, quae colligunt vel colligi faciunt pedagia in civitate vel districtu Parmae per terram vel aquam aliqua consuetudine vel jure, usque ad carnisprivium veniant coram Potestate vel aliquo ex judicibus suis, et debeant dare in scriptis locum in quo colligunt et causam qua colligunt, et debeant facere promissionem et obligationem usque ad dictum tempus, et fidejussores praestare quod robariae non fiant in dictis terris in quibus pedagia colligunt,

---

(1) Lo stesso che *toloneum* o *teloneum*, in francese *toulieu*: sorta di tassa. Della voce *tolomeum* per *toloneum* è un altro esempio a pag. 95 del 1.º Statuto, ed un altro ne arreca il Muratori nella Cronaca di Rolandino da Padova (*Rer. ital. script.*, t. VIII., col. 272, cap. II.).

nec in eorum territoriis, et de ipsis robariis emendandis, si fient, et de malefactoribus capiendis; et fiat de praedictis unus liber, qui pro Communi perpetuo conservetur. Et quicumque non venerit ad dandum fidejussores usque ad dictum tempus, cadat a jure suo, et illud jus convertatur in Commune et pro Communi colligatur, cum Commune emendari faciat robarias, et jus colligendi pedagia ei consueverit concedi et provenire pro stratis assecurandis. Et Potestas teneatur videre diligenter infra praedictum tempus omnia jura omnium et singulorum qui venient secundum formam dicti Statuti, et facere ipsa examinari diligenter, et determinari quid et quantum possit accipi de jure, et ubi et a quibus et qualiter et quo jure, et de quibus rebus debeat accipi pedagium, proponendo in Consiliis generalibus ut per ipsa sentencietur illud quod de jure possint et debeant colligere, et quantum, et a quibus et ubi, habendo instrumentum sentenciae pedagiorum factae inter cremonenses et parmenses, quae sentencia observetur in totum; et ultra praedictam sentenciam ubi distinguit aliquid non tollatur; et, facta praedicta determinacione, ponatur in Statuto Communis, ut aperte sciatur ubi pedagia debeant colligi, et qualiter et quantum. Et quicumque aliter vel ultra aliquod pedagium collegerit, puniatur sicut de robaria.

De carceratis custodiendis et carceribus locandis ad custodiendum, et quid in hoc ordinatum sit.

Capitulum quod Potestas teneatur facere cridari publice, quando custodia carceris locari debuerit, qui velit ipsum carcerem melioribus condicionibus custodire, et facere scribi pacta quibus aliquis obtulerit se ad ipsam custodiam faciendam, et expectare per IIII. dies, infra quos faciat pacta petita cridari, quod, si aliquis velit melioribus pactis custodire, quod veniat ad proferendum. Et custodia carceris, in quo debebunt custodiri malefactores et [debitores] Communis, fiat expensis Communis dandis illis qui voluerint melioribus condicionibus custodire; intelligendo quod possint dari quatuor imperiales cuilibet custodi dicti carceris quolibet die secundum formam Statuti dicentis quod quilibet officialis extraordinarius possit habere quatuor imper. omni die a Communi. Et dicti custodes possint esse quatuor tantum, et debeant promittere et dare fidejussores, et jurare de custodia facienda bene et legaliter et sine aliqua negligentia, et de repraesentando se coram Potestate et suis judicibus quando et quociens fuerint requisiti; et quod ipsi custodes non accipiant ab aliquo carcerato ultra iiii. imperiales pro imbogatura; et, si ultra vel aliter aliquem aggravabunt, solvat quicumque, qui contrafecerit, pro banno pro qualibet vice c. sol. parmen. Et custodia dicti carceris, et illud quod debebit ordinari pro ea custodia dari expensis Communis, ordinentur voluntate Consiliorum, et volentibus pro minori precio custodire detur et locetur, ita quod carcerati nihil solvant occasione custodiae. Et quilibet possit accusare custodes, si aliquem carceratum gravabunt ultra formam praedicti capituli, vel aliter quam in dicto capitulo continetur.

De eodem.

Item additum est praedictis capitulis loquentibus de custodibus carceris quod, si aliquem aggravabunt qui sibi dabitur vel non dabitur ad custodiendum, pro imbogatura vel disbogatura vel pro ponendo in carcerem, vel consenserint vel permiserint aggravari aliter quam in Statutis inde loquentibus continetur, credatur sacramento aggravati contra vel ultra formam Statutorum vel aliter, et custodes ad restituendum sibi dampnum realiter et personaliter compellantur, non obstante quod talis aggravatus esset in aliquo banno, et nihilominus custodes poenam Statuti solvere compellantur. Et quilibet officialis Communis, coram quo quaestio movebitur de praedictis, audiat, procedat et executioni mandet quicquid superius continetur; quod si hoc officialis non observaverit, condempnetur et sindicetur pro qualibet vice in x. libris parmen. Et praedicta locum habeant contra correrios stantes ad custodiam turris palacii et hospicii Potestatis et Capitanei. Et ipsi correrii pro imbogatura vel disbogatura aliquem, quem custodient aliqua occasione sive pro Communi sive pro specialibus personis, non possint aggravare ultra quatuor imper., ut dictum est, nec eciam tollere alicui, quem custodient aliqua occasione vel jure sive pro Communi sive pro specialibus personis, ultra iiii. imper. inter diem et noctem. Et ad scalas hospicii Potestatis seu in cameris habentibus ostia ad dictas scalas non possint aliquem custodire ultra unam diem et noctem. Et Potestas et sui judices teneantur non permittere quod aliquis sive pro Communi sive pro specialibus personis custodiatur in praedicto loco seu locis, imponendo bannum secundum quod viderint convenire correriis contrafacientibus, et tollendo.

De eodem.

Capitulum quod guardatores carceris Communis teneantur sacramento non ducere aliquem prixonerium in aliquam tabernam vel aliquam aliam domum causa bibendi nec comedendi, et, si quis contrafecerit, solvat pro banno x. sol. parmen. pro qualibet vice; et ille qui steterit in domo seu taberna, in qua daretur sibi bibere vel comedere, xx. sol. parmen.; cujus banni medietas sit accusatoris.

De eodem.

Capitulum quod in aliqua parte domus seu turris Communis, ubi est carcer qui dicitur Camuxina, de cetero non ponatur nec custodiatur nec teneatur aliquis homo ex quacumque causa, ubi ibi esset positus vel posset poni, praeter solas personas malefactorum inculpatorum aliquod maleficium commisisse, et non aliquis alius, etiam obligatus Communi ex aliqua causa, cum illi, qui sunt in carcere Camuxinae, sint vivendo sepulti: sed amodo omnes et singuli detinendi in carcere, si non sint banniti vel condempnati causa alicujus maleficii, vel inculpati aliquod maleficium commisisse, debeant custodiri in carcere facto sub palatio novo Communis aedificato in casamento Communis quod fuit illorum de Sancto Vitale et illorum de Beneceto. Et, si aliquis non bannitus vel condempnatus vel non detentus vel non inculpatus pro maleficio esset in carcere Camuxinae, ex ipso tollatur et ponatur in dicto carcere facto sub palatio novo. Et hoc capitulum sit praecisum in qualibet parte sui; et, si Potestas non observaverit et observari non fecerit hoc capitulum, sindicetur pro quolibet detento contra formam hujus capituli in xxv. libris parmen.

Qualiter licitum sit cuilibet ascendere domum Potestatis.

Capitulum quod licitum sit cuilibet impune ascendere domum seu hospitium Potestatis a mane usque ad sero qualibet hora diei, et facere stare aperta omnia ostia per quae potest ascendi hospicium Potestatis.

Et Potestas contra hoc capitulum non possit ordinare nec contrafacere; et, si contrafecerit, sindicetur pro qualibet vice in c. sol. parmen.

Qualiter Potestas novus, cum venerit, hospitetur in hospitio Potestatis, et tempore sindicatus, completo suo officio.

Capitulum quod Potestas novus, cum venerit, cum omnibus et singulis de sua familia hospitetur in aliqua parte hospicii Potestatis; et in aliqua parte ipsius hospicii debeat stare, completo officio suo, tempore sindicatus. Et similiter Capitaneus Societatis, cum venerit, hospitetur et stet in eodem hospitio ante introitum sui officii, et, ipso deposito, tempore sindicatus similiter.

Qualiter Potestas tenetur non percutere aliquem civem Parmae.

Capitulum quod Potestas et quilibet de sua familia teneantur non percutere aliquem civem Parmae, nisi esset in exercitibus et cavalcatis, in quibus possit percutere quemlibet discherantem vel non euntem ad scheram, et nisi esset in rixa quam aliter dividere non posset; et, si contrafactum fuerit, sindicetur Potestas in xxv. libris parmen. (1).

De eodem.

Capitulum, cum sit inconveniens Potestatem et familiam ejus percutere correrios Communis aut in eos motu iracundiae vel vindictae manus mittere violenter, sed eos juxta modum culpae condempnacionis correptione punire, quod Potestas, ejus judices, et socii et familiares ipsius teneantur debito juramenti nullomodo ipsos percutere aut ipsis injuriam personalem facere. Et qui contrafecerit, solvat pro banno xxv. libras parmen. pro qualibet vice, et Potestas de suo feudo tantumdem perdat.

---

(1) V. 1.° Statuto, pag. 84-85.

Incipit de officio cercatorum et notariorum et correriorum ipsorum, et de modo secundum quem possunt suum officium exercere.

Capitulum quod quilibet cercator teneatur stare cum notario ad hoc deputato cum massario ad voluntatem massarii etc. (1).

Item cercatores debeant cercare de dicto anno, in quo electi fuerint, et de proximo praecedenti, ut fraudes possint melius inveniri factae et quae de novo fient.

Item omnes soluciones, quae fient amodo notariis ad aliqua Communis officia deputatis pro suarum scripturarum remuneratione de voluntate illorum ad quos dictae scripturae spectaverint vel qui ipsas fieri fecerint, intelligantur esse factae licite, et [notarii] intelligantur potuisse recipere licite et licito modo et recepisse de jure, aliquo capitulo non obstante.

De poena illius qui non assignaverit avere Communis infra tempus ordinatum (2).

Capitulum quod quilibet, sive fuerit officialis sive non, ad cujus manus pervenerit de avere Communis, teneatur infra x. dies post exitum sui officii assignare massario Communis, et alius, qui non esset officialis, similiter infra x. dies postquam habuerit de ipso avere Communis. Et cercatores teneantur de hoc cercare et auferre in duplum; et nec Potestas nec massarius Communis possit alicui de hoc terminum prolongare. Et hoc habeat locum in Capitaneis castrorum, custodibus et eorum servientibus, ut assignent quidquid habuerint indebite de avere Communis.

Item quod nemo, si fuerit major xiiii. annis, racione suae aetatis possit se excusare ab officio et poena cercamenti.

Item Capitanei et custodes castrorum et eorum servientes infra quatuor dies post reversionem suam teneantur assignare massario quidquid habuerint ultra salarium quod de jure debuerint recepisse, alioquin restituant cum poena dupli; et cercatores teneantur cercare.

---

(1) È il medesimo capitolo che trovasi nel 1.º Statuto a pag. 135-137. Se non che manca delle parole: *excepto in terra militum, et de iis quae pertinent ad milites, et ibi soliti sunt habere*, che leggonsi nella prima delle cit. pagine, lin. 10ª: e più sotto, a vece di *domui redient* (lin. 23ª), sta correttamente *domum redibunt.*

(2) V. 1.º Statuto, pag. 138.

Item quod, si quis officialis Communis non assignaverit illud avere Communis quod ad manus suas pervenerit massario Communis ad terminum supradictum, Potestas teneatur ei auferre c. sol. parmen. sine remissione, et nihilominus cercatores officium suum exerceant; et quilibet possit accusare, et habeat medietatem banni.

Item etiam, si aliquis fuerit qui habuerit de avere Communis aliquo modo, aliter quam occasione sui officii, et de jure non assignaverit infra praedictum tempus, cadat in praedictum bannum; qui debeat cercari ut supra.

Item cercatores possint et debeant cercare correrios qui non solverint Communi v. sol. parmen., secundum formam Statuti, et debeant ab eis in duplum exigere.

De cercamento civis sparati a colta (1).

Capitulum quod nemo civis Parmae nec aliquis utens privilegio civili possit defendi a colta civitatis, et, si steterit quod non solverit eam, cercatores teneantur in duplum exigere; et ille scampatus intelligatur qui non solverit massario Communis vel alii debenti pro Communi colligere, et infra terminum ordinatum.

De cercamento rustici sparati a colta Communis (2).

Capitulum quod cercatores teneantur cercare rusticum sparatum a colta Communis in anno sui officii et praecedenti, sparatum in illa villa episcopatus in qua coltam solvere debuerit et non solvit, et cercatores teneantur ei in duplum auferre. Et hoc habeat locum de cetero in futurum contra quemlibet qui coltam sibi impositam pro Communi non solverit; et, si petita fuerit, solvat tantum simplum; et petita intelligatur ex quo publice sibi imposita fuerit.

Quam partem debeant habere cercatores de eo quod recuperabunt causa sui officii.

Capitulum quod cercatores omnes communiter et aequaliter habeant tantum terciam partem de eo et toto quod ad eos pervenerit occasione sui officii, et non plus.

---

(1) V. 1.º Stat., pag. 138. — (2) Stat. cit., pag. 139.

De cercandis illis quibus locata fuerint molendina Communis (1).

Capitulum quod cercatores teneantur inquirere diligenter et suum officium exercere contra omnes et singulos quibus fuerint locata molendina Communis, quae sunt in canali de Blanconexio, vel alibi in civitate vel burgis vel extra; et, si invenerint aliquem non solvisse tempore quo debuerit, teneantur ei in duplum exigere. Et cercatores insuper habeant auctoritatem, et teneantur, condempnare Potestatem et illum ex judicibus qui commiserit de molendinis non locatis in quantitate quam Commune ex ipsis consuevit percipere, et eciam si conductores non compellent ad solvendum massario Communis infra terminum in locatione positum vel per aliquod capitulum ordinatum, et specialiter medietatem illius quod dari debuerit Communi per conductores usque ad kalendas augusti, et aliam medietatem usque ad sanctum Andream quolibet anno.

Qualiter et contra quos cercatores debeant suum officium exercere.

Capitulum quod cercatores possint et debeant et teneantur exercere officium suum contra fornarios, qui non observaverint Statuta loquencia de eorum misterio.

Item contra laboratores non servantes secundum quod in capitulis de eis loquentibus continetur.

Item contra aratores, si acceperint ultra undecimum starium, et non observaverint quae [continentur] in Statuto loquente de eorum facto.

Item contra magistros manariae, murorum et copertores domorum, et contra fornaxarios, si non observaverint quidquid debent secundum formam Statutorum Communis.

Item quod cercatores possint generaliter et debeant suum officium exercere contra omnes et singulos, contra quos sibi concessum fuerit secundum formam alicujus capituli, et secundum quod concessum fuerit.

Qualiter cercatores debeant assignare libros sui officii.

Capitulum quod cercatores teneantur infra tres dies post sui officii complementum omnes libros introitus et expensarum, qui fient per mas-

_____

(1) V. 1.° Statuto a pag. 139.

sarium Communis et notarium ejus, assignare notariis tascharum, sive illos libros habuerint de segrestia, sive aliunde. Et hoc habeat locum in omnibus aliis libris, qui ad eorum manus pervenerint aliqua occasione: quod si non fecerint, Potestas teneatur condempnare quemlibet in c. libris parmen. Et insuper cercatores teneantur praedecessores eorum de praedictis cercare et compellere ad ipsos libros restituendos, et auferre praedictum bannum et valimentum librorum in duplum.

De assecto a fornaxariis non tenendo, et de iis quae debent observari per ipsos et contra ipsos (1).

Capitulum quod Potestas teneatur sacramento compellere per se et judices suos fornaxarios civitatis et episcopatus Parmae facere cuppos seu tegulas, planellas, et lateres seu quadrellos ad modum et magnitudinem antiquitus consuetam, de qua magnitudine moduli sunt bullati et authenticati in camera massarii Communis; et, si fornaxarii non fecerint ipsos cuppos, planellas et quadrellos secundum praedictum modum, aut minores in aliquo, condempnentur pro quolibet contrafaciente in xxv. libris parmen.; et quilibet possit et teneatur accusare, et habeat medietatem banni; et Potestas teneatur inquirere omnibus modis, quibus possit invenire melius veritatem; et nihilominus cercatores debeant eos cercare.

De eodem.

Capitulum quod fornaxarii non teneantur aliquo asseto, quod inter se habuerint, quominus possint vendere minori precio quam per Statutum Communis fuerit ordinatum, ita tamen quod debeant facere fieri quadrellos ad modum novum et ferratum datum eis per Commune Parmae secundum formam Statutorum, et cum modulo cupporum non debeant facere ultra xx. milliaria cupporum, habendo ad plus de quolibet milliario cupporum xv. sol. imper., et de milliario quadrellorum et planellarum xl. sol. parmen. ad plus, et vendere starium calcinae culmum sex imper. mensurandae ad legitimum starium Communis Parmae et eligendae ad voluntatem ementis; et, si non venderent ad culmum, et

---

(1) V. 1.° Statuto, pag. 179 e segg.

querimonia facta fuerit, Potestas teneatur auferre pro quolibet stario v. sol. parmen. cuilibet contrafacienti.

Item teneantur fornaxarii facere extrahi cuppos, planellas et quadrellos de fornacibus suis et facere adaquari suis expensis.

Item teneantur quod non tenebunt aliquod assetum inter se, nec sacramentum nec promissionem facient nec consulatum habebunt, sed debeant et teneantur facere fieri ad fornaces suas tot cotas, quot ad plus de quadrellis, cuppis, planellis et calcina poterunt; et, si plus seu majori precio vendiderint laborerium suum seu contrafecerint in aliquo, solvat quicumque contrafecerit pro banno c. sol. parmen., et credatur juramento cujuslibet in quantitate quadrellorum, cupporum, planellarum et calcinae quam probaverit se de fornace alicujus duxisse vel duci fecisse, et de precio quo juraverit se dedisse seu emisse ipsos cuppos, quadrellos, planellas et calcinam; et hoc si probaverit per unum testem quod praedicta duxerit vel duci fecerit; qua probacione facta per unum testem, et praestito sacramento, si probatum fuerit secundum praedictum modum quod aliquis fornaxarius ultra acceperit, Potestas teneatur auferre bannum in Statuto contentum. Si Potestas non fecerit observari per fornaxarios omnia capitula facta et quae fient contra eos, perdat de suo feudo xxv. libras parmen. pro qualibet vice.

Item additum est praedicto capitulo quod praedicti fornaxarii teneantur dare pro precio ordinato per Commune Parmae quadrellos, cuppos, planellas et calcinam; et, qui contrafecerit, puniatur quilibet pro quolibet et qualibet vice in x. libris parmen., et credatur sacramento cujuslibet qui dederit ei ultra dictum precium. Millesimo cc. nonagesimo quarto, Indictione sexta. Et teneantur vendere dicti fornaxarii cuilibet volenti emere pro precio in Statuto contento, sub poena c. sol. parmen.

De eodem.

Capitulum quod aliquis civis civitatis Parmae vel aliunde, sive fuerit fornaxarius sive non, non possit vendere quadrellos, cuppos nec planellas ultra precium in Statuto contentum, et hoc ut evitentur alienationes, quas de praedictis fornaxarii faciebant fraudulenter; et quilibet qui contrafecerit solvat pro banno pro qualibet vice c. sol. parmen.

Item teneantur fornaxarii sub praedicto banno c. sol. parmen. coqui facere bene cuppos, calcinam, planellas et quadrellos; et qualibet vice, qua aliquis contrafecerit, solvat praedictum bannum. Et omnia Statuta facta contra fornaxarios habeant loco in quolibet alium contrafaciente tam in male coquendo, quam in majori precio vendendo, vel non observando quae superius dicta sunt.

Item teneatur Potestas facere legi haec capitula in Concione infra mensem sui regiminis, et cridari per civitatem quod sic debeat observari.

Item eligantur sex boni homines per Potestatem et curiam, qui non sint de illis qui laborant ad fornaces, duo ex quibus debeant stare et facere copiam sui ad fornacem de sancto Bernabeo, et alii duo ad fornaces de porta nova, qui jurent mensurare et mensurent calcinam secundum formam Statuti, et habeant de quolibet modio ab emptore unum imperialem; et nullus alius possit nec debeat mensurare; et qui contrafecerit, solvat pro banno x. sol. parmen. pro qualibet vice, et quilibet possit accusare et habeat medietatem banni. Et praedicti homines continue stent ad fornaces, quando aperientur, pro calcina. Et cercatores possint cercare contrafacientes, et auferre eis bannum in duplum.

De eodem.

Capitulum quod in quolibet plebatu episcopatus Parmae, et in quolibet alio loco ubi fuerit ecclesia batismalis, debeat fieri una fornax expensis hominum dictorum plebatuum et habentium facere in dictis plebatibus; et debeant facere laborari dictas fornaces continue per aestatem ab inicio mensis maji usque ad exitum mensis augusti; et ad minus quolibet anno fiant duae cotae de cuppis, quadrellis et calcina ad poenam solvendam xxv. librarum parmensium per homines illius plebatus, qui non obedierint. Et vendant cuppos, quadrellos et calcinam pro precio in Statuto determinato et sicut debent vendere fornaxarii civitatis. Et sit praecisum et sine tenore servandum.

Additum est praedicto capitulo loquenti de singulis fornacibus fieri faciendis in quolibet plebatu, quod dictum capitulum habeat locum in plano parmexanae tantum; et homines cujuslibet plebatus, in quo non est fornax, teneantur facere et complere de mense julii, ita quod de dicto mense ponant laboratores et faciant fieri quadrellos, cuppos et calcinam, et ad minus bis coquant, seu coqui faciant, quolibet anno quamlibet fornacem plenam de bono opere; et, nisi adimpleverint quolibet anno quicquid snperius continetur, Potestas habeat auctoritatem condempnandi, et condempnare teneatur homines illius plebatus, qui fuerint inobedientes, in xxv. libris parmen. Et intelligantur quod non adimpleverint praedicta, nisi fecerint fidem per publicum instrumentum quod fecerint fieri duas cotas ante exitum mensis septembris. Et semper notarius, qui debebit facere instrumentum de aliqua cota, sit praesens quando focus tolletur de fornace et aperietur, et aliter de hoc non possit facere instrumentum. Et quod nullus fornaxarius, seu qui exercet dictam artem, praesumat cavare nec cavari facere penes aliquam stratam vel viam per duas perticas racionatorias, sub poena decem librarum parmensium et in restitutione viae seu stratae quam ruperit.

Item quod magistri et laboratores, qui laborabunt ad aliquam fornacem civitatis vel episcopatus de cuppis, quadrellis et planellis, non debeant cercari nec inquiri a cercatoribus vel aliis de aliqua quantitate mercedis quam ob hoc perceperint, ut melius inveniantur qui laborent ad fornaces.

De eodem.

Capitulum quod quilibet, qui voluerit emere cuppos, quadrellos, planellas et calcinam, habeat potestatem emendi a quacomque persona voluerit cum nuncio Communis, et Potestas et judex suus et quilibet advocatus et consul justiciae, a quo postulabitur, teneatur dare cuilibet, petenti, nuncium qui vadat secum ad fornacem et faciat ei dari cuppos, quadrellos, calcinam et planellas pro precio in Statuto contento ad numerum et mensuram legitimam quae in Statuto continetur, et usque ad quantitatem et mensuram, quem et quam voluerit postulator, solvendo precium incontinenti ei cujus fuerit fornax seu opera; nec possit dicere laborerium esse venditum, nec intelligatur venditum donec reperiatur ad fornacem, et donec emptor non habuerit laborerium ad domum; et intelligatur emptor ille qui voluerit facere laborerium, et non alius, ad hoc ut domus destructae melius possint restitui et reaedificari. Et hoc capitulum habeat locum tam in fornaxariis civitatis, quam episcopatus.

Incipit de officio officialium pensorum, ad quae debent pensari blava et farina, et de officio mulinariorum (1).

Capitulum quod in porta de Parma eligatur unicus notarius ad pensandum blavam et farinam, et unus notarius et unus superstans in porta sancta Christina, et unus superstans et unus notarius in porta Benedicta, et in porta Nova duo superstantes et duo notarii eligantur; et durent per sex menses, et sint layci, et eligantur ad brevia quando alii officiales eliguntur, et nemo possit eligi qui non sit major XL. annorum; et qui eligetur, et dictum officium exercuerit, cesset a dicto officio per tres annos; et debeant singuli habere x. libras parmen. a mulinariis pro medio anno, et medietatem bannorum mulinariorum quando invenerint in eorum officio deliquisse. Et notarii praedicti scribent et facient scripturas opportunas in suo officio in quaternis de bambace, dandis eisdem expensis mulinariorum.

Item praedicti officiales stent ad exercendum eorum officium apud portas civitatis, ita quod mulinarii non possint intrare nec exire quin videantur ab officialibus supradictis, faciendo domos fieri apud ipsas portas quam minoribus expensis poterunt et ad expensas Communis; et hoc teneatur facere fieri et observari Potestas praecise.

Item jurent praedicti officiales bene et legaliter eorum officium exercere, omni fraude cessante, et stare continue personaliter ad ipsum exercendum horis debitis et in locis ordinatis, et accusare omnes mulinarios non venientes ad pensandum blavam quam portabunt ad molendina, et non adducentes farinam, et quod neminem sparabunt, sed denunciabunt Potestati omni mense, et in scriptis dabunt omnes mulinarios non venientes et non redeuntes ad pensum Communis. Et Potestas teneatur condempnationes facere de iis molinariis, quos dederint in scriptis officiales praedicti, quam cicius poterit. Et loca, in quibus tenebuntur pensa Communis, stent aperta ut fraudes cessent.

De eodem.

Item, si officiales pensorum obmiserint aliquid facere quod ad officium suum pertineat, Potestas teneatur auferre ei, qui obmiserit, xx. sol. par-

(1) V. 1.° Stat., pag. 152 e segg.

men. pro qualibet vice nomine banni; et quilibet possit accusare, mulinariis exceptis, et habeat medietatem banni.

Item mulinarii compellantur tenere certam quantitatem farinae in domo pensi ut, si pensatores invenirent quod aliquis mulinarius reduxerit molendum seu farinam alicujus minus quam debuerit, incontinenti restituant de farina ipsius mulinarii cum poena dupli ei, cujus molendum seu farina fuerit minus quam debuerit.

Item, cum farinae pensatae fuerint, mulinarii non deponant sachos in aliquo loco, nisi ad domum illorum quorum fuerint, in poena decem sol. parmen. pro quolibet sacho (1).

De eodem.

Capitulum quod officiales pensorum teneantur pensare totum granum quod mulinarii portabunt ad molendina causa mazenandi, et farinam quam reddere debuerint et macinaverint hominibus civitatis et burgorum, et auferre bannum contrafacientibus, ut supra et infra ordinatum est.

Primo, si fraus fuerit in farina alicujus a duabus libris in sursum, quod mulinarius, apud quem erit farina, restituat, ut supra continetur, de farina quam habuerit in domo pensi, antequam discedat a penso; et hoc si de nocte fuerit: si vero fraus fuerit ab una libra subtili in sursum, emendet ut supra et solvat pensatori xii. parmenses pro qualibet libra fraudis. Et, si quis mulinarius praesumpserit aliquam blavam portare extra civitatem non pensatam per pensatores, vel non redierit ad pensum cum farina quam reddere debuerit, Potestas teneatur auferre pro banno xx. sol. parmen. pro quolibet sacho, et condempnare in extimatione blavae seu farinae non pensatae; et quilibet possit accusare, et habeat medietatem banni, et aliam Commune; et officiales pensorum nihil habeant de banno illorum quos non accusaverint.

Item, si mulinarii fuerint inventi per aliquem ex officialibus pensorum committere ultra illud quod in capitulis continetur, teneatur auferre sibi xx. sol. parmen. pro qualibet vice, et facere emendari dampnum in duplum, cujus medietas sit officialis.

Item teneantur officiales praedicti ire ad molendina ad cercandum si mulinarii habuerint granum non pensatum, et, quando et quociens po-

(1) V. 1.° Statuto, pag. 455.

terunt et eis visum fuerit, vadant; et teneantur denuntiare Potestati quos invenerint commisisse, quos Potestas condempnet quam citius poterit.

Item teneatur Potestas alios accusatores invenire ad cercandum de grano non pensato et farina non reducta ad pensum, et habeant accusatores medietatem banni et extimacionis de grano et farina, quod vel quae pensatum seu pensata non fuerit; et praedicti debitores possint accusare officiales pensorum, si non steterint ad pensum et suum officium non fecerint diligenter, et habeant medietatem banni exigendi ab illis officialibus quos accusabunt. Et teneantur praedicti officiales pensorum juramento quod studiose vel fraudulenter non accusabunt aliquem.

Item quod quilibet possit licite habere pensum in domo propria vel in qua habitat, ad quod pensare possit blavam et farinam suam, non obstante quod granum et farinam ejus mulinarii pensaverint ad pensum Communis. Et Statuta Communis habentia locum contra mulinarios non pensantes granum, et non reducentes farinam ad pensum Communis, habeant locum in penso specialium personarum; et similiter teneantur ad fraudes restituendas, et nihilominus mulinarii teneantur portare granum ad pensum Communis, eciamsi pensatum fuerit in domo illius cujus fuerit.

Item teneantur officiales pensorum cercare farinam, si male fuerit macinata, et de volatica posita intus, et de omni fraude commissa, et teneantur facere emendari dampnum in duplum ei cui datum fuerit, et manifestare eidem. Si vero mulinarius negaverit, credatur sacramento domini de fraude, vel fratris, vel scutiferi seu camareriae, et, fraude inventa, praedicto modo mulinarius solvat v. sol. parmen. et dampnum emendet ut supra.

Pensatores vero in poena trium librarum parmensium pro quolibet et qualibet vice, quas Potestas cuilibet contrafacienti auferre debeat, teneantur stare ad pensum a mane usque ad tertiam, et a tertia post prandium usque in sero sine fraude toto tempore sui officii, exceptis diebus dominicis, festis Apostolorum et aliis magnis solempnitatibus, nisi justo impedimento Dei remanserit; nec de hoc sacramento possint habere licentiam.

Item teneantur officiales pensorum facere officium personaliter, et non per interpositam personam, et quilibet ipsorum in quolibet casu, qui continetur supra, si contrafecerit, solvat praedictum bannum trium librarum parmensium, et quilibet possit accusare, praeter mulinarios; cujus banni medietas sit accusatoris. Qui officiales teneantur facere jurare mulinarios quod portabunt ad pensum blavam et farinam, antequam reddant eam, in banno praedicto.

Item dominus, cujus farina fuerit, et quilibet de manpastris suis possit mulinarium detinere personaliter quousque emendaverit dampnum quod fecerit in farina, vel promiserit emendare coram duobus testibus ad certum terminum; et, si promittere noluerit, ducat eum coram judice Potestatis, et credatur sine sacramento de praedictis; et, si non emendaverit ad terminum ordinatum, quilibet advocatus et consul justiciae possit de hoc cognoscere, et facere teneantur emendari dampnum in duplum et auferre pro banno mulinario v. sol. parmen., et facere restitui omnes expensas domino blavae conquerenti vel ejus manpastro. Et, si mulinarii episcopatus fecerint fraudem in farina alicujus vel dampnum, puniantur ut supra, et semper credatur de praedictis domino blavae vel ejus manpastro.

Item teneantur omnes mulinarii cum omnibus personis, quae erunt de suis familiis a xx. annis supra, jurare quod salvabunt et guardabunt blavam omnium personarum quae dabitur eis ad macinandum, et farinam similiter, sine fraude; et jurent quod non accipient ultra illud pro macinatura vel alia de causa, nisi secundum quod sibi conceditur per Statutum.

Item teneantur mulinarii recipere totam blavam quae sibi dabitur ad macinandum et eam macinare bona fide et opere; et qui hoc recusabit, solvat pro banno x. libras parmen., cujus medietas sit accusatoris, cui credatur per sacramentum in omnibus.

Item teneantur mulinarii non ire per civitatem stando super asinam portando granum vel farinam, in poena iiii. imper. pro quolibet et qualibet vice, et ex debito sacramenti non vadant mulinarii modo aliquo ad bibendum in tabernis nec sub porticibus tabernarum, donec habuerint granum vel farinam super asinas, in poena et banno xx. sol. parmen. pro quolibet et qualibet vice; et quilibet possit accusare, et habeat medietatem banni.

Item fiant duo copelli per portam secundum formam Statuti, ad quos omnes alii de civitate et episcopatu aequentur, et bullentur cum bulla Communis; et solvant mulinarii pro bollatura cujuslibet unum parmensem et non plus.

De quantitate blavae, quam mulinarii de civitate et episcopatu
Parmae possint accipere pro macinatura.

Capitulum quod mulinarii civitatis et episcopatus possint accipere pro macinatura tantum mediam libram subtilem de quolibet penso blavae quam macinaverint, et non ultra, sive de die sive de nocte fuerit macinata; et hoc liceat eis quociens furmentum valuerit v. sol. imper. vel ultra ad racionem starii; si vero valuerit minus v. sol. imper. ad racionem starii, tunc licite possint mulinarii accipere unam libram pro quolibet penso subtilem pro macinatura seu molitura cujuslibet blavae, et non ultra. Et jurent mulinarii et eorum familiares majores xii. annorum, habitantes a quatuor plebibus intra versus civitatem, praedicta legaliter observare; et mistrales cujuslibet villae faciant fieri simile sacramentum singulis mulinariis suae terrae et familiis eorum; et, si mulinarii contra praedicta fecerint, cadant in poenam xx. sol. parmen. pro quolibet et qualibet vice, et dampnum emendent cum poena dupli. Et de praedictis credatur solum dicto domini vel dominae vel pedissequae cum sacramento, si pedissequa fecerit de voluntate domini vel dominae.

Item quod in quolibet molendino ad palmentum ipsius molendini debeat esse unum pavilionum ad cooperiendum ipsum palmentum et totam volaticam recepturum, et ordinetur quod stet intus ab assidibus palmenti bene et firmiter.

Item quod mulinarii omnes, qui sunt ultra Parmam versus sero, vadant ad pensum Communis de porta de Parma ad blavam pensandam, et farinam similiter, in poena x. sol. parmen.; et idem observetur in illis mulinariis qui habitant a mane fluminis Parmae a porta Benedicta et aliis portis sub praedicto banno; et quilibet possit accusare et habeat medietatem banni, et alia sit Communis.

De officio extimatorum equorum.

Capitulum quod extimatores equorum extiment ad plus illos duodecim equos, quos Potestas debet habere in regimine, infra viii. dies ex quo electi fuerint ipsi extimatores, si placuerit Consilio generali quod ipsi extimatores eligantur; si vero non placuerit Consilio quod eligantur, tunc eligantur per Antianos et alios quatuor providi viri majores xl. annorum, videlicet unus per portam, qui debeant extimare dictos equos Potestatis et equos domini Capitanei, scilicet: destrerium c. libr. parmen., palafredum xx. libr. imper., et roncinum vi. libr. imper., et non plus, sed minus sic, si minus valuerint. Et, si non fuerint extimati ut supra dictum est, non possit Potestas nec aliquis de sua familia habere mendam a Communi aliquo casu.

Item teneantur praedicti extimatores qualibet die dominica usque ad kalendas junii, postquam electi fuerint, stare cum uno ex sociis Potestatis horis consuetis et congruis in glarea Communis Parmae vel alibi ubi placuerit Potestati et Capitaneo, et eciam aliis diebus, quibus necesse fuerit, cum notariis suis sine fraude, et extimare equos et equas hominum civitatis et episcopatus bene et diligenter qui ad eos ducti fuerint, faciendo scribi indicia cujuslibet equi seu equae, quem seu quam extimaverint, extimando quemlibet equum seu equam plus vel minus secundum quod valere crediderint. Et notarii extimatorum [ponant] in uno libro, quem habere debeant a Communi, indicia cujuslibet equi seu equae quem extimaverint dicti extimatores, et extimi quantitatem per eosdem facti bene et legaliter, et non ultra. Et nemo habeat mendam a Communi de aliquo equo, nisi fuerit extimatus ab extimatoribus, et nisi extimum scriptum fuerit in libro Communis, et nisi factum fuerit extimum infra tempus concessum ad extimandum. Et teneantur extimatores et notarii ipsorum tenere secretum extimum, quod fiet de singulis equis seu equabus, et nemini ostendat notarius libros extimorum; et, si aliquis voluerit instrumentum de extimo equi sui, teneatur notarius, qui habuerit, illud dare per instrumentum publicum authenticatum nomine et signo suo et sigillatum cum certo sigillo sibi dato a Communi quando incipient extimari equi, habendo ceram et chartam a postulante; et, postquam semel extimum alicujus equi alicui postulanti praedicto modo dederit, teneatur non amplius ei dare nec eciam sigillare sine voluntate Consilii generalis; et, si aliquis postulans mendam de equo exhibuerit instrumentum nisi sigillatum, mendam non habeat a Communi.

Qualiter et in quo casu equi Potestatis et Capitanei
debeant emendari.

Capitulum quod Potestas nec aliquis de sua familia, nec Capitaneus nec aliquis de sua familia non habeant mendam a Communi de aliquo suo equo mortuo vel magagnato, nisi eundo vel redeundo pro factis et serviciis Communis; quae magagna, de qua possit fieri menda, intelligatur esse amissio oculi, vel crus fractum, et aliter non possit habere mendam parabola Consilii vel Concionis.

Incipit de officio fornariorum et sacramento,
et de poenis appositis contra eos (1).

Capitulum quod fornarii civitatis et burgorum et illi de eorum familiis jurent et teneantur salvare et custodire ne aliquod furtum faciant nec fieri permittant de pasta seu farina alicujus, quam detulerint ad furnum suum. Et teneantur fornarii et omnes de ipsorum familiis totum panem, qui fiet ad furnum suum seu portabitur, facere bene coqui, levari et saxonari, et non recipient aliquid de pasta nec de farina ab uxore domini nec ab aliquo de familia ejus; et, si factum fuerit aliquod dampnum, illud emendabunt. Et, si aliquis velet facere fieri panem ad domum suam, fornarius teneatur portare illum ad furnum super panariam suam. Et, si fornarius non observaverit hoc capitulum aut in aliquo deliquerit, puniatur et condempnetur et cadat in poenam x. sol. parm. pro qualibet vice; et quilibet possit accusare et habeat medietatem banni. Et omni die teneantur coquere volentibus et petentibus, nisi in diebus dominicis et festis principalibus, et taliter teneantur coquere panem quod non baxetur; et de furto seu de dampno facto in pane seu farina alicujus solvat fornarius, in cujus furno factum fuerit, pro quolibet et qualibet vice tres libras parmen. Et Potestas faciat quod fornarii teneantur sub praedicto banno observare capitula loquencia de misterio suo pro quolibet non observante, et qualibet vice; et quilibet possit accusare et credatur sacramento accusatoris, et accusator habeat terciam partem banni. Et teneantur fornarii propria vasa habere, cum quibus faciant reddi panem.

Item teneatur quilibet fornarius, elapso festo Innocentum, coquere panem omnibus volentibus et petentibus sub poena praedicta et qualibet vice.

Item possit quilibet fornarius accipere pro cotura panis de furmento ad racionem starii duos imper. tantum, et non plus, sub poena dupli.

_____

(1) V. 1.° Statuto, pag. 138.

Item unum imper. de stario speltae.

Item septem parmen. de mestura melicae ad racionem starii.

Item quod, si aliquis voluerit conqueri de aliquo fornario vel de aliquo de sua familia sibi male cosisse (*sic*) panem, vel furtum sibi fecisse de pasta vel farina vel sibi factum esse furtum in furno suo, credatur soli sacramento conquerentis, et compellatur fornarius sine alia solempnitate, et omni exceptione remota, ad solvendum banna in Statuto contenta ad emendandum dampnum quod declaraverit dominus vel domina cujus fuerit panis, farina vel pasta, vel alius de sua familia qui juraverit se habere noticiam de furto, infra VIII. dies postquam praestitum fuerit juramentum. Et fornarii non possint se ad invicem convenire, nisi bis in anno, et tunc de voluntate Potestatis, dicendo sibi causam et locum; si contrafactum fuerit, condempnentur consules eorum in c. sol. parmen., et singuli fornarii, qui fuerint in congregatione, in XX. sol. parmen.

De iis quae ordinata sunt super facto vituralium.

Capitulum quod viturales, qui cum bobus victurant, possint habere licentiam tam a Communi quam a specialibus personis de qualibet volta quam fecerint de fornacibus ad domum illius cui aliquid ducerent, vel ad locum ubi aliquid duxerint pro Communi, in civitate quatuor imperiales, et a quatuor plebibus versus civitatem sex imper. ad racionem milliarii de qualibet volta, et non plus aliqua occasione, ducendo per quamlibet voltam ducentos quinquaginta quadrellos vel planellas, seu cuppos, vel duos modios calcinae.

De magnitudine carariae.

Capitulum quod victurales, qui menabunt vinum ad vecturam ad civitatem seu per civitatem, debeant habere carariam de octo mensuris et non minorem quantitatem tenentem.

Item quod victurales habentes plaustra ferrata in civitate vel burgis solvant singulis annis Communi Parmae pro quolibet ipsorum et quolibet carro ferrato XX. sol. parmen., et illi de episcopatu X. sol. parmen. Et Potestas faciat cridari infra primum mensem sui regiminis quod omnes victurales civitatis et burgorum et episcopatus habentes plaustra ferrata veniant ad faciendum se scribi coram uno ex judicibus Potestatis de praedicto mense; et qui non fecerit se scribi, solvat pro banno v. sol. parmen. pro quolibet. Et praedictum ordinamentum et scriptura de praedictis fiat quolibet anno, quando dacium istius condicionis solvendae Communi non fuerit venditum.

De sacramento magistrorum manariae et murorum et coperiencium domos, et quantitate suae mercedis (1).

Capitulum quod magistri manariae et murorum et copertores domorum compellantur jurare et jurent quod non facient sacramentum nec promissionem inter se quominus possint laborare minori mercede quam in Statuto contineatur, et quod non habebunt aliquem consulatum; et teneantur quod non facient dari zignoribus suis, qui non stetissent cum eis per duos annos, nisi tantum quantum habebit unus ex portatoribus maltae vel lapidum (2), et quod aliquis praedictorum non praesumat in mane venire in plateam Communis aliqua die, qua habuerit operam laborandi, in poena xx. sol. parmen. pro quolibet et qualibet vice; et quilibet possit accusare et habeat medietatem banni.

Item quod dicti magistri manariae et murorum et copertores domorum habeant singuli quolibet die a Pascha Resurrectionis usque ad festum omnium Sanctorum expensis ipsorum a conductore xvi. imper., et expensis conductoris xii. imper. A festo vero omnium Sanctorum usque ad Pascha Resurrectionis quilibet eorum possit habere a conductore expensis suis propriis xii. imper., et viii. imper. expensis conductoris. Maltarolli vero a Pascha praedicta usque ad festum omnium Sanctorum possint habere quolibet die suis expensis xii. imper., et expensis conductoris

---

(1) V. pag. 181 del 1.° Statuto.

(2) Anche nel 1.° Statuto (pag. citata sopra) è determinato che la mercede da pagarsi ai *zignoribus*, i quali non fossero stati in *zignoria* per due anni, non doveva esser maggiore di quella assegnata ad un semplice *portatore di malta e di pietre*. I suddetti erano dunque garzoni, praticanti, persone insomma allevate all' arti dai maestri di esse.

Quanto all'origine di tale parola portiamo opinione che sia corrompimento di *juniores*. Nel modo stesso che il nome del mese *junius* tramutossi nel volgare lombardo in *zugno*, da *juniores* formossi *zugnores*; indi, per l'ovvio scambio della *u* in *i*, *zignores*. Questa opinione è tanto più probabile in quanto, a designare un lavorante al servigio d'un maestro d'arte, il diciamo tuttora *giovane di bottega*.

viii. imper. Alii vero laboratores et eciam praedicti in aliis temporibus et diebus habeant viii. imper. suis expensis, et expensis conductoris iiii. imper. tantum: salvo quod inzignerii murorum et manariae tam in negociis Communis quam in negociis privatorum possint habere quolibet die pro quolibet ipsorum xx. imper. suis expensis, et expensis conductoris xvi. imper.; a festo vero omnium Sanctorum usque ad Pascha suis expensis xvi. imper., et expensis conductorum xii. imper. Et quilibet praedictorum possit compelli ad faciendum laboreria singulorum; et, si recusaverint laborare, solvant pro banno qualibet vice singuli praedictorum x. sol. parmen., et credatur sacramento cujuslibet conductoris contra omnes et singulos praedictae condicionis, cui beneficium dicti Statuti non fuerit observatum. Zappatores possint habere singuli singulis diebus quatuor imper., segatores xii. imper., messores x. imper., vindimiatores iiii. imper., portatores solii vi. imper. et pasturam a conductoribus. Et omnes et singuli praedictarum condicionum, qui contra praedicta fecerint, solvant pro qualibet vice x. sol. parmen., et cercatores possint eos cercare et auferre praedictum bannum.

Usque ad quam horam mercenarii debeant stare
quolibet die ad laborandum.

Capitulum quod nullus magister de manaria vel de muris nec aliqua persona, quae laborabit ulterius ad mercedem in laborerio alicujus in civitate seu extra in aliquo loco in quo possit audire campanam Communis, quae pulsatur pro oracione, debeat exire de laborerio aliqua die ante ultimum sonum dictae campanae in poena et banno c. sol. parmen. pro quolibet contrafaciente et qualibet vice, et perdendi mercedem. Et annuatim de mense januarii magistri manariae et murorum et copertores domorum jurent de hoc capitulo observando; et credatur sacramento conductoris contra quemlibet qui non observaverit capitulum supradictum.

De officio guardatorum noctis et de eorum salario,
et quot esse debeant in singulis portis (1).

Capitulum quod in qualibet porta civitatis eligantur sex guardatores civitatis habentes singuli eorum xl. sol. imper. pro suo feudo pro sex

---

(1) V. 1.° Statuto, pag. 160.

mensibus. Et nemo possit eligi, qui non habeat valimentum xl. librarum parmensium, et in sacramento sui officii ponatur quod valimentum
habent. Et debeant custodire per totam noctem post ultimum sonum
campanae Communis, quae sonat de sero pro custodia civitatis, quousque
pulsabitur ad matutina Capellarum, et vadant cum armis, et debeant
capere et detinere quoscumque invenerint euntes per civitatem de nocte
et sine lumine, et repraesentare Potestati, vel Potestati seu judici suo
accusare, si capere nequiverint, et accusare si aqua dejecta fuerit in
die de seclariis et balchonibus, ut ille, cujus fuerit domus de qua aqua
dejecta fuerit, solvat bannum in Statuto contentum.

Item custodiant ne ludatur ad ludos vetitos, et accusent lusores et
tenentes ipsos in domibus vel alibi. Et, si inventi fuerint habere minus
valimentum quam juraverint, Potestas teneatur auferre eis pro banno
tres libras parmen. et expellere eos ab omni officio extraordinario usque
ad x. annos.

Item habeant ultra salarium suum terciam partem omnium bannorum,
quae ad Commune pervenerint pro accusacionibus seu denunciacionibus
eorum vel causa sui officii, et quod accusent illos, quorum porcae cum
porcellis fuerint inventae ire per civitatem; et quod praedicti guardatores
exerceant tantum officium suum secundum formam Statutorum loquencium de eodem, et non possint accusare aliquem contra formam dictorum Statutorum, nisi de injuria eis illata; et illos, quos accusare debuerint secundum formam alicujus Statuti, accusent infra terciam diem postquam eos invenerint deliquisse; quod si praedicta non observaverint,
condempnentur in c. sol. parmen. pro quolibet et qualibet vice, et sub
poena praedicta exerceant suum officium de die et nocte in suis portis
tantum, et non in aliis, nisi fecerint de voluntate Potestatis vel suae
familiae essendo cum eis; et, si illi non fecerint custodiam secundum
formam dicti Statuti, solvant pro banno qualibet vice, qua non custo-
diverint, x. sol. parmen.

Item teneantur non recipere donum, servicium nec aportum, nec bibere nec comedere in aliqua domo tabernariorum, pistorum seu albergatorum toto tempore sui officii; et, si contrafecerint, solvant pro banno
pro quolibet et qualibet vice tres libras parmen., et quilibet possit accusare et habeat medietatem banni.

Item quod offendentibus custodes noctis vel aliquos deputatos ad faciendum fieri custodias nocturnas imponatur poena duplo major, et exigatur, quam debeat imponi et exigi ei qui alium offendisset.

De officio notariorum tascharum (1).

Capitulum quod notarii tascharum, qui tenent libros Communis, faciant ipsos libros salvos, et debeant bene et diligenter custodire, et facere copiam cuilibet postulanti, et obstendere ipsos libros et scripturas et banna omnibus personis volentibus videre eas, sine aliquo precio vel solutione; et, si aliquis voluerit exemplum alicujus banni, teneantur ei dare et non accipere nisi duos imper. pro quolibet banno petenti aliqua occasione: de aliis vero scripturis debeant sibi solvere sufficienter secundum tassaciones scripturarum notariorum; et hoc teneantur facere in poena et banno c. sol. parmen. pro quolibet et qualibet vice.

Item jurent praedicti officiales recuperare omnes libros Communis a quacumque persona ipsos habente, et habeant a Communi pro quolibet ipsorum pro suo salario sex mensium x. sol. imper.

Item notarii Potestatis, notarii advocatorum et consulum justiciae, notarii mercadanciae, notarii Ancianorum teneantur et debeant assignare praedictis notariis tascharum, finito eorum officio, singulis sex mensibus, et ante, si minus duraverit eorum officium, infra tres dies omnes libros sui officii. Ad similem assignacionem faciendam de suis libris teneantur omnes alii officiales Communis modo et in futurum.

Item teneantur facere instrumenta singulis, quos canzellabunt de bannis, si postulaverint, et non obstendere libros introitus nec expensarum massarii Communis alicui sine parabola Potestatis vel unius ex judicibus suis.

Item teneatur Potestas auferre c. sol. parmen. singulis officialibus Communis, si non assignaverint libros sui officii praedictis notariis modo praedicto, et, si Potestas non punierit, cercatores debeant inquirere et habeant jurisdicionem exigendi dictum bannum in duplum. Et assignent praedicti officiales, deposito eorum officio, et modo praedicto et sub dicta poena librum Cousiliorum de campana, libros consiliorum judicum

_____

(1) V. 1.° Statuto, pag. 142.

et causarum, et generaliter omnes libros, praeter librum breviariorum;
et quilibet possit accusare quemlibet qui non observaverit praedicta, et
habeat medietatem banni.

Item nullus notarius tascharum, nec aliquis alius pro eis, debeat de
cetero accipere denarios Communis, quos banniti solvent pro bannis cur-
sis, nec aliquem de banno canzellare, nisi prius solverit massario Communis quinque sol. parmen. pro quolibet banno curso; intelligendo quod,
si comunale, mistrales et homines alicujus villae, vel consules et homines alicujus vicineae fuerint positi in aliquo banno, sive nomina expressa
fuerint sive non, quod illud bannum habeatur loco unius banni tantum,
et pro ipso banno canzellando solvant tantum v. sol. parmen.; et notarii
tascharum, et alii apud quos talia banna fuerint, teneantur, facta soluctione de v. sold. massario Communis pro quolibet banno praedictae
condicionis, ipsa banna canzellare per scripturam publicam factam per
aliquem ex notariis massarii de soluctione facta, in qua scriptura sit
bulla massarii.

Item quod praedicti notarii tascharum nec aliqui notarii nec officiales
Communis nec aliqua alia persona praesumant de denariis bannorum recipere, sed solum debeant dari et solvi massario Communis per bannitos
cum de bannis exiverint, et notarii, qui ipsa banna canzellabunt, subscribant qualiter denarii bannorum soluti erunt massario et cui massario, et qualiter constet per scripturam publicam et bullatam modo praedicto. Et nullum bannum intelligatur esse canzellatum, sive ante terminum sive post terminum fuerit canzellatum, nisi scripta fuerit dies can-
zellacionis et nomen et pronomen notarii canzellatoris et millesimus. Et
si aliquis notarius vel alius invenietur praeter massarium percipere denarios dictorum bannorum pertinentes ad Commune, intelligatur per fraudem fecisse, et restituat cum poena dupli; et Potestas teneatur insuper
condempnare contrafacientes in c. sol. parmen. pro quolibet et qualibet
vice; et quilibet possit accusare, et teneatur secretus, et habeat medietatem banni.

Item quod praedicti notarii tascharum ab omnibus et singulis, quos
de banno canzellabunt, teneantur exigere expensas factas et scriptas apud
banna, et eas exactas teneantur dare creditoribus, seu illis pro quibus
essent banniti, ea die qua dictas expensas habuerint vel sequenti, praesentibus in civitate; et absentibus extra civitatem, infra secundam diem

postquam praesencia talium absencium ipsis notariis fuerit manifesta; et hoc in poena restituendi dictas expensas in duplum; et quilibet, cujus interfuerit, possit eos convenire ad sortem et ad duplum sibi solvendum cum omnibus expensis quas omni die fecerit, et de tempore tamquam de mercede et de expensis sibi credatur in totum, in poena solvendi xx. sol. parmen. pro quolibet contrafaciente et qualibet vice.

Item quod socius Potestatis et officiales tascharum possint tantum unum correrium habere singulis septimanis pro ambaxatis eorum faciendis, et sufficiat unus correrius pro singulis bancis. Nec possint consules correriorum, nec ipsi correrii ultra de cetero aggravari per Potestatem, nec judices suos vel socios, in poena x. librarum parmensium pro quolibet et qualibet vice. Millesimo cc. nonagesimo tercio.

Qualiter libri bannorum notariorum Potestatis
et aliorum officialium Communis sint assignandi notariis tascharum.

Capitulum quod Potestas teneatur facere dari omnes libros bannorum officialium Communis, completo tempore ipsorum officialium qui ipsos scripserint, notariis tascharum secundum formam praedicti Statuti. Et Potestas et ejus judices nec aliquis ipsorum non permittant quod aliqui officiales Communis teneant libros Communis, et utantur, vel aggravent aliquos homines qui essent in aliquibus libris bannorum, nisi libri illi fuerint facti sub examine Potestatis vel alicujus ex judicibus suis vel sub examine alicujus advocati, consulis vel consulum justiciae, et nisi illi libri scripti fuerint per notarios Potestatis debentes secundum formam Statuti Communis et Societatis esse ad officium Potestatis et suorum judicum, vel notarios advocatorum et consulum justiciae; et, si aliqui aliter vel alio modo invenirentur in aliquibus libris bannorum scripti, nullum praejudicium faciat eis. Nec notarii tascharum faciant de libris praedictae condicionis copiam alicui, nisi cercatoribus, quibus faciant copiam ad suam voluntatem et dent.

Qualiter albergatores tenentur non habere aliquam societatem
ad invicem (1).

Capitulum quod Potestas teneatur compellere albergatores civitatis et districtus Parmae societatem, communitatem seu conjuracionem ad invi-

---

(1) V. 1.° Statuto, pag. 182.

cem seu unum cum alio non habere, ita quod quilibet mercator et pel-
legrinus et viator in veniendo ad civitatem et exeundo de civitate vadat
per quamcomque stratam voluerit, et hospitetur ubi voluerit. Et Potestas
teneatur stratam de Monbardono et alias stratas defendere et inquirere
super iis, ad voluntatem albergatorum civitatis et Monbardoni, si habent
aliquam societatem praedicti albergatores cum illis de Burgo. Et nullus
albergator vadat vel mittat oviam peregrinis nec alicui alii. Et, si quis
contrafecerit, solvat pro banno tres libras parmen. pro qualibet vice.

Item quod nemo albergator civitatis vel burgorum praesumat ire vel
mittere oviam in civitate vel extra foresteriis ad civitatem venientibus
pro hospitando, nec vocare aliquem foresterium de sub porticu alicujus,
nec eciam exire de hospicio suo cum aliqua mensura ostendenda alicui
foresterio transeunti, quia in hospicio ipsius hospitetur, nec aliquod in-
dicium faciat per quod invitet aliquos transeuntes ad hospitandum secum;
sed libere quilibet albergator permittat foresterios transeuntes ire quocumque voluerint ad albergum; et, qui contrafecerit, singulis vicibus
condempnetur in banno praedicto, et quilibet possit accusare et habeat
medietatem banni.

De glarea Parmae manutenenda (1).

Capitulum quod rector civitatis Parmae teneatur sacramento manutenere glaream Parmae ex utraque parte a ripis veteribus intus a ponte
Nuseclae injosum usque ad molendinum filiorum Bochoni de Vigolandulis;
et idem observet Potestas in glarea Baganciae a ponte superiori civitatis, qui est super flumine Parmae, usque ad claudinam Crottorum, ut
animalia hominum civitatis et episcopatus possint ibi pascere praeter
impedimentum alicujus specialis personae; et idem teneatur observare
Potestas in augmento quod fecerit aqua ipsorum fluminum; et teneatur
Potestas ipsam glaream modo praedicto facere teneri expeditam, et non
permittere astringi, et locum, ubi fit mercatum, similiter in glarea Parmae, et videre singulis tribus mensibus, et auferre cuilibet qui occupaverit vel extrinxerit vel impediverit tres libras parmen., de quibus medietatem habeat accusator, et teneatur secretus. Et in aliquo loco dictae

---

(1) V. 1.° Stat., pag. 185.

glareae budellarii non morentur ad faciendum cordas, nec eciam alii ad faciendum dictum misterium, et specialiter inter canale Taronis et ecclesiam sancti Leonardi. Nec linum ponatur ad macerandum a molendino abbatissae et Teberti insursum in flumine usque ad canale Taronis, nec in ipso canali. Et idem observetur in coriis non abluendis nec scarnandis ne de calcina nec de pillo projiciatur a ponte de sancto Paulo in flumine Parmae injosum; et qui contrafcecerit, solvat pro banno xx. sol. parmen. [Salvo quod una bucha fiat in muro civitatis, vel plures, si necesse fuerint, per quam sive quas possit aqua, quae jacet in glarea, discholari in flumine Parmae. Et quod amplius non portetur teracium, calcinacium et letamen quod impediat ipsam glaream, et quod explanetur et coaequetur. Et fiant praedicta expensis Communis; et, si quis contrafecerit ducendo vel duci faciendo aliquid de praedictis, condempnetur in xl. sol. parmen., et quilibet possit accusare et habeat medietatem banni. Et hoc teneatur facere fieri Potestas hinc ad festum omnium Sanctorum. m. cc. lxxxxiiii., Indictione vi.]

Infrascripta sunt Statuta facta inter universitatem mercatorum et Commune Parmae super jurisdicione concessa officialibus ipsorum mercatorum seu mercadanciae Parmae, et ad quam jurisdicionem debent stare contenti.

Infrascripta sunt banna et placita et cognicio officialium mercatorum civitatis Parmae secundum quod fuit determinatum tempore domini Roberti condam Manfredi Pici olim Potestatis Parmae per Consilium generale Communis ipsius civitatis.

Primo cognoscant rectores, consules seu officiales mercadanciae et habeant jurisdictionem cognoscendi inter infrascriptos negociatores civitatis et episcopatus Parmae, videlicet: cambiatores, drapperios etc. (1).

Qualiter officiales mercatorum debeant stare sub palacio Communis ad jura reddenda.

Capitulum quod advocati et consules et alii officiales mercatorum debeant habere banchum sub palacio Communis, ubi stare debeant ad jus

---

(1) Pel resto v. il 1.º Stat., pag. 188-190.

reddendum secundum jurisdicionem sibi concessam, et non alibi, et in palacio Communis facere Consilia sua et congregaciones quociens volent, et pro ipsis Consiliis et congregacionibus pulsetur campana mezana, quae est in turri Communis.

Qualiter Potestas, Capitaneus, Anciani et alii debeant providere quod misterium artis lanae et pignolati fiat in civitate Parmae.

Capitulum quod Potestas, Capitaneus, Anciani et alii teneantur dare operam modis omnibus, quibus poterunt, efficacem quod magistri seu artifices pannorum lanae, lini et pignolati, in qua majori quantitate poterunt, veniant ad standum in civitate Parmae ad faciendum misterium lanae et pignolatorum.

Quid super pignolatis ordinatum sit (1).

Capitulum quod Potestas teneatur dare et conservare plenam fiduciam omnibus et singulis personis ad veniendum et standum seu morandum in civitate Parmae, undecumque sint, ad faciendum misterium pignolati, et illam securitatem habeant veniendi, standi et discedendi de civitate Parmae sicut habent alii cives Parmae. Et totum pignolatum, quod fiet in civitate Parmae, fieri debeat eo modo et forma quibus antiquitus fieri consuevit, et cuilibet tam civi quam foresterio liceat ducere in civitatem Parmae pignolatum tam foresterium quam nostranum, et vendere absque poena, et eciam educere de civitate et forcia Communis Parmae, ut melior denariata sit in civitate Parmae de pignolato.

De capestris et cordellis et sua longitudine, et de poena vendentis vel aliter facientis (2).

Capitulum quod quilibet, qui fecerit cavestros, teneatur facere de sex brachiis; et qui contrafecerit, Potestas teneatur ei auferre pro banno tres sol. parmen., videlicet ei qui inveniretur habere cavestros minus longos

---

et eciam cordellas longas minus de sex brachiis: et quilibet possit accusare et habeat medietatem banni; et guardatores civitatis teneantur accusare similiter, habendo medietatem banni.

De drapperiis et sartoribus civitatis, et quid contra eos ordinatum sit (1).

Capitulum quod nullus drapperius civitatis debeat dare aliquod servicium alicui personae pro faciendo sibi vendere drappum suum nec occasione praedicta, et jurent observare drapperii. Et quilibet sartor similiter teneatur non petere aliquod servicium ab aliquo, faciendo quod vadat pannum suum, et non recipere per se vel alium. Et non habeant societatem drapperii cum sartoribus aliquo modo, et hoc jurent observare sartores.

Item draperii teneantur infra xv. dies, postquam pannos emerunt in societatem, dividere drappos emptos communiter, nisi fuerit scarlatum, nec postea communicare; et qui contra fecerit, solvat pro banno pro quolibet et qualibet vice tres libras parmen., et quilibet possit accusare et habeat terciam partem banni, et cercatores possint et debeant cercare. Et quilibet drapperius teneatur non emere drappum falsum nec furtive ablatum, nec illud vendere.

Item quod Potestas teneatur facere jurare advocatos et consules mercatorum quod ipsi facient jurare et ad jurandum compellent drapperios et sartores praedicta attendere et observare, et facere legi hoc capitulum ter in anno in congregatione mercatorum, ut praedicta melius sciantur et melius observentur; et quod de cetero nullus drapperius audeat vocare vel vocari facere aliquem euntem ad stacionem aliorum causa emendi pannos, et hoc in poena et banno xx. sol. parmen. pro quolibet et qualibet vice, et quilibet possit accusare, et credatur accusatori cum uno teste. Et Potestas teneatur facere jurare mercatores quod observabunt omnia et singula praedicta.

Item quod panni, cujuscomque condicionis fuerint, et pignolatum et alia omnia, quae mensurantur ad passum, de cetero extendantur super assidem seu dischum quando mensurari debuerint, et nullo modo ven-

---

(1) V. 1.° Stat., pag. 192.

dantur nec emantur alio modo nec tirentur, in poena xx. sol. parmen. pro quolibet contrafaciente et qualibet vice, et quilibet possit accusare et habeat medietatem banni; et cercatores teneantur cercare et punire contrafacientes, si per Potestatem non fuerint puniti.

Item quod Potestas, infra xv. dies sui regiminis primos, teneatur facere eligi seu eligere et habere quinque sapientes per quamlibet portam, inter quos non sit aliquis sartorius nec drapperius, cum quibus debeat videre, tractare et ordinare illud per quod sartorii melius et legalius suum debeant officium exercere ad utilitatem hominum civitatis et episcopatus, et illud, quod in hoc ordinaverint, Potestas tamquam Statutum de cetero faciat observari.

Item quod advocatus mercatorum, vel alius pro eo, dummodo sit de parte ecclesiae et descriptus in Societate croxatorum, de cetero sit in numero Ancianorum, et habeat similem bayliam sicut habet unus ex eis et simile officium.

Item quod advocati et consules mercatorum toto tempore sui officii sint sicut de electis de Consilio generali.

Incipit de texitoribus (1).

Capitulum quod omnes texitores tam masculi quam feminae, qui teschunt in civitate vel episcopatu Parmae, vel tescent, non habeant de testura panni, nec recipiant per se nec per alium ultra infrascriptam quantitatem: pro precio et factura panni duorum lenzolorum de passo, habeant viiii. sol. parmen., et de illis de quarta minus passo iiii. sol. et dimidium parmen.; et de pecia de panno de octo, xviii. imper.; et de petia panni de vii., xii. imper.; et de pecia panni v., viii. imper.; et de brachio mantilis de quarta minus passo, unum imper.; et de brachio de passo, ii. imper.; et de brachio de quarta plus de passo, ii. imper.; et de lenzolis de quarta plus de passo, ii. imper. de brachio.

Item quod omnes texitores tam masculi quam feminae, qui modo teschunt seu tescent de cetero de dictis pannis de lino vel caneva, debeant facere pannos ad modum et mensuram passi novi, et non veteris; et quod quilibet tessitor masculus seu femina amodo debeat habere pe-

---

(1) V. 1.° Statuto, pag. 193.

tinos, ad quos tescet ad modum pasci novi in longitudine et latitudine, in poena et banno c. sol. parmen. pro quolibet contrafaciente et qualibet vice; et quilibet possit accusare, et habeat medietatem banni.

Item jurent facere dicta laboreria quae recipient, et complere quam citius poterunt, et guardare et salvare bona fide, sine fraude, nec furtum nec fraudem facere, nec maliciam aliquam, nec fieri permittere; et quod restituent integre pannum et filum, quod superfuerit sibi, ei cujus fuerit, vel nuncio suo.

Item quod non recipient per se nec per alium aliquod servicium nec aportum nec comenzaticam nec livraticam nec aliquid aliud, nisi quod superius continetur, pro factura panni seu lenzolorum; et consules de contratis faciant texitores hoc jurare quando facient sacramentum Communis; et qui contrafecerit, solvat pro banno qualibet vice xx. sol. parmen.; et quilibet possit accusare, et credatur sacramento illius qui juraverit se dedisse ultra illud quod superius continetur.

De calegariis.

Capitulum quod Potestas teneatur sacramento praeciso facere fieri secundum modum antiquum et inventum, qui est in camera Communis, secundum quem antiquitus soleae calegariorum consueverint designari, et secundum quem extra signa ipsae soleae consueverunt esse amplae et longhae (eo quod secundum modum, ad quem de novo fiebant calzarii, non poterant solari nec guerdolari (sic); qui modus ferratus et legitimatus, ut antiquitus esse consuevit, est in camera Communis, ad quem soleae signabantur in coreis confectis), et soleas facere incidi et vendi. Et, si aliquis calegarius contrafecerit, solvat pro banno xxv. libras parmen. pro qualibet vice; et pro quolibet qui non observaverit, quilibet possit accusare, et habeat medietatem banni.

De assetto non tenendo inter homines misteriorum quominus vendant pro illo precio pro quo poterunt (1).

Capitulum quod Potestas facere teneatur jurare illos qui vendunt in civitate, aut vendi faciunt, oleum ad minutum, quod non tenebunt as-

---

(1) V. 1.° Statuto, pag. 178.

settum inter se, quin quilibet ipsorum possit vendere pro precio, pro quo poterit. Et habeat locum in quolibet negociatore. Et quod nullus civitatis possit compellere aliquem de suo misterio quod non possit laborare et carnes vendere et facere, quando voluerit, de die et nocte et quando et quantum poterit et ubi voluerit, non obstante aliquo capitulo. Et Potestas teneatur facere jurare consules misteriorum praedicta observare, et quod non accipient aliquod servicium ab aliquo, qui voluerit intrare in eorum misterium, aliquo modo; et quod faciet consules praesentes et praeteritos venire, et quod ostendant sibi ordinamenta nova et vetera, et, si quid erit in illis scripturis quod noceat communi utilitati vel quod noceat praesenti ordinamento, illud facere auferre. Et hoc teneatur facere Potestas infra duos menses postquam intraverit in suo regimine, secundum quod continetur in capitulo quod loquitur de ordinamentis arcium approbandis.

Item quod quilibet, cujuscomque condicionis fuerit et cujuscomque artis fuerit, possit impune artem suam et misterium suum libere exercere de die et nocte, et habere laboratores ad suam voluntatem, exceptis festivitatibus celebrandis.

Item quod, si consul alicujus artis ab aliquo de arte sua pignus quaesiverit pro bono et utilitate misterii sui, seu quaerere voluerit, illud quaerere teneatur et debeat coram advocatis et consulibus mercatorum, specificando causam certam pro qua postulaverit, et faciendo ipsam scribi, et postea cognoscatur si de jure dare debuerit.

De corezariis.

Capitulum quod omnes corezarii, qui manent et laborant in burgo sanctae Christinae, debeant ire ad habitandum et laborandum ab angulo sancti Stephani ultra; et ab ipso angulo citra versus plateam nullus debeat laborare nec stacionem tenere.

Item quod nec corezarii nec eorum laboratores stent nec sedeant ad artem suam exercendam extra staciones suas, nisi sedendo apud murum stationum et tangendo murum cum spalis, ita quod non impediant viam Communis cum schanis, banchis, vel aliter; et, si reperti fuerint habere vel tenere bancha, schana vel alia imbrigamenta extra murum stacionum, praeter bancha quae erunt apud muros, quae possint esse lata tantum per brachium, puniantur pro singulis et qualibet vice: in xx. sol. parmen. quilibet magister, et quilibet laborator in x. sol. parmen.; et quilibet possit accusare, et habeat medietatem banni.

Item quod notarius domini Capitanei deputatus super viis et stratis reaptandis et disgomberandis teneatur ipsos corezarios cercare bis in qualibet septimana quod non stabunt nec sedebunt in strata Claudia, prout continetur superius; et, si invenerit aliquem contrafacientem, teneatur dominus Capitaneus punire quemlibet in xx. sol. parmen. pro quolibet et qualibet vice; et hoc infra x. dies postquam inventi fuerint; et, si dictus notarius praedicta non observaverit, cadat in poenam x. librarum parmensium pro quolibet et qualibet vice. Millesimo cc. nonagesimo tertio, Indictione sexta.

Ubi piscatores debent stare ad pisces vendendos.

Capitulum quod Potestas teneatur sacramento praeciso compellere piscatores stare ad pisces vendendos in via nova Communis, quae est desuper a Camuxina propter canalem inde labentem. ut putredo piscium possit melius purgari et tolli de viis publicis. Et omni anno iste locus publicus Communis subhastetur et vendatur plus offerre volentibus.

De modo observando in gambaris vendendis.

Capitulum quod quicumque aportabit cancros ad vendendum in platea Communis teneatur eos vendere ad´minutum, et ad parmensem dare ad minus xv.; et, postquam incoeperit dare, det emptori in tanta quantitate, quantam emere voluerit; et qui facere recusaverit, seu contrafecerit in aliquo praedictorum, solvat pro banno x. sol. parmen. [et quilibet possit accusare et habeat medietatem banni] et amittat cancros; et qui vellet emere, si a venditore ei dictum fuerit contra praedicta vel aliquod praedictorum, possit libere et impune auferre ei omnes gambaros. Et nullus praesumat emere pisces nec gambaros de cetero pro revendere, in poena xx. sol. parmen., et perdendi pisces seu gambaros, et quilibet possit accusare et habeat medietatem banni.

Qualiter piscatores non debeant tenere pisces in vivario.

Capitulum quod piscatores de cetero non audeant nec praesumant tenere pisces in vivario prope civitatem per quinque milliaria, nec in foveis civitatis aliquo modo; et quilibet, qui contrafecerit, solvat pro banno pro qualibet vice x. libras parmen.; et quilibet possit accusare, et habeat medietatem banni.

De poena facientis simile signum cum illo de arte sua.

Capitulum, ad conservacionem misteriorum et hominum de artibus civitatis, et ad obstandum et cessandum multas fraudes quae committuntur et committi possent in artibus civitatis, quod nullus de arte vel misterio debeat se intromittere de signo alicujus alterius personae quae sit de misterio, nec facere signum alterius nec simile, nec contrafacere, in cultellis nec in spatis; et, si aliquis de misterio vel arte civitatis consuetus est facere signum in cultellis, spatis vel aliis ferramentis per x. annos, et aliqua alia persona civitatis reperiretur incoepisse facere vel fecisse ab uno vel duobus annis citra idem signum vel simile vel stampitum vel formatum aliquo modo in similitudinem alterius signi vel quod alteri assimiletur, teneatur de cetero illud signum non facere nec operari in cultellis, spatis vel aliis ferramentis, et hoc in poena et banno x. libr. parmen. pro quolibet et qualibet vice, qua de cetero fuerit contrafactum; et hoc, non obstante aliquo compromisso seu sentencia facta ab hinc retro per arbitros. M. CC. LXXXII., Indictione x., die XXVIII. augusti.

Incipit de bechariis, et de observandis per eos.

Capitulum quod quilibet becharius teneatur non vendere carnes femininas pro masculinis carnibus, nec carnes de pecude seu de montono pro carnibus de castrono, nec carnes de bestia infirma; et Potestas teneatur auferre pro banno cuilibet contrafacienti xx. sol. parmen. pro qualibet vice; et quilibet possit accusare, et habeat medietatem banni.

De eodem.

Capitulum quod Potestas teneatur sacramento infra mensem, ex quo intraverit in suo regimine, cogere becharios civitatis stare ad vendendum

carnes in illis portis in quibus habitant, et non alibi, aliquo modo vel
ingenio, et hoc pro majori utilitate emencium carnes. Et hoc capitulum
sit praecisum et praecise per Potestatem et suam familiam integraliter
debeat observari; et, si Potestas hoc capitulum non fecerit observari,
amittat de suo feudo c. libras parmen.

Item quod nullus becharius, nec aliqua alia persona vendens carnes
vel excorians eas, praesumat carnes inflare cum sprochis vel cum alio
instrumento, vel buffare cum bocha in eis, vel aliter cum alio instrumento, qualitercomque dici vel excogitari possit; et qui contrafecerit,
solvat pro banno c. sol. parmen. pro qualibet bestia et qualibet vice; et
quilibet possit accusare et habeat medietatem banni, et credatur soli
accusatori cum uno teste.

Item teneatur quilibet becharius sacramento non tenere carnes exco-
riatas pellibus involutas.

Item teneatur similiter quilibet becharius tenere carnes pecudum sepa-
ratas a carnibus castraetinis et a carnibus de montone sub praedicto
banno pro quolibet et qualibet vice; et quilibet possit accusare, ut supra
continetur. Et Potestas Communis teneatur compellere Potestatem et consules bechariorum jurare de hoc capitulo observando et de accusando
contrafacientes.

Item quod quilibet becharius et quilibet alius civitatis Parmae teneatur sacramento non vendere in grossum nec ad menutum carnes lebro-
sas seu gramignosas nec viciosas nec morbosas nec malatas, nec porcos
gramignosos, in becharia nec eciam alibi in civitate vel burgis in poena
et banno c. sol. parmen. pro quolibet et qualibet vice; et quilibet possit
accusare et habeat medietatem banni.

De custodibus eligendis ad custodiam stacionum mercatorum.

Capitulum quod Potestas teneatur eligere seu concedere quatuor custodes mercatoribus petentibus, et suis expensis, qui debeant custodire
mercadanciam, staciones et domos mercatorum a capite pontis lapidum
versus mane usque ad canalem Rachelli (1).

(1) V. 1.° Statuto, pag. 194.

De pactis, quae sunt inter Commune Parmae et pontem Taronis
de strata Claudia, observandis.

Capitulum quod Potestas teneatur attendere in perpetuum promixiones, et pacta facta inter Commune Parmae ex parte una et fratres de ponte Taronis de strata Claudia ex alia, et observare ipsi ponti et ministris ejus, secundum quod continetur in charta exinde facta per Rolandum Gilii Stadiani notarium.

Qualiter ponterii pontis Taronis debent manutenere dictum pontem
et navem in flumine Taronis.

Capitulum quod, cum tempore domini Manfredi de Saxolo Potestatis Parmae olim fuerint datae cc. librae imper. fratribus pontis Taronis de strata Claudia pro reaptacione dicti pontis, quod Potestas teneatur instrumentum promissionis et obligacionis factae de manutenendo dictum pontem et navem tenendo in flumine Taronis facere registrari et scribi in Statutis Communis usque ad carnisprivium, ut de cetero dicti fratres faciant et reaptent dictum pontem secundum quod in ipso instrumento continetur, et illi, qui obligaverunt se ad praedicta, compellantur, si fratres praedicti non fecerint illum pontem; et similiter quod ipsi fratres [defendantur] ab omni injuria et violencia, quam aliquis faceret eis in dicta navi tenenda. Quod instrumentum fecit Marchus Cantellus.

Haec est forma instrumenti praedicti.

In nomine Domini, millesimo cc. lxviiii., Indictione xii., ab anno Dominicae Nativitatis, die veneris xvii. maji. Dominus Johannes Barisellus, dominus Petrus filius quondam domini Gerardi Ferrarii de vicinia sanctae Brigidae, ambo insimul et uterque ipsorum in solidum, sponte promiserunt mihi notario stipulanti et recipienti nomine et vice Potestatis et Communis Parmae et omnium et singulorum, ad quos posset negocium pertinere, ita facere quod dominus Azo dominus et minister domus pontis Taronis de strata Claudia et sui successores et fratres dictae domus suis expensis aptabunt tam de ferro quam de lignamine omnibus aedificiis opportunis totum pontem, qui est super flumine Taronis, per quem transitur ipsum flumen eundo a civitate Parmae ad Burgum Sancti Donini, cum quam majori celeritate fieri poterit, et aptari facient et aptabunt tali modo et forma quod quilibet sine periculo possit ad pedem et ad caballum cum bestiis, bobus et plaustris per ipsum pontem transire, ire et redire; et, cum fuerit refectus dictus pons et aptatus modo praedicto, et aliquo eventu contingeret quod per impetum aquae dictus pons destrueretur in totum vel in partem, aut marcesceret vel alio modo laederetur vel destrueretur, ipse minister et successores et fratres dictae domus, qui modo sunt vel qui pro tempore fuerint, aptabunt ipsum pontem modo praedicto, et sic aptatum perpetuo conservabunt omnibus opportunis ad expensas suas et dictae domus seu mansionis. Et procurabunt et facient sic dicti Petrus et Johannes per se et suos heredes quod per praesentem ministrum, fratres dictae domus et suos successores praedicta omnia et singula fient et complebuntur absque dilactione, postquam sibi ministro seu fratribus dictae domus fuerit denunciatum per Potestatem Parmae, vel ex parte sua, vel per aliquem vel aliquos, quorum interesset, incipiendo aptationem dicti pontis post denunciationem seu requisicionem infra VIII. dies, et postea continuando singulis vicibus quibus ipse pons indigebit reaptatione in totum vel in partem; et eciam praedicta facient sine requisitione, quam cito fuerit opportunum aliquod laborerium esse faciendum pro structura et reaptatione dicti pontis. Et insuper promiserunt praedicti Johannes et Petrus, si aliquo eventu contigerit quod dictus pons rumpatur in totum vel in partem, vel alio modo destrueretur taliter quod per ipsum non posset transiri modo praedicto, vel impediretur transitus transire volentibus per eumdem, tempore quo reaptaretur vel alia causa, ita facere et curare quod per eumdem ministrum et suos successores et fratres dictae domus praesentes et futuros tenebitur una navis bona, sufficiens et conveniens suis expensis in aqua dicti fluminis apud praedictum pontem desuper vel desuptus, ubi commodius teneri poterit, cum qua dabunt et dari facient gratis transitum omnibus et singulis volentibus ire et redire cum personis et rebus; et hoc fiet et servabitur perpetuo in futurum quando et quociens non possit ad ipsum pontem transiri modo praedicto. Quae omnia et singula supradicta sint perpetualiter et debeant observari, et praedicti Johannes et Petrus promiserunt sic facere et curare quod observabuntur et fient ut superius continetur; alioquin attendent pro se et de suo, et uterque ipsorum in solidum, renunciando epistolae divi Hadriani et beneficio novae constitutionis, condicioni sine causa vel ex injusta causa, et quod non dicent se obligatos fore pro alieno facto, et maxime cum ad preces et instanciam eorum dominus Manfredus de Saxolo Parmae Potestas fecerit dari ipsi ministro et fratribus CLXXXX. libras imper. de denariis hominum civitatis et episcopatus Parmae, ad quorum utilitatem spectat dictus pons, conditionibus et pactis praedictis, et renunciando etiam exceptioni doli mali et privilegio fori et cuilibet alii suae legitimae defensioni, pro quibus attendendis et observandis obligaverunt omnia sua bona, de quibus constituerunt se possessores pro Communi Parmae, et singulis ad quos spectat negocium. Actum Parmae in domo Communis: testes dominus Rolandus Manivertus (1), dominus Jacobus condam domini Thebaldi de Sancto Marco, Hugozonus filius condam Jacobi de Pavaranno, et Guillielmus Bonati.

Qualiter ponterius pontis Henciae, qui est in strata Claudia, teneatur ponere gabionos ad moras pontis praedicti postquam conducti fuerint ad ipsum pontem.

Capitulum quod ponterius pontis, qui est super flumine pontis Henciae in strata Claudia in episcopatu Parmae, teneatur ponere gabionos ad moras pontis praedicti in opere, in loco ubi magis necessarium fuerit pro utilitate dicti pontis, infra VIII. dies postquam dicta gabiona (*sic*) conducta fuerint ad dictum pontem; et, si praedicta non fecerit, Potestas teneatur sacramento praeciso ponere ad Consilium quingintorum quid placet in praedictis fieri pro Communi. M. CC. LXXXXIII., Indictione VI. Et, si aliquis laycus venerit cum ponterio pro eodem ad aliquam exceptionem vel defensionem proponendam, vel ad aliquid allegandum in suum favorem contra ea quae ordinata fuerint, Potestas incontinenti faciat detineri talem laycum personaliter quousque solverit Communi XXV. libras parmen., in quibus Potestas eum debeat condempnare. Et haec omnia et singula locum habeant et serventur contra propinquos singulorum cle-

---

(1) Lo Statuto del 1494, recando in luce questo documento a car. XIII. e XIIII., storpiò in *Martinertus* la voce *Manivertus*, che è cognome noto di famiglia nostrale. Lo stesso errore è nella materiale ristampa del Viotti.

ricorum veniencium vel mittencium aliquid in favorem ponterii supradicti. Et haec omnia et singula sint praecisa et praecise per Potestatem
debeant observari; et, si Potestas non observaverit, perdat de suo feudo
ʟ. libras parmen., quocienscomque negligens fuerit, vel aliquid de praedictis obmiserit observare, et insuper sindici specialiter eum debeant
condempnare.

Item quod praedicta omnia et singula, contenta in praedicto capitulo
et Statutis Communis loquentibus de defensione et reaptatione et con-
structione pontis de Hencia stratae Claudiae, locum habeant et serventur in ponte de Hencia de Sorbulo per suos ponterios et in ponte de
Taro per suos ponterios.

Item, si ponterii dictorum poncium non observaverint integre contenta
in Statutis Communis loquentibus de conservatione dictorum poncium,
quod Potestas teneatur possessiones ipsorum poncium obligare, et obli-
gatas defendere, quibuslibet volentibus reaptare et manutenere dictos
pontes, quousque sibi fuerit satisfactum de expensis in dictis pontibus
factis et utilitate ipsorum.

Qualiter pedagium, quod colligitur ad pontem Taronis de strata Claudia, deputatum sit operi dicti pontis.

Capitulum quod pedagium, quod colligitur et colligetur in posterum
ad pontem Taronis de strata Claudia, per quoscomque colligatur et exigatur ipsum pedagium sive per Commune sive per alios qui conducerent
a Communi, totum et integraliter deputetur et deputatum sit operi dicti
pontis et ad ipsum faciendum et manutenendum ac eciam reficiendum,
taliter quod ipsum pedagium, seu pecunia quae colligetur aut exigetur
de eo seu occasione pedagii dicti pontis, non possit in aliquo facto seu
negocio deputari, expendi vel dari. Et, ut praedicta melius observentur
et executioni mandentur, et provideatur magis sollicite suis temporibus
laborerio dicti pontis, tota pecunia, quae exigetur occasione dicti pedagii, dari debeat et solvi massario conventus ordinis Clarevallensis Fon-
tisvivi, qui per se vel per alium dictae domus provideat de dicta pecunia in opere dicti pontis. Et quilibet collector dicti pedagii teneatur et
debeat dare et solvere massario supradicto de conscientia dominorum Potestatis, Capitanei, Ancianorum et aliorum; qui de dicta solucione faciant

fieri in camera Communis librum specialem ut semper, si Communi Parmae placebit, possit fieri racio de pecunia supradicta in dicto opere expendita et collecta; ita tamen quod Potestas, Capitaneus et Anciani et alii non possint impedire quominus praedicta [habeant] effectum, et quod dicta pecunia deveniat in dictum massarium, sub poena cc. librarum parmensium de salariis eorumdem.

Qualiter aliquis laycus nulli clerico possit donare nec vendere de rebus suis immobilibus.

Capitulum, ad conservandum bona laycorum et jura eorum immobilia quae non possint celari quod ex ipsis non solvantur coltae Communi, quod aliquis laycus de cetero non praesumat legare pro anima in testamento vel aliter, nec donare nec vendere nec aliquo titulo qui possit excogitari in aliquem trasferre, qui non sit de jurisdictione Communis et non possit sub officialibus Communis Parmae conveniri civiliter et criminaliter, aliquam domum, terram, sive rem immobilem positam in civitate vel districtu Parmae, in poena et banno extimationis rei alienatae contra hoc capitulum. Et quaecumque in hoc capitulo continentur habeant eciam locum similiter ut nullus laycus possit aliquid legare, vendere, donare, vel transferre aliquam rem immobilem in aliquod hospitale vel locum ecclesiasticum. Et, si aliquis laycus contra hoc capitulum fecerit et, eo moriente, non fuerit punitus, et, post mortem suam, invenietur commisisse, heredes, qui ex eo remanserint, puniantur ut in dicto capitulo continetur: intelligendo expresse quod per hoc capitulum nullum praejudicium generetur laycis qui possint legare, vendere vel donare, cui voluerint, denarios, furmentum, bestias et quamlibet aliam rem mobilem. Et omnes et singuli contractus, qui de cetero invenientur facti contra formam hujus capituli, sint inefficaces et nullius valimenti. Et insuper quilibet laycus intelligatur in hoc capitulo commisisse, cujus possessiones immobiles, quas hodie possidet per se vel alium, invenirentur per aliquem possideri qui non esset subjectus jurisdictioni Communis Parmae. Et, si aliquis puniendus secundum formam hujus capituli non solverit postquam fuerit condempnatus poenam superius positam infra mensem, Potestas teneatur eum ponere in banno perpetuale et publicare omnia sua bona. Praeterea non possit aliquis clericus vel alius non subjectus jurisdictioni Communis accipere in solutum aliqua occasione de bonis immobilibus laycorum, nec aliquis officialis Communis Parmae in hoc casu audiat aliquem non subjectum jurisdictioni Communis. Et quaecumque in hoc capitulo continentur praecise debeant observari, et de praedictis non possit fieri absolutio in totum nec in partem, nisi in generali Consilio quingintorum, facto partito ad scurtinium cum fabis albis et nigris. Et valeat ex nunc. M. CC. LXXXII., die XXVIII. augusti.

De eodem.

Capitulum quod nullus, qui fecerit aliquod testamentum, si fuerit subjectus jurisdicioni Communis, debeat sibi relinquere in dicto testamento vel aliter aliquem fideicommissarium qui non sit subjectus jurisdicioni Communis Parmae; et quod, si contrafecerit, nullum jus fiat sibi per Commune Parmae de ipso testamento. M. CC. LXXXII., die XXVIII. augusti.

Qualiter bona clerici seu conversi, facti a tempore rumorum de Pascha citra, sint obligata pro coltis solvendis.

Capitulum quod quicumque factus fuerit clericus vel conversus vel aliter dedicatus, quocumque nomine censeatur, a tempore rumorum de Pascha citra, et post ipsam clericatam vel dedicacionem steterit vel habitaverit in possessionibus suis vel quae quondam fuerunt parentum suorum, vel eas possederit per se vel alium, habendo de eis reditus, quod possessiones et bona talis clerici vel dedicati, vel quae quondam fuerunt parentum suorum, sint obligata pro satisfacione collectarum; et pro ipsarum exactione per judicem Potestatis accipiantur et dentur pro satisfacione ipsarum coltarum et onerum, sicut bona aliorum civium Parmae, ita quod aliquatenus per ipsos clericos vel dedicatos seu per alios eorum nomine non possint defendi. Et haec fiant summarie et sine strepitu judiciorum. Et, si aliquis clericus praedictae condicionis solvere recusaverit, quilibet laborans de suis possessionibus, seu habitans in domibus eorum, compellatur praedicta solvere, et nihilominus condempnetur quilibet pro qualibet vice in c. sol. parmen.

Qualiter jura laycorum debeant contra clericos conservari.

Capitulum, ad conservacionem juris laycorum, quod, si aliquis qui sit obligatus Communi et cujus bona obligata sint Communi ante obligationem factam alicui clerico vel ecclesiasticae personae per ipsum laycum (ut Commune Parmae praeferatur in omnibus, et fraudibus et malis contractibus obvietur, et ut coltae per ipsos laycos haberi possint de suis bonis et possessionibus), quod omnis contractus factus per ipsum laycum in aliquam personam ecclesiasticam et omnis obligacio ac compromissum et vinculum obligationis sit ipso jure nullus, nulla et nullum, et pro cassis et irritis habeantur, et nulli clerico vel ecclesiasticae personae de eis perpetuo jus fiat in praejudicium laycorum neque Communis. Et valeat ex nunc. M. CC. LXXXII., die XXVIII. augusti.

De poena impetrantis rescriptum vel litteras
contra aliquem subjectum jurisdictioni Communis Parmae.

Capitulum quod, cum in civitate Parmae sit dominus episcopus qui potest et debet cognoscere de quaestionibus quae debent in foro canonico ventilari, et Potestas et alii officiales Communis qui debent et possunt cognoscere in foro civili, quod nulla universitas, nullum capitulum nec collegium, nec aliqua persona saecularis vel ecclesiastica de cetero debeat impetrare aliquas litteras vel rescriptum ad aliquem judicem cogniturum de aliqua re posita in civitate Parmae vel episcopatu; et, si judex, ad quem rescriptum seu litterae fuerint impetratae contra formam hujus capituli, fuerit saecularis, Potestas teneatur sacramento praeciso compellere ipsum judicem sic delegatum non intromittere se de ipsa quaestione; et, si fuerit judex ecclesiasticus qui delegatus erit, et intromiserit se contra formam praesentis capituli, Potestas teneatur sacramento praeciso compellere proximiores propinquos laycos illius, qui impetraverit litteras vel rescriptum, et judicis delegati, ad voluntatem illius contra quem litterae seu rescriptum fuerint impetratae, esse procuratorem ejus, et totum onus quaestionis in se recipere tam expensarum quam alterius cujuslibet condicionis intervenientis, et restituere [omne] dampnum quod occasione alicujus sentenciae ferendae proveniret per talem judicem delegatum, credendo de dampnis, expensis et interesse sacramento praedicti rei. Et compellat Potestas praedictos propinquos proximiores tam impetrantis litteras vel rescriptum, quam judicis delegati, obligare se et fidejussionem praestare ei, cujus secundum formam hujus capituli intererit, de expensis restituendis sibi et de adimplendo quicquid in hoc capitulo continetur. Et haec omnia et singula locum habeant in omnibus quaestionibus motis a duobus annis citra, et praesentibus pendentibus, et futuris; et Potestas teneatur praecise ad omnia, quae in hoc capitulo continentur; et, si non adimpleverit ea in solidum, sindicetur singulis vicibus, quibus fuerit requisitus, in xxv. libris parmen., et dampnum emendet ei, in cujus favorem erunt vel sunt quae in dicto capitulo continentur. Millesimo cc. lxxxii., die xxviii. augusti.

Qualiter leprosi de sancto Lazaro non audeant venire in civitatem.

Capitulum quod rogentur dominus episcopus et abbas sancti Johannis (1) quod prohibeant leprosos et leprosas de sancto Lazaro venire in civitatem aliquo tempore (2); et, si venerit aliquis eorum, eleemosyna, quam habent a Communi singulis annis, amplius non detur eis; nec aliqui layci praesumant de suis possessionibus laborare, et, si laboraverint, puniantur pro quolibet in xxv. libris parmen. Et consules viciniae sancti Aegidii, sancti Michaelis de Arcu et aliarum viciniarum civitatis Parmae, et eciam aliae speciales personae teneantur sacramento, quod fecerint Communi, exponere Potestati si aliquem leprosum viderint intus a foveis civitatis; et, quam cito de praedictis facta fuerit fides domino Potestati per denunciationem duorum, faciat canzellari de libris Statutorum Communis capitulum quod loquitur de eleemosyna eis danda. Et, si aliquis legaverit ipsis malatis aliquid, et ille qui teneretur ad legatum solvendum diceret quod aliquis dictorum malatorum in civitatem venerit contra formam alicujus capituli, non cogatur ad aliquod legatum solvendum.

---

(1) Lo spedale di s. Lazzaro fu in antico sotto il governo dell'abbate benedettino di s. Giovanni, anzi gli Statuti di quell'ospizio, compilati nel XV. secolo, hanno nel primo capitolo che: *domino abbati monasterii ipsius (s. Jo. Evangelistae) hospitale et domus beati sancti Lazari per tantum tempus praeteritum suppositum fuit et est, quod memoria hominum in contrarium non existit.*

(2) Questa ed altre più rigorose proibizioni trovansi ne' citati Statuti di s. Lazzaro, i quali, tra breve, per cura dell'ill. nostro Presidente Comm. Pezzana vedran la luce nel V. vol. della Contin. alla St. di Parma.

*Qualiter illi, qui obligant se apud Commune certis pactis,
vel fidejusserint seu fidejubent pro aliquibus, ad aliquid faciendum pro Communi, compellantur, nullo privilegio obstante, attendere promissa.*

Capitulum quod Potestas, Capitaneus, Anciani et ceteri, qui modo
sunt et qui per tempora fuerint ad negocia Communis, sacramento praeciso, a quo non possint absolvi, teneantur non permittere fieri aliquod
Consilium generale vel speciale in favorem aliquorum qui promiserunt
vel promittent aliquid dare Communi suo nomine vel alieno, vel qui
fidejusserunt aut fidejubebunt apud Commune pro aliquo vel aliquibus,
nec in favorem aliquorum qui conduxerunt vel conducent de daciis Communis vel aliis rebus Communis; sed omnes et singuli praedictae condicionis et cujuslibet alterius condicionis, qui in aliquo obligaverunt se
apud Commune, compellantur per Potestatem et suos judices modo et
in futurum attendere in utilitatem Communis secundum quod obligaverunt se, protulerunt vel fecerunt fidejussionem et obligacionem; ita quod
nulla gratia, nulla remissio, nulla termini prorogacio possit fieri in favorem alicujus obligati et qui obligaverit se Communi, aut in favorem
alicujus qui protulit vel proferet aliquid se facturum Communi.

Item Anciani et Primicerii, et alii qui secum sunt ad negocia Communis et qui per tempora fuerint, per privilegium, quod habeant per
formam alicujus capituli, non possint allegare aliquid in suum favorem
contra ea quae sponte dixerint, protulerint, fecerint et obligaverint se
Communi, sive fuerit in daciis sive in aliis rebus, quarum occasione
aliquid Communi promiserint seu protulerint; sed compellantur et compelli debeant per Potestatem et ejus judices attendere et adimplere omnia
et singula quae sponte protulerint, promiserint, et secundum quod se
obligaverint.

Item quod quicquid dictum est superius habeat locum in omnibus et
singulis aliis personis, quae obligaverint se Communi ad aliquid faciendum, solvendum vel dandum jure alicujus probacionis vel obligacionis
vel alio modo; ita quod gracia vel compensacio, dilacio vel remissio non
possit fieri, nec aliquid ordinari in favorem alicujus vel aliquorum qui
conduxit vel conduxerunt, conducet vel conducent, protulit seu protulerunt, proferet vel proferent aliquid Communi, sive fuerit in daciis sive

in pensionibus domorum sive in aliquibus aliis rebus aliquo modo qui possit comprehendi humano intellectu. Nec possit absolvi Potestas, nec sui judices, de aliquo vel de aliquibus contentis in hoc capitulo per aliquam personam saecularem vel ecclesiasticam, nec per aliquod Consilium generale vel speciale Communis, populi, vel Societatis vel aliter.

Super quibus omnibus et singulis, ut supra per omnia continetur, Potestas teneatur. sacramento praeciso non facere nec fieri permittere postam in aliquo Consilio generali vel speciali Communis, populi vel Societatis vel alibi. Et teneantur praecise Capitaneus, Anciani et alii nullam denunciacionem posse facere Potestati per se vel auctoritate alicujus sui Consilii; et, si fecerint, Potestas non teneatur observare; et, si observaverit vel venerit contra aliqua quae in hoc capitulo continentur, vel non observaverit pro honore et utilitate Communis contra eos et singulos, de quibus in eo fit mencio, omnia et singula in solidum quae in praesenti capitulo continentur, perdat de suo feudo ccc. libras parmen., in quibus sine remissione debeat per sindicos condempnari. Millesimo cc. LXXIII., die XXIII. julii.

INCIPIT SECUNDUS LIBER

DE JURISDICIONIBUS, JUDICIIS ET CAUSIS, ET DE IIS QUAE AD CAUSAS PERTINENT.

—➤➤➤•❚•❰❰❰•—

Qualiter causae et banna debeant ad civitatem venire et ventilari
sub officialibus Communis Parmae.

Capitulum quod causae, quaestiones et banna debeant ad civitatem
venire sub Potestate suisque judicibus, et sub advocatis et consulibus
justiciae Communis Parmae examinari, salva jurisdicione data secundum
formam Statutorum Potestariis villarum et locorum episcopatus Parmae.

Item omnes causae civiles et criminales, cujuscumque condicionis fuerint, ortae et oriundae in civitate vel episcopatu Parmae inter aliquos,
debeant ad civitatem Parmae venire etc. (1).

Item quod omnes et singuli notarii episcopatus Parmae teneantur et
debeant venire Parmam coram aliquo ex judicibus Potestatis, et faciant
se scribi per Potestatem, et jurent obedire praeceptis suis sub certa
poena arbitrio judicis auferenda, et nihil solvant occasione dictae scripturae seu repraesentacionis, et securitatem praestent de ipsis praeceptis
observandis; et praecipiatur eis per judicem quod non facient aliquod
instrumentum compromissi nec sentenciae nec acta alicujus causae, nec
aliquod instrumentum pertinens ad dominum et vassallum causa vassal-
latici, sive fidelitatis, extra foveas civitatis Parmae.

Item quod omnia et singula instrumenta praedictae condicionis, et
omnes et singulae scripturae praedicto modo prohibitae fieri extra civitatem, non possint fieri nisi in civitate sub poenis superius appositis;

---

(1) Come nella giunta a pag. 227 del 1.° Statuto.

et, si contrafieret, sint nullius momenti, et quidquid sequetur seu sequeretur ex eis non possit executioni mandari per Potestatem nec judices suos nec officiales Communis. Et haec omnia et singula locum habeant in qualibet condempnacione et praecepto et omnibus quae ad judicium pertinent, si extra civitatem fierent contra hanc formam, ut omnino pro irritis habeantur.

Item quod omnes notarii praedictae condicionis teneantur et debeant omnes scripturas et imbreviaturas, quas facient, ponere per ordinem in breviariis suis in chartis ovinis, nec in cedulis nec papyris nec aliter, in poena xxv. librarum parmensium pro quolibet et qualibet vice.

Item omnes et singuli notarii praedictae condicionis compellantur bis in anno, videlicet semel de mense aprilis et semel de mense septembris, per judicem Potestatis venire coram se cum omnibus scripturis quas fecerint, et eas videant et examinent diligenter si aliquid erit factum vel scriptum per aliquem praedictorum notariorum contra formam hujus prohibicionis.

Item requirant judices Potestatis, et habeant ad hanc examinacionem vel notarium Capitanei vel notarium Ancianorum, vel unum ex consulibus notariorum; et quilibet possit accusare contrafacientes, et habeat medietatem banni; salvo et excepto quod omnia et singula supradicta non praejudicent cognicioni et officio Potestatum villarum, quas Commune concessit vel concedet, videlicet Potestas vel aliquis ex judicibus suis, secundum quod continetur in Statutis inde loquentibus.

Quod in aliqua villa vel loco episcopatus Parmae non possint esse aliqui officiales, praeter mistrales, correrios et camparios.

Capitulum quod in aliqua villa vel loco episcopatus Parmae non possit esse aliquis consul nec aliquis officialis alius, praeter mistrales, correrios et camparios.

De iis ad quae cogendi sint vassalli Communis observare Communi.

Capitulum quod nullus vassallus Communis Parmae possit sine voluntate Consilii aliquam possessionem sibi datam, vel rem, in feudum a Communi Parmae in alium transferre aliquo titulo vel modo, in aliquem con sortem suum nec aliquam aliam personam; et omnes vassalli Communis inveniantur, et scribantur nomina ipsorum in libris Communis ponendis ad cameram, et omni quinquennio requirantur et compellantur renovare fidelitatem Communi. Et teneatur Potestas omnes terras et condiciones, vassallos et jurisdiciones aliquo tempore acquisitas et emptas pro Communi Parmae recuperare per instrumenta vel alio modo.

Qualiter placita inter dominum et vassallum debent fieri.

Capitulum quod, si contentio fuerit inter dominum et vassallum etc. (1).

Qualiter licitum sit cuilibet vendere feudum pro feudo.

Capitulum quod liceat et licitum sit cuilibet habenti domum, terras, possessiones vel res aliquas in feudum alicui vel aliquibus ipsas res et possessiones vendere vel vendidisse, alienare vel alienavisse feudum pro feudo sine periculo et praejudicio sui, non obstantibus aliquibus capitulis factis vel faciendis, quibus aliqua poena vel gravamen imponeretur alicui talem vendictionem vel alienationem facienti, cum aliter de jure res feudales alienari non potuerint nec possint, nisi feudum pro feudo. M. CC. LXXI., Indictione quarta (*sic*).
Item pro favore et utilitate singularium personarum partis Ecclesiae, et maxime parvorum et illorum de misteriis et artibus civitatis Parmae, quod, si aliquis laycus qualitercumque et cujuscumque condicionis sit, qui sit de Societate croxatorum, facit seu fecerit accatum secundum modum dicti capituli, videlicet feudum pro feudo et alodium pro alodio de aliquo feudo, quod Potestas et Commune Parmae teneantur sacramento praeciso ipsum accatum manutenere et defendere, prout jacet, dum tamen ille, qui possidet seu qui fecerit dictum accatum, cognoscat ipsum feudum seu cognoscere sit paratus tamquam vassallus a domino feudi, quicumque sit ipse dominus, non obstante aliqua prohibicione seu jure, quae essent in contrarium dicto capitulo et accato. Et praedictum capitulum cum adjectione sit praecisum.

(1) V. 1.° Statuto, pag. 227.

Qualiter quilibet de foro canonico sit exemptus de sub protectione Communis Parmae, si recusaverit alicui jus, quod non sit de jurisdicione Communis Parmae; et qualiter, si aliquod Collegium dixerit se exemptum, debeat eligere ubi in civitate Parmae debeat respondere.

Capitulum quod, si aliquis laycus vellet conqueri de aliquo vel aliquibus (seu de aliquo Capitulo vel Collegio) exemptis et privilegiatis, qui non possint conveniri sub jurisdicione Communis Parmae, et illi praedictae condicionis, de quibus volet ipse laycus conqueri, dixerint se non debere et non posse conveniri in civitate Parmae in foro canonico nec civili, Potestas teneatur ad petitionem talis layci requirere ipsos privilegiatos, qui dixerint se exemptos, et rogare eos ex parte Communis Parmae quod eligant aliquem judicem clericum vel laycum, sub quo debeant respondere in civitate Parmae; et, si eligere recusaverint tales privilegiati, ipsi et sua mansio et bona sua et suae mansiones sint exempti de sub protectione Communis Parmae, et offendentes eos in personis vel rebus nullam poenam ab officialibus Communis Parmae substineant, et ab officialibus Communis Parmae in aliquo actu judiciali agendo vel fungendo non audiantur, donec elegerint ubi Parmae possint et debeant respondere de jure. M. CC. LXXVIII.

De eodem.

Capitulum quod nemo clericus vel laycus vel alius, cujuscomque condicionis sit sive fuerit, de jurisdicione Communis Parmae sive aliunde, possit conqueri nec litem movere de aliqua re posita in jurisdictione Communis Parmae, nec de injuria alicujus averis, nisi sub Potestate vel ejus judicibus vel aliis officialibus Communis Parmae habentibus jurisdicionem cognoscendi (nisi quaestio fuerit de matrimoniis, decimis vel usuris, quae quaestiones debeant in foro canonico ventilari); et quicumque quaestionem moverit contra aliquem contra formam hujus capituli cadat a jure suo, et Potestas per se et Commune Parmae defendat quemlibet de jurisdicione sua, qui alibi vel aliter contra formam hujus capituli inquietaretur, et eciam [teneatur] cogere quamlibet personam suae jurisdicionis stare ad racionem sub officialibus Communis Parmae in quolibet casu et de quolibet contractu celebrato in jurisdicione Communis Parmae; et teneatur Potestas auferre pro banno cuilibet contrafacienti qualibet vice c. libras parm.; et, si Potestas dictum bannum auferre non posset contrafacienti, teneatur sacramento dare de bonis et rebus ipsius, qui contra hoc fecerit, in solutum pro dampno vel expensis illi personae, quae gravata fuerit contra formam hujus capituli: et de .dampno et expensis credatur omnibus et singulis aggravatis contra formam hujus capituli. Et hoc habeat locum in omnibus litibus motis et movendis. Et, si aliqua sententia fieret contra formam hujus capituli, Potestas et Commune Parmae teneantur eam non observare nec observari facere, sed teneantur ipsam sentenciam irritam habere.

Item, si clerici non observaverint hoc capitulum, Potestas teneatur accipere de bonis patrum, fratrum, seu nepotum dictorum clericorum, qui dictum capitulum non observaverint, et dare in solutum aggravatis contra formam praedicti capituli.

Additum est huic capitulo, seu praedictis capitulis loquentibus qualiter nulla persona layca vel ecclesiastica etc., quod nemo habens aliquam jurisdicionem cognoscendi possit mittere aliquam quaestionem vel consilium extra jurisdictionem Communis Parmae; et hoc, nisi fuerit de parcium voluntate. Et qui contrafecerit, solvat Communi Parmae xxv. libras parmen., in quibus condempnetur per Potestatem; et quilibet possit accusare, et habeat medietatem banni.

De eodem (1).

Capitulum quod, si aliqua persona civitatis vel districtus Parmae, vel quae habitaverit in civitate vel districtu Parmae, ob aliquod maleficium vel occasione alicujus maleficii vel quasi, condempnata est, et condempnacio facta venerit in Commune, et pro ea recuperanda vel ejus occasione impetraverit aut impetrari fecerit aliquod privilegium, scriptum vel litteras contra Commune seu contra aliquam singularem personam occasione dictae condempnacionis vel alio modo qualitercomque, quod Potestas teneatur praecise dictum Commune, aut illum seu illos contra quem vel quos impetratum fuerit scriptum vel littera, facere conservari indempnes per patres, fratres et filios fratrum personarum condempnatarum, ita quidem quod a principio, quam cito lix seu quaestio vel controversia

---

(1) V. 1.° Stat., pag. 420.

movebitur, teneatur Potestas compellere patres, fratres et filios fratrum
illorum praedictae condicionis litem, quaestionem seu controversiam in
se suscipere, et ut suam a principio usque ad finem facere, eciam suis
propriis expensis, et omne dampnum seu gravamen, quod causa praedicta contigerit, facere emendari cum duplo injuriam seu dampnum passo; et, si Potestas non fecerit observari praedictum capitulum, sindicetur pro quolibet et qualibet vice per sindicos in c. libris parmen. Et
sit praecisum.

*Qualiter Potestas tenetur ponere ad Consilium, si intellexerit
quod jura alicujus de jurisdicione Communis male tractarentur alicubi in foro canonico.*

Capitulum quod, si aliquis de jurisdicione Communis Parmae habuerit causam, litem vel quaestionem cum aliqua persona ecclesiastica, et
jura illius qui fuerit de jurisdicione Communis Parmae male tractarentur
vel diminuerentur in tali lite, Potestas, Capitaneus, Antiani et Primicerii teneantur ad peticionem illius, qui fuerit suae jurisdicionis, ad quem
de facto pertinuerit, ponere ad Consilium generale Communis Parmae,
et facere quidquid poterunt per se et Commune Parmae quod jura ipsius
defendantur et manuteneantur et conserventur modis omnibus, quibus
melius poterunt conservari (1).

Quid ordinatum fuit super decimis et quartesiis.

Capitulum quod Potestas Communis Parmae teneatur quemlibet de
sua jurisdictione contra quamlibet personam ecclesiasticam vel saecularem, si pecierit decimam vel quartesium quam vel quod ille suae jurisdictionis non sit solitus praestare, defendere pro Communi Parmae. Millesimo cc. LVIII.

---

(1) *De proponendo causam, et non actionem, in quaestionibus. — Quod non fiat sacramen-*
tum calumpniae, sed veritatis. — Qualiter et quando sacramentum calumpniae possit fieri per
alium. — De sacramento patroni causarum. — Quod patronus causae non revocet clientulum
suum, postquam fecerit juramentum coram officiale. — Quam partem salarii possit patronus
petere, lite non contestata, et quam procurator, sindicus et curator. — Quod nullus judex, qui
non sit de jurisdicione Communis, possit esse advocatus alicujus causae. — De racione non
facienda alicui de accapto rei, quam alius teneat et possideat. — Omettonsi questi capitoli perchè si hanno interi nel 1.° Statuto, pag. 230-32.

Item quod nihil praejudicet ei, cui decima vel quartesium postulabitur, eciam si de decima vel quartesio fuerit condempnatus, nec eciam aliquod instrumentum vel scriptura de dicta decima danda, si non probaretur legitime illum vel illos, a quo vel quibus peteretur decima vel quartesium, fore consuetos praestare decimam vel quartesium. M. CC. LXXI.

De eodem.

Additum est praedicto capitulo quod, si aliquis homo civitatis vel episcopatus Parmae steterit quod non solverit decimam vel quartesium per x. annos de possessionibus et terris suis, quas habet in episcopatu Parmae, Potestas teneatur sacramento praeciso defendere illum, a quo praedicta decima vel quartesium fuerit postulatum vel postulata, non obstantibus aliquibus scripturis. Et, si Potestas non observaverit praedicta, perdat de suo feudo L. libras parmen.

De eodem.

Capitulum quod nullus de cetero debeat facere acaptum de decima de terra alicujus hominis civitatis vel episcopatus etc. (1).
Item quod nullus non subjectus, cujuscomque conditionis existat, possit de cetero exigere ab aliquo subjecto jurisdictioni Communis Parmae aliquam decimam seu quartesium, nisi de praedictis decima seu quartesio apparuerit publicum instrumentum. Et hoc capitulum sit praecisum, et valeat ex nunc, salvis semper omnibus Statutis loquentibus de decimis in favorem laycorum (2).

De eodem.

Additum fuit in millesimo ducentesimo octuagesimo secundo, Indictione x., die veneris xxviii. augusti capitulo loquenti quod nullus debeat facere accaptum de terra alicujus quae non sit solita reddere decimam, quod nemo praesumat ad poenam c. librarum parm. accaptum

---

(1) V. 1.° Stat., pag. 232. — (2) Succedono qui i capitoli: *Quod sententia* etc. — *Qualiter Potestas* etc., che si hanno nel cit. Stat. a pag. 233.

facere de terra nec de decima habenda de terris non solitis reddere decimam; et, si contrafactum fuerit, puniatur qui contrafecerit ut supra continetur; et teneatur Potestas ad denunciationem cujuslibet publicam vel occultam procedere et punire quemlibet contrafacientem ut supra scriptum est. Et, si clericus fuerit, qui contrafecerit, propinqui layci ipsius clerici, plus actinentes ei, compellantur ad poenam Statuti solvendam et ad restituendum illud quod pro decima foret acceptum. Et haec addicio valeat in praesentibus, praeteritis et futuris contra illos qui contra hanc addicionem fecissent accaptum de decimis terrarum non solitarum decimas reddere.

Qualiter quis sit compellendus restituere possessionem,
in quam sua auctoritate intravit.

Capitulum quod, si aliqua persona intraverit sua auctoritate in possessionem etc. (1).

Qualiter ordinatum sit pro illis, quibus est interdicta
administracio bonorum suorum.

Capitulum quod sive Potestas, sive rector interdixerit etc. (2).

Additum est capitulis, quibus interdicitur administracio, post interdictum si pervenerint ad mores sanae mentis, quod fiat crida per civitatem et burgos publice et minutim, et terminus duorum mensium detur ex parte Potestatis, quod omnes et singuli, quibus est interdicta suorum bonorum administracio, repraesentent ipsi vel amici sui instrumenta interdictorum usque ad dictum terminum coram uno ex judicibus Potestatis, et scribantur per notarium ejus cum millesimo, die, Indicione et mense, et scribatur nomen notarii qui fecit inde chartam; et, si ad dictum terminum dicti prodigi vel sui amici non repraesentaverint instrumenta interdictorum, non habeantur pro interdictis, sed ipsa instrumenta sint irrita et nullius valoris, et non sint in favorem nec defensionem ipsorum nec suarum rerum, nec praejudicium faciant alicui. Quo facto, scribantur cum solempnitatibus supradictis nomina praedictorum in duo-

---

(1) V. pag. 233 del 1.º Stat. — (2) Quel che seguita leggesi a pag. 234-35 del cit. Stat.

bus libris, unus quorum sit apud Statutum in palacio, et alius in camera Communis, ut omnes possint habere copiam de iis, quibus sunt interdicta bona, et possint eciam cavere sibi cum quibus contrahant. In sentenciis vero, de quibus de cetero interdicetur administracio suorum bonorum, servetur similis solempnitas, videlicet quod nomina ipsorum infra octo dies post latam sentenciam scribantur in praedictis ambobus libris cum millesimo, mense, die et Indicione; et scribatur nomen notarii, et sic spaciose quod apud talem scripturam possit scribi qualiter sibi administracio fuerit restituta, si per sentenciam restitueretur; et restitucio scribatur secundum praedictas solempnitates; et, nisi scriptura fuerit, nemo habeatur pro restituto. Et valeat ex nunc. Millesimo ducentesimo septuagesimo sexto, Indicione quarta.

Qualiter primo conveniendi sint principales debitores, quam fidejussores, et poena tercii peti possit.

Capitulum quod creditores, id est mutuatores, primo debeant convenire etc. (1).

Additum est capitulo loquenti in favorem illorum, qui sunt fidejussores apud aliquos pro aliquibus pro aliqua pecuniae quantitate, vel super se denarios receperint pro aliquo, quod ille vel illi, pro quo vel quibus intercesserint vel super se aliquam pecuniam receperint, compellantur, ad voluntatem fidejussorum seu obligatorum, ipsos obligatos ante terminum contractus, et post eximere et absolvi facere ab omni obligacione et fidejussione. Et haec omnia extendantur ad praeterita, praesencia et futura. Et possit cognosci de praedictis quolibet tempore feriato et non feriato, et procedatur ad voluntatem fidejussorum et obligatorum in faciendo eos absolvi et liberari.

Qualiter creditor possit facere detineri personaliter debitorem suum.

Capitulum quod, si aliquis creditor habuerit debitorem suum in banno Communis, possit licite ipse creditor debitorem suum bannitum facere personaliter detineri eciam diebus feriatis, donec creditori suo dederit

---

(1) V. pag. 255 e seg. del 1.° Stat.

ydoneum fidejussorem de parendo juri et judicato solvendo, dum tamen creditor faciat hoc de mandato Potestatis vel alicujus officialis habentis jurisdicionem de praedictis (1).

De praescriptione decem annorum contra mutuatores, et qualiter debeant instrumenta reddere, et de poena contrafacientis.

Capitulum quod, si quis creditor, id est mutuator, stet vel steterit per decem annos quod debitum a debitore non quaesiverit, vel in concordia cum eo non steterit, vel proficuum ulterius non sumpserit, debitum petere non possit: idem observetur si post condempnaciones steterit per decennium. Additum est quod non possit agere hypothecaria, occasione dicti debiti.

Item quod locum habeat tantum ab hinc in antea, salvo quod, si currere incoepit praescricio praedictorum decem annorum ante guerram proxime praeteritam, licet non fuit completa, dicta guerra hoc impediente, quod illud tempus continuetur huic praescricioni ex tempore quod modo incipit currere millesimo ducentesimo quinquagesimo octavo; salvo quod tempus praescriptionis nemini debeat cucurrisse ab eo tempore citra quo civitas Parmae venit ad mandata Ecclesiae usque ad tempus quod fuit in millesimo ducentesimo quinquagesimo octavo, Indicione prima; et in praedicto anno intelligatur incipere cursus praescriptionis praedictae; et salvo si ante illud tempus, in quo civitas Parmae venit ad mandata Ecclesiae, quod fuit in millesimo ducentesimo quadragesimo octavo, tempus praescriptionis incoepit currere alicui, illud tempus continuetur cum illo in quo dictum est, quod tempus praescriptionis debeat incipere currere; et salvo eciam quod tempus praescriptionis nemini intelligatur cucurrisse in aliquibus suis juribus recuperandis a millesimo ducentesimo sexagesimo septimo, Indictione nona (*sic*), die secunda augusti in antea usque ad tempus quod fuit in millesimo ducentesimo sexagesimo octavo, Indictione undecima, die lunae vigesimo tercio octubris, quia in dicto tempore fuit guerra inter partem Ecclesiae et Commune Parmae ex parte una, et partem extrinsecam et burgenses ex alia.

---

(1) Si tralasciano i capitoli: *Qualiter poena mutui non possit exigi* etc. — *De equo ab aliquo mutuatore non recipiendo* etc., perchè già stampati a pag. 256-37 del 1.º Stat.

Item, debitis jam solutis, teneantur creditores reddere instrumenta debitoribus infra quindecim dies, ex quo fuerint petita a debitoribus, vel facere eis instrumentum solucionis suis expensis, si juraverint se non habere nec dolo dixisse possidere; et, si haec non fecerit creditor, Potestas teneatur ei auferre per bannum III. libras parmen.; et medietas banni sit debitoris, et alia sit Communis. Et hoc locum habeat in praeteritis et futuris; et nihilominus teneantur attendere creditores ut dictum est. Et idem observetur et locum habeat in foresteriis pro praeteritis et futuris.

Qualiter filii familias obligentur, et qualiter minores XXV. annorum.

Capitulum quod, si quis dederit mutuo sine parabola patris alicui filio familias aliquod avere etc. (1).

Qualiter filii familias et minores XXV. annorum obligari non possint.

Capitulum, ad evitandum fraudulentos contractus, qui fiebant per lusores et mutuantes ad ludos et alios male infamatos in dampnum et detrimentum minorum vigintiquinque annorum et filiorum familias, ordinatum est quod, si qui contractus vel quasi contractus reperiuntur facti vel qui fient de cetero, in quibus inventi fuerint aut de cetero invenientur obligati aliqui filii familias sine consensu patris aut minores vigintiquinque annorum sine auctoritate curatorum suorum, et, si praedicti contractus non fuerint facti et non fient in conspectu unius ex judicibus Potestatis, quocumque alio modo illi contractus appareant vel qualem qualem obligacionem et causam in obligacione contineant, habeantur pro simulatis et nullis et nullius valoris sint, et nemo audeat petere nec habeat jus petendi nec racionem aliquam contra aliquem obligatum sibi ab eo tempore citra quo praesens Statutum conditum fuit, aut qui obligabitur seu obligaretur in futurum, praedicta solempnitate non observata: in quibus contractibus non interponantur decreta judicis sine justae et evidentis causae cognicione, nec juramentum factum vel faciendum ab aliquo minore jurando se majorem vigintiquinque annorum in ipso contractu, quod

---

(1) Si omettono il capitolo e la giunta *de contractibus factis per infamatos lusores*, inseriti già nel 1.º Statuto, l'uno a pag. 238, e l'altra a pag. 465.

ad obligacionem aliquid operetur. Et hoc habeat locum in omnibus contractibus qui fient inter praedictos, sive sint de mutuo sive de venditione qualitercumque modo vel causa. Et praedicta omnia et singula sint praecisa, et praecise debeant observari, non obstantibus aliquibus Statutis vel reformacionibus factis et faciendis. Millesimo ducentesimo sexagesimo octavo, Indictione undecima.

Capitulum quod omnes contractus, qui fient per aliquem qui sit infamatus quod teneat ludum, vel quod mutuet, seu alios contractus faciat occasione ludi cum aliquo lusore, vel qui sit infamatus esse lusor, sint vani et cassi et nullius momenti; et Potestas et ejus judices, advocati et consules justiciae teneantur non facere racionem de praedictis contractibus, et non permittere aliquem alium officialem Communis inde facere racionem. Et hoc capitulum sit praecisum, et debeat attendi et observari perpetuo sine tenore, et non possit mutari nec removeri per aliquos Statutarios; et idem observetur et locum habeat in omnibus contractibus, qui fierent inter aliquos infamatos esse publicos lusores.

Qualiter qui erit de Consilio habeatur pro majore.

Capitulum quod quilibet, qui erit electus in numero illorum de Consilio generali et scriptus in libro electorum, habeatur de cetero pro majore in omnibus contractibus, non obstante aliqua reformacione Consiliorum facta vel facienda. Millesimo ducentesimo septuagesimo tercio.

Qualiter filii familias possint obligari.

Capitulum quod filii familias de cetero obligentur et obligari possint consensu et voluntate patrum suorum, eciam sine parabola et auctoritate judicis Potestatis, non obstante aliquo Statuto seu reformacione Consilii ab hinc retro facta, salvo quod in obligacione filiorum familias minorum possit interponi decretum a quolibet consule vel advocato.

De eodem.

Capitulum quod quilibet filius familias major vigintiquinque annis, qui publice exercuerit mercadanciam, et qui sit ex illis artibus quae possunt conveniri sub jurisdicione officialium mercatorum, possit contrahere libere

cum quacumque persona voluerit et eciam obligari in facto suae artis
et mercadanciae et eciam conveniri ob praedictam causam sub officialibus praedictis de cetero, non obstantibus aliquibus reformacionibus vel
Statutis in contrarium loquentibus, quibus praesens Statutum deroget in
hac parte. Millesimo ducentesimo octuagesimo, Indictione octava.

Quid ordinatum sit super filiis emancipatis.

Capitulum quod, si quis emancipaverit de cetero filium vel filios etc. (1).

De eodem.

Capitulum quod, si quis de civitate vel districtu Parmae emancipaverit filium vel filios etc. (2).

De eodem.

Additum est capitulo facto super facto emancipationum, in ea parte in
qua continet quod si quis de cetero emancipaverit filium, vel filios, et
partem dederit et cum eo steterit in una domo post emancipationem non
habeatur pro emancipato, quod, cum sub praetestu dictae condicionis
contentae in praedicto capitulo multi possint esse decepti et decipi in
futurum contrahendo cum emancipatis videndo chartas emancipationum
et partes datas a patribus eorum, quod solum illa condicio praedicti
Statuti, per quam emancipationes nullae sunt, locum habeat in odium
talium emancipatorum et suorum patrum, si post emancipationem steterint ut in capitulo continetur, et in suum vel talium patrum vel filiorum
favorem nullatenus possit intelligi condicio supradicta. Et haec adjecio
locum habeat in praeteritis, praesentibus et futuris. Facta fuit in millesimo ducentesimo septuagesimo octavo.

De eodem.

Additum est capitulis loquentibus de emancipationibus quod, si aliquis
emancipatus invenietur obligatus in aliquo contractu vel quasi, et in

---

(1) Come a pag. 240 del 1.° Stat. — (2) V. lo Stat. cit. a pag. 410.

ipso contractu vel quasi facta fuerit mencio de charta emancipacionis et publicacionis factae in Consilio, et scriptus millesimus, dies et Indicio sit in ipso contractu vel quasi, et nomina notariorum qui fecerunt illas chartas, et scriptum sit in ipso contractu vel quasi quod notarius, qui scripsit, viderit chartam emancipacionis et publicacionis, quod aliquis, in cujus favorem fuerit talis contractus, non habeat necessitatem obstendendi in aliquo judicio chartam emancipationis nec publicacionis praedictae, et, omni exceptione cessante, quilibet contractus vel quasi, in quo scriptae fuerint praedictae solempnitates, nullatenus possit infringi pro eo quod ille, ad quem pertineat, non possit repraesentare chartam emancipationis et publicationis. Millesimo ducentesimo octuagesimo.

Qualiter filii emancipati debent scribi facere ad cameram Communis emancipationes eorum.

Capitulum, ad hoc ut fraudes eorum qui emancipantur evitentur et ut solvant coltas et faciones, et possint ab omnibus conveniri, et ipsi alii alios convenire, statuimus et ordinamus quod, si aliquis filius emancipabitur ab hinc in antea, talis filius emancipatus faciat scribere ad cameram Communis instrumentum emancipationis et publicationis, ita quod quilibet possit habere copiam; et postea, stando sive cum patribus sive ubicumque, habeantur tamquam patres familias et tamquam homines sui juris et suae potestatis. Et hoc capitulum sit praecisum, et praecise debeat observari.

Qualiter Barufaldus notarius potest sibi heredem instituere Stephaninum filium suum.

Capitulum quod, cum Barufaldus de Barufaldis notarius habeat unicum filium masculum nomine Stephaninum, natum ex conjugato in matrimonio et soluta, statuimus et firmamus quod, lege seu decreto vel decretali vel aliquo alio impedimento non obstante, possit ipse Barufaldus ipsum Stephaninum filium suum instituere ejus heredem in omnibus suis bonis, tamquam si esset ipse Stephaninus filius legitimus, et semper pro filio legitimo ipse Stephaninus et tamquam filius legitimus ipsi Barufaldo in omnibus habeatur. Et Potestas Parmae et sui judices nec aliquis officialis Communis Parmae non possint audire aliquem se opponentem in contrarium de praedictis; sed voluntatem et testamentum ipsius Barufaldi, sicut scriptum invenietur, quoad institucionem hereditatis dicti Stephanini, teneantur ipsi Potestas et sui judices et officiales Communis Parmae, qui nunc sunt vel pro tempore fuerint, manutenere et defendere in omnibus et per omnia sicut in ipso testamento continebitur, nulla exceptione addita vel cavillacione, sed solum, sicut littera jacebit, faciant observari. Et hoc capitulum sit perpetuo praecisum, nec absolvi possit, et semper sit ultimum et derogatorium omnibus Statutis quae loquuntur in contrarium de praedictis; et valeat ex nunc.

De eo qui mutuaverit foresterio, et civem per fidejussorem acceperit.

Capitulum quod Potestas et ejus judices et alii officiales Communis, si aliquis creditor civitatis vel episcopatus alicui foresterio crediderit etc. (1).

De eodem.

Capitulum quod Potestas et ejus judices, advocati et consules teneantur reddere racionem forensibus de eo quod habere debent ab hominibus civitatis tantum de sorte capitali et expensis legiptimis. Et idem observetur et locum habeat in eo foresterio, qui habuit vel accepit seu acceperit in solutum de bonis debitoris, ita quod talis dacio in solutum valeat et teneat tantum pro sorte et expensis. Millesimo ducentesimo septuagesimo tercio.

De poena imposita alicui mutuanti aliquid alicui
extra districtum Parmae.

Capitulum quod quilibet mutuator ad usuram vel in fraudem usurae teneatur sacramento non mutuare per se vel per alium aliquam pecuniae quantitatem alicui moranti extra districtum Communis Parmae; et, si quis contrafecerit, Potestas teneatur ei auferre nomine banni quinquaginta libras parmen.; et quilibet possit accusare et habeat medietatem

---

(1) V. 1.º Statuto, pag. 239.

banni, et teneatur secretus. Et insuper teneatur Potestas non intromittere se, nec in favorem illius, qui in hoc capitulo commiserit, aliquid operari.

Quod Potestas non teneatur compellere creditores prolungare terminum debitoribus.

Capitulum quod Potestas nullomodo possit compellere creditores etc. (1).

Qualiter fidejussores sint audiendi contra illos pro quibus fidejusserunt.

Capitulum quod Potestas, ejus judices, consules justiciae et advocati Communis teneantur conservare indempnes aliquos fidejussores qui obligaverint se pro aliquo principali debitore in feudis, dampnis et dispendiis et laudis ruptis.

De eodem.

Capitulum quod, si aliquis fidejussor vel alius qui acceperit aliquam pecuniam super se pro aliquo etc. (2).

De eodem.

Capitulum quod, si aliquis fuerit bannitus ad peticionem creditoris sui, et praeceptum fuerit ei personaliter per aliquem correrium Communis ex parte alicujus officialis Communis ordinarie cognoscentis quod talis bannitus debeat venire et stare in palacio Communis donec satisfecerit creditori suo, ea die qua sibi praeceptum fuerit, si fuerit in civitate, si autem in villa die sequenti venire teneatur, et de ipso palacio non discedere donec satisfecerit vel placuerit creditori; et hoc in poena et banno pro quolibet et qualibet die, qua in dictum palacium non venerit, et non steterit non discedendo aliqua hora, xx. sol. parmen. Et Potestas facere possit et teneatur condempnaciones de praedictis sine

---

(1) V. 1.º Statuto, pag. 240. Seguono i due capitoli: *Infra quod tempus possit opponi exceptio non numeratae pecuniae et non soluti precii — Qualiter fidejussores, qui dantur, non compellantur jurare,* che stanno a pag. 240-41 dello Stat. suddetto.

(2) Come a pag. 241, compresa la giunta: *Si quis dixerit se heredem fore* etc.

illis de curia, Statuto aliquo non obstante. Et praedicta locum habeant, si debitum liquidum fuerit aliquo instrumento vel jure. Millesimo ducentesimo septuagesimo septimo.

Qualiter quis habeat jus, qui acceperit pecuniam super se pro aliquo clerico.

Capitulum quod, si quis fidejussit pro aliquo clerico, vel super se accepit pecuniam pro aliquo clerico existente in administracione alicujus ecclesiae vel loci, Potestas teneatur conservare indempnem fidejussorem vel promissorem de bonis ipsius ecclesiae vel loci (1).

Qualiter bona in solutum danda sint fidejussoribus pro aliquibus obligatis.

Capitulum quod, si aliquis fidejussit vel fidejusserit pro aliquo vel aliquibus etc. (2).

De non audiendo aliquem dicentem interesse esse in fraudem usurarum.

Capitulum quod, quando et quociens Commune Parmae ordinaverit vel ordinabit quod debitores debeant respondere creditoribus suis de debitis acquisitis, vel de aliqua re ad quam obligati sint sibi dare, vel de parte debiti pro eo quod casus intervenerit quod per officiales Communis non fieret jus vel quod ipsi debitores solverent ipsis creditoribus suis certum interesse alicujus quantitatis pro libra, quod Potestas et ejus judices et officiales Communis teneantur sacramento expresso non audire aliquem conquerentem quod illud interesse posset vel possit dici esse datum in fraudem usurarum, cum semper fuerit ordinatum et ordinetur quod debitores solvant debitum, vel illud interesse, ita quod est in electione ipsorum, et eligendo solvere interesse intelligantur solvere pro interesse et non pro usura; et, si quis aliquam querimoniam movebit contra formam hujus capituli, condempnetur in decem libris par-

(1) V. 1.° Statuto, pag. 242. — (2) Luogo cit.

men. pro qualibet vice, nec Potestas permittat aliquem audiri contra formam hujus capituli.

Qualiter quilibet compellendus sit facere instrumentum solucionis de eo quod ab alio receperit.

Capitulum quod, si aliquis fecerit solucionem alicui de pecunia vel alia re, Potestas et quilibet officialis Communis, coram quo movebitur quaestio, teneatur sacramento compellere illum, qui solucionem receperit, ad voluntatem ejus qui eam fecerit, facere instrumentum sibi de ipsa solucione, non obstante si paetum esset inter eos de instrumento non faciendo.

De compellendo debitores quod faciant instrumenta creditoribus suis non habentibus.

Capitulum, ut quilibet qui crediderit vel dederit aliquid alicui sit securus de facto suo vel de eo quod ab aliquo habere debeat, quod Potestas teneatur et quilibet officialis Communis, coram quo quaestio ventilabitur, compellere debitores ad instrumentum faciendum de eo quod de jure debuerint. Et hoc habeat locum in praeteritis, praesentibus et futuris.

Quid ordinatum sit super repudiacionibus hereditatum (1).

Capitulum quod, si quis abstinuerit, vel repudiaverit, a bonis paternis vel alterius cui poterat subcedere ex testamento vel ab intestato, et reperiatur ipsum ea bona alienavisse vel possedisse per testes vel instrumenta alienacionis vel possessionis, et hoc liquidum fuerit, Potestas teneatur compellere ipsum satisfacere creditoribus hereditatis, tamquam si non abstinuisset vel repudiasset eciam sine beneficio inventarii. Et hoc habeat locum in litibus praeteritis, praesentibus et futuris.

De eodem.

Capitulum quod, si quis adiverit vel adibit hereditatem alicujus tamquam heres cum beneficio inventarii, teneatur respondere creditoribus

---

(1) V. 1.º Stat., pag. 260-61.

sicut responderet defontus et sicut tenebatur dum vivebat, eo salvo quod, si per se fuerit creditor hereditarius, reserventur ei omnia jura ut aliis creditoribus, servato ordine juris, et salvo quod non teneatur respondere nisi hereditarius; et quilibet in hoc casu, si velit, habeat potestatem repudiandi hereditatem per tempus quatuor mensium, salvo quod, si repudiaverit, postea audiri non possit.

Qualiter contractus intelligantur simulati.

Capitulum quod, si quis fecit vel fecerit alienacionem etc. (1).

De feriis indicendis et quibus temporibus.

Capitulum quod Potestas, ejus judices et alii officiales Communis Parmae teneantur et debeant omni tempore reddere jus in civilibus, exceptis infrascriptis diebus in quibus feriae sint et esse debeant ulterius, videlicet: per octo dies ante festum Nativitatis Domini, et per octo dies post; et a dominica carnisprivii usque ad dominicam glotorum (2); et per octo dies ante festum Paschae Resurrecionis Domini, et per octo dies post; et a vigilia sancti Johannis Baptistae usque ad kalendas augusti; et a vigilia sanctae Mariae de augusto usque ad octavam ejusdem festivitatis; et a festo sanctae Mariae vindimiarum usque ad octavam sancti Michaelis, salvo quod in praedictis diebus feriatis possit cognosci de mercedibus, alimentis, mercatis factis tempore feriato, et de pensionibus domorum, non obstantibus aliquibus feriis vel Statutis seu reformacionibus Consiliorum factorum et faciendorum; et in aliis temporibus et diebus serventur Statuta, et jura reddantur ut in Statutis continetur; salvo eciam quod, si appareret aliqua evidens necessitas pro negociis Communis, tunc fiat secundum voluntatem Consilii generalis Communis, et salvo eciam quod in singulis horis, in quibus fieret Consilium generale Communis, advocati et consules justiciae et eorum notarii et officiales mercatorum non stent sub palatio Communis, in poena viginti sol. parmen. pro quolibet et qualibet vice.

---

(1) Come nel 1.° Statuto, pag. 262.

(2) Da *glotus* (ghiotto): la domenica de' ghiotti o ghiottoni, ossia l'ultima del carnevale. La voce *glotus* non è registrata dal Ducange, che ha solamente *glotonus* e *glout* nel senso di *helluo*, *vorax*.

Qualiter quilibet non subjectus jurisdicioni Communis
non audiatur, nisi securitatem praestiterit.

Capitulum quod quilibet, qui vult servare Statuta Communis, habeat beneficia ipsorum Statutorum; et qui non vult servare, non habeat beneficium ipsorum Statutorum. Et, si quis non subjectus jurisdicioni Communis Parmae deposuerit querimoniam de aliquo subjecto jurisdicioni dicti Communis sub judice saeculari, debeat praestare securitatem eidem reo, quem convenire volet, de parendo juri sub judice saeculari, et de stando ad racionem coram eo, et de solvendo, si condempnaretur; alioquin non audiatur, nisi datam securitatem praestiterit, declarando primo per ipsum reum super quo vult eum convenire.

De eodem.

Capitulum quod in civilibus ad peticionem clericorum seu aliquorum aliorum, qui recusarent vel possent recusare subire judicium in foro civili, solum possint layci conveniri per Potestatem, suos judices et alios suos officiales Communis habentes, vel quibus daretur aliqua jurisdicio cognoscendi, eo modo et forma quibus clerici ad peticionem laycorum conveniuntur in foro canonico; et, si aliter procederetur contra laycos, processus non valeant, et officialis, qui aliter aliquem laycum aggravaret, compellatur, omni privilegio et excepcione remotis, per Potestatem restituere tali aggravato omne dampnum quolibet tempore feriato et non feriato et sine strepitu judiciorum; et, si aliquis laycus per Potestatem et ejus judices aliter aggravaretur, teneantur de tali gravitate sub sindicis respondere cuilibet conquerenti. Millesimo ducentesimo septuagesimo octavo.

De eodem.

Capitulum quod, si aliquis non subjectus jurisdicioni Communis Parmae, et qui coltas non solvit et alias faciones Communis non facit, aliquam quaestionem movit vel moverit in futurum alicui subjecto jurisdicioni Communis, non audiatur per Potestatem nec aliquem ex suis judicibus nec aliquem officialem Communis Parmae, nisi primo ydonee satisdederit de restituendo omnes expensas, faciendas in ipsa quaestione et occasione ipsius per eum cui quaestio moveretur vel mota esset, et omnia dampna eciam, quae occasione praedicta subiret, si ipse non subjectus non obtinuerit in causa: in quo casu, videlicet quando non obtinuerit, teneatur Potestas et sui judices compellere illum vel suos fidejussores expensas restituere quas idem subjectus juraverit se fecisse.

Qualiter foresteriis debeat fieri jus in civitate Parmae.

Capitulum quod per Potestatem et suos judices et alios officiales Communis fiat jus in civilibus et criminalibus foresteriis in civitate Parmae eo modo et forma, quibus fit jus civibus et contadinis Parmae in ea civitate vel loco unde fuerint dicti foresterii qui in foro Communis Parmae aliquid postulabunt; et, si aliquis civis vel contadinus Parmae dixerit per se vel per amicos suos se aliter aggravari, Potestas teneatur audire jura et probaciones suas, quas introducere voluerit in suum favorem, quibus non debeat aggravari contra hoc capitulum. Et, si Potestas non audiverit jura cujuslibet introducere volentis, aut aggravaverit aliquem contra formam hujus capituli, emendet omne dampnum injuriam passo, et sindicetur per sindicos Communis, pro qualibet vice qua contrafecerit, in centum libris parmen., non obstantibus aliquibus pactis celebratis inter homines alterius civitatis vel loci; quae pacta, postquam non observant Communi Parmae seu suis hominibus, Commune Parmae sibi non debeat observare.

Qualiter placentini offensi in jurisdicione Communis Parmae debeant audiri.

Capitulum, si aliquis homo offenderit aliquem hominem de jurisdicione Communis Placenciae in persona vel rebus in districtu Communis Parmae, ita puniatur sicut puniuntur placentini in jurisdicione sui Communis pro offensionibus illatis vel inferendis in aliquem foresterium, et non aliter neque ultra.

Qualiter layci non possint detineri ad peticionem clericorum.

Capitulum, ad utilitatem hominum civitatis et episcopatus Parmae, et ne judicia claudicent, quod, sicut clerici possunt cedere bonis in causis

quae moventur contra eos per laycos, et sicut non possunt detineri personaliter in foro canonico, occasione alicujus quaestionis vel litis quae
sibi moventur per laycos, ita eodem modo in quaestionibus, quae moventur seu movebuntur per aliquos clericos contra ipsos laycos, ipsi layci
possint cedere bonis, et non possint eciam detineri personaliter, sicut
nec clerici detineri possunt. Et hoc habeat locum in causis civilibus, et
sit praecisum.

Item quod, sicut clerici debitores laycorum non detinentur personaliter in foro canonico quando non solvunt, ita layci debitores clericorum
in foro Communis non possint ad peticionem alicujus clerici per Potestatem nec aliquem officialem Communis nec suo mandato personaliter
detineri, sed solum clerici habeant jus contra bona laycorum sibi obligata.

Qualiter Potestas teneatur ponere ad Consilium quomodo layci
possint recuperare jura sua a clericis et defendere.

Capitulum quod Potestas teneatur, infra quindecim dies ex quo intraverit in suo regimine, ponere ad Consilium generale Communis quomodo
et qualiter layci possint recuperare jura sua a clericis et ecclesiasticis
personis et defendere, et, secundum quod in ipso Consilio reformabitur,
executioni mandare (1).

Qualiter contractus celebrati cum aliquo Praelato alicujus ecclesiae
vel ejus consensu rati habeantur.

Capitulum quod rector civitatis juret omnes contractus etc. (2).

Qualiter oriundi de alieno territorio stantes Parmae
conveniendi sint, eciam si patres habeant.

Capitulum quod, si aliquis oriundus de alieno territorio venit, vel de
cetero veniet, ad civitatem Parmae, et ibi exercuerit vel de cetero exer-
cebit aliquam negociacionem, vel stacionem tenet vel tenebit ad mutuandum, quod ex omnibus causis et contractibus possit obligari et conve-

---

(1) V. 1.° Stat., pag. 85. — (2) V. Stat. cit., pag. 257.

niri, nullo Statuto vel reformacione obstantibus, tamquam pater familias et major, non obstante patria potestate vel minori aetate. Et habeat locum in praesentibus, praeteritis et futuris.

Capitulum quod nemo de civitate vel episcopatu, judex vel laycus, subjectus jurisdicioni Communis praesumat aliquod auxilium vel patrocinium dare in aliqua quaestione, quae moveretur contra Commune Parmae ad publicam vel occultam peticionem, in favorem alicujus non subjecti jurisdicioni Communis Parmae in civilibus et criminalibus, in poena et banno quinquaginta librarum parmensium pro quolibet contrafaciente et qualibet vice; et ipso jure sit exemptus de Societate croxatorum, et Potestas et Capitaneus teneantur ipsum talem facere canzellari de ipso libro infra tres dies postquam praedicta fecerit, et in perpetuum non reponatur in ipsa Societate nec recipiatur. In millesimo ducentesimo octuagesimo quarto, Indicione duodecima.

De laycis conveniendis per clericos sub examine Potestatis et judicum suorum tantum.

Reformatum fuit per generale Consilium Communis quod, si clerici voluerint conqueri de laycis, quod tantum conqueri debeant sub Potestate vel ejus judicibus, et tantum sub examine suo conveniantur layci a clericis; et aliter non possint conveniri layci a clericis. Millesimo ducentesimo septuagesimo sexto, Indictione quarta, die sextodecimo julii.

Qualiter monachus, conversus, seu clericus non possint esse sindici seu procuratores, nisi in propria causa.

Reformatum fuit per generale Consilium Communis et populi Parmae quod nullus conversus, monachus, vel clericus possit nec debeat esse sindicus vel procurator seu advocatus alicujus in foro civili, nec audiri debeat per Potestatem, suos judices nec aliquos alios officiales Communis, in civilibus nec in criminalibus, nisi in propria causa. Millesimo ducentesimo octuagesimo quarto, Indictione duodecima, die vigesimo quarto marcii.

*Qualiter ad peticionem creditorum inveniantur et inquirantur
bona debitorum.*

Capitulum quod, si aliquis pro debito evictavit vel evictabit praecepta
Communis, et ob hoc bannitus fuerit, Potestas, judices sui et officiales
Communis, videlicet quilibet a quo postulabitur, teneantur, ad peticionem
creditoris, compellere omnes personas civitatis et episcopatus, de quibus
verisimile sit habere noticiam rerum talium bannitorum, manifestare,
dicere et indicare et invenire; et non solum modo praedicto procedatur,
sed omnibus aliis modis, quibus veritas possit melius inveniri, ut creditores possint jus suum consequi et habere.

*Incipiunt capitula, secundum quae Potestas tenetur facere
emendari dampna quae data fuerint in aliqua parte episcopatus Parmae occasione alicujus discordiae.*

Capitulum quod, si dampnum datum fuerit in aliquo loco episcopatus
Parmae vel villa occasione alicujus guerrae vel discordiae, litis vel contro-
versiae, quae fuerit inter aliquos civitatis vel episcopatus Parmae, Potestas debeat facere emendari dampnum suo arbitrio illi vel illis, cui vel
quibus dampnum datum fuerit, ab illo vel ab illis de altera parte, cujus
seu quorum occasione dampnum dixerit esse datum; et hoc sine aliqua
solempnitate juris servata, nec aliquo Statuto obstante. Et de iis, quae
Potestas fecerit occasione praedicta per se vel judices suos, non debeat,
nec aliquis de sua familia, sub aliquibus sindicis respondere, intelligendo
quod ipse et judices sui habeant plenum arbitrium faciendi totum, per
quod credent quod maleficia cessare debeant et malefactores puniri.

De eodem.

Capitulum quod, si aliquis de civitate vel episcopatu fuerit, volens
dicere se habere terram in aliqua parte episcopatus Parmae quam voluerit dicere stare sibi saldam metu alicujus clerici vel layci, cujuscumque
condicionis fuerit, vel se habere timorem laborandi vel faciendi laborari
eam metu alicujus, Potestas et quilibet ex judicibus suis, a quo postulabitur, teneatur sacramento praeciso compellere illum vel illos, contra

quem vel quos fuerit objectum per aliquem quod metu suo terra sua stet salda vel quod eam dubitet laborare vel facere laborari, facere ipsam laborari, et reddere et conducere fructus in civitate Parmae, in quantitate quam terrae cohaerentes reddiderint, et infra quindecim dies postquam alii fructus similes Parmam conducti fuerint. Et, si ille vel illi, contra quem vel quos objectum fuerit de praedictis, non obediverint praeceptis Potestatis et Communis, possint et debeant compelli ad praedicta adimplenda homines talis inobedientis, et eciam homines illius villae, in cujus territorio fuerit posita talis terra, si talis villa habuerit ultra septem focos; et, si ipsa villa non habuerit focos in praedicto numero, vel minori, tunc compellantur homines tocius plebatus, in quo posita fuerit talis villa seu terra; et, si dubitaretur sub quo plebatu esset talis terra, intelligatur esse de illo plebatu, cujus plebs fuerit proximior; et ad omnia dubia removenda et omnes excepciones, excusaciones et defensiones, quae possent dici, nasci, introduci vel opponi, juramentum cujuslibet volentis uti beneficio hujus Statuti sit plena probacio contra quemlibet plebatum, contra homines cujuslibet villae, contra quaslibet singulares personas, contra quos vel quas voluerit postulare hoc capitulum execucioni mandari, tam de quantitate fructuum quam de omnibus et singulis aliis quae in hoc capitulo continentur; ita quod ille, qui volet uti beneficio hujus Statuti, non habeat onus alicujus probacionis, sed juramentum suum sit plena probacio in quolibet eventu contra quaslibet singulares personas, contra quamlibet universitatem, et contra homines cujuslibet plebatus, contra quem vel quos seu quas credet posse assequi velocius quod intendit. Et, si Potestas in aliquo praedictorum fuerit negligens vel remissus, seu non adimpleverit vel non fecerit adimpleri cum velocitate quaecumque in hoc capitulo continentur, sindicetur pro quolibet et qualibet vice in centum libris parmen., et de hoc sindici inquirant per se.

De eodem.

Additum est capitulis, loquentibus in favorem volencium dicere quod terra sua stet salda metu alicujus, quod Potestas teneatur, secundum formam dicti capituli, ad denunciacionem cujuslibet publicam vel occultam, sublata omni necessitate denunciandi et nominandi eum a quo dicta injuria sibi fieret. Et, si clericus fuerit, qui dictam iujuriam fece-

rit vel fieri fecerit, contra quem credatur omnino ut in capitulis continetur, propinqui layci ipsius clerici proximiores ei teneantur et compellantur ad omnia quae in dicto capitulo continentur, sicut talis clericus
deberet compelli, si esset laycus. Et, si Potestas fuerit negligens in praedictis, sindicetur et condempnetur ut in capitulo continetur. Facta fuit
haec addicio in millesimo ducentesimo octuagesimo tercio, Indicione undecima, die xxviii. augusti.

Qualiter Communia terrarum et villarum sint compellenda respondere
de possessionibus bannitorum eorum creditoribus.

Capitulum, pro utilitate hominum civitatis Parmae, quod, cum multociens contingat quod homines civitatis, qui mutuaverunt suas pecunias
vel se pro aliis obligaverunt, non possint ipsum creditum consequi, nec
se facere eximi vel liberari ab obligacionibus in quibus sunt pro talibus
obligati, ex eo quod tales debitores vel principales racione bannorum
vel potenciae evitant praecepta Communis, et eciam evitant conversari
in villis et terris episcopatus Parmae ne ipsae terrae et villae possint
compelli pro ipsis, et eciam plures ex praedictis habeant possessiones
in talibus terris et villis, in quibus tales personae recipere debentes non
possunt aliquid commode habere de praedictis terris ipsorum, quod, si
tales personae dare debentes, vel pro quibus obligati sunt vel reperirentur aliqui cives Parmae, non satisfacient suis creditoribus vel extra-
xerint vel liberaverint tales creditores vel obligatos ad peticionem et requisicionem ipsorum, quod Communia terrarum, locorum et villarum,
in quibus tales personae sic cessantes praedicta vel aliquod praedictorum
facere habere reperirentur terras vel possessiones, teneantur et compelli possint per praedictos tales creditores vel obligatos summarie et
sine judiciorum strepitu quolibet die respondere de fructibus terrarum
et possessionum talium personarum, positarum in ipsorum villa vel terra,
usque ad integram satisfacionem talis creditoris vel obligati, sive ipsas
laborare voluerit vel non, et quod ad probandum tales terras fuisse et
esse talium personarum et quantitatem fructuum, qui percipi possunt
seu potuerunt ex eis, sufficiat probacio quod terrae circumstantes tantum respondere consueverunt, et quod praedicti tales terras possiderent
tamquam suas. Et hoc capitulum sit praecisum, et valeat ex nunc. Et

Potestas et Capitaneus teneantur praecise praedicta facere observari sub poena et banno centum librarum parmensium; et quod sindici, qui erunt ad sindicandum Potestatem, teneantur et debeant dictos dominos Potestatem et Capitaneum sindicare, si contrafecerint.

Item quod quilibet de parte Ecclesiae scriptus in libro Societatis, qui debet habere aliquam mendam ab aliquo comunale occasione alicujus dampni dati eidem, et occasione cujus mendae et dampni comunale condempnatum sit emendare, quod tale comunale teneatur ad dictum dampnum passo, non obstante aliquo Statuto vel reformacione Consilii in contrarium loquente. Et sit praecisum.

Qualiter dampna, quae habentur per episcopatum furtive, debeant mendari, et per quos (1).

Capitulum quod omnia et singula dampna, quae de cetero dabuntur per episcopatum Parmae de rebus et in rebus immobilibus vel mobilibus palam seu furtive incendio, igne vel ferro vel alio modo, omnino debeant emendari et emendare teneantur omnes et singuli tam cives veteres quam novi, et alii cujuscumque condicionis existant, stantes et habitantes in plebatu in quo datum fuerit tale dampnum tempore ipsius dampni dati, si dictum dampnum ascenderit ultra viginti sol. imper.; et, si dampnum non valeret ultra viginti sol. imper., solum debeat emendari per omnes et singulos suprascriptae condicionis stantes et habitantes in illa terra in qua datum fuerit tale dampnum tempore dampni dati. Et, si aliqua villa, terra vel locus est vel fuerit quae non sit sub aliquo plebatu, quod talis villa, terra vel locus sit et esse intelligatur in illo plebatu et de illo plebatu, ad cujus ecclesiam plebatus erit proximior. Et, si aliquod dampnum datum fuerit in aliquibus terris, domibus vel possessionibus modo praedicto in aliqua parte extra civitatem Parmae et in clusuris civitatis, quod tale dampnum emendetur et emendari debeat, prout superius continetur, per homines et ab hominibus illius plebatus seu villae, ad ecclesiam cujus plebatus seu plebem plebatus de extra civitatem et burgos erit proximior terra vel locus ubi datum fuerit

---

(1) V. 1.° Stat., pag. 262-64.

tale dampnum, non obstante quod ipsa terra vel locus non sint de aliquo plebatu episcopatus Parmae. Et eodem modo stantes et habitantes in dictis terris seu locis extra civitatem vel burgos in clusuris civitatis seu circum civitatem teneantur emendare talia dampna cum hominibus illius plebatus seu villae qui tenerentur eis emendare dampna eis data modo praedicto. Et, si aliqua terra est vel erit, quae non sit in territorio alicujus terrae vel villae, quod sit et esse intelligatur, quantum ad dampna praedictae condicionis emendanda, de illa villa seu terra, ad quam erit proximior talis terra. Quae quidem dampna data seu danda emendentur et emendari debeant per homines praedictae condicionis, et de quibus supra fit mencio, solum per testam; salvo quod ad praedicta dampna emendanda non teneantur orphani, viduae, nec aliae miserabiles personae. Et de dampnis praedictae condicionis datis solvendis cognosci debeat per Potestatem vel aliquem ex judicibus suis; et, si aliter vel per alium cognosceretur, processus ipso jure sit nullus; et de praedictis dampnis debeat cognosci diebus feriatis et non feriatis: hoc addito in praedictis quod, si aliqua bestia iverit in die vel nocte ad traynam sine guarda et vulnerata fuerit vel interfecta, non emendetur tale dampnum ab hominibus alicujus villae vel plebatus.

De eodem.

Item quod omnes volentes uti beneficio hujus Statuti, qui non tenentur ad dicta dampna emendare, et specialiter clerici et conversi et alii non subjecti jurisdicioni Communis, teneantur et debeant singulis annis de mense februarii venire coram domino Capitaneo Societatis ad dandum et faciendum securitates, promissiones et obligaciones de emendandis talibus dampnis, quae darentur in terris in quibus habitarent per tempora, secundum quod tangent ipsos pro rapta, eodem modo et forma quo dictum est de laycis et vere subjectis jurisdicioni Communis; quod si non fecerint, non possint uti beneficio dicti Statuti, nec sit in favorem non observancium praedicta. De quibus sic venientibus et securitatem praestantibus fiant duo libri, unus quorum remaneat et stet penes dominum Capitaneum, et alius penes massarium, ut sciatur qui se scribi fecerit.

De eodem.

Item quod omnes et singuli stantes et habitantes in episcopatu Parmae, exceptis civibus antiquis et veteribus, teneantur et debeant facere consules et camparios, et omnes alias faciones simul facere quas soliti erant, et obedire Communi et officialibus Communis. Qui consules sint et esse debeant de se ipsis et de eadem terra ubi habitaverint. Et hoc teneantur facere singulis annis de mense januarii. Qui consules et camparii teneantur et debeant singulis annis de praedicto mense praestare securitatem Communi de servandis et obediendis praeceptis dominorum Potestatis et Capitanei, suorum judicum et aliorum officialium Communis, et de faciendis omnibus aliis facionibus quas soliti erant facere tam de sale quam de omnibus aliis, in poena et banno vigintiquinque librarum parmensium pro quolibet comunali habente ultra vigintiquinque focos et habente infra decem libras parmen.; salvo quod ad obediendum officialibus Communis in facionibus personalibus non astricti sint nec teneantur majores septuaginta annorum, et minores quatordecim annorum. Et praedicta omnia et singula sint praecisa (1).

· *Qualiter vir succedat uxori in dote sua praemorienti.*

Capitulum quod, si aliquis civis Parmae de parte Ecclesiae accepit vel acceperit aliquam dominam in uxorem, et ipsam praemori contigerit, quod eidem uxori succedat maritus in dote, ita quod maritus non possit inquietari in dicta dote toto tempore vitae suae, et hoc sive filii existent sive non. Et hoc locum habeat in omnibus negociis, causis et quaestionibus praesentibus et futuris superinde movendis; salvo quod post mortem talium maritorum dos pertineat ad eum vel eos, ad quem vel quos de jure debeat pertinere.

Qualiter racio non debeat fieri mulieribus ascendentibus
nec descendentibus a matre et a fratre ab intestato.

Capitulum quod Potestas teneatur non facere racionem mulieribus nec descendentibus a matre etc. (2).

---

(1) Seguono i capitoli, già publicati nel 1.° Stat. a pag. 244-46, coi titoli che cominciano: *Qualiter alimenta — Quantum possit petere — Qualiter expensae — Quod podere — Quod nulla femina* ecc.; e con essi la giunta prima della pag. 404. — (2) V. Stat. cit., p. 246-47.

De viduis et miserabilibus personis.

Capitulum quod, si orphanus, seu miserabilis persona, vel vidua habuerit litem de re immobili etc. (1).

De non recipienda lamentancia ab aliqua femina, et de iis quae potest habere uxor de bonis mariti ab ipso relicta domina et massaria.

Capitulum quod rector civitatis, qui pro tempore fuerit etc. (2).

Qualiter nulla femina possit venire contra renunciacionem quam fecerit.

Capitulum quod nulla femina, quae hactenus renunciavit vel ulterius renunciabit omni suo juri hypothecarum vel aliis suis juribus qualitercumque sibi competentibus in aliquo contractu sive obligatione, possit de cetero venire contra praedictam renunciationem, nec aliquod jus in ea re sive contractu vel obligacione petere in aliquo, quibus ab hinc retro renunciavit vel renunciabit ulterius. Et sit praecisum.

Qualiter uxor, quae fuit de alieno episcopatu, possit petere de bonis viri sui.

Capitulum quod, si aliquis habuit vel habuerit uxorem etc. (3).

Qualiter nulli mulieri liceat petere ultra dotem suam.

Capitulum, ad magnam utilitatem hominum civitatis et episcopatus Parmae, quod nulla mulier de civitate vel episcopatu praetestu alicujus

---

(1) Come nell' appendice del 1.° Stat. a pag. 446, capit. 2.° — (2) V. Stat. cit., pag. 247.
(3) Questo capitolo e il successivo *de domo, turri, castro* etc. stanno nel suddetto Statuto a pag. 248.

donacionis vel hencontri possit nec debeat agere, petere, exigere vel retinere, nisi solomodo dotem suam propriam et simplicem, sicut et qualiter dedit marito suo, et donacionem aliquam vel hencontrum dotis non possit nec debeat petere vel exigere seu retinere. Et praedicta locum habeant in praesentibus, praeteritis et futuris. Et, si accepisset, non valeat ipso jure; et quod habeat electionem retinendi pro dote sua, de quibus bonis voluerit non contrariis Statutis, pro precio competenti. Millesimo ccc., Indictione xiii.

De privilegio quod habent illi de Societate in bonis uxorum.

Capitulum quod quilibet de Societate croxatorum, ut melius possit servire Communi et parti, debeat percipere fructus bonorum uxoris suae, quocumque modo ad eam pertineant.

Infra quod tempus arbitri debeant ferre sententiam.

Capitulum quod, si aliquod compromissum factum fuerit ab aliquibus personis constitutis sub jurisdicione Communis Parmae in aliquem arbitrum seu arbitros, quod ipse arbiter, si unus vel plures fuerint, teneatur inter praedictas partes in se positas sentenciare seu arbitrare infra spacium trium mensium a tempore compromissi computatorum seu computandorum. Et, si arbitri arbitrari seu sententiare neglexerint infra praedictum tempus trium mensium, ipsorum compromissum sit cassum penitus et vanum et nullius momenti, ita quod ea, quae continentur in compromisso, nihil habeant firmitatis; cum arbitria fiant occasione licium finiendarum et non differendarum. Et hoc habeat locum in compromissis factis inter laycos tantum.

Qualiter qui vendiderit terram vel domum, et domus vel terra valuerit duplum precii, possit eam recuperare.

Capitulum quod, si quis vendiderit terram vel domum alicui, et domus vel terra valuerit duplum precii, et ille qui emerit promisit eam reddere ad terminum pro certo precio, et tempus termini sit elapsum, et ille qui petit dictam terram venditam habet instrumentum promissio-

nis rei reddendae, quod nihilominus teneatur emptor, qui promissionem
fecit, eam reddere, vel extimacionem, non obstante quod eam vendiderit
alii, cum tales venditores vendant aliis in fraudem, et maxime usurarii.
Et hoc capitulum locum habeat in usurariis (contra quos possit probari
de voce et fama quod sint usurarii facientes tales contractus, et praedicta probacio sola de voce et fama sufficiat contra eos); nec noceat petenti terram vel domum quod dicatur in instrumento quod fuerit donata
inter vivos, si plus valeret, et hoc ad evictandum fraudem seu fraudes
quae fiunt in talibus contractibus ab usurariis, cum in fraudem usurae
fiant quae supradicta sunt. Et habeat locum hoc capitulum si emptor
non possideret rem emptam spacio decem annorum, eo salvo quod dictus emptor habeat fructus perceptos de terra vel domo, ita quod non
possint peti ab eo qui pecierit terram vel domum. Et habeat locum hoc
capitulum a tempore pacis citra.

De redditu a laboratore ad civitatem ducendo (1).

Capitulum quod quilibet, qui laborat de terris civium civitatis ad
medium, tertium vel quartum, cogatur per Potestatem ducere partem domini ad ipsius domum Parmam; et istud habeat locum per totum pla-
num parmexanae, si dominus rei appellaverit mezadrum, infra mensem
ex quo fuerit batuta, ut eam ducat. Et habeat locum in fictis, salvis
pactis et convencionibus cujuslibet. Et nullus mezadrus possit repudiare
mezadriam nec relinquere, nisi per mensem octubris.

Per quot vices terrae civium debeant arari (2).

Capitulum quod omnes, qui laborant de terris civium civitatis ad tercium, medium vel ad quartum, teneantur eas arare ad minus per quatuor vices antequam eas seminent; quod si non fuerit observatum, et
dominus voluerit accusare, solvat accusatus pro banno xx. sol. parmen.
pro qualibet bobulca, et emendet dampnum cum poena.

Item hoc capitulum habeat locum in vineis civium, ut laboratores earum ante maturitatem uvarum teneantur eas zappare per duas vices; et,

---

(1) V. 1.° Statuto, pag. 249. — (2) Luogo cit.

si hoc non observaverint, solvant pro quolibet et qualibet vice et qualibet bobulca decem sol. parmen., salva racione interesse; et similiter locum habeat in menutis (1), quae debeant zappari bis temporibus competentibus.

Item quod nullus mezadrus habens boves communes cum domino, vel tantum boves domini, debeat carezare vel victurare cum ipsis bobus, nec in terra alicujus laborare, nisi in terra domini et mezadria domini, cujus fuerint boves, in totum vel in partem, absque expressa domini voluntate; et, si quis contrafecerit, dominus possit petere redditum quem habuerit de terra aliena, vel extimacionem precii vecturae vel carezaturae, et nihilominus solvat pro banno pro quolibet et qualibet vice centum sol. parmen.; et quilibet possit accusare et habeat medietatem banni; et hoc ut terrae melius laborentur.

De eodem.

Capitulum, ad evictandum quaestiones quae possent nasci inter dominos et mezadros, quod, si mezadrus alicujus civis civitatis reliquerit mezadriam domini, teneatur et debeat relinquere totam paleam seu paleas quas habuerit super terris domini; et nihil habeat talis mezadrus de ipsis paleis, quae fuerint quando recedet et mezadriam relinquet, salvis tamen pactis et promissionibus factis inter dominos et mezadros.

De eodem.

Capitulum quod, si mezadrus aliquis habuerit boves communes cum domino, et contigerit ipsum mezadrum discedere de mezadria domini, vel contigerit perdere boves communes, et postmodum alios habere loco praedictorum, teneatur et debeat talis mezadrus promittere domino duas partes tocius foeni quod ipse mezadrus habuerit a domino seu de pratis domini, ut ipse dominus possit melius locare terram suam ad laborandum et eam facere laborari.

---

(1) Della voce *minuta (orum)* abbiamo spiegazione nella Cronaca di Fra Salimbene, pag. 285, ove è detto : *non fuit isto anno (1282) plenitudo annuae messis quantum ad frumentum ; sed quantum ad eas segetes, quas agricolae* minuta *appellant, maxima fertilitas fuit, scilicet de panico, de milio, de milica, de faxiolis et de rapis.*

De eodem.

Additum est praedictis capitulis ad evictandum contentiones inter dominos et mezadros factis quod, si aliquis fuerit mezadrus alicujus, vel
alius qui laborat aliter de possessionibus alicujus, et ille mezadrus reliquerit mezadriam ante tempus messium, ipse mezadrus, et quilibet alius
qui laboraverit de possessionibus alicujus, compellatur totam blavam,
quam habuerit super possessione domini, battere in curia domini, et illuc
totam paleam dimittere domino. Et hoc habeat locum in favorem laycorum tantum, salvis tamen pactis factis inter laboratorem et dominos.

Qualiter locator terrae possit eam dislocare (1).

Capitulum quod, si quis locaverit terram alicui personae ad tercium,
medium vel ad quartum vel ad certum redditum, licet de ea certam
reddat pecuniae quantitatem, quod propter hoc non intelligatur habere
jus in re; et locator vel heres ejus possit eam dislocare ad suam voluntatem et alii locare, eo salvo quod, si fuerit locata ad certum tempus,
non possit eam ante illud tempus auferre.

Qualiter teneatur qui fictum seu condiciones
praestiterit per decem annos.

Capitulum quod, si quis fictum seu condiciones per decem annos
praestitit etc. (2).

Qualiter terra affittata ad blavam non possit vendi (3).

Capitulum quod terra affittata ad blavam non possit vendi, nec aliquo
modo alienari, sine parabola domini cui blava redditur; et, si contrafactum fuerit, dominus possit eam vendicare.

Item quod, si ille qui acquisiverit terram ad fictum decessit vel de-
cesserit, pluribus heredibus relictis, quod quilibet heredum teneatur in

---

(1) V. 1.º Stat., p. 249. — (2) Come nel cit. Stat. a p. 250. — (3) V. Stat. cit., p. 251.

solidum praestare fictum, et, uno solvente, alii liberentur: et idem observetur in fictis terrarum adfictatarum ad denarios (1).

Qualiter jus non debeat fieri alicui de altera parte contra aliquem de parte Ecclesiae tenentem possessiones alicujus personae ecclesiasticae.

Capitulum quod, si aliqua persona ecclesiastica fecit datum et concessionem seu investituram aliquam in feudum seu occasione feudi de aliquibus terris et possessionibus positis in episcopatu Parmae in aliquem qui sit de parte extrinseca, quas terras et possessiones habeat, teneat et possideat aliqua persona quae sit de parte Ecclesiae, quod Potestas et sui judices et omnes officiales Communis Parmae, et alii omnes habentes aliquam jurisdicionem cognoscendi, teneantur et debeant praecise et sine tenore non audire aliquem volentem agere pro praedicto de altera parte, nec aliquem alterum habentem causam ab eo, nec jus aliquod facere contra illam personam quae sit de parte Ecclesiae, sed teneantur et debeant praecise illam personam defendere et manutenere in possessione praedicta sub poena vigintiquinque librarum parmensium pro qualibet vice (2).

Qualiter via concedi debeat (3).

Capitulum quod, si quis fuerit qui fecerit querimoniam de itinere, actu vel via per praedium aut vineam vicini vel vicinorum, si non habet viam, quod Potestas teneatur viam facere concedi et dari per eum locum qui sibi visus fuerit congruus cum majori commoditate petentis et minori incommoditate praestantis, ita quod fundus non intelligatur divisus propter viam; et hoc fiat solvendo ille, qui pecierit sibi dari viam, justum precium pro ipsa via illi, cujus fundus fuerit, in extimacione bonorum virorum.

---

(1) Succedono a questo i due capitoli: *Qualiter teneatur qui non solverit fictum* etc. — *Qualiter assignationes terrarum et decimarum fieri debeant* etc., già riportati a pag. 252 del 1.° Stat.

(2) Seguono i due capitoli: *Qualiter assignationes feudorum a vassallis fieri debeant* — *Qualiter terrae debeant terminari*, quali si leggono nel cit. Stat. a pag. 253-54.

(3) V. Stat. suddetto, pag. 254.

Qualiter quis compellatur vendere et emere fossatum, murum,
andronam et claudendam facere (1).

Capitulum quod omnes homines civitatis et episcopatus Parmae teneantur vendere fossata eorum, scilicet medietatem, illis qui confinant cum
eis, una parte postulante, et similiter, si fossatum non fuerit inter partes, de novo fiet super terram communem expensis utriusque partis,
et hoc adimplere utraque pars ad postulacionem alterius compellatur,
facta extimacione per bonos homines villarum et locorum, in quibus sunt
dicta fossata sita; et idem locum habeat in viis privatis. Et hoc locum
non habeat in fossatis castrorum et casamentorum, quae sunt cavata
propter defensionem.

Item similiter quilibet compellatur vendere murum domus suae, qui
est inter ipsum et domum vicini sui, facta extimacione per bonos homines civitatis. Et hoc non habeat locum in muris de turribus nec in pede
alicujus turris. Et quilibet, qui habet murum inter se et vicinum suum,
possit ipsum compellere ad emendum medietatem illius muri, facta extimacione ut supra, salvo quod dominus muri non possit compellere vicinum suum ad emendum ipsum murum a colmigna domus illius vicini
insursum; et hoc locum habeat, si talis vicinus compellendus habuerit
vel habet possibilitatem emendi.

Item quod praedicta locum habeant in andronis; et, si aliqua androna
tenet capud ad domum alicujus, et ille, cujus fuerit domus, habeat solomodo foramen privati in muro domus suae, et privatum habeat discur-
sum in dictam andronam, quod possit compellere illum vel illos, quorum
androna est, vendere sibi duo brachia tantum de ipsa androna, ita quod
possit aedificari super ipsam andronam una porticus sive porticulus pro
privato faciendo, facta extimacione per duos bonos magistros.

Item quod, si aliquis habet andronam propriam vel communem ab aliqua parte domus suae, et habet privatum super suum, quod non possit
cogere vicinum suum ab aliqua parte andronam habentem vendere sibi
aliquam partem ipsius andronae.

_____

(1) V. 1.° Statuto, pag. 254-55.

Qualiter quilibet, qui habet privatum super viis publicis,
teneatur illud destruere (1).

Capitulum quod, si aliquis habuerit aliquod necessarium seu privatum super viis et stratis publicis seu in domo vel in muro domus suae, ita quod appareat et videatur de strata publica a personis transeuntibus vel a vicinis stantibus in domibus suis et sub porticibus suis, quod teneatur eum (*sic*) destruere et auferre penitus de super stratis et viis, et illa, quae sunt in muris ut dictum est, ita aptare de muro et coperire et claudere de muro usque ad terram, quod non possit videri a stantibus nec a transeuntibus.

De eodem.

Capitulum quod Potestas faciat claudi de muro omnes andronas civitatis Parmae, quae tenent capud ad viam usque ad trabes domorum, relicto foramine inferius.

Item teneatur Potestas facere auferri seclaria, quae cadunt in viis per civitatem, et privata quae decurrunt ad ipsas vias, de ipsis viis et locis unde homines publice vadunt, nisi fuerint clausa de muro usque ad terram. Et idem observetur in illis andronis, quae possunt discurrere ad flumen Parmae; et, si aliqua androna possit duci ad aliquod canale cooperta, ducatur; et qui contrafecerit in aliquo praedictorum, solvat pro banno centum sol. parmen., et quilibet possit accusare, et teneatur privatus.

Item quod nemo possit habere latrinam habentem exitum seu decursum ad viam, per quam carra ducantur vel duci possunt, minus duobus brachiis ab exitu latrinae ad viam.

Item omnes homines habentes andronas seu coacras communes, ad peticionem cujuslibet participis volentis, teneantur et compellantur purgare et exportare brutum infra terciam diem ex quo purgata fuerit androna, et nullus projiciat spazaturam domorum in praedictis andronis ad bannum decem librarum parmensium; et quilibet possit accusare et habeat medietatem banni. Et insuper quicumque spazaturam dejecerit, teneatur facere ipsam andronam purgari suis expensis.

---

(1) V. 1.° Stat., pag. 365 e 366.

Item quod omnes et singulae andronae civitatis Parmae, quae tenent capud ad stratas seu vias, quae purgantur per canalia labencia per civitatem, de cetero possint et debeant tantum de nocte, post terciam custodiam usque ad campanam diei, apertae teneri, purgari, et duci et poni in canalia, ad quae capud tenent, et aqua canalium in eis mitti et duci; et, si contrafactum fuerit, puniantur contrafacientes in c. sol. parmen. pro quolibet et qualibet vice, et quilibet possit accusare et habeat medietatem banni. Et praedicta locum habeant in andronis capud tenentibus in burgo sancti Johannis et in porta de Parma, ita et taliter quod praedictae andronae stent clausae de die, ita et taliter quod foetores non veniant de ipsis, nec aliquid exeat de eisdem. Millesimo ducentesimo nonagesimo tertio.

De eodem.

Capitulum quod nullus deinceps possit vel debeat facere vel fieri facere aliquod necessarium modo aliquo in aliqua via vel super aliqua via vel in facie ostii alicujus; et qui contrafecerit, solvat pro banno decem libras parmen., et non minus dictum opus destruat, et accipiatur de dicto loco in quo factum esset.

Item quod nullus audeat vel praesumat super stratis nec super canalibus labentibus per stratas facere aliqua turpia, quae fiunt et debent fieri in andronis; et qui contrafecerit, solvat pro banno vigintiquinque libras parmen. pro qualibet vice, et quilibet possit accusare et habeat medietatem banni.

Item, si duo sunt vicini, inter quos non sit claudenda congrua, uno postulante, alter compellatur facere claudendam communiter cum eodem bonam et ydoneam timore ignis, et ne inde dampna proveniant; et hoc secundum possibilitatem hominum et locorum. Et idem observetur in curiis et casamentis civitatis et suburbiorum.

Qualiter homines habentes fossata inter se teneantur expedita tenere (1).

Capitulum quod Potestas teneatur, si querimonia sibi facta fuerit, cogere eum qui habuerit fossatum inferius, facere cavari et cavatum tenere

---

(1) V. 1.° Stat., pag. 255.

et expeditum, ita quod aqua labens superius possit liberum facere decursum. Et liceat eciam dugarolo hoc facere fieri, si de hoc fuerit requisitus. Et idem observetur per eum, qui non habet inferius fossatum,
quod facere teneatur.

Additum est praedicto capitulo loquenti de fossatis cavandis quod, si
aliquis clericus vel alius qui non esset de jurisdicione Communis Parmae, gravitatem et judicium hujus capituli recusabit, quilibet laycus laborans de possessionibus ejus compellatur adimplere quae in capitulo
continentur.

De incidendis arboribus in fondo alicujus (1).

Capitulum quod quilibet habens arbores nocivas in fondo alicujus in
aliqua parte de plano parmexanae compellatur ad instanciam cujuslibet
postulantis eas incidi facere, si voluerit dare sex imper. de plaustro quolibet lignorum; et, si clerici vel aliqui qui non essent de jurisdicione
Communis recusaverint ad peticionem laycorum hoc capitulum observare,
layci non compellantur ad peticionem clericorum.

Item non intelligatur quod per formam hujus capituli arbores frugi-
ferae debeant incidi, salvo si aliquis habuerit sepem de frugibus inter
se et vicinum suum, seu arborium de frugibus nimis spissum, quod
illa sepis seu arborium debeat taleari, et taliter inter se ad invicem alon-
gari tali modo quod quaelibet arbor, eciam frugifera, sit longe per duas
perticas racionatorias; et hoc ad removendum fraudes et nocumenta, quae
fiebant fondis hominum sub praetestu arborum frugiferarum non inciden-
darum secundum modum qui in capitulo continetur.

De non habenda claudenda melegariorum
inter unum vicinum et alium.

Capitulum quod intus a foveis civitatis et intus a foveis veteribus de
capite pontis non debeat esse, inter unum vicinum et alium, claudenda
de melegariis. Et idem observetur in burgis de foris a foveis (2).

Item quod nulla domus debeat esse in civitate vel burgis coppata de
alio quam cuppis, vel habere claudendam de melegariis; et, si qua est,

(1) V. 1.° Stat., pag. 256. — (2) Luogo citato.

auferatur claudenda, et domus coperiatur de coppis: et qui contrafecerit, solvat pro banno centum sol. parmen. intus a foveis civitatis, et ille de burgis iii. libras parmen.; et nihilominus teneatur ipsam domum coperire de coppis, et claudendam auferre. Et Potestas teneatur inquirere de praedictis et facere adimpleri secundum possibilitatem personarum, quarum sunt.

Qualiter qui habet furnum teneatur habere caminum muratum et furnum muratum (1).

Capitulum quod quilibet habens furnum in civitate vel burgis teneatur facere et habere caminum amplum et muratum per duo brachia et dimidium de quadrellis et calcina, et eciam desuper a coppis altum modo praedicto; et eciam quilibet habens furnum, ad peticionem vicini sui habentis domum cohaerentem furno, compellatur facere murum desuper a coppis furni per duo brachia, ita quod faciant communiter murum; et hoc fiat infra duos menses ex quo fuerit requisitum; et caminum, de quo supra fit mencio, fiat a bucha furni; et hoc timore ignis. De caminis faciendis modo praedicto Potestas teneatur compellere eum, contra quem fuerit postulatum, infra sex menses sine tenore, condempnando quemlibet inobedientem in decem libris parmen. Et ad similia camina teneantur et compellantur parolarii civitatis et burgorum ad fuxinas suas infra quatuor menses regiminis Potestatis, et sub eadem poena.

De sentenciis latis per officiales Communis firmis tenendis (2).

Capitulum quod quicumque non observaverit sentenciam seu laudum contra se latum vel latam, vel tenutam contra se datam fregerit, si data fuerit a Potestate vel a judicibus suis vel advocatis vel consulibus justiciae, condempnetur in quinque sol. parmen., et Potestas faciat observari sentenciam, nisi remedio juris poterit retractari: salvo quod nulla sentencia vel praeceptum vel tenuta, quod vel quam fecerit, dederit vel tulerit Potestas vel aliquis ex judicibus suis, vel advocati vel consules vel aliquis ipsorum, non possit nec debeat retractari occasione excommunicacionis vel anathematis. Et hoc habeat locum in praeteritis et futuris.

---

(1) V. 1.º Statuto, pag. 256 e 257. — (2) V. Stat. cit., pag. 258.

Qualiter quis non sit inquirendus pro manente a domino.

Capitulum quod, si quis stetit vel steterit etc. (1).

Qualiter quilibet sit audiendus pro restitucione dampni
sibi dati per pullos vel anseres alterius.

Capitulum quod, si pulli, gallinae, anseres seu canes alicujus personae dederint dampnum alicui in aliqua sua re, dominus ipsarum galli-
narum, anserum seu canum compellatur emendare dampnum ei qui pas-
sus fuerit, et credatur sibi quod sibi dampnum datum fuerit, et de
quantitate ipsius per sacramentum. Millesimo ducentesimo septuagesimo
secundo.

Qualiter represaliae non possint concedi contra reginos,
et qualiter reginis debeat fieri jus.

Capitulum quod homines civitatis Parmae et civitatis Regii suorum-
que districtuum secure et libere possint ire, stare et redire utrimque cum
personis et rebus absque obstaculo represaliarum. Et, ut represaliae inter haec duo Communia et homines utriusque Communis perpetuo cessent, ordinatum est quod a die vigesimo tercio mensis junii millesimo
ducentesimo septuagesimo, Indictione XIII., aliquae represaliae non possint nec debeant dari nec concedi, nec aliquis uti concessis per praedicta Communia vel alterum ipsorum, nec contra aliquam singularem
personam nec universitatem alterius Communis vel sui districtus, nec
aliquid fieri quod impediat vel impedire possit cives utriusque civitatis
et homines eorum districtus ire, stare et redire in praedictis civitatibus
et suis districtibus cum personis et rebus secure et libere quando et
quociens et sicut volent. Et Potestates et rectores utriusque civitatis Parmae et Regii teneantur observare et jurare quaecumque superius scripta
sunt sine tenore, et facere jurare successores de praedictis similiter observandis; et teneantur non permittere quod dictum capitulum diminuatur in totum nec in partem aliquo modo vel ingenio, quod vel qui

_____

(1) Si omette il presente capitolo coi tre altri che gli succedono nel 1.º Statuto alle pagine 258 e 259.

dici vel excogitari possit, vel per quod dici posset aliquid diminutum vel detractum esse dicto Statuto vel dici posset quod diminueretur vel detraheretur vel aliquid fieret in fraudem, ita quod de Potestate in Potestatem, et de rectore in rectorem perpetuo observetur sine aliqua diminucione vel corrupcione; et, si quae robariae fierent ab hodie in antea in stratis et viis publicis in dictis civitatibus et earum districtibus, non possint concedi aliquae represaliae vel aliqua represalia, nisi placuerit omnibus consiliariis illius civitatis, in qua represaliae peterentur, vel ad minus placuerit tribus partibus consiliariorum, facto et revoluto partito ad fabam nigram et albam, vel ad fabam et ad faxolos; et teneantur eciam Potestates et rectores civitatis Parmae et eorum judices et officiales Communis Parmae facere racionem cuilibet personae civitatis et districtus Regii summarie et sine strepitu aliquo judiciorum diebus feriatis et non feriatis, non obstantibus aliquibus feriis.

Item quod omnes homines et personae utriusque Communis Parmae et Regii et eorum districtus, qui facerent contractus simul aliqua occasione, prospicere debeant cum quo contrahant, et ad eum vel contra eum, cum quo facient contractum, redeant, ita quod propter hoc nulla represalia vel represaliae nec aliquid aliud, per quod supradicta possint diminui, dentur, concedantur vel inquietentur dicta Communia vel singulares personae; sed, si non bene contraxerint, de se querantur.

Item ordinatum est quod omnes et singulae represaliae universaliter et singulariter concessae abhinc retro a Communi Parmae contra Commune Regii, vel contra aliquam personam ejus districtus, vel universitatem, vel communitatem, vel specialitatem; vel a Communi Regii contra Commune Parmae, vel contra aliquam aliam personam ejus districtus, universitatem, communitatem vel specialem personam quocumque modo, a die, quo pronunciatum fuerit per arbitros utriusque civitatis super dictis represaliis, dictae represaliae debeant esse cassae et vanae et penitus nullius valoris et momenti. Et hoc Statutum sit praecisum et praecise debeat observari in qualibet parte sui, ita quod mutari non possit, corrigi vel interpretari aliquo modo per Arengum, Consilium generale vel speciale alicujus societatis; sed praedicta omnia et singula, ut jacent, inviolabiliter et in perpetuum observentur. Millesimo ducentesimo septuagesimo, Indictione tertiadecima.

De eodem.

Additum fuit praedictis capitulis super concordia facta cum reginis et super pace et concordia manutenenda cum eis et super jure reddendo per officiales Communis Parmae omnibus et singulis de jurisdicione Communis Regii et super represaliis concessis, quibus nemini liceat uti, et qualiter represaliae concedi non possint, quod omnia praedicta et singula capitula facta inter parmenses et reginos, quae superius scripta sunt, locum habeant et serventur inter parmenses et pontremolenses, et praecise. Et haec addicio facta fuit in millesimo ducentesimo septuagesimo quinto, Indictione III., die XVI. septembris.

Qualiter audiendi sint parvi populares partis Ecclesiae injuriam passi per aliquos potentes.

Capitulum in favorem parvorum popularium partis Ecclesiae quod, si tempore domini Ghiberti de Gente olim Potestatis Parmae aliquis de magnatibus seu de potentibus partis extrinsecae occupavit seu accepit aliquo modo aliquas terras vel possessiones seu podere alicui vel aliquibus de parte Ecclesiae, et post dictam occupationem praedictus de parte Ecclesiae eidem magnati seu potenti finem fecit seu refutacionem vel datum aut concessionem de praedictis propter suam potenciam vel timorem, quod Potestas expresse et praecise compellere teneatur talem potentem vel potentes, magnatem vel magnates, restituere integraliter praedictas terras, possessiones et podere praedicto de parte Ecclesiae, et ipsum restituere in possessione praedictorum omnium et singulorum infra XV. dies postquam sibi Potestati facta fuerit fides exinde, non obstante ipso fine, dato, concessione seu refutacione seu qualibet alia exceptione, sine strepitu judiciorum; salvo quod, si ille de parte Ecclesiae accepit aliquid ab ipso occasione praedictorum, prius illud totum, quod recepit, restituat integraliter. Et hoc capitulum factum fuit in millesimo ducentesimo septuagesimo tercio, Indictione prima.

De eodem.

Additum est praedicto capitulo quod quilibet, qui habet aliqua instrumenta, jura vel scripturas, quae vel quas aliquis, in cujus favorem praedictum Statutum factum est, volet dicere ad suum commodum valituras, compellatur, omni exceptione cessante, copiam facere postulanti cum die, millesimo et Indicione; et sic ille habeat facultatem utendi et jus suum prosequendi. Millesimo ducentesimo septuagesimo octavo, Indictione sexta.

De eodem.

Additum est praedicto capitulo et addicioni factis in favorem parvulorum popularium partis Ecclesiae quod, sicut habent locum praedictum capitulum et dicta addicio contra potentes alterius partis, ita locum habeant contra potentes partis Ecclesiae, et sicut habent locum in casibus qui proveniunt tempore domini Ghiberti de la Zente quando fuit Potestas Parmae, ita locum habeant in praesenti tempore, praeterito et futuro. Et, si clerici faciunt vel fecerint contra praedictum capitulum seu addicionem, propinqui ipsius clerici layci plus actinentes sibi teneantur pro se et de suo ad omnia quae in ipso capitulo et ipsius addicione continentur. Millesimo ducentesimo octuagesimo secundo, die xxviii. augusti.

De sindico constituendo pro Communi, qui defendat jura Communis contra quemlibet conquerentem vel agere volentem contra Commune.

Capitulum, ad defensionem Communis, quod, si aliqua causa, peticio vel quaestio mota fuerit contra Commune vel in praejudicium Communis, quae causa debeat examinari in civitate Parmae, quod aliquis non audeat ad talem causam seu peticionem peragendam [accedere] in praejudicium seu dampnum Communis, nisi fuerit sindicus Communis, qui defendat jus, causam et utilitatem Communis, ad hoc specialiter deputatus. Et dictus sindicus vocatus in jus ab aliquo pro Communi teneatur et debeat facere dari sibi libellum continentem causam et jus actoris, qui libellus in Consiliis publicetur; quo facto, ipse sindicus sollicite Commune defendat, et introducat ad defensionem Communis omnia Statuta faciencia pro Communi, et omnia alia jura, quae poterit investigare, faciencia pro Communi. Et juret dictus sindicus in pleno Consilio quod in tali quaestione nihil omittet de contingentibus, quod sit in judicio deducendum, et maxime non obmittet Statuta facta seu facienda in defensione Communis; et de juribus et Statutis, quae introducet sindicus, fiat mencio in sentencia, et, si mencio facta non fuerit, non intelligatur introduxisse; et, si, praedictis solempnitatibus non observatis, sentencia lata fuerit contra Commune, sit ipso jure nulla, et sindicus, omittens aliquid de praedictis, adimplendum de suo cogatur, et cercatores tales sindicos cercare cogantur et condempnare Communi ad omne dampnum restituendum, praedictis solempnitatibus non servatis. Et debeat quilibet sindicus promittere et fidejussionem praestare de praedictis observandis, et de reddendo gestionem administracionis eorum, quae fecerit in illis quae sibi commissa fuerint. Et, si Potestas vel aliquis de judicibus suis aliquem processum fecerit qui videatur vel dici possit esse contra Commune, sindicetur in centum libris parmen. pro qualibet vice. Et hoc capitulum sit praecisum, et absolvi non possit per scurtinium nec aliter.

De appellacionibus, et quid statutum sit in eisdem.

Super appellacionibus jure sentenciae factis ita observetur quod ille, qui appellat, det pignus ydoneum infra octo dies, quod sufficiat ad daciam seu feudum et in alios sumptus sine fraude circa litem faciendam ab eo contra quem appellatur; et a die appellacionis ante computentur et intelligantur xxx. dies utiles et non continui: et quod ad dictum officium faciendum de cetero debeant esse duo notarii; et, si dacia soluta fuerit in principali causa, non solvatur in causa appellacionis.

De eodem.

Item quod, si quis appellaverit et causam amiserit, pro eo solvat feudum, et alios sumptus parti, quae vicerit, restituat, et causam appellacionis infra xxx. dies appellator ita prosequatur etc. (1).

Qualiter audiendus sit ille, cui equus imponeretur, si non habuerit valimentum de sexcentum libris imper.

Capitulum quod, si debebunt de cetero equi imponi pro Communi Parmae, nemini imponatur aliquis equus per impositores ad imposicio-

---

(1) Il resto come sta a pag. 264 e 265 del 1.º Stat.

nem faciendam deputandos, nisi habuerit valimentum de sexcentis libris imper. ad minus; et, si contrafactum fuerit, et ille, qui dixerit sibi equum impositum contra formam hujus capituli, voluerit dare quicquid tunc habuerit et possederit racione doctis uxoris vel alia occasione pro quingentis libris imper., impositores equorum teneantur et compellantur emere et precium persolvere; et venditor teneatur facere instrumentum vendicionis, per quod emptores sint securi, prout postulat ordo juris. Et hoc capitulum sit praecisum in omni parte sua, et praecise debeat observari per Potestatem, Capitaneum, Ancianos et alios, et eo modo et forma possit absolvi quo et qua potest absolvi capitulum quod loquitur de expendendo de avere Communis; et, si aliter factum esset, non valeat. Et de hoc Potestas possit et debeat sindicari, et credatur sacramento illius qui coram sindicis dicere voluerit hoc capitulum sibi non fore observatum et omne dampnum suum sibi restituendum. Millesimo ducentesimo octuagesimo secundo.

Qualiter puteus sit concedendus vicinis, et quibus expensis fieri debeat.

Capitulum quod Potestas teneatur, si vicini alicujus viciniae, qui puteum non habent, voluerint puteum facere et habere, si fuerit requisitum per majorem partem vicineae, quod teneatur illum facere fieri ad expensas illorum, ad quorum utilitatem spectat, plusquam aliorum, puteus. Interpretatum est quod, ibi ubi dicit « vicinea » quod intelligatur de una contrata vel via. Et hoc habeat locum in villis seu in aliqua contrata villarum, et idem locum habeat et servetur in furnis et puteis villarum.

Additum est praedicto capitulo quod, si sit aliqua vicinia civitatis, in qua non sit puteus, Potestas teneatur ad peticionem cujuslibet de vicinea compellere alios vicinos ipsius vicineae, ad quorum utilitatem spectabit puteus, ad solvendum de expensis pro ipso construendo partem singulis contingentem.

Qualiter Potestas teneatur facere fieri unum puteum in platea Communis cum una fune de ferro.

Capitulum, ad utilitatem hominum civitatis et episcopatus Parmae et omnium et singularum personarum, quod Potestas teneatur facere fieri

expensis Communis in platea Communis Parmae a latere ubi ducitur
blava et venditur, vel alibi ubi melius videbitur in dicta platea, unum
puteum cum parolo et fune de ferro et bulzone sive rota, ad hoc ut
personae cujuscumque condicionis habeant et habere possint abundanciam aquae ex necessitate. Et, si Potestas hoc non fecerit per tempus
sui regiminis, cadat in poena x. librarum parmensium.

Qualiter filii et heredes domini Rolandi de Monticellis sint perpetuo habendi de parte Ecclesiae.

Capitulum, cum per generale Consilium quingentorum factum et obtentum tempore nobilis viri domini Jacobi de Rivola olim Potestatis Parmae (1) occasione domini Rolandi de Monticellis condam et in favorem
filiorum et heredum condam dicti domini Rolandi certae provisiones factae fuerint, et inter ceteras fuerit reformatum et obtentum auctoritate
dicti Consilii quingentorum, ad peticionem amicorum et propinquorum
dicti domini Rolandi et collegiorum judicum et notariorum, ad quorum
preces et peticionem factae fuerunt reformaciones et provisiones praedictae, quod haberi deberent certi sapientes, qui sapientes sic habiti, secundum formam reformacionis praedictae, in communi concordia, nemine
discrepante, voluerunt et ordinaverunt in honorem praedictorum collegiorum judicum et notariorum quod filii et heredes praedicti domini Rolandi
de Monticellis haberentur, tenerentur et tractarentur de parte Ecclesiae,
et quod habere possent ab illo tempore in antea omnia illa officia, beneficia et privilegia, quae habent et habere possunt illi de parte Ecclesiae
et qui scripti sunt super libro Societatis croxatorum et quod sub protectione partis Ecclesiae recipiantur et recepti sint perinde ac si scripti
essent in libris croxatorum et populi Parmae, et in omnibus tamquam
de parte Ecclesiae habeantur et teneantur, quod ipsa provisio et delibe-
racio sapientum, et secundum quod superius continetur, ponatur et
scribatur in libris Statutorum Communis et pro Statuto Communis et
in favorem praedictorum filiorum domini Rolandi de Monticellis perpetuo
debeat teneri et inviolabiliter observari.

---

(1) Giacomo da Rivola bergamasco (che l' Affò nel t. IV. della St. di Parma p. 86 chiama
Giacomo Rivolta) fu Podestà di Parma nel secondo semestre del 1291.

Reformatum fuit per Consilium quingentorum tempore domini Brodarii de Sassoferrato in millesimo trecentesimo, Indicione terciadecima, die octavo mensis februarii in favorem dominorum Symonis et Jacobi de Crotis fratrum et filiorum condam domini Jervaxii de Crotis et dominae Mariae filiae condam domini Huberti de Bellabarbis uxoris condam praedicti domini Jervaxii, quod filiae condam praedicti domini Jervaxii et dictae dominae Mariae ejus uxoris et sorores praedictorum dominorum Symonis et Jacobi, nec aliqua ipsarum nec heredes earum habentes causam ab eis seu ab aliqua ipsarum, possint nec debeant molestare nec inquietare perpetuo praedictos fratres nec aliquem ipsorum, nec heredes eorum, nec bona nec habentes causam ab eis vel ab aliquo ipsorum, in hereditate nec bonis condam praedicti domini Jervaxii patris eorum, nec in bonis nec hereditate dictae dominae Mariae matris eorum, nec de hoc audiri debeant nec possint per aliquem officialem Communis habentem aliquam jurisdictionem cognoscendi modo aliquo vel jure, omni cavillatione et exceptione cessantibus, cum praedictae sorores ipsorum fuerint bene et sufficienter dotatae tempore quo fuerunt maritatae per dominum Jervaxium patrem eorum condam; et quod praedicta reformacio deberet poni in Statutis Communis, et scribi pro Statuto praeciso deberet, et debeat perpetuo observari.

Reformacio facta super bannitis Parmae et Placentiae depellendis de utroque districtu.

Generalia Consilia Communis et populi facta fuerunt in palacio Communis Parmae de hominibus de Consilio et de consiliariis ejusdem et de consulibus vicinearum et arcium voce praeconia et sono campanarum, ut moris est, congregata, in quibus Consiliis dominus Robertus de la Crota Potestas, praesentibus et volentibus dominis Gerardo de Arcellis Capitaneo, Ancianis et ceteris, dixit, proposuit et Consilium peciit quid placet consiliariis et volunt fieri super provisionibus factis per ambaxatores missos apud Burgum Sancti Donini ad tractandum cum ambaxatoribus Placentiae super bannitis depellendis de utroque districtu, lectis in praesentibus Consiliis, qui providerunt modo infrascripto:

Primo quod, cum propter multos bannitos et malefactores Communium Parmae et Placentiae commorantes et se reducentes in districtibus

utriusque dictarum civitatum quam plures offensiones hinc et inde con-
tigerint et multipliciter contingere possint, providerunt ambaxatores utriusque dictarum civitatum simul apud Burgum Sancti Donini existentes,
ad occurrendum eciam dissensioni et contencioni quae inter utramque
civitatem possent propterea evenire, pro manifesta et evidenti utilitate
utriusque Communis patenter cognita quod aliquis de civitate vel districtu, qui nunc est vel pro temporibus fuerit bannitus ipsius Communis
Parmae pro aliquo maleficio, non possit nec debeat stare neque redire
in districtu Placentiae citra flumen Nurae versus districtum Parmae in
tantum quantum protendit ipsum flumen a loco sancti Georgii supra citra
stratam Vallis Tarii districtus Placentiae, sicut protendit ipsa strata usque
ad plebem de Complano versus districtum Parmae; et, versa vice, quod
aliquis de districtu vel civitate Placentiae, qui nunc vel pro temporibus
fuerit bannitus ipsius Communis Placentiae pro aliquo maleficio, non
possit nec debeat stare neque se reducere in districtu Parmae citra flumen Tari versus districtum Placentiae in quantum protendit ipsum flumen
Tari a loco Fornovi usque in Paudum et ab illo Fornovi supra citra
flumen Baganciae usque ad originem ipsius fluminis versus districtum
Placentiae; et infra xx. dies, postquam praesentes provisiones per utrumque Commune fuerint approbatae, debeant omnia et singula suprascripta
et infrascripta in utraque dictarum civitatum voce praeconia publicari ac
eciam publice proclamari de mandato Potestatis et rectorum dictarum
civitatum in singulis contratis sui districtus dictorum confinium, ut dicti
banniti de dictis confinibus expellantur omnino et non permittantur amplius stare ultra dictos confines; et, si talis bannitus post dictam proclamacionem, elapsis decem diebus, in aliquo loco seu villa altera alterius dictarum civitatum citra dictos confines steterit, Commune et homines ipsius loci condempnentur pro tali bannito pro qualibet vice in L.
libris imper., et quaelibet singularis persona, in cujus domo ille talis
bannitus post ipsam proclamacionem, elapsis ipsis decem diebus, steterit, in decem libris imper. Et praedictam publicacionem et declaracionem
teneantur eciam singuli rectores dictarum civitatum fieri facere modo
praedicto infra primum mensem introitus sui regiminis.

Item quod Commune et homines cujuslibet loci districtus Parmae positi citra dictos confines teneantur eciam expellere de illo loco et ejus
territorio quemlibet qui dicitur bannitus Communis Placentiae, et Com-

mune et homines cujuslibet loci districtus Placentiae positi citra dictos
confines eciam teneantur expellere de illo loco et ejus territorio quemlibet ex dictis bannitis Communis Parmae, et hoc infra quintam diem
postquam consuli sive mistrali vel officiali sive rectori ipsius loci fuerit
denunciatum, seu notorium vel manifestum fuerit, et nullatenus ipsum
bannitum permittant amplius ibi stare, alioquin Commune talis loci condempnetur pro quolibet tali bannito et qualibet vice in quinquaginta libris imper., et quaelibet singularis persona, in cujus domo post illam
denunciacionem seu postquam fuerit notorium et manifestum steterit talis bannitus, condempnetur pro quolibet tali bannito et qualibet
vice in decem libris imper., excepto Facio Ginezono et Amadeo Pinchilino, qui de gracia ambaxatorum Placentiae possint stare in loco Florenzolae, dum tamen non offendant in districtu Parmae nec alicubi aliquem
parmensem, si de iis hoc placuerit Communi Parmae in approbacione
praedictarum provisionum.

Item, si contigerit (quod Deus avertat) quod aliquis de civitate vel
districtu Parmae committeret homicidium, vel robariam seu furtum faceret in civitate vel districtu Parmae et fugiendo se reduceret in districtu
Placentiae, possint parmenses et eis liceat illum malefactorem sic fugientem persequi in dicta fuga in districtu et per districtum Placentiae usque
ad dictos confines et ipsum capere, et, illis sic persequentibus et capientibus, teneantur Commune et homines illius loci, in quo seu cujus territorio ille malefactor fugeret sive se reduceret, ad rumorem currendo
dare forciam et validum auxilium ut ille malefactor capiatur et in forciam Communis Parmae libere reducatur; quod si non fecerint Commune
et homines illius loci, condempnentur ipsi pro quolibet tali malefactore
pro qualibet vice in xxv. libris imper.; et, versa vice, si contingeret
(quod Deus avertat) quod aliquis de civitate vel districtu Placentiae fugiendo se reduceret in districtu Parmae, possint placentini et eis
liceat illum malefactorem sic fugientem persequi in dicta fuga in districtu et per districtum Parmae usque ad dictos confines, et ipsum capere,
et, illis sic persequentibus et capientibus, teneantur Commune et homines illius loci, in quo sive cujus territorio ille malefactor fugeret sive
se reduceret, ad rumorem currendo dare forciam et validum auxilium
ut ille malefactor capiatur et in forciam Communis Placentiae reducatur
libere; quod si non fecerint Commune et homines illius loci, condempnentur ipsi pro quolibet malefactore et qualibet vice in xxv. libris imper.

Item providerunt quod, si aliquis civis vel districtualis Parmae deinceps commiserit aliquod homicidium, vel robariam seu furtum in civitate vel districtu Placentiae, teneatur Commune, et Potestas Parmae qui
pro temporibus fuerit, ipsum malefactorem viriliter persequi, et de ipso
maleficio punire perinde ac si illud maleficium commisisset in civitate
vel districtu Parmae, si super hoc ille rector civitatis Parmae a parte
Communis Placentiae fuerit requisitus.

Et, versa vice, quod, si aliquis de civitate et districtu Placentiae deinceps commiserit aliquod homicidium, vel robariam seu furtum in civitate vel districtu Parmae, teneatur Commune, et Potestas Placentiae qui
pro temporibus fuerit, ipsum malefactorem viriliter persequi, et de ipso
maleficio punire perinde ac si illud maleficium commisisset in civitate
Placentiae vel districtu, si super hoc ille rector civitatis Placentiae a parte
Communis Parmae fuerit requisitus.

Et praedictae provisiones ponantur in Statutis in volumine Statutorum
Communis et populi utriusque dictarum civitatum, si per utrumque Commune fuerint approbatae.

In reformacione praesencium Consiliorum, in quibus fuerunt ducenti
consiliarii et plures, facto partito ad sedendum et levandum et revoluto
per dominum Potestatem, praesentibus dominis Gerardo de Arzellis Capitaneo, Ancianis et ceteris, et eciam volentibus, placuit majori parti
quod provisiones, de quibus supra fit mencio, sint firmae in totum,
prout jacent, et in proposicione continetur, dum tamen approbentur et
firmentur per placentinos.

In nomine Domini millesimo ducentesimo nonagesimo septimo,
Indicione decima, die ultimo mensis julii (1).

Ad honorem Omnipotentis Dei nec non et beatae Mariae Virginis
ejus Genitricis, et Sanctorum, quorum nominibus intitulata sunt vocabula
infrascriptarum civitatum, et ad honorem et bonum statum illustris et
magnifici viri domini Azonis Dei gratia Hestensis et Anconitanae Marchiae et civitatum Ferrariae, Mutinae et Regii perpetui et generalis domini, nec non illustris et magnifici viri domini Francischini Hestensis

---

(1) L'Atto qui riferito fu publicato dal Muratori nelle *Ant. Estensi*, Parte II., pag. 53-55.

et Anconitanae Marchiae etc., et ad bonum, pacificum et quietum statum populi et Communis civitatis Parmae, et populorum, Communium, civitatum Ferrariae, Mutinae et Regii, et ad conservandum amorem et amicitiam quae semper viguit et vigebit, Deo dante, inter ipsos dominos marchiones et Communia praedictarum civitatum :

Haec est forma pacis factae inter ipsos et civitates praedictas, et populum et Commune Parmae super guerris, discordiis, dampnis, incendiis, rapinis et aliis maleficiis perpetratis hinc inde tam in avere quam in personis occasione praesentis guerrae.

In primis dominus Hugolinus de Niviano juris peritus sindicus nobilis et magnifici viri domini Huberti de Castello Potestatis et Capitanei Communis et populi Parmae et Societatis croxatorum et populi civitatis ejusdem ad infrascripta specialiter constitutus, ut continetur in charta sindicatus facta manu Albertini Ruffi notarii in praesenti millesimo et Indicione, die veneris duodecimo intrantis julii, nomine et vice dictorum dominorum Potestatis et Capitanei Communis et populi Parmae ex una parte; dominus Gerardinus de Aurifice judex et procurator illustris et magnifici viri domini Azonis Dei et apostolica gratia Hestensis et Anconitani marchionis, nec non domini generalis civitatum Ferrariae, Mutinae et Regii ad infrascripta specialiter constitutus, ut continetur in charta facta manu Galvani de Sarzano notarii in praesenti millesimo et Indicione, die vigesimo-nono julii, et idem dominus Gerardinus de Aurifice eciam procurator domini Francischini fratris et commarchionis ejusdem domini Azonis ad infrascripta specialiter constitutus, ut continetur in charta facta manu Aldevrandini de Bruxatis notarii in praesenti millesimo et Indicione, die decimo octavo julii, et dominus Gerardinus praedictus sindicus Communis et hominum civitatis Ferrariae ad infrascripta specialiter constitutus, ut continetur in charta sindicatus facta manu Aldevrandini praedicti notarii in praesenti millesimo et Indicione, die decimo octavo julii; et dominus Gerardinus Marcellus juris peritus sindicus Communis et hominum civitatis Mutinae ad infrascripta similiter specialiter constitutus, ut continetur in charta facta manu Jacobi de Petrezanis notarii in praesenti millesimo et Indicione, die martis decimo septimo julii; et dominus Henricus de Guerris sindicus Communis Regii similiter ad infrascripta specialiter constitutus, ut continetur in charta facta manu Guillielmi de Marzellis notarii in praesenti millesimo et Indicione, die duodecimo julii ex altera parte, a me notario visis et lectis praedictis omnibus instrumentis, in communi concordia inter se vicissim, obsculo pacis interveniente, fecerunt pacem, quietacionem et absolucionem perpetuam de omnibus injuriis, homicidiis, robariis, dampnis datis, incendiis, ferutis et aliis quibuscumque offensionibus seu injuriis realibus vel personalibus factis occasione guerrae praesentis, quae fuit inter Commune Parmae et dictos dominos marchiones et Communia dictarum civitatum Ferrariae, Mutinae et Regii a die sanctae Luciae proxime praeteritae, fuit unus annus citra, hinc inde a parte parti et a singulis de parte in singulos de alia parte, hoc acto ut de praedictis injuriis seu offensionibus realibus et personalibus seu quibuscumque aliis qualitercumque et ex quacumque causa illatis seu factis nullum jus in perpetuum reddi debeat, nec aliqua querimonia recipi per aliquem rectorem seu officialem dictarum civitatum vel alicujus earum vel per alium jurisdictionem habentem. Et convenerunt sibi ad invicem dictae partes et sindici et procuratores ipsarum parcium per pactum expressum de omnibus et singulis infrascriptis ista forma et ordine, quo convenerunt: in primis quod ambae partes insimul jurare debeant unam alteram adjuvare, et alteram alteram, contra quascumque personas in eorum et super eorum terris, salvo quod, durante praesenti guerra inter Commune Bononiae et dominos marchiones praedictos atque Communia praedicta, scilicet Ferrariae, Mutinae et Regii et alias terras dictorum dominorum marchionum, Commune Parmae non teneatur nec debeat servire, nec aliquod auxilium praestare dictis dominis marchionibus et civitatibus praedictis contra dictum Commune Bononiae et terras suas: in qua pace intelligatur quod omnes homines, qui capti fuerunt et carcerati fuerunt et sunt per utramque partem a die sanctae Luciae proxime praeteritae, fuit unus annus citra, occasione praesentis guerrae de qua pax tractata est et firmata in praesenti, per utramque partem relaxentur libere et impune.

Item quod omnes bandezati Parmae, qui de Parma exiverunt, et bannum Communis Parmae receperunt a die sanctae Luciae praedictae citra occasione praedictae guerrae, in quibus bandezatis intelligantur omnes homines qui capti fuerunt et sunt in carceribus Communis Parmae a dicta die sanctae Luciae citra occasione praedictae guerrae, relaxentur et canzellentur de bannis praedictis Communis Parmae. Et quod omnes et singuli banniti Communis Parmae quacumque occasione de parte Ecclesiae a dicta die sanctae Luciae citra, et condempnati, de eorum bannis et condempnacionibus canzellentur et aboleantur et pro canzellatis et abolitis habeantur ipso jure. Et quod quadraginta dictorum bandezatorum occasione praesentis guerrae et partis, in electione Communis et hominum Parmae, stare debeant in confinibus in quibuscumque terris voluerint ipsi electi, ipsis terris non confinantibus civitati Parmae et episcopatui; salvo quod nec in terris domini marchionis Hestensis nec in Mantoa nec in Verona stare debeant; et quod alii bandezati occasione guerrae et partis a dicta die citra, qui essent supra dictos quadraginta, stare debeant extra civitatem et districtum Parmae in quibuscumque terris voluerint ad confines, salvo quod Regii nec in districtu morari non possint, et teneantur praedicti confinandi dare securitatem attendendi praedicta, prout in talibus convenerunt.

Item quod omnes homines cujuscumque partis praedictarum parcium seu infrascriptarum, qui noluerint praedictam pacem et omnia quae in ipsa pace continentur et spreverint eis obedire, et omnes inobedientes de praedictis et infrascriptis, cujuscumque condicionis sint, contenti in praedicta pace, sint et esse debeant et intelligantur et sint banniti et rebelles omnium terrarum illius partis, cujus fuerint ipsi inobedientes, tanquam violatores ipsius pacis; et quod alia pars non debeat ipsos inobedientes tenere, reconciliari nec hospitari in suis terris, sed teneatur alteram partem adjuvare, ipsos bannitos et inobedientes capere in omnibus suis terris tanquam violatores ipsius pacis.

Super facto reginorum, quod omnes bandezati Regii, qui bandezati fuerunt a praedicta die sanctae Luciae citra occasione praesentis guerrae, de qua tractata et facta est pax ad praesens, extrahantur et canzellentur de bannis Communis Regii, et quod restituantur in omnibus eorum bonis, honoribus et jurisdicionibus, et quod omnia castra, quae sunt in territorio episcopatus Regii revelata ipsi domino marchioni, devenire debeant in forciam domini marchionis, et quod domini, quorum sunt castra praedicta, stare possint ubicumque voluerint, dum tamen cogendi non sint nec cogi debeant ire personaliter contra eorum voluntates in civitatem Regii, attendendo semper omnes faciones Communis Regii.

Item quod ipse dominus marchio teneatur et debeat facere bonam securitatem de non devastando ipsa castra, nec de eis castris aliquod malum facere, in dampnum vel praejudicium dominorum, quorum sunt ipsa castra.

Item quod castrum Cruviaci, quod occupatum est contra Commune Parmae, veniat et venire debeat libere in Commune Parmae, ita ut Commune Parmae faciat integre velle suum alte et basse.

Item convenerunt invicem quod omnes et singuli bandezati, qui de Parma exiverunt et banniti Communis Parmae reperientur a dicta die sanctae Luciae citra occasione praedictae guerrae, restituantur per Commune Parmae super eorum bonis immobilibus, et eciam restituantur ad nomina debitorum quae habebant, non exacta per Commune Parmae vel alium habentem causam ab ipso Communi, cum fuerint canzellati de suis bannis et condempnacionibus et alia impleverint quae in dictis capitulis continentur. Et promiserunt sibi invicem dictae partes et eciam corporaliter juraverunt praedicti parcium sindici, scilicet in animabus eorum quorum sindici et procuratores sunt, firma et rata habere et tenere perpetuo omnia et singula suprascripta, in poena et sub poena decem millium marcharum argenti, committendo in singulis capitulis, tociens quociens fuerit contraventum, applicanda parti observanti per partem non observantem, ratis semper manentibus omnibus et singulis supradictis cum eisdem commissione et exacione poenae.

Item promiserunt dictae partes sibi invicem et vicissim stipulatione solempni ita facere et curare. Et haec omnia et singula in praesenti instrumento pacis contenta ponentur in volumine Statutorum cujuslibet praedictarum civitatum, et fiet speciale Statutum quod quodlibet capitulum in praesenti instrumento pacis contentum habeatur pro Statuto et tanquam Statutum observetur per quamlibet civitatem. Et quilibet Potestas cujuslibet ipsarum civitatum, sive rector vel qui jus dicat, quocumque nomine censeatur, qui nunc est vel per tempora fuerit ad regimen earum et cujuslibet ipsarum, teneatur jurare de praedictam pacem servando et omnia et singula capitula in ipsa pace contenta. Pro quibus omnibus et singulis sic attendendis et observandis, et pro poenis et expensis solvendis, obligaverunt sibi invicem dictae partes dictarum civitatum et cujuslibet earum, una alteri et altera alteri, omnia bona dictarum civitatum et dictorum Communium et dictorum dominorum marchionum praesencia et futura, quae bona una pars pro altera, et altera pro altera vicissim se constituerunt possidere. Actum in strata Claudia ad Casam Dei episcopatus Parmae prope ecclesiam dictae terrae, praesentibus dominis Cavalcabove marchione de Videliano, Hubertino de

Cari, Venero de Caffaris, Zero de Lucha, Oddone de Canali, Albertino de Branchajonibus notario, Paulo de Berceto, Pinello de Canussio. Oddobertino Levalaxina notario et aliis pluribus, testibus rogatis.

Privilegium domini Octonis Imperatoris (1).

In nomine sanctae et individuae Trinitatis. Otto quartus Divina favente clementia Romanorum Imperator et semper Augustus. Imperialis clementiae mansueta Serenitas dignam semper in subditis dispensationem favoris et gratiae habere consuevit, et ipsis, quorum fides et devotio semper sincera et pura circa Imperium est inventa, copiosis benefitiis respondere. Quapropter universorum Imperii nostri fidelium tam praesens noverit aetas, quam successura posteritas, quod nos attendentes sinceram fidem et devota servitia, quae dilecti fideles nostri cives parmenses jamdudum Imperio exhibuerunt, et in posterum ipsos exhibituros speramus, ad imitationem Serenissimorum Antecessorum nostrorum Friderici Romanorum Imperatoris Divi Augusti et Heinrici tunc Regis Romanorum Augusti, sicut ipsos ex suo authentico apud Constantiam facto privilegio inter ipsos et civitates Lombardiae aperte fecisse cognovimus, concedimus ipsi civitati Parmae regalia et consuetudines tam in civitate, quam extra civitatem, in perpetuum, videlicet ut ipsa civitas Parmae omnia habeat, sicut hactenus habuit vel habet, extra vero omnes consuetudines sine contradictione exerceat, quas ab antiquo exercuit vel exercet in fodro, colta, nemoribus, pascuis publicis, pontibus, aquis vel molendinis, sicut ab antiquo habere consuevit vel habet in exercitu, munitionibus civitatis, plena jurisdictione tam in criminalibus causis quam in pecuniariis in civitate Parmae, et in omnibus personis, et extra in omnibus personis et terris episcopatus, comitatus et districtus Parmae, et in ceteris omnibus quae spectant ad commoditatem civitatis Parmae. Et, si quis super iis, quae jam dictae civitati concessimus vel permisimus, sive in civitate vel extra civitatem querimoniam apud Majestatem nostram

_____

(1) I seguenti diplomi imperiali leggonsi anche nello Statuto del 1494 e nella Storia di Parma dell' Affò. I due primi sono stati collazionati cogli originali custoditi nell' Archivio del Comune.

deposuerit, ejus querimoniam non admittemus et silentium ei imponemus: privilegia et omnia data et concessiones, quae in praejudicium vel dampnum civitatis Parmae ab Antecessoribus nostris vel nobis sive nuntiis nostris alicui personae, loco vel locis indulta sunt, cassamus et in irritum deducimus. In causis vero appellationum, si quantitas xxv. libras imperialium excesserit, appellatio ad nos fiat; ita tamen quod non cogantur in Alamanniam ire, sed nos habebimus proprium nuntium in ipsa civitate vel ejus episcopatu, qui de ipsa appellatione cognoscat et juret quod bona fide causas examinabit et diffiniet secundum leges et consuetudines et mores civitatis Parmae infra duos menses a contestatione litis vel a tempore appellacionis receptae, nisi justo impedimento vel consensu utriusque partis remanserit. Item volumus quod precariae et libellaria in suo statu permaneant secundum consuetudinem civitatis Parmae, non obstante lege quae dicitur Imperatoris Friderici. Item dictae civitati Parmae concedimus ut liceat ejus civibus civitatem ipsam munire, et extra munitiones facere, statuentes quod, si qua discordia de feodo orta fuerit inter nos et aliquem qui sit de ipsa civitate Parmae vel episcopatu, per pares ipsius civitatis et episcopatus secundum consuetudines illius civitatis in eodem episcopatu terminetur, nisi nos in Lombardia fuerimus; tunc enim in audientia nostra, si nobis placuerit, causa agitabitur. Haec omnia et alia universa, quae continentur in privilegio facto et concesso generaliter civitatibus Sotietatis Lombardiae per dominos Fridericum Imperatorem et Heinricum Serenissimum tunc Romanorum Regem Divos Augustos, specialiter civitati Parmae concedimus et confirmamus, et Paganum Alberti Aegidii Potestatem Parmae nomine ipsius civitatis, et nuntios Boverium, Jacobum Abrahae, et Gerhardum judicem, et Hugolinum Juliani et Widonem Stephani notarium de his omnibus investimus, et Imperiali auctoritate corroboramus, statuentes et firmiter praecipientes ut nullus archiepiscopus, episcopus, dux, marchio, comes, vicecomes, capitaneus, nulla civitas, nullum Commune, nulla denique persona alta vel humilis, ecclesiastica vel secularis, dictam civitatem contra hanc nostrae Serenitatis concessionem, confirmationem et dationem molestare in aliquo praesumat, vel aggravare, vel sine legali judicio disvestire; quod qui facere attemptaverit, in ultionem suae temeritatis centum libras auri puri, dimidium fisco nostro et dimidium dictae civitati, pro poena componat. Ad cujus rei certam in posterum evidentiam praesentem inde paginam conscribi jussimus et nostrae Majestatis sigillo communiri (1).

Privilegium domini Friderici secundi (2).

In nomine Domini Dei aeterni et Salvatoris nostri Jesu Christi amen. Fridericus secundus Divina favente clementia Romanorum Rex semper Augustus et Rex Siciliae. Regalis clementiae mansueta Serenitas dignam semper in subditis dispensationem favoris et gratiae habere consuevit, et ipsis, quorum fides et devotio semper sincera et pura circa Imperium est inventa, copiosis benefitiis respondere. Quapropter universorum Imperii nostri fidelium tam praesens noverit actas, quam successura posteritas, quod nos attendentes sinceram fidem et devota servitia, quae dilecti fideles nostri cives parmenses jamdudum Imperio exhibuerunt, et ipsos in posterum exhibituros speramus, ad imitationem Serenissimorum Antecessorum nostrorum, sicut ipsi ex suo authentico privilegio eisdem civibus parmensibus aperte fecisse noscuntur, concedimus ipsi civitati parmensi regalia et consuetudines, tam in civitate quam extra civitatem, et in perpetuum; videlicet ut in ipsa civitate Parmae omnia habeat sicut hactenus habuit vel habet; extra vero, omnes consuetudines sine contradictione exerceat, quas ab antiquo exercuit vel exercet in fodro, colta, nemoribus, pascuis publicis, pontibus, aquis et molendinis, sicut ab antiquo habere consuevit vel habet in exercitu, munitionibus civitatis, plenam jurisditionem tam in criminalibus causis quam in pecuniariis in civitate Parmae et in omnibus personis, et extra in omnibus personis

---

(1) Il Diploma originale ha più la chiusa che segue:

Hujus rei testes sunt Aldericus laudanus episcopus, Jacobus taurinensis episcopus, Wilhelmus accuensis praepositus, Harimannus comes de Wirtinberc, Cuno de Mizciberc, Heinricus de Lauensberc camerarii, Salinwerra de Ferraria, Ysaac de Dovaria Potestas Papiae, Albertus Struzius, Passawerra et Johannes de Pado Imperialis curiae judices.

Signum domini Ottonis quarti Romanorum Imperatoris invictissimi.

Ego Cunradus spirensis episcopus, Imperialis aulae cancellarius vice domini Theodorici coloniensis archiepiscopi et Italiae archicancellarii recognovi. Acta sunt haec anno Dominicae Incarnationis millesimo CC. X., septimo kalendas junii, glorioso domino Ottone Romanorum Imperatore imperante, anno regni ejus XII., Imperii vero primo. Datum apud Laudam per manum Waltherii prothonotarii, Indictione tertiadecima.

(2) È riferito, sulla lezione dell' Affò, nell' *Historia diplomatica Friderici II.* edita dal ch. Huillard-Bréholles, tom. I., pag. 608.

et terris episcopatus, comitatus et districtus Parmae et in ceteris omnibus quae spectant ad commoditatem civitatis Parmae. Et, si quis super iis, quae jam dictae civitati confirmavimus, sive in civitate vel extra civitatem querimoniam apud Magestatem nostram deposuerit, ejus querimoniam non admittemus et silentium ei imponemus. Privilegia et omnia data et concessiones, quae in praejudicium vel dampnum civitatis Parmae ab Antecessoribus nostris vel nobis sive nuntiis nostris alicui personae, loco vel locis indulta sunt, cassamus penitus et in irritum deducimus. In causis vero appellationum, si quantitas vigintiquinque libras imperial. excesserit, appellatio ad nos fiat, ita tamen, ut non cogantur in Alamanniam ire, sed nos habebimus proprium nuntium in ipsa civitate vel ejus episcopatu, qui de ipsa appellatione cognoscat, et juret quod bona fide causas examinabit et diffiniet secundum leges et consuetudines et mores civitatis Parmae infra duos menses a contestatione litis vel a tempore appellationis receptae, nisi justo impedimento vel consensu utriusque partis remanserit. Item volumus quod precariae et libellaria in suo statu maneant secundum consuetudinem civitatis Parmae, non obstante lege quae dicitur Imperatoris Friderici. Item dictae civitati Parmae concedimus ut liceat ejus civibus civitatem ipsam munire et extra munitiones facere; statuentes quod, si qua discordia de feudo orta fuerit inter nos et aliquem qui sit de ipsa civitate Parmae vel episcopatu, per pares ipsius civitatis et episcopatus secundum consuetudines illius civitatis in eodem episcopatu terminetur, nisi nos in Lombardia fuerimus; tunc enim in audientia nostra, si nobis placuerit, causa agitabitur. Haec omnia et alia universa, quae continentur in privilegio facto et concesso generaliter civitatibus Societatis Lombardiae per dominum Imperatorem Fredericum avum nostrum et dominum Imperatorem Heinricum patrem nostrum tunc Romanorum Regem Divos Augustos felicis memoriae, specialiter civitati Parmae concedimus et confirmamus, et Matthaeum de Corrigia et Aegidium Giberti Lombardi et Bernardum Magni notarium ambaxatores Communis Parmae nomine ipsius civitatis de iis omnibus investimus et regali auctoritate corroboramus; statuentes et firmiter praecipientes ut nullus archiepiscopus, episcopus, dux, marchio, comes, vicecomes, capitaneus, nulla civitas, nullum Commune, nulla denique persona alta vel humilis, ecclesiastica vel secularis, dictam civitatem contra hanc nostrae Serenitatis concessionem, confirmationem et dationem mole-

stare in aliquo praesumat, vel aggravare, vel sine legali judicio disvestire; quod qui facere attemptaverit, in ultionem suae temeritatis centum
libras auri puri, dimidium fisco nostro et dimidium dictae civitati, pro
poena componat. Ad cujus rei certam in posterum evidentiam praesens
privilegium scribi, et Majestatis nostrae sigillo jussimus communiri (1).

In nomine sanctae et individuae Trinitatis. Fridericus secundus Divina
favente clemencia Romanorum Imperator semper Augustus, Hierusalem
et Siciliae Rex. Liberalitas Principum, virtus egregia, favoris et fidei
nobile nutrimentum, [fidelis] ad dominos desiderii popularis interpres
tanto magnificentius regnantes intitulat, quanto gencium merita munifi-
cencius recompensat. Cumque prae ceteris orbis terrae dominiis, quibus
pacis alias indiga paret humanitas, Romanum Imperium, cujus solio feliciter praesidemus, majus et clarius inter homines luminare recte prae-
fecerit dextera Regis Regum, ut haberent reliqua minorata principium,
a quo salubre susciperent mutuati regiminis documentum, liberalitatem
augustam, vere conveniens tanti vocabuli substantivum, sic libenter am-
plectimur, sicut et prosequi, quod ejusdem liberalitatis est proprium,
sufficiencius possumus et exequi favorabilius gloriamur. Attendentes itaque quam fideliter, sufficienter et prompte parmensis civitas parens pacis
et fidei, zelo continuae devocionis accensa, nostris semper se subegit
obsequiis, nulla rerum aut temporis impugnacione concussa, quin rebel-
lium nostrorum sanguinem siciens ad primum Excellenciae nostrae man-
datum milites et pedites suos unanimiter et copiose transmitteret, cavalcatas faceret, infidelium nostrorum nequiciam magnanimiter opprimendo,

---

(1) Nell' originale seguita: *Hujus rei testes sunt magdeburgensis archiepiscopus, warmatiensis
episcopus, abbas sancti Galli, dux Bauvariae et comes palatinus Reni, dux Saxoniae, dux Bra-
bantiae, W. (Wilelmus) marchio Montisferrati, Warnerus de Bolland. dapifer, Philippus frater
ejus, A. (il Bréholles legge Anselmus) de Justing. marescalcus, et alii quamplures.*
Signum domini Friderici Dei gratia Romanorum Regis semper Augusti et Regis Siciliae.
*Ego Conradus Dei gratia metensis et spirensis episcopus et Imperialis aulae cancellarius vice
domini Scefridi sanctae maguntinae sedis archiepiscopi et totius Germaniae archicancellarii recognovi.*
*Acta sunt haec anno Dominicae Incarnationis millesimo ducentesimo nonodecimo, mense fe-
bruarii, Indictione septima, regnante domino nostro Friderico secundo, Dei gratia excellentissimo
Romanorum Rege semper Augusto et Rege Siciliae, anno Romani regni ipsius in Germania septimo et in Sicilia vigesimo (il Bréholles aggiunge primo) feliciter amen.*
*Datum apud Spiram per manus Herici Imperialis aulae prothonotarii anno, mense et Indi-
ctione praescriptis.*

ac fidelium quaesita suffragia studiosius procuraret, pro tam gratis et acceptis serviciis dudum exhibitis et efficaciter in posterum exhibendis, liberalitate nobis praestante materiam, qua fidelium nostrorum corda parmensium ex praesentis provisionis judicio firmam spem nutriant de percepcionibus futurorum, liberaliter de gratia nostra et certa scientia damus et concedimus in perpetuum Tybaldo Francisco Potestati Parmae dilecto fideli nostro recipienti loco, nomine et vice Communis Parmae, et eidem Communi, fidelibus nostris, castrum Grundullae cum hominibus de curia, juribus, honoribus, racionibus, jurisdicionibus, pertinenciis, tenimentis, terris cultis et incultis, sylvis, pascuis, aquis, utilitatibus suis toto districtu suo, et omnibus aliis quae ad castrum ipsum et ejus curiam pertinere noscuntur, non obstante lege aliqua nec solempnitate qualibet deficiente, nec eciam adversante aliquorum absencia non citatorum, nec obstante aliquo privilegio, seu concessione, si reperiretur facta alicui personae vel loco, quae omnia per praesens privilegium intelligi volumus revocata, salva Imperiali justicia; praesentis privilegii tenore mandantes quatenus nullus dux, marchio, princeps, legatus, vicarius, comes, vicecomes, capitaneus aut Potestas et nulla persona alta vel humilis, ecclesiastica vel mondana contra praesentis privilegii nostri tenorem Commune ipsum aut singulares personas super dacione ac concessione praedictis temere impedire seu perturbare praesumat; quod qui praesumpserit, praeter indignacionem nostram, quam se noverit incursurum, centum libras auri optimi poenae nomine se compositurum agnoscat, quarum medietatem Camerae nostrae, reliquam injuriam passis exsolvat. Ad hujus itaque dacionis et concessionis nostrae memoriam et robur perpetuo valiturum praesens privilegium bulla aurea typario nomine nostrae Majestatis impressa jussimus communiri.

Fridericus Dei gracia Romanorum Imperator semper Augustus, Hierusalem et Siciliae Rex. Per praesens privilegium scriptum notificamus universis Imperii fidelibus tam praesentibus quam futuris quod, dudum certificari volentes quibus finibus castrum Grundulae situm in Imperio cum territorio suo, curia et pertinenciis concludatur, Henrico Testae et Roberto Caraçolo de Neapoli dedimus in mandatis ut fideliter, diligenter et studiose per fideles et veteres homines regionis ipsius inquirerent de finibus supradictis, et ipsos demum veraciter et distincte compertos sub

legiptimo testimonio in publicum redigerent instrumentum. Qui manda-
tum nostrum exequi sollicite procurantes, facta inde diligenti inquisicione
per fideles, veteres et idoneos viros ipsarum parcium rei conscios et
omni exceptione majores, invenerunt castrum praedictum Grundulae cum
territorio, pertinenciis et curia sua sub infrascriptis finibus fore conclusum, scilicet: a monte Lagule sursum versus Grundulam, et a rivulo
Brajolae intus usque ad flumen Magriolae versus Grundulam, et secundum quod descendit flumen Magriolae a sero montis usque ad rivulum
Brajolae versus Grundulam, et secundum quod taleant montes de Lagula
usque ad flumen Viridis versus sero, et a flumine Viridis versus sero,
et a flumine Viridis intus usque ad flumen Darniae a sero montis versus
Mulpe (*sic*) (1), et secundum quod vadit Macra versus Viridem usque ad
fossam Tregeuste (2), et a monte Gotero citra versus Grundulam, et a
flumine Tarodane citra versus Grundulam, et a monte Arciolae intus
versus Grundulam, et a monte Mulinatico intus versus Grundulam, et
a monte Pelato intus versus Grundulam, et cum toto eo quod clauditur
infra praedictos confines et specialiter Succisam et Fratam cum eorum
cohaerenciis, et totam sylvam Thocorii (3) et Mulpe, scilicet Cervariam,
Montymanulam (4), Sanctum Laurencium, Baselegam achinam (5), Co-
blobam (6), Brajam (7) et Brantum (8), quae omnes vocantur Mulpe:
item Gravagnam, Montelungum cum eorum cohaerenciis, salva racione
monasterii de Leno, item omnia flumina praedicta. Quo diligenter inven-
to, et redactis in scriptum publicum, cui plena fides adhiberi poterat,
finibus antedictis, cum postmodum castrum praedictum Grundulae Communi Parmae, fidelibus nostris, pro gratis serviciis, quae nobis contu-
lerat et conferre non cessat, duxerimus liberaliter concedendum cum
omnibus juribus, racionibus, curia, pertinenciis et districtu suo, prout
in sacro privilegio nostro eis inde confecto distinctius continetur, sup-
plicante humiliter eodem Communi scriptum patens fines eosdem expri-
mens sibi de gratia nostrae Celsitudinis indulgeri ut nulla exinde possit
in posterum dubietas suboriri, supplicationibus suis clementer admissis,
praesens patens scriptum de finibus ipsius ad futuram memoriam, ejus-

---

(1) Lo Statuto del 1494 ha *Vulpe*, e le altre varianti notate appresso. — (2) *Tregnesq.*
(3) *Bodrii.* — (4) *Montinavolam.* — (5) *Raxolegam aquilanam.* — (6) *Theoblebam.* — (7) *Broy-
nam.* — (8) *Bratum.*

dem Communis securitatem, et ambiguitatem in praemissis omnimodam removendam, fieri jussimus sigilli nostri munimine roboratum.

Datum Parmae anno Dominicae Incarnationis millesimo ducentesimo quadragesimo quinto, mense septembris, quartae Indicionis.

Capitulum quod, cum domini Guido Majavacha, Bertholinus Cantellus, Thomaxinus de Pavarano, Albertinus Fornarius, Guillielmus de Perdice, Hugolinus de Niviano, Rolandus de Canale, Johannes Guarimbertus, Andreas Tardeleva, Natus de Ziris, Meroellus Aschini, Stephaninus de Bosseto, Petrus Blancardus, Johanninus Blanchi de Aricalco, Johanninus de Brancajonibus Statutarii Communis Parmae, et Aegidinus de Brancajonibus notarius dictorum Statutariorum propter Statuta per eos composita possint incurrere inimicicias et pericula quia compilata ipsa Statuta fuerunt pro defensione jurisdicionis et honoris Communis Parmae, quod dominus Potestas, dominus Capitaneus et eorum familiae, Anciani, Primicerii et ceteri, et Commune Parmae teneantur et debeant sacramento praeciso ipsos Statutarios et dictum Aegidium notarium conservare indempnes ab omni periculo et dampno quod eis vel alicui ipsorum posset imminere vel occurrere; et, si contingeret quod aliqua quaestio vel controversia seu molestia moveretur vel inferretur eis vel alicui ipsorum, seu vexarentur in aliquo dicta occasione, teneantur dominus Potestas, dominus Capitaneus, Anciani, Primicerii et alii facere cum effectu quod per Commune Parmae dicta quaestio vel controversia seu molestia recipiatur, periculo ipsius Communis tam expensarum quam sortis, per sindicum Communis, ad quem sindicum ordinandum sufficiat sola voluntas Capitanei, Ancianorum, Primiceriorum et aliorum qui sunt cum eis ad negocia Communis; ita quod ipsi per se et sine alio consilio habendo teneantur et debeant dictum sindicum constituere, qui ipsam litem seu controversiam in se recipiat nomine Communis ad solam peticionem seu requisicionem dictorum Statutariorum vel sui notarii vel alicujus eorum; et ipse sindicus sic constitutus teneatur ipsam litem seu controversiam in se recipere nomine Communis; et massarius Communis, qui pro tempore fuerit, teneatur et debeat facere omnes expensas necessarias dicta occasione, non obstante quod hoc debitum non esset registratum, et quod non esset reformatum tempore sui officii. Et, si Potestas, Capitaneus, Anciani, Primicerii et alii praedicta et singula non observaverint, in solidum cadant, quilibet ipsorum Potestatis et Capitanei, in poena centum librarum parmen., et quilibet Ancianorum et Primiceriorum, in poena xxv. librarum parmen.: et ultra hoc supradicti Statutarii et suus notarius et quilibet ipsorum habeant actionem contra praedictos Potestatem, Capitaneum, Ancianos et ceteros pro dampnis, expensis et interesse, et ipsos convenire possint coram quocumque officiale Communis jurisdicionem habente. Et hoc praecise debeat observari. Et eciam ultra haec, si quis litem, controversiam seu quaestionem moverit dictis Statutariis, suo notario, vel alicui ipsorum, intelligatur turbare et molestare et inquietare Commune Parmae in possessione, vel quasi, suae jurisdictionis. Et idem privilegium in omnibus et per omnia habeant praedicti ut quatuor Confalonerii duorum millium, de quibus supra fit mencio in alio Statuto (1). Et valeat ex nunc.

---

(1) Queste parole si riferiscono alle disposizioni contenute nelle pag. 19 e 20.

INCIPIT LIBER QUARTUS[1]

IN QUO TRACTATUR DE ELECTIONE OFFICIALIUM DEPUTANDORUM AD FACIENDUM FIERI LABORERIA COMMUNIS PRO COMMUNI, VIDELICET ILLA QUAE DEBENT FIERI EXPENSIS COMMUNIS, IN QUO LIBRO TRACTATUR DE LABORERIIS QUAE DEBENT FIERI IN CIVITATE, ET POSTMODUM DE STRATIS APTANDIS, CAVAMENTIS, ET GENERALITER QUAE DEBENT FIERI PER EPISCOPATUM.

Qualiter officiales, qui debent superesse ad faciendum fieri laboreria pro Communi, debent eligi in Consilio generali, et infra quod tempus.

Capitulum quod, secundum formam Statutorum Communis quibus omnes officiales debent eligi ad brevia, Potestas teneatur, quam citius intraverit in suum officium, facere eligi ad brevia unum religiosum qui moretur in aliqua religione, deputandum pro suprastante ad faciendum fieri laboreria quae debent fieri expensis Communis, et unum fratrem, qui sit ejusdem condicionis, qui sciat litteras et sit suus socius et notarius, et habeant pro sex mensibus ambo ad plus decem libras imper., videlicet uterque quinque libras; et unus correrius sit cum eis eligendus per ipsos, seu per illum qui fuerit superstans, ad suam voluntatem, et sit major triginta annorum, et habeat quatuor imperiales quolibet die a Communi pro suo salario. Et duret officium praedictorum officialium per sex menses; et nullus de altera parte, eciam si fuerit religiosus, possit ad dictum officium deputari.

---

(1) Manca l'intero Libro III., che nel precedente Statuto ha per titolo: *De accusationibus, maleficiis, bannis et bannitis, et de iis quae ad ea pertinent.*

Item quod dictus superstans non possit aliquid expendere nec aliquod laborerium facere fieri expensis Communis nec in hospicio Potestatis nec Capitanei, nec vasa nec utensilia emere, et generaliter non possit aliquid expendere in aliquo laborerio Communis, nisi primo fuerit reformatum per Conscilium generale Communis; salvo quod possit facere cooperiri palacium et alias domos Communis, ubicumque sint et quociens opus erit, et refici et reaptari pontes qui sunt super flumen Parmae in civi-tate, et pontes qui sunt ad portas civitatis et burgorum, quando et quociens fuerit opportunum; ita quod observet dictus superstans in expensis faciendis de avere Communis Statuta Communis secundum quod massarius tenetur et debet.

Item teneatur superstans reddere rationem de avere Communis, sicut et quando massarius Communis, et secundum quod massarius Communis reddit, et reddendo sit absolutus cum suis officialibus, ut de massario dictum est.

Capitulum quod superstans et officiales praedicti non possint emere de rebus Communis per se nec per interpositam personam aliqua occasione vel jure; et qui contrafecerit, praesumatur facere fraudulenter, et puniatur quilibet contrafaciens pro qualibet vice in centum sol. parmen., et quilibet possit accusare et habeat medietatem banni.

Qualiter dictus superstans debeat emere oleum, ceram, quaternos et chartas, et dare officialibus Communis.

Capitulum quod dictus superstans teneatur et debeat emere pro Communi ceram, oleum, candelas, quaternos et chartas opportunas et necessarias in negociis Communis, et ea dare officialibus Communis secundum quod opus fuerit, et facere poni oleum necessarium in infrascriptis vascutellis quae ardeant singulis noctibus. Unum debeat esse in caminata hospicii Potestatis; aliud ad scalas, per quas ascenditur hospicium praedictum; aliud in ecclesia hospicii Potestatis, quando divina officia celebrantur; aliud in palatio veteri ante majestatem beatae Mariae Virginis; aliud in palatio novo ante similem majestatem; aliud ad scalas hospicii domini Capitanei; aliud in turri Communis et aliud in camara massarii Communis; et aliud in ecclesia majori ante altare beatae Mariae Virginis die et nocte. Qui superstans debeat emere quaternos de pecude secun-

dum quod modo fiunt et ad modum consuetum, et eciam de papyro, ceram vel chartas ad majorem utilitatem Communis, et dare solum ceram
ad sigillandum litteras cum sigillo Communis, candelas et doplerios notario reformacionum causa habendi et operandi ad Consilia generalia et
specialia; et ipse notarius teneatur scribere sicut recipiet, et sub roblica
cujuslibet diei, et scribat similiter expensas quas faciet, ut reddat et
reddere debeat racionem judici Potestatis et Capitanei et sapientibus qui
erunt ad racionem massarii examinandam; et ipse notarius in praedictis
casibus possit tantum candelas et doplerios expendere. Qui superstans
debeat dare expensis Communis libros opportunos, secundum quod antiquitus fieri consuevit, officialibus Communis, qui tenentur et debent,
finito suo officio, assignare suos libros sui officii notario tascharum.

Qualiter subhastacio domorum et tabularum et aliarum rerum
Communis debet fieri in Consiliis.

Capitulum quod, quando et quociens fiet concessio per Capitaneum
vel judicem suum vel per aliquem alium habentem auctoritatem super
hoc ad pensionem alicui vel aliquibus de domibus, stacionibus vel tabulis Communis, superstans praedictus cum suo notario debeat ire et facere scribi per ipsum notarium omnia aedificia ipsarum stacionum et
tabularum interiora et exteriora, quae de ipsis possint tolli sine ruyna
ipsarum, et facere scribi similiter claves et bancha et omnia quae in eis
sunt vel erunt; et si, completo termino locationis, inveniretur aliquid
ablatum vel exportatum, compellatur conductor restituere in pristinum
statum infra terciam diem post complementum locationis; et, quando
conductor assignabit ipsi officiali stacionem, domum vel aliam rem sibi
locatam, teneatur habere librum, in quo fuerint registrata aedificia modo
praedicto, et inquirere diligenter si aliquid defuerit; et, si aliquid inveniretur ablatum vel in defectum esse eorum quae registrata fuerint, teneatur denunciare Potestati seu Capitaneo; et Potestas vel Capitaneus
auferre teneatur tali conductori decem libras parmen. per bannum, et
restituere in pristinum statum. Et eodem modo fiat et observetur per
superstantem praedictum in assignatione facienda custodibus deputandis
ad custodiam portarum civitatis et burgorum et ad ipsas claudendas et
aperiendas, et describendis omnibus rebus dictarum portarum per nota-

rium suum, et assignandis et restituendis per ipsos custodes, si suo tempore fuerit aliquid ablatum et subtractum de dictis portis, ut superius dictum est de tabulis et stacionibus.

Additum est quod post locationem factam alicui vel aliquibus de aliquibus domibus, stacionibus vel tabulis Communis, durante tempore ipsius locationis, nullae expensae possint fieri in aliquo aedificio pro Communi, nisi in cooperiendo de tegulis, vel nisi ruyna aedificii interveniret. Et haec adjecio praecise debeat observari.

Qualiter superstans praedictus tenetur videre quolibet mense omnes pontes qui debent fieri expensis Communis.

Capitulum quod superstans praedictus teneatur videre ad minus quolibet mense pontes civitatis, et facere aptari et refici de omnibus opportunis, ita quod euntes et redeuntes, equites et pedites, cum quolibet animali et quolibet aedificio possint transire per ipsos. Et idem observetur super facto pontis Mozi. Et omnia lignamina, tam trabes quam columpnae et bordonalia et tasselli, qui et quae debebunt poni in pontibus construendis expensis Communis, sint de robore, castanea seu quercu; et tasselli sint longi secundum amplitudinem pontis, et grossi tribus digitis, et ad poenam quinque sol. parm. nemo artifex audeat, vel aliquis alius qui laboraverit in laborerio Communis praesumat, lignamen vel tasellos alterius condicionis ponere.

Qualiter domus portarum civitatis et burgorum debent planellari pro Communi.

Item teneatur Potestas quod omnes domus portarum civitatis planellentur expensis Communis, et Potestas praecise tenetur compellere praedictum superstantem hoc facere expensis Communis in exitu sui officii et sindicatu ad poenam vigintiquinque librarum parmensium.

De porta de Bononia facienda.

Capitulum quod Potestas teneatur sacramento praeciso facere fieri expensis Communis de lapidibus et quadrellis portam ad pontem de Bononia; et faciat quod incipiat dictum opus infra tres menses sui officii, et debeat compleri usque ad sanctum Petrum expensis Communis. Et teneantur Potestas et Capitaneus, Anciani et alii sacramento praeciso facere fieri dictam portam per directum teralios fratrum Minorum in poena quinquaginta librarum parmensium, in quibus debeat sindicari.

De gabionibus faciendis per loca episcopatus Parmae.

Capitulum quod Potestas teneatur, infra mensem introitus sui regiminis, per omnes villas et loca in plano parmexanae facere fieri gabiones bonos et ydoneos pro defensione civitatis et murorum; et Frater, qui facit fieri laboreria Communis, faciat fieri ipsos gabiones, et teneatur dividere per portas et per loca praedicta dictos gabiones usque in eam quantitatem quae Consilio placuerit. Et debeant dicti gabiones ad domum monetae portari et consignari Fratri, qui facit laboreria Communis, qui debeat eos custodire et salvare. Et dictus Frater semper teneatur et debeat habere ad domum monetae quinquaginta gabiones, et eos, quando oportebit, ponere et operari in laboreriis et serviciis Communis.

De platea Communis spazanda et purganda, et qualiter.

Capitulum quod superstans laboreriorum teneatur primo mense introitus Potestatis facere cridari si aliquis vult dare aliquid in spazatura [plateae] Communis tenendo ipsam spazatam et purgatam de fango et letamine suis expensis omni mense, et pluries, si fuerit opportunum, et exportare suis expensis, et quod concedatur volentibus plus offerre; et ille, cui concedetur, teneatur spazare et exportare modo praedicto. Et, si non poterit aliquem invenire, teneatur praedictus superstans facere cridari volentibus minoribus expensis Communis facere remondare semel in mense ad minus, et facere portari spazaturam in glaream; et quod illi, qui purgare tenentur, post octo dies postquam purgaverint, teneantur portare vel portari facere lutum de dicta platea, et hoc in poena et banno xx. sol. parmensium pro quolibet et qualibet vice. Et Potestas de hoc inquirat.

Item observetur, et faciat fieri in canale Communis remondando, faciendo portari in glaream, vel alias extra civitatem, quam minoribus expensis poterit, remundaturam dicti canalis.

Item quod dictus superstans teneatur facere planellari plateam, in ea
parte qua fuerit opportunum, ad livellum, ut aqua habeat melius dis-
cursum, et platea melius purgata permaneat; et singulis hedomadis re-
mondetur de omni putredine, scilicet in die veneris; et hoc fiat per illum qui conduxerit plateam ad spazandum. Et nulla tregola moretur,
nisi in loco suo, in poena centum sol. parmensium, quam si solvere
non poterit, verberetur per civitatem. Et Potestas teneatur hoc facere fieri
tempore sui regiminis; quod si non fecerit, sindicetur in centum libris
parmen.

De platea Communis planellanda.

Capitulum quod Potestas teneatur facere aptari expensis Communis
per Fratrem laboreriorum Communis planellamentum ipsius [plateae]
levando boras, ita quod planellamentum ubilibet sit aequale, ponendo
secundum rationem livelli ad illas partes ad quas melius pendere videatur, ut platea melius purgetur et purgata manuteneatur.

De viis aperiendis et expediendis, quae sunt circa foveas civitatis.

Capitulum quod Potestas teneatur vias, quae vadunt circa foveas civitatis intus et extra, facere aperiri et apertas teneri et amplas intus a
teraliis per decem pedes perticae, et extra secundum quod fuit declara-
tum tempore domini Henrici de Tintis olim Potestatis Parmae usque ad
octavam Paschae. Et hoc servetur in illis de capite pontis. Et, si quis
occupaverit de foveis vel earum viis ultra praedictam designationem,
Potestas teneatur facere in Commune reduci et tenere, inquirendo per
se et alios contra omnes et singulos qui contrafecerint.

De viis planellandis in civitate, et tam in capite pontis quam in civitate et suis burgis (1).

Capitulum quod Potestas teneatur facere planellari omnes stratas et
vias civitatis et burgorum, quae sunt intus a foveis civitatis, tam in
civitate quam in capite pontis, quae non sunt planellatae, et compellere

---

(1) V. 1.° Stat., pag. 367.

omnes et singulos habentes domos vel casamenta vel terram ad planellandum, sicut domus suae extenduntur, casamenta vel terra, usque ad dimidium stratae vel viae: salvo quod, si quis habet aliquam possessionem ab utraque parte, planellare ex utraque parte cogatur. Et planellamenta fiant in civitate et burgis in praedictis viis et stratis in aequali altitudine, et sine cuncavitatibus. Et quod dictum est de stratis et viis planellandis, habeat locum in curiis publicis, per quas publice itur. Et ista facere fieri spectet ad officium dugarolorum.

De strata quae est apud hospicium Potestatis, et vadit a platea Communis juxta sanctum Jeorium versus sanctum Paulum, expedienda et expedita tenenda.

Capitulum quod strata, quae est apud hospicium Potestatis, et quae tenet capud ad plateam Communis, et per quam itur a sancto Georgio usque ad sanctum Paulum, debeat expediri et expedita teneri et lata, et planellari et planellata teneri, sicut complaficata fuit et empta fuerunt casamenta habitancium a sero dictae stratae tempore domini Anselmi de Rodengo olim Potestatis (1), ita quod nec apud terram nec in superficie usque ad coelum sit aliquod impedimentum extra muros a platea Communis usque ad plazale sancti Pauli; nec eciam a latere dictae stratae de mane sit aliquod impedimentum extra muros domorum circumstancium, praeter unum banchum bassum disnodatum, amplum medio brachio, quod possit teneri apud muros ut homines sedeant in diebus festivis. Et becharii in aliquo latere dictae stratae extra muros seu confines domorum seu bechariae non possint tenere boves nec porcos nec alias bestias nec aliquod impedimentum in dicta strata bassum nec altum; nec aliquis praesumat sanguinem facere nec projicere in dictam stratam, nec putredinem intestinorum bestiarum, nec alia facere nec projicere. Et qui contra fecerit seu commiserit in aliquo contra ea quae in hoc capitulo continentur, solvat pro quolibet et qualibet vice xx. sol. parmen.; et quilibet possit accusare et habeat medietatem banni, et teneatur secretus. Et, ut ea, quae in hoc capitulo continentur, melius observentur, Potestas per aliquem de sua familia quolibet mense faciat

---

(1) Nel primo semestre del 1289.

videri praedictam stratam ab exitu plateae usque ad plazale sancti Pauli, et sic eam faciat teneri expeditam a platea Communis usque ad plazale praedictum. Et quaecumque in hoc capitulo continentur, praecise debeant observari. Et, si Potestas non fecerit videre et non observaverit et non puniverit committentes, sindicetur in xx. libris parmen. Et quod omnes et singuli, qui domos habent a latere de sero dictae stratae, possint facere unam lobiam de coppis amplam quatuor brachia, quilibet ad suam domum, ita et talem quod aliquod aliud imbrigamentum nec aedificium possit fieri in dicta strata, et hoc in poena et banno trium librarum parmensium pro quolibet et qualibet vice, ad hoc ut homines tempore pluvioso commode possint ire et redire. Et valeat ex nunc.

Item additum est praedicto capitulo, quod loquitur de expeditione dictae stratae, quod locum habeat in via quae vadit versus domum de Bonatis, et nullum impedimentum sit nec teneatur sub porticibus domorum circumstancium extra muros earum.

Item additum est quod praedictum capitulum similiter locum habeat in strata Claudia a domo illorum de Futigatis usque ad sanctum Jervaxium, et nullum impedimentum possit fieri nec teneri nec esse in dicta strata inter praedictos confines.

Item habeat locum supradictum capitulum in via, quae est desuper a ponte lapidum usque ad domum monetae, ita quod zavaterii, et illi qui faciunt bragherios, nihil appendant nec impedimentum teneant. Et in iis stratis expediendis, et non impediendis apud terram nec superficie, locum habeat in omnibus et per omnia capitulum quod loquitur in facto stratae de sancto Georgio, et eodem modo teneatur pro eodem inquirere Potestas et punire contrafacientes; et, si non impleverit quae in dicto capitulo continentur, Potestas sindicetur ut superius. Et idem observetur per omnia in expedictione stratae Claudiae, de qua supra fit mencio, et infra confines de quibus supra fit mencio.

De stratis expediendis, impeditis occasione guastorum.

Capitulum quod omnes et singulae viae et stratae civitatis et burgorum impeditae occasione guastorum debeant expediri, et omnia guasta, quae sunt prope ipsas stratas vel vias vel canalia civitatis, debeant levari vel murari taliter quod calcinatium non impediat stratas nec vias.

Et ad praedicta executioni mandanda eligatur unus superstans per Potestatem cum uno notario, qui compellat usque ad octavam Paschae singulos adimplere quaecumque in hoc capitulo continentur, videlicet illos quorum guasta fuerint. Et nemo debeat vel praesumat projicere vel portare aliquod ruschum vel ceneratam, letamen vel calcinatium, vel aliquod brutum in aliquibus partibus civitatis prope zimiteria alicujus ecclesiae per tres perticas prope stratas et vias, ad hoc ut sepulturae mortuorum non cooperiantur de ipso ruscho vel bruto, nec strata impediatur; et, si quis contrafecerit, solvat pro banno xx. sol. parmen. pro quolibet et qualibet vice, et quilibet possit accusare et habeat medietatem banni. Et habeat locum in canaleto, quod labitur a sancto Quintino injosum usque ad sanctam Christinam, et in guastis civitatis.

Item quod de mense januarii seu februarii Potestas vel Capitaneus, vel aliquis de suis judicibus, teneatur ire cum aliquibus ex Ancianis ad dominum episcopum, et eum requirere et rogare quod sub poena excommunicationis faciat observare ab omnibus clericis praedictum capitulum, et de hoc faciat fieri publicam excommunicationem contra omnes non observantes dictum capitulum.

De via facta in porta nova, quae tenet capud ad scalas Communis, manutenenda.

Capitulum quod Potestas teneatur praecise et sine tenore manutenere et manuteneri facere pro Communi Parmae viam de porta nova, quae tenet capud ad scalas palacii Communis a latere meridiei, in latitudine et extencione, sicut facta est et terminata, et non permittere quod aliqua persona a palacio Communis usque ad domum Pharizeorum a terra usque ad coelum faciat porticum nec seclarium nec necessarium nec aliquod aedificium; et qui contrafecerit, solvat pro banno pro qualibet vice xx. sol. parmen., et quilibet possit accusare et habeat medietatem banni; et nihilominus quodlibet aedificium, factum, infra terciam diem remanere cogatur. Et, si aliquis reperiatur non habuisse solutionem de domibus vel casamentis, per quas vel quae facta fuit dicta via, Potestas faciat extimari per legales extimatores, et satisfieri. Et omnia et singula, quae in hoc capitulo continentur de manutenendo dictam viam, Potestas praecise et sine tenore debeat observare secundum quod in capitulo continetur, et similiter facere manuteneri dictam viam et expeditam teneri a domo condam domini Petri Pharisei posita apud bechariam usque ad angulum domus Johannis Conchi de Petenerariis, sicut empta est, et compellere omnes habentes facere inde domos ad planellandam dictam stratam usque in ripam canalis.

Additum est praedicto capitulo quod praedicta strata debeat levari ad livellum a domo domini Gerardi Goghi in sursum usque ad hospitale sancti Henrici, ita quod aqua et lutum liberum habeat decursum in canalem qui est juxta dictam stratam. Et Potestas compellat omnes et singulos ad faciendum dictum planellamentum, et istam livellaturam expensis cujuslibet, cujus fuerit domus, usque ad sanctum Petrum.

De via, quae est inter domum domini Vetuli de Albertuciis et domum illorum de Cornazano.

Capitulum quod Potestas teneatur praecise manutenere viam, quae exit de platea Communis et vadit versus meridiem, et quae est inter domum domini Vetuli de Albertuciis et domum illorum de Cornazano, latam seu amplam a muro domus dicti domini Vetuli, et ab angulo domus Communis, quae fuit Raxoriorum, usque ad murum domus illorum de Cornazano, et non permittere quod aliquis faciat aliquod impedimentum, vel nocivum ponat. Nec audiat nec audire permittat aliquem jus aliquod vindicare sibi volentem in dicta via, cum fuerit empta a Johanne de Raxoriis, et sibi solutum precium, ut continetur in charta facta per Richum de Fossa notarium.

De via facienda inter domum domini Hugonis de Sancto Vitale et domum Communis.

Capitulum quod Potestas tenetur sacramento facere fieri viam inter domum domini Hugonis condam de Sancto Vitale et domum Potestatis, et quae vadat versus domum Pongolinorum versus ecclesiam majorem recta linea usque ad cameram bannorum, et deinde usque ad viam quae est desubtus ad domum Guidonis Niblorum, et apud ipsam domum a latere de versus mane, ita quod ipsa domus non tangatur, et sit ad minus ampla in omnibus locis sicut est lata apud domum Pongulinorum; et unus pons lapideus fiat super canali in dicta via. Et compleantur haec omnia infra tempus regiminis Potestatis, faciendo quod fiat denunciatio hominum, ad quorum utilitatem spectat, et examinatio domorum et casamentorum unde fieri debebit, et colta imponatur infra duos primos menses regiminis Potestatis; et octo homines eligantur in porta Benedicta de diversis vicineis, qui habeant plenam auctoritatem determinandi illos, ad quorum utilitatem spectat, et ad extimandum ipsas domos et casamenta; et quicquid in praedictis fecerint sit firmum et executioni mandetur. Et eligatur per Potestatem, Capitaneum, Ancianos et alios unus superstans cum uno notario, qui faciant fieri dictam viam, et coltam exigant et imponi faciant, et solvant debentibus recipere occasione praedictae viae; quorum officialium uterque habeat xx. sol. imper. Et haec omnia et singula praecise debeant observari, et non possit Potestas absolvi aliquo modo qui possit excogitari, nec aliquis determinatus ad conferendum per praedictos sapientes possit se excusare a conferendo, nec possit intelligi, nisi cum completa fuerit, perfecta et planellata in qualibet parte sui. Quod capitulum in qualibet parte sui sit praecisum, et praecise debeat observari, et non possit absolvi per Conscilia generalia Communis prout absolvi potest Statutum quod loquitur de scrutiniis faciendis. M. CC. LXXXXIII., Indictione VI.

De amplificando viazola, quae intrat in curiam sancti Ymerii.

Capitulum quod viazola, quae intrat in curiam sancti Ymerii juxta domum ecclesiae, debeat amplificari tantum quod unum plaustrum foeni possit duci per eam et inde redire de ea. Et sit praecisum et sine tenore servandum expensis illorum, ad quorum utilitatem spectat, qui debeant determinari per quatuor bonos homines et legales, et ejusdem viciniae, conscilio consulum dictae viciniae, ita quod mandetur executioni negocium per totum mensem aprilis.

De amplanda quadam viazola, quae intrat in galeganam.

Capitulum quod Potestas teneatur sacramento adamplari facere viam quae intrat in galeganam versus domum filiorum condam Johannis Arloti per domum ipsorum recta linea, sicuti est alia via; et hoc expensis illorum, quibus spectat utilitas, facta prius satisfacione integre illis, quorum sunt domus, ita quod nulla possessio auferatur eis, nisi prius fuerit satisfactum.

Quod Potestas teneatur auferre XX. sol. parm. singulis qui posuerint aliquod turpe prope murum foveae civitatis veteris.

Capitulum quod Potestas teneatur auferre singulis, qui posuerint aliquod teracium vel calcinatium vel letamen prope murum foveae veteris Communis per x. perticas de Moneta supra usque ad ostium vel portuculam de Brazola, et singulis vicibus xx. sol. parmen.

De tenendo expeditam viam in vicinia sancti Francisci de Prato.

Capitulum quod quilibet habens domum in vicinia sancti Francisci de Prato compellatur expeditam tenere porticum ipsius domus suae, nec permittere fieri nec esse zapellum nec boram nec scalas nec aliquod impedimentum, in poena centum sol. parm. pro quolibet et qualibet vice.

De ponte canalis majoris, in vicinia sancti Odderici, reaptando.

Capitulum quod pons, qui est penes molendinum canalis majoris in vicinia sancti Odderici, aptetur expensis illorum, ad quos spectat utilitas.

De strata de porta Nova planellanda.

Capitulum quod strata nova de porta Nova debeat planellari de quatrellis a scalis domini Capitanei usque ad angulum dominorum de Bergondiis expensis omnium illorum, qui habent facere super dictam stratam, ab utraque parte stratae; et, si aliquis ex habentibus facere penes stratam praedictam non faceret seu planellaret per directum suae domus, puniatur et condempnetur per dominum Potestatem in xxv. libris parmen., et postea compellatur ad faciendum planellari dictam stratam per directum suae domus. Et, si Potestas praedictum capitulum non faciet observari, perdat de suo salario l. libras parm. Et hoc capitulum sit praecisum, et praecise debeat observari. Et praedicta omnia compleantur, et executioni mandentur per dictos homines per totum tempus regiminis futuri Potestatis. Et ad praedicta fieri facienda eligatur unus superstans in Conscilio in porta Nova ad brevia primo mense regiminis Potestatis.

Qualiter via de domo de Adigheriis sit reamplanda.

Capitulum quod, cum via sive strata tenens capud ad domum Pauli de Adigheriis, quae venit et extenditur juxta ecclesiam sancti Marzolini et quae tenet capud ad stratam de porta Nova per directum ecclesiae sancti Thomae, sit arta et occupata taliter quod per ipsam viam iri et rediri non potest, quod ad expensas illorum, ad quos spectat utilitas, praedicta via debeat aptari et adamplari a domo praedicti Pauli usque ad stratam publicam de porta Nova, et ad modum et amplitudinem sicut ampla est porticus sancti Marzolini. Et ad praedicta facienda teneatur Potestas et Capitaneus, et quilibet officialis ipsorum, ad peticionem cujuslibet vicinorum qui hoc fieri postularet.

Quod nullus pilizarius nec chartarius praesumat pelles scorlare balneatas, seu chartas tendere in aliquibus viis publicis.

Capitulum quod nullus de cetero audeat nec praesumat laborare nec laborari facere in aliqua strata seu via publica civitatis vel burgorum arte chartariae nec pellizariae, maxime in tendendo seu scorlando pelles calcinatas, seu balneatas, nec tenere lanam penes aliquem puteum per duas perticas, nec eciam tenere aliquod seclarium penes aliquem puteum per duas perticas: et, si quis contrafecerit, solvat pro banno pro quolibet et qualibet vice centum sol. parmen.

Quod domus domini Guidonis Majavachae et domini Ruffini ejus fratris sint de vicinia sancti Tiburcii.

Capitulum quod domus domini Guidonis Majavachae et domini Ruffini ejus fratris intelligantur esse et sint in vicinia sancti Tiburcii, et cum vicinis dictae viciniae solvant coltas et faciant faciones, si eisdem fratribus placuerit.

Quod quicumque posuerit letamen in viis publicis
illud faciat exportari infra terciam diem.

Capitulum quod quilibet, qui posuerit vel poni fecerit letamen, vel fangum colligi in aliqua strata vel via publica civitatis vel burgorum, teneatur infra terciam diem, postquam positum fuerit, facere exportare et purgari ad poenam xx. sol. parm. pro quolibet contrafaciente.

De ponte faciendo super canale sancti Marzellini.

Capitulum quod unus pons fiat de quadrellis et calcina super canale de sancto Marzolino juxta angulum domus condam Hugonis Pighi per directum ad ecclesiam sancti Marzellini, et fiat expensis illorum ad quos spectat utilitas. Et Potestas teneatur facere fieri dictum pontem antequam exeat de dicto regimine.

De strata, quae incipit apud pontem dominae Aegidiae
usque ad plazale quod est desuper domum Bernardi de San-
cto Ruffino, planellanda et aptanda.

Capitulum quod strata, quae incipit apud pontem dominae Aegidiae et ad mane dicti pontis usque ad plazale quod est desuper a domo Bernardi de Sancto Ruffino, et ipsum plazale debeant taliter aptari et planellari quod illic possint ire gentes tam hyemali tempore quam aestivo; et planellamentum et omnia opportuna ad praedicta loca aptanda fiant expensis illorum, ad quos spectat utilitas, per quatuor legales homines eligendos per Potestatem, Capitaneum, Ancianos et alios. Et dugarolus praedicti pontis faciat praedicta perfici tempore sui officii, habendo remunerationem sui laboris a praedictis, quorum expensis praedicta fient. Et extra barbacanos portae dominae Giliae ab alia parte stratae, in poena xx. sol. parmen., nemo ponat ruschum et letamen, nec aliud brutum ponatur.

De dugaria, quae vadit post domum brentorum, remondanda.

Capitulum quod omnes et singuli, qui impleverunt dugariam quae vadit post domum illorum de brentis, compellantur suis expensis remon-

dare taliter et vacuare, quod aqua pluvialis et quaelibet alia aqua liberum decursum habeat tempore opportuno; et usque ad loca opportuna
fiat cavamentum et expedicio supradicta; et quilibet, qui praedicto
modo praedicta facere debet, ad poenam centum sol. parmen. infra xv.
dies, postquam praeconatum fuerit ex parte Potestatis per nuncium Communis, perficere debeat.

De strata de Corneto (1) reaptanda juxta flumen Parmae.

Capitulum (ad evitandum periculum et dampnum quod videntur incurrere homines de Corneto tam cives quam rustici, et alii de illis contratis a dicta villa infra versus civitatem et tam de extra portam quam
de porta Nova propter stratam publicam destructam et devastatam quasi
in totum in territorio de Corneto juxta flumen Parmae propter abundanciam fluminis, quae, nisi subito aptetur cum gabionibus, destruetur in
totum, ita quod gentes transire non poterunt per eam viam, et terrae
et villae et homines de illis contratis peribunt propter abundanciam fluminis Parmae, nisi per gabiones in praedictis provideatur) quod unus
superstans eligatur per dominos Potestatem, Capitaneum et Ancianos,
qui faciat fieri gabiones opportunos juxta dictam stratam pro hominibus
villarum et locorum periculo maximo personarum et terrarum expositis;
et distribucio praedictorum gabionum fiat per praedictum superstantem.
Et quantitas gabionum, et salarium praedicti superstantis sit et determinetur per dominos Potestatem, Capitaneum et Ancianos. Et valeat ex nunc.

De strata de Cornilio inglaranda.

Capitulum, ad utilitatem mercatorum et aliorum qui ducunt vel ducere volunt mercadancias et victualia ad civitatem Parmae, per stratam
de Cornilio, per quam iri non potest tempore hyemali, quod praedicta
strata debeat inglarari, aptari et refici ad expensas villarum et locorum,
personarum et hominum, ad quorum utilitatem spectat dicta strata; et
debeat fieri in hunc modum, scilicet, in quolibet anno, a praesenti anno

---

(1) *Corneto*, o *Cornetto*, era villa prossima al torrente Parma, la quale rimase poscia
compresa in quella di Marano. In Marano appunto è oggi una platea sul Canal maggiore, detta
della Cornetta, che sembra aver avuto nome da quella villa.

in antea, certa pars dictae stratae, videlicet mille perticae omni anno. Et eligatur unus superstans in Conscilio generali, et unus notarius, qui dictam stratam fieri faciant secundum quod superius continetur. Et incipiatur dicta strata ad inglarandum a latere versus civitatem. Et hoc capitulum sit praecisum, et praecise debeat observari.

De strata de Cremona assecuranda et aptanda.

Capitulum quod quicumque voluerit ire ad habitandum juxta stratam, quae vadit inter pontem lapidum de Quarta et pontem lapidum de Arzenoldo, ut ipsa strata sit securior, absolvatur ab omnibus daciis Communis tamquam foresterius, si non sit scriptus in foco; et, si ipse est in aliqua villa, assignet alium focum in illa villa loco sui a qua discedet. Et illi, qui ibunt ad habitandum juxta pontem de Quarta, sint villa per se, et dicatur ipsi villae Burgus novus. Et quicumque iverit ad habitandum plus juxta pontem de Arzenoldo, sit villa per se, et dicatur ipsi villae nomen ad voluntatem habitancium. Et una istarum villarum non habeat ad faciendum cum alia. Et quilibet solvat et faciat faciones per se; et quicumque habitaverit in territorio ipsarum villarum vel in dictis villis, possit ire ad boschandum ad boschum Communis in ponte; et, si aliquis voluerit prohibere, Potestas teneatur ei auferre pro banno L. libras parmen. pro qualibet vice. Et in dicta strata fiat unus pons in villa Pizinovi super Sustironem, et, factus, manuteneatur ad expensas illorum de Pizonovo et aliarum terrarum quae sunt versus Paudum ultra Taronem in episcopatu Parmae, salvo privilegio foresteriorum. Et in dicta strata fiant pontes necessarii, et zapelli aptentur, et omnia necessaria fiant expensis illorum qui consueverunt facere, ut per ipsam stratam possit ire quilibet cum bestiis et personis hyemali tempore et aestivo.

Additum est praedicto capitulo, danti privilegium et immunitatem volentibus habitare juxta pontem stratae de Arzenoldo, quod similem immunitatem habeant habitantes citra pontem praedictum apud stratam, sicut strata extenditur.

De strata de Olmazolis inglaranda et manutenenda, et per quos.

Capitulum quod Potestas teneatur facere cavari stratam, quae venit de Olmazolis, ab utraque parte, ita quod aqua, quae jacet ibi, non destruat ipsam stratam a viazola Corvi usque ad pratum abbatis, et [aptari] zapellum quod est in dicta strata, ita quod plaustra, boves et negociatores, qui vadunt et veniunt per eamdem cum mercadanciis, possint ire et redire libere; et hoc ad expensas infrascriptarum terrarum. Et Potestas teneatur ibi unum superstantem eligere, qui habeat ad faciendum in illis contratis, pro majori utilitate stratae, usque ad kalendas aprilis proximi. Et ipsi infrascripti homines compellantur praedictam stratam reaptare, non solum in praedictis locis, sed etiam in aliis usque ad Toclariam (*sic*), et reparatam manutenere, et pontem similiter qui est super flumen Parmae, qui dicitur pons Datari; et fiat divisio dictae stratae inter ipsos homines secundum facultates suas et possibilitatem. Et homines cujuslibet comunalis teneantur manutenere partem, quae sibi designabitur, ut postea nulla fiat mutacio. Et singulis comunalibus designetur illa contrata, bona fide, quae sibi sit propinquior, videlicet hoc modo: quod terrae superiores habeant superiores contratas, et inferioribus partibus assignentur inferiores, veniendo postea per ordinem in designatione stratae secundum situm terrarum. Et dicta strata cavetur in omnibus locis opportunis, ut ab aqua non destruatur; et nemo praesumat dictam stratam rumpere, nisi pontem fecerit secundum formam Statuti; et, si aliqua persona ruperit vel destruxerit in aliquo loco designato in partem alicui comunali, homines illius comunalis possint ipsam compellere ad dictam stratam restituendam suis expensis. Et praedicta strata praedicto modo designetur et manuteneatur a Toclaria usque ad civitatem. Et ad faciendum fieri, seu reaptari, pontem praedictum eligatur per Potestatem unus superstans cum uno notario, quociens erit opus.

Infrascripta sunt comunalia, quorum homines sunt vocandi
et compellendi ad laborerium dictae stratae.

Cornilium cum tota curia — Raygoxia cum curia — Balonum Canonicorum — Vacharecia — Mataletum — Vigatulum — Castrum de Mozano — Ranzanum — Camporellae — Catablanum — Valleranum — Casula — Sazium — Musiaria — Rivalba — Pratoblanum — Curaticum — Toclaria — Carubium — Soragnola — Panoclea — Albazanum — Castegnetum — Petregnagula — Zubana — Corcagnanum — Burzaticum — Trevulium — Canetum — Zinzanum — Pignetulum — Strognanum — Grajana — Plebs sancti Vincentii — Olmazolum — Cam-

pora — Cozanum — Palanzanum — Tizanum — Casaticum — Anti-
gnola — Miscoxia — Langhiranum — Maregnanum — Quizanelum —
Boschum — Bedutium — Castrignanum pro valle et costa — Renum
— Cavana — Rulianum — Casalina — Fontana frigida — Antesiga
— Orzale — Sucisium — Arola — Vezanum — Signaticum — Tra-
vognanum — Vidaliana.

Additum est praedicto capitulo quod quicumque habet terras vel cam-
pos, tenus curso de Scarleto a pontexello infra, teneatur cavare unum
fossatum sicut extenditur campus suus, seu terra, a latere de sero dictae
stratae, dimittendo dictam stratam, sive cursum, latum et amplum quantum placuerit Potestati, Capitaneo, Antianis et aliis.

Item additum est praedicto capitulo quod quilibet, qui ruperit dictam
stratam ab Olmazolis inferius usque ad pontem Datari in aliquo loco
occasione ducendi aquam vel alia, nisi pontem illic fecerit latum ad
modum stratae, vel viam in pristinum statum restituerit, infra duos
menses regiminis Potestatis solvere compellatur nomine poenae x. libras
parm.; et similiter quilibet, qui amodo dictam stratam ruperit alicubi,
poena simili puniatur. Et dicta strata, ubicumque sit strictior, fiat ampla, a pratis abbatis de Cavana in sursum Olmazolum, saltem per tres
perticas et plus eciam; et ab Olmazolo inferius, usque ad locum ubi
tenetur Scarletum, fiant fossata ab utraque parte dictae stratae, quae
sint latitudinis trium brachiorum ad minus, et concavitatis unius brachii
et dimidii, per illos et expensis illorum qui habent possessiones tenus
dicta strata, et sieut extenduntur ipsae possessiones. Et de eligendo
superstantem, secundum formam Statuti praedicti, ad faciendum fieri
quae in ipso continentur et in hac addicione, praecise teneatur Potestas,
eciam si non fuerit requisitus; et ipsum superstantem faciat jurare de
omnibus rupturis dictae stratae factis et faciendis inquirere, et sibi accusare omnes qui ruperint, et specialiter de mensibus aprilis et madii,
et mittat ipsum ad dictam stratam videndam, et fossata faciat compleri
praedicto modo usque ad sanctum Petrum.

De stratis Communis manutenendis.

Capitulum quod Potestas teneatur manutenere stratas factas et faciendas cum fossatis, quae sunt apud eas, et compellere omnes personas, quae

habebunt fossata apud eas stratas, auferre omnes plantas quae sunt a latere viae, et auferri facere quae modo sunt vel in futurum essent. Et, si aliquis aliquam stratam vel viam destruet vel deteriorabit, compellatur solvere pro banno centum sol. parmen., et quilibet possit accusare et habeat medietatem banni. Et insuper, si aliquis, occasione ducendi aquam, ruperit seu rompet aliquam stratam, incontinenti faciat pontem de quatrellis, lapidibus et calcina amplum sicut strata, hoc modo quod quaelibet universitas, quae ruperit aliquam stratam vel viam occasione ducendi aquam, compellatur ad praedictum pontem faciendum praedicto modo. Et, si aliqua singularis persona ruperit seu rompet aliquam stratam vel viam, similiter compellatur suis expensis pontem ibi facere praedicto modo; et, si aliqua universitas vel specialis persona, statim, rupta strata vel via, condempnetur in c. sol. parmen. pro qualibet vice, et solvere compellatur, nisi restituerit ibi pontem.

Qualiter strata de Soragna debeat cavari et inglarari.

Capitulum quod strata, per quam itur Soragnam, debeat ab utraque parte cavari et inglarari usque ad quatuor annos, scilicet singulis annis quarta pars; et hoc fiat per illos et expensis illorum, qui fecerunt dictam stratam. Et Potestas primo mense sui regiminis teneatur eligere superstantem, qui praedicta faciat fieri, ita quod singulis annis quolibet anno quarta pars sit completa usque ad festum sancti Andreae. Et sit praecisum istud capitulum.

Qualiter debeat cavari et levari strata de Cremona.

Capitulum quod fiat unum cavamentum de octo brachiis in latitudine, et in concavitate per quatuor brachia, ex utraque parte stratae, per quam itur Cremonam, et ipsa strata levetur. Et incipiat dictum cavamentum a strata inglarata, quae est ultra pontem Grugni, et extendat se usque ad Arzenoldum, et sic aptetur ut homines, equites et pedites, et cum bobus, plaustris et aliis instrumentis et aliis animalibus possint ire secure. Et fiat dicta strata sic alta in omnibus locis, in quibus fuerit opportunum, quod aqua nullomodo possit eam ascondere aliquo tempore. Et hoc opus fiat per illos de Glarea de Maladobatis et Ronchis de ultra Taronem, de Castro Aycardo, de Villa Baronum, de Sancto Secundo, de Carezeto, de Mocono, de Pizo novo, de Pizo veteri, de Fontanellis, de Pizo de Quarta, de Arzenoldo, de Albaretulo et de Fossa.

Qualiter licitum sit cuilibet removere viam, quae est apud possessionem suam.

Capitulum quod liceat cuilibet removere viam et dare eam super suum, dummodo non sit magis longa, et non deterioretur, nec alicui auferatur. Et hoc non habeat locum in stratis pro Communi.

De canale, quod labitur per burgum Ronciorum.

Capitulum quod aliquando accipiatur a canale, quod labitur per burgum Ronciorum, unus canaletus inter domum Carissimorum et domum Ragazii albergatoris, qui canaletus decurrat et lavet dugariam sive andronam quae decurrit inter burgum de Ronziis et burgum Pochefarinae, revertendo aquam dicti canaleti in canale Ronziorum, canzellando et replendo alium canaletum qui accipitur ante portam ecclesiae sanctae Ciciliae, et hoc ut per claustrum et sacratum ipsius ecclesiae possint homines melius proficisci tempore opportuno, levando planellatum a domibus Carissimorum usque ad ecclesiam ad livellum.

Quod quilibet, qui habet domum juxta canale Communis, teneatur illud remondare.

Capitulum quod quaelibet secularis persona vel ecclesiastica, quae habet vel habebit domum vel casamentum in civitate positum juxta canale Communis, quod labitur sub domibus Potestatis, praecise teneatur remondare seu remondari facere et remondatum tenere dictum canale, tantum quantum durat domus sua vel casamentum, omni exceptione et cavillacione remotis. Et hoc capitulum sit praecisum, non obstante aliquo Statuto generali vel speciali facto vel futuro, vel reformacione alicujus Conscilii generalis vel specialis facti in contrarium vel faciendi. M. CC. LXXXII., die XXVIII. augusti.

De canale Communis remondando semel in anno.

Capitulum quod Potestas teneatur praecise facere remondari canalem Communis semel quolibet anno per illas personas, seu expensis illorum, quae consuetae sunt remondare dictum canalem, vel facere remondari, a ponte Bixoli condam usque ad molendinum monasterii sancti Pauli ad livellum secundum planellamentum antiquum, quod est et invenietur in dicto canali infra dictos confines, et hoc intra carnisprivium ad Pascha, et ipsum canalem facere planellari usque ad sanctam Mariam de augusto per praedictas personas. Et, si Potestas hoc capitulum non fecerit observari, perdat de suo feudo xxv. libras parm., in quibus sindicetur et condempnetur.

Additum est praedicto capitulo quod, si personae consuetae remondare sunt ecclesiasticae vel locus ecclesiasticus, et non adimpleverint quod in dicto capitulo continetur infra mensem julii, quod tales personae ecclesiasticae et talis locus privati sint ipsi cum suis bonis conscilio, auxilio et servicio laycorum, et exempti de sub protectione Communis, et omnes layci habitantes et stantes super terris et possessionibus ipsorum sint privati a protectione Communis, et eciam eorum bona. M. CC. LXXX., Indictione octava.

Qualiter illis de contrata sancti Pauli et sancti Nicholai concedi debeat de aqua monasterii sancti Pauli.

Capitulum quod Potestas teneatur concedere hominibus de contracta sancti Pauli et sancti Nicholai de aqua canalis, quae vadit ad dictum monasterium, quando necesse fuerit, tollendo eam per consuetum locum prope domum Prioris: et hoc fiat sine dampno monasterii et molendinorum ipsius, quae modo sunt in ipso canali.

De uno superstante eligendo, qui faciat venire canale de capite pontis.

Capitulum quod unus superstans debeat eligi in porta de Parma, qui faciat continue venire canale, quod consueverat venire in capud pontis, et quod extrahebatur de navilio Communis et eciam de Bagancia, et qui habeat bayliam faciendi poni aquam in dicto canali quae antiquitus ponebatur, et undecumque poterit poni, dummodo non praejudicet alicui personae. Et praedictus superstans debeat eligi in Conscilio generali, quando alii officiales eliguntur, et habeat unum imperialem a qualibet domo, ad quam spectat utilitas dicti canalis, pro salario suo; et qui superstans faciat refici navem super foveam Communis penes portam sancti Francischi, quae destructa est, et in omnibus habeat bayliam sicut habebunt superstantes qui eliguntur per capitulum quod incipit « Capitulum ultimum et generale ». Et superstans sit et esse debeat de illis ad quos spectat utilitas dicti canalis, et qui habeat domum in ripa dicti canalis, officium cujus superstantis debeat durare per annum.

Qualiter Potestas tenetur de Statutis factis super laboreriis de civitate et burgis, et qualiter non.

Capitulum quod, cum multa Statuta praecisa et non praecisa facta sint, et multa fiant cotidie, quae continent de certis laboreriis fieri faciendis in civitate et burgis, quod non teneatur Potestas de illis Statutis, quorum tenor est executioni mandatus; nec eciam teneatur de aliis, quae non fuerint executioni mandata, nisi fuerit requisitus ipse vel aliquis ex judicibus suis. Et istae condiciones non habeant locum in Statutis, quae loquuntur de laboreriis, quae debent fieri expensis Communis, quae omnino fieri debeant sicut in ipsis capitulis continetur.

Qualiter prohibitum est projicere turpitudines in canalem Communis, qui labitur per capud pontis.

Capitulum quod, cum de aqua canalis Communis, qui labitur per capud pontis, fiant vina misclata et operetur in leguminibus et aliis rebus coquendis, quod de cetero nullus audeat vel praesumat projicere in dicto canale aliquas turpitudines, vel bruturas, poena et banno xx. sol. parm. pro quolibet et qualibet vice; et officialis canalis teneatur accusare, et habeat medietatem banni.

Qualiter Potestas teneatur quod canale Taronis, quod Navilium appellatur, veniat ad civitatem.

Capitulum quod, cum canale Taronis, quod Navilium appellatur, et labitur et labi consuevit juxta stratam de Fragnano, sit et esse debeat

Communis Parmae, et magna utilitas sit Communi et singulis personis quod dictum canale integre veniat ad civitatem, quod Potestas sacramento praeciso teneatur facere et curare modis omnibus, quibus melius poterit, quod aqua de flumine Taronis, quam plus poni poterit, ponatur in dicto canali, et sine diminucione vel impedimento ad civitatem Parmae veniat integraliter et libere, et decurrat usque ad pontem dominae Giliae. Et nullus de cetero, masculus vel femina, cujuscumque condicionis sit, audeat vel praesumat aliquo modo vel ingenio, quod dici vel excogitari possit vel humano intellectu concipi, modo vel in futurum extrahere seu extrahi facere aquam de dicto canali, vel impedire quominus dicta aqua integraliter et libere veniat ad civitatem, ut supra dictum est, ita quod maleficium intelligatur si contrafactum fuerit, in poena et banno xxv. librarum parmensium pro quolibet et qualibet vice. Et ultra hoc eligantur ad brevia in Conscilio generali unus Potestas et duo custodes, qui sint scripti in libro Societatis croxatorum, majores xxv. annis, et qui faciant familiam per se, et qui non habeant facere in territorio alicujus villae de illis per quarum territoria labitur dictum canale, qui custodiant aquam dicti canalis, et sacramento cujuslibet ipsorum sine aliquo onere probacionis credatur contra omnes et singulos, qui extraherent aquam de dicto canali, vel in aliquo impedirent quominus aqua dicti canalis liberaliter ad civitatem veniret; et habeant medietatem banni seu condempnationis. Qui Potestas et custodes infra terciam diem teneantur denunciare omnes et singulos contrafacientes, in poena et sub poena x. librarum parmensium pro quolibet et qualibet vice, qui non observaverint praedictum capitulum. Et salarium eorum Potestatis et custodum sit et eis solvatur, secundum quod solvitur Potestati et custodibus canalis majoris, per molendina quae macinant de aqua dicti canalis Taronis, quae extrahitur ad bucham ipsius canalis. Et, si aqua dicti canalis inventa fuerit in terra alicujus, credatur ipsum fraudulenter extrasisse et in bannum incidisse, et modo simili condempnetur: et, si alicujus fuerit terra, in qua fuerit inventa aqua dicti canalis, et ille, qui ipsam aquam de ipso canale extraheret, non esset de jurisdicione Communis Parmae, proximiores propinqui illius non subjecti jurisdicioni Communis condempnentur in praedicto banno pro quolibet ipsorum, omni exceptione et defensione et cavillatione juris et facti remota, et omni privilegio cessante. Et in omnibus et singulis supradictis casibus

Potestas per se possit et debeat, et facere teneatur, condempnare sine illis de curia infra terciam diem post denunciationem sibi factam, et infra tres dies condempnacionem recuperare et in Communi reducere, omnibus modis quibus poterit, de jure vel de facto. Et in omnibus praedictis casibus Potestas et custodes habeant auctoritatem accusandi, et eis credatur ut superius continetur, et habeant suam partem condempnationis medietatem. Et Potestas personaliter per se infra duos menses sui regiminis et singulis duobus mensibus per se vel per aliquem ex judicibus suis vel militibus suis ire teneatur et videre praedictum canale, et ipsum disgomberari facere de omnibus nocivis ad decursum aquae a ponte dominae Giliae usque ad bucham dicti canalis, per quam extrahitur aqua de flumine praedicto Taronis, et integre bucham dicti canalis fieri et manuteneri facere: et cum Potestate vadant illi sapientes, quos secum habere voluerit, inter quos sapientes non sit aliquis qui habeat facere in ipsis contractis. Et hoc capitulum in totum et in qualibet parte sit praecisum, et praecise debeat observari per Potestatem et ejus familiam, Antianos et alios; quod si Potestas non observaverit omnia praedicta et singula, sindicetur in centum libris parm. per sindicum Communis.

Qualiter Potestas tenetur facere remondari canales currentes per civitatem.

Capitulum quod Potestas sacramento praeciso teneatur facere remondari omnes canales currentes per civitatem et burgos, et remondaturam facere portari extra civitatem annuatim bis, videlicet de mense madii et septembris, omnibus personis debentibus remondare, incipiendo facere remondare dictos canales a partibus inferioribus versus partes superiores usque ad foveas Communis seu portas civitatis vel burgorum, per quas dicti canales discurrunt. Et valeat ex nunc.

Qualiter letus Scalopiae cavari debeat, et per quos.

Capitulum quod aqua Scalopiae liberum habeat decursum, et, ne circum colentes dampnum paciantur de cetero propter redundacionem ipsius aquae, statuimus quod dicta Scalopia cavetur et disgomberetur per letum ipsius, incipiendo dictum cavamentum a strata de Bersillo, per quam itur Lagodutium, continuando ipsum cavamentum tantum quantum extenditur per districtum Parmae. Et ad ipsum cavamentum faciendum teneantur et compellantur omnes et singuli, ad quorum utilitatem spectat ipsum cavamentum faciendum. Et ad praedicta omnia et singula facienda et complenda eligatur et eligi debeat unus superstans cum uno notario et uno correrio de civibus habentibus facere in partibus illis, quae tenentur laborare ad dictum cavamentum, ad brevia in Conscilio generali, et habeat pro suo salario dictus superstans duos sol. imper., et notarius xx. imper., et correrius xii. imper., quolibet die quo stent ad dictum laborerium fieri faciendum, ab illis hominibus et comunalibus, quae tenentur laborare ad ipsum cavamentum, ad quorum utilitatem spectat. Qui superstans illam auctoritatem et bayliam habeat, quam habent et habere consueverunt superstantes electi secundum formam Statuti, quod incipit « ultimum et generale », non obstante aliqua addicione praedicto Statuto ultimo et generali facta et facienda. Teneatur insuper dictus superstans cavari facere medullium dictae Scalopiae illis, ad quos spectat utilitas, incipiendo in ipso medullio penes Berxillum, continuando ipsum cavamentum tantum quantum extenditur. Qui officiales de mense junii eligantur. Et, si Potestas vel judex ejus circa praedicta fuerint negligentes, perdat de suo feudo c. libras parm. Et hoc capitulum sit praecisum et praecise debeat observari, ita quod non possit corrigi, mutari vel interpretari, nisi per scurtinium, secundum Statutum quod loquitur de expensis faciendis pro Communi.

Incipiunt capitula, quae loquuntur de canalibus.

Capitulum quod quaelibet persona secularis, locus, seu villa civitatis vel episcopatus Parmae possit extrahere, et plenam licentiam habeat extrahendi, aquam de fluminibus atque canalibus, non faciendo dampnum nec detrimentum nec imbrigamentum aliis canalibus nec molendinis, nec aliis canalibus factis in canali de Blanconexio quod extrahitur de flumine Taronis, neque ipsi canali Taronis, et salva ratione domini episcopi et omnium personarum et locorum, et salvo Statuto canalis et molendinorum Communis, quae sunt in canalibus Taronis. Et habentes arbores seu plantas in ripis canalium civitatis vel episcopatus, vel aliud imbrigamentum nocivum occasione ligni vel clusarum factarum in ipsis canalibus, per quod imbrigamentum impediatur aqua decurrere ad molendina in ipsis canalibus existencia, teneantur infra mensem, ex quo fuerint requisiti, auferre, et, quociens contrafecerint vel imbrigaverint et imbrigamentum non abstulerint, solvant pro banno duos sol. parm., et dampnum emendent. Et hoc locum habeat in canalibus et fontanis, ita tamen quod non debeat fieri hoc sine voluntate illius, cujus fuerit locus vel fontana.

Item insuper, si aliquis occasione ducendi aquam ruperit aliquam stratam vel viam, compellatur et debeat incontinenti facere pontem de quatrellis vel lapidibus et calcina, et manutenere super strata seu via, quam ruperit occasione praedicta, in poena et banno x. librarum parmensium; et nihilominus, banno soluto, ad hoc adimplendum cogi debeat et compelli.

Additum est praedicto capitulo quod, si aliquis dederit dampnum alicui, debeat incontinenti dampnum emendare illi, cui fecerit, nullo libello dato nec observata juris solempnitate, sed emendare tale dampnum cogatur; et sacramento illius, qui dixerit illud dampnum sibi factum, credatur, ita quod de dampno et de quantitate dampni sacramentum ejus sit plena probacio. Et Potestas puniatur in L. libris parmen., si non observaverit ea omnia et singula, quae in ipsis capitulis continentur; scilicet de canalibus venientibus ad civitatem.

De poena illius, qui destruxerit aliquam viam occasione ducendi aquam.

Capitulum quod nemo audeat vel praesumat adducere aquam de aliquo canale, ducendo ipsam aquam per aliquam viam publicam ad aliquem campum seu praedium, per quam aquam dicta via impediatur vel pejoretur, quominus homines cum plaustris, bestiis et personis commode possint ire et redire ac si aqua non esset ducta seu non duceretur in ipsam viam. Et, si quis contrafecerit, condempnetur pro quolibet et qualibet vice in centum sol. parmen.; et quilibet possit accusare et habeat medietatem banni, et credatur accusatori cum uno teste, et teneatur secretus ad suam voluntatem. Et hoc non habeat locum in illis villis, personis et locis, qui et quae habent ductum aquae per pactum, sive inter se loca tantum habent pactum, sive per Statuta.

*Qualiter et quid observare debeat qui per aliquem letum
canalem duxerit.*

Capitulum quod, si aliqua universitas vel singularis persona habuerit
et educere consuevit aliquem canalem de aliquo flumine episcopatus Parmae, et aliquis civis seu districtualis fecit vel faciet de cetero aliquem
canalem, per quem impediatur ductus aquae prioris canalis, quod Potestas teneatur facere expediri et expeditam teneri omni tempore bucham,
ductum et lectum aquae canalis primo facti, et removeri facere omne
opus factum per aliquem dominum seu per aliquem alium, unum vel
plures, secundi canalis, non obstante praescriptione x. annorum. Et, si
quis occasione ducendi aquam ruperit vel rumpet de cetero aliquam stratam vel viam publicam, quod teneatur ejus expensis facere fieri unum
pontem de quadrellis et lapidibus, tantum amplum quantum reperitur
strata vel rupta. Et, si aliquis dedit vel dederit dampnum occasione ducendi aquam alicubi, quod teneatur emendare dampnum extimatum sacramento pacientis et dampnum passi sine onere alterius probacionis. Et
praedicta omnia et singula teneatur Potestas facere fieri usque ad kalendas marcii; et teneatur inquirere de praedictis ad denunciationem cujuslibet personae, vel per judicem maleficiorum, et teneatur privata, alioquin perdat de suo salario c. libras imper. Et nulli personae liceat de
cetero aliquem canalem ducere vel facere duci per fondum alterius seu
terram, nisi primo satisfecerit de dampno suo illi, cujus fuerit terra,
per quam ire debebit canalis. Et hoc extendatur ad praesencia et futura,
et sit ita praecisum quod non possit absolvi, corrigi, vel aliter mutari,
nisi ut littera sonat.

De canali Communis.

Capitulum, ut in quolibet tempore, et maxime in tempore necessitatis,
in civitate Parmae major vel uberior aquarum abundancia habeatur, quod
canalis Communis, qui venit per Panochiam et Vigatulum ad civitatem et
ad palacium Communis, libere veniat ad civitatem, ita quod aliquo tempore
nullus possit aquam extrahere nec derivare de flumine Parmae, nisi dictus
canalis semper et primo habeat totam aquam sufficientem, non obstantibus
aliquibus Statutis vel consuetudinibus, et concessionibus factis vel faciendis
aliquibus specialibus personis vel universitatibus in praeteritum vel futurum. Et ad haec attendenda teneatur Potestas inquirere et servare praecise
quae in capitulo continentur. M. CC. LXXVI., Indictione VIII.

*Qualiter canalis Communis debeat expediri et expeditus teneri,
et qualiter sit videndus et quociens.*

Capitulum quod Potestas teneatur sacramento canalem Communis,
qui vadit ante ecclesiam sancti Thomae, et cujus aqua dividitur per
civitatem, et consuevit ire per bechariam et sub palatio Communis,
facere venire (et totam aquam ipsius) ad civitatem integre sine diminucione, veniendo per Vigatulum et Alberum, secundum quod exit
de flumine Parmae a molendino abbatis de Cavana, quod est desuper
a Torclaria, ita quod non patiatur aquam ad loca alia derivari, excepto
quod homines possint adaquare de aqua ipsius canalis die sabbati ab
hora nonae usque ad diem dominicam ad vesperas. Et teneatur Potestas
ipse, vel unus ex judicibus suis, ire bis in anno ad videndum dictum
canalem usque ad letum, in quo aqua dividitur, et ita facere quod aqua
dicti canalis integre veniat ad palacium Communis; et vadat ad videndum dictum canalem de mense julii et augusti; et correrius, qui vadit
pro dicto canali, vadat ad expensas Communis; et quod nullus possit
facere clusam neque aliquod imbrigamentum in canale Communis a sancto Thoma usque ad palacium Communis; et, si quis contrafecerit, solvat
pro banno x. sol. parm., et quilibet possit accusare.

Illam vero partem dicti canalis, quae vadit in galegariam, quae extrahitur prope ecclesiam sancti Thomae, et qui canalis vadit ante domum
domini Grapaldi, teneantur omnes galegarii qui laborant coria et faciunt
calegariam in ipso canali, qui extrahitur de canali Communis ut dictum
est, remondare et remondari facere suis expensis, quando et quociens
dictus canalis debebit remondari, ab ecclesia sancti Thomae, si volunt
facere clusas ibi; et faciant exportari suis expensis remondaturam in
poena et banno xx. sol. parm. pro quolibet et qualibet vice: et, si hoc
non fecerint, et clusam aliquis ipsorum fecerit in dicto canali, solvant pro
banno xx. sol. parm. pro quolibet et qualibet vice. Et hoc teneatur Potestas facere praecise et sine tenore et sine strepitu judicii. Et insuper
ad minus semel quolibet anno teneatur Potestas facere remondari et
aptari dictum canalem ad livellum ab ecclesia sancti Thomae usque ad
claudinam, quae est apud casamentum condam domini Alberti Azarii, et
fiat dicta livellatio et remondatio taliter quod homines habentes facere
super canalibus, qui vadunt per duas galegarias, et galegarii habeant

quolibet tempore aquam ad sufficientiam pro eorum negociis et misteriis exercendis.

Item dictus canalis debeat teneri remondatus et remondari singulis tribus mensibus a bucha, quae est inter domum Guidonis Pintorii pedis (*sic*)
Azarii usque ad bechariam quae est juxta sanctum Jeorgium, et fiat remondatio usque ad planellamentum. Et debeat cercari si erit bene remondatus, vel astritus in aliquo loco per sedimina seu murum aliquem vel
alio modo, ad hoc ut melius possit purgari et aqua decurrat; et, si invenerit Potestas quod sit astritus vel impeditus vel non remondatus ut
superius continetur, teneatur tollere singulis, qui astrinxerint vel impedie-
rint vel non remondaverint, pro singulis vicibus centum sol. parm.

Item additum est quod Potestas teneatur facere remondari per civitatem dictum canalem per illos et expensis illorum, qui habent molendina
in dicto canali, quociens opus fuerit, praeter quam sub palatio Communis et domibus Potestatis et aliis domibus.

Item teneatur Potestas facere cridari per portas si quis voluerit remondare dictum canalem expensis Communis, secundum quod vadit sub
palatio Communis prout tenet palacium, domus et casamenta Communis;
et hoc fiat per quatuor vices in anno, et expectetur per octo dies post
cridamentum, et fiat concessio volenti remondare pro minori precio; et
massarius, vel superstans laboreriorum, satisfaciat precium quod inde
promictetur.

Item quod dictus canalis debeat remondari et fieri de novo, quociens
fuerit opus et destruetur letus ejus a flumine Parmae, per villam de
Panochia et ejus territorium, et per Vigatulum et ejus territorium, et
abinde infra. Et hoc faciat fieri Potestas per illos, qui consueti sunt remondare. Et debeat aviari et duci per levatam quae est inter Panochiam
et Vigatulum. Et teneatur Potestas praecise et sine tenore facere cavari
et adamplari dictum canalem a ponte de Noxecla in sursum usque ad
locum in quo aqua dividitur, scilicet amplum per tres pedes perticae,
usque ad octavam Paschae. Et praedicta fiant expensis hominum villarum et terrarum, qui consueti sunt remondare dictum canalem; quod si
Potestas non fecerit adimpleri ut superius continetur, perdat de suo feudo
xxv. libras parmen.

Item quod Potestas faciat custodiri dictum canalem in aestate, ita
quod aqua dicti canalis veniat integre ad civitatem, secundum quod cadit

aqua dicti canalis a molendinis abbatis de Cavana, et adampletur dictus canalis ubicumque necesse fuerit, ita quod aqua possit ad civitatem venire. Et hoc non noceat canali de Corcagnano quominus vadat aqua secundum quod consuevit ire.

Item quod illi de molendinis possint habere custodes proprios, qui custodiant aquam dicti canalis, ut ad civitatem et ad molendina sua melius veniant.

Item quod nullus projiciat spazaturam neque ruschum aut lutum vel aliud nocivum ad cursum aquae in praedicto canali, neque cum aliquo trolo pingat lutum ad dictum canalem vel ante domum alterius, neque muclum faciat nisi pro alibi portando; et qui contrafecerit, solvat pro banno x. sol. parm. pro qualibet vice; et consul viciniae, si sciverit, teneatur accusare, et quilibet alius possit accusare, et specialiter custodes civitatis, et habeant medietatem banni omnes accusatores. Et idem observetur per totam civitatem, ut canalia cum planellamento melius stent purgata.

Item quod nullus possit facere clusam neque aliud imbrigamentum in canale Communis a sancto Thoma usque ad palacium Communis; et qui contrafecerit, solvat pro banno x. sol. parmen. pro qualibet vice; et quilibet possit accusare.

Item quod in dicto canali nulla fiat clusa, et, facta, destruatur; et, si reperta fuerit facta, credatur illum fecisse cujus est terra continua cum ipso canali juxta dictam clusam. Et nullus possit ibi fossatum habere juxta dictum canalem per unam perticam continuam ipsi canali, salva racione omnium canalium, et salvo eo quod quilibet possit adaquare ut superius continetur; et qui contrafecerit, solvat pro banno pro qualibet vice xx. sol. parm., et quilibet possit accusare et habeat medietatem banni.

Item quod teneatur dictus Potestas dictum canalem Communis et bucham pontis et pontem, qui est inter domum filiorum domini Ottolini Portalanae usque ad domum Careti, per unum brachium ab iis, qui consueverunt, facere cavare et remondare, et hoc usque ad Pascha Resurrectionis. Et illi, qui volunt facere clusam, teneantur et debeant remondare bis in quolibet anno ad minus, observata forma dicti capituli. Alias vero dugarias et riolos, seu canaletos, civitatis et burgorum omni anno teneatur quilibet remondare.

Quid ordinatum sit super custodia canalis majoris.

Capitulum quod canalis major, qui venit juxta brolum sancti Henrici, custodiatur ita a teralio fovearum, per quas intrat in civitatem, usque ad ecclesiam sancti Quintini, quod nullum brutum fiat in eo, nec coria ponantur, nec scarnentur, et pilum abluatur nec aliud brutum fiat; et qui contrafecerit, solvat pro banno xxx. sol. parm. pro qualibet vice, et quilibet possit accusare et habeat medietatem banni.

Item quod nulla androna possit habere decursum in ipsum canalem; et, si quis contrafecerit, solvat pro banno centum sol. parm.

Item quod quilibet teneatur dictum canalem remondare ab ecclesia sancti Henrici usque ad ecclesiam sancti Quintini, videlicet quilibet prope suum et suam partem remondaturae exportare.

Qualiter aqua possit de canalibus venientibus ad civitatem extrahi.

Capitulum quod de canalibus, qui veniunt ad civitatem, nullus post festum sancti Petri possit aquam trahere, nec de flumine Parmae, nisi in die sabbati post nonam et in die dominica, secundum formam Statuti.

Qualiter custodes eligi debent ad custodiam canalium civitatis.

Capitulum quod Potestas teneatur facere eligere custodes, qui accusare teneantur et debeant omnes et singulos facientes aliquod brutum in canale majori et in canale Communis, secundum quod ordinatum est in Statutis Communis, vel aliquod imbrigamentum in aliquo canale veniente ad civitatem; et qui contrafecerit, solvat pro banno pro qualibet vice centum sol. parmen.; et jurent praedicti custodes custodire et accusare legaliter contrafacientes. Et insuper quilibet possit accusare et habeat medietatem banni.

*Qualiter aqua canalium civitatis possit mitti ad andronas
et vias abluendas.*

Capitulum quod canalia civitatis possint auferri de viis et mitti per andronas; et, ubi fieri non potest, mittatur ab alia parte quodlibet ca-

342

nale ubi esse potest. Et cooperiantur dicta canalia, relictis foraminibus necessariis pro aqua extrahenda et accipienda, revertendo ipsam aquam ad palacium Communis sicut modo venit, et reddendo ad molendina desuper a macinatoriis. Et quilibet per medium suum teneatur facere planellari canalia Communis usque ad kalendas augusti.

Item quaelibet persona civitatis possit extrahere aquam de canalibus civitatis pro andronis abluendis, et quilibet teneatur illam aquam recipere per suum casamentum, restituendo ei dampnum, compensata commoditate cum utilitate rei in eodem dampno. Et quilibet, qui habuerit clusam vel impeditam andronam, ita debeat expedire et bucham aperire, ut obstaculum non sit in ea et ut libere possit purgari. Et, si aliqua androna fuerit, ad quam non possit aqua duci pro ipsa purganda, omnes, ad quos spectat utilitas, compellantur eam facere purgari, faciendo expensas secundum quod quis habuerit ibi capud. Et, quod dictum est de aqua quod possit extrahi de canalibus, semper intelligatur quod qui extraxerit debeat reducere eam desuper a macenatoria ipsius molendini, ad quod canalis ille de civitate vel pars illius canalis decurrit; et, si aqua reduci non possit ad dictum molendinum, quilibet habeat potestatem extrahendi aquam de singulis canalibus.

Item quod nemo debeat aedificare in ripis canalium civitatis vel suburbiorum, quominus ipsa canalia possint remondari, et remondatura ex ipsis canalibus projici, nisi voluerit ipsam remondaturam recipere, sicut tenet canalis, per medium suum.

Item quod Potestas teneatur compellere quamlibet personam de civitate, quae habet aliquod aedificium super aliquod canale civitatis vel suburbiorum, disgumberare aedificium quod fuerit super canalibus, ita quod canalia possint remondari quociens opus fuerit, nisi ille, qui aedificium habuerit super canale, ita remondatum tenuerit quod aqua dicti canalis possit discurrere sine lexione dicti canalis, salvo quod liceat hominibus stantibus et habitantibus et domos habentibus in burgo sancti Johannis a sero dicti burgi extrahere paucum aquae de canale quod labitur per burgum sanctae Christinae inter domum quae condam fuit Albertozii de Antignola pro andronis domorum ipsorum purgandis et abluendis, conducendo aquam praedictam in canale quod labitur per ipsum burgum sancti Johannis retro domos quae condam fuerunt magistri Johannis de Casa; et hoc fiat expensis ipsorum hominum, ad quos dictae aquae spectat utilitas. Millesimo ducentesimo nonagesimo tercio, Indictione sexta.

Qualiter aqua sit concedenda vicinis ut extrahere possint eam de canalibus.

Capitulum quod rector civitatis teneatur concedere vicinis et singulis petentibus ut possint aquam extrahere de canalibus, qui veniunt ad civitatem et burgos, reducendo ipsam aquam unde volent extrahere desuper a macenatura ipsius canalis, remanendo in dicto canali de ipsa aqua per letum suum, et quilibet teneatur aquam recipere per suum et per casam et curtem (1).

Qualiter aqua non possit extrahi de canale domini abbatis, et qualiter remundari debeat.

Capitulum quod nemini liceat extrahere aquam de canale domini abbatis, ultra id quod concessum est per dominum abbatem, prout in Statutis continetur; et, si quis contrafecerit, solvat pro banno pro qualibet vice centum sol. parmen., et quilibet possit accusare et habeat terciam partem banni; et Potestas teneatur eis auferre dictum bannum sine remissione. Et nemo possit retornare remundaturam de canali domini abbatis in ipso canali; qui canalis vadit per renam; et sic teneatur quilibet habens ad faciendum eam portare, quilibet per medium suum, extra dictum canalem ubi voluerit, in banno x. sol. parmen. pro quolibet et qualibet vice (2).

De canali concedendo fratribus Minoribus.

Capitulum quod Potestas teneatur sacramento concedere fratribus Minoribus quod canalem, qui vadit per burgum domini episcopi, possint conducere per hortum domini episcopi ad domum eorum; et hoc faciant eorum expensis, si placuerit vicario domini episcopi (3).

---

(1) Il resto come a pag. 383-84 del 1.° Stat. — (2) Non riportiamo qui i due capitoli: *Qualiter colligi debent aquae* etc. — *De canale Communis a molendino dominae abbatissae sancti Odorici* ecc., essendo a puntino quali si leggono nel suddetto Stat. alle pag. 380 e 370. — (3) V. Stat. cit., pag. 379.

Qualiter fratres Praedicatores possint habere de aqua de plazola.

Capitulum quod fratres Praedicatores etc. (1).

Qualiter nemini liceat auferre aquam de canalibus,
qui veniunt ad civitatem et burgos (2).

Capitulum quod Potestas teneatur sacramento non permittere auferre aquam alicui de canalibus, qui veniunt ad civitatem Parmae vel ad suburbia, nisi in horis per Statutum determinatis; et, si quis contra hoc capitulum abstulerit, Potestas auferat sibi bannum xv. sol. parmen., si scire poterit qui eam abstulerit. Idem observetur in illis castrorum et villarum et burgorum de episcopatu Parmae, salvo quod homines de Malandriano possint aquam de claudina suis expensis ducere per villam de Malandriano, et de subtus a villa reducere eam ad letum Stradellae, ita quod de ea non debeant terras suas adaquare vel prata seu hortum vel linarios aliquo modo, nec eciam derivare vel inclusare in aliquo loco, sed eam ducere per unum lectum usque ad lectum Stradellae. Et Potestas teneatur facere jurare omnibus personis de Malandriano a xv. annis supra ita attendere et observare ut superius dictum est; et, si invenerit aliquem contra hoc fecisse, teneatur ei auferre per bannum pro qualibet vice xx. sol. parm. sine remissione, ita quod guaxatorium non destruatur nec pejoretur; salvo quod cives Parmae omni die debeant et possint adaquare terras suas de canalibus concessis comunalibus villarum, quas habent in ipsis terris et villis, habendo aquam per eos qui ordinati sunt ad dandam aquam, qui destringantur et jurent communiter eam dare secundum quod viderint expedire.

Item licitum sit singulis extrahere aquam de canalibus civitatis et episcopatus secundum formam praecedencium Statutorum causa adaquandi; salvo quod viae non deteriorentur ob hoc, et salvo quod de canale Taronis, quod venit ad civitatem, non possit aqua aliquo tempore extrahi.

Item quod Potestas teneatur facere poni in dicto canali Taronis quod satis sit et quod veniat plenum, sine fraude, et aquam positam manutenere.

---

(1) V. 1.° Stat., pag. 381. — (2) V. Stat. cit., pag. 384-385.

Item quod villae superiores dimittant aquas canalium et fluminum terris inferioribus, ita quod superiores et inferiores secundum magnitudinem et parvitatem ipsarum possint habere de aqua, salva racione et concessione facta alicui speciali homini seu terrae (1).

De canale quod vadit per sanctam Eulaliam restituendo et manutenendo (2).

Capitulum quod Potestas teneatur facere restitui, adamplari et remondari canale, quod vadit per sanctam Eulaliam, Tanetum et Pratoxellos, per terras et Communia quibus spectat utilitas; et ad custodiam dicti canalis eligatur Potestas unus per cives terrarum, scilicet duas partes civium, qui habent ad faciendum in terris per quas labitur; et in ipso canali unus custos similiter, qui custodiat aquam dicti canalis ne extrahatur de lecto. Et Potestas et custos dicti canalis habeant, scilicet: Potestas x. libras parmen. per totum annum, et custos xx. sol. imper. ab illis personis quarum est utilitas ipsius canalis; et tercia pars bannorum sit Communis Parmae, et duae partes Potestatis et dicti custodis. Et insuper domini de Monticulo debeant esse de illis ad quos spectat utilitas, et adjuvent, et faciant adjuvari ad bocham dicti canalis quando Hencia sglaraverit bocham. Et teneatur Potestas compellere homines de Monticulo tenere disbrigatam bocham dicti canalis ut aqua possit ire; et homines, qui habitant in locis per quae vadit, possint habere dictam aquam ad utilitatem eorum. Et Potestas canalis praedicti, qui est nunc et qui pro tempore fuerit, semel in anno faciat remondari dictum canale comunalibus terrarum, per quarum districtum aqua decurrit; et comunale et homines de Monticulo non pati nec facere quod aqua dicti canalis per eorum districtum alio derivetur, et teneantur guardare et salvare navem dicti canalis ne destruatur; et, si contrafactum fuerit, comunale praedictum et homines solvant pro banno pro qualibet vice centum sol. parmen., et pro qualibet singulari persona xx. sol. parmen., et credatur custodi dicti canalis, sicut custodi aliorum canalium creditur. [Et disgomberetur dictum canale usque ad Laguducium per letum antiquum, et

---

(1) Si omettono i due capitoli: *Quod quilibet habens campum* ecc. — *Qualiter teneatur qui extrahit aquam* ecc., che già furono prodotti nel 1.º Stat. a pag. 385-86. — (2) V. Statuto cit., pag. 382.

omnes et singuli tam cives quam rustici habentes facere in territoriis seu villis, per quae labitur dictum canale, teneantur et debeant ipsum canale cavare et remondare a Monticulo injosum usque ad Pupilium ad boschum domini abbatis de Berxillo de subtus a Laguducio per territoria sua. Et Potestas teneatur sacramento praeciso praedictam addicionem executioni mandare. Et valeat ex nunc].

Additum est praedicto capitulo quod dictum canale debeat disgomberari per homines, qui soliti sunt ipsum disgomberare, non obstante aliquo capitulo seu reformacione Conscilii facta vel facienda.

Item additum est praedicto capitulo quod omnes et singuli habentes possessiones ab utraque parte dicti canalis, eciam si alicubi via aliqua sit vel foret dimidia, compellantur a Pratoxellis inferius dictum canale taliter remondare et cavare, quod aqua non exeat de loco dicti canalis, et hoc usque de subtus villa de Pupilio; et fiat unus pons de lapidibus, expensis illorum ad quos spectat utilitas, super dicto canali in via quae dicitur arzenus de Laguducio, per quam itur Bersillum. Et ad praedicta fieri facienda concedatur unus superstans, qui postulabitur per aliquem secundum formam Statuti. Et quilibet compellatur ad praedictum laborerium fieri faciendum, secundum quod per decursum ipsius canalis possessio extenditur.

De fontanella, quae venit de sancto Martino de Senzano
et vadit per Vigonandulum adamplanda.

Capitulum quod Potestas teneatur facere adamplari fontanellam, quae venit de sancto Martino de Senzano etc. (1).

De canale Cingli, qui venit per hospitale Rodulfi.

Capitulum quod Potestas sacramento teneatur praecise et sine tenore facere quod canalis de Cinglo, qui venit per hospitalem Rodulfi, habeat de cetero jus illud et auxilium in flumine Parmae et de flumine, quod solitus est habere a x. annis retro, ad hoc ut pauperes, qui ibi hospitantur, commode ibi possint habere necessaria cum majori honestate dicti hospitalis.

---

(1) V. 1.° Stat., pag. 382.

Item quod nemo in civitate vel burgis per contratas, per quas labitur canalis, ponat aliquod imbrigamentum impediens cursum aquae, nec letamen nec lapides, in poena centum sol. parm. pro quolibet contrafaciente et qualibet vice; et quilibet possit accusare et habeat medietatem banni, et credatur accusatori.

Qualiter licitum sit fratribus Templi extrahere aquam
de canali labente ante ecclesiam suam.

Capitulum quod fratribus hospitalis Templi liceat extrahere aquam de canali, quod labitur ante ecclesiam sanctae Mariae Templi, et adaquare ex ea hortum eorum sine poena (1).

Per quas terras canale Taronis, quod venit per Medexanum,
debeat remondari.

Capitulum quod canale Taronis, quod venit per Medexanum, per Signanum et per Felegariam, et quod consuevit venire et consuevit remondari per suprascriptas terras, debeat remondatum teneri per universitates hominum de Felegaria, Signano et Medexano per quamlibet universitatem in suo territorio, ut dictum canale possit discurrere ut consuetum est, cum sit utilitas praedictorum. Et quod dictum canale solomodo debeat remondari, purgari, et expeditum teneri per illos, quorum est dictum canale, et per alios ad quos spectat utilitas aquae dicti canalis, Statuto aliquo non obstante.

De canale, quod vadit ad domum sororum Minorum,
restituendo et manutenendo.

Capitulum quod Potestas teneatur manutenere sororibus Minoribus canale, quod vadit ad domum ipsarum, ita quod aqua dicti canalis vadat et decurrat inde unde consuevit, et aliunde prout melius videbitur, dummodo habeant aquam dicti canalis; et quilibet teneatur ipsam et canale recipere per suum. Et nemo impediat eisdem sororibus unum starium

---

(1) V. 1.° Stat., pag. 449.

terrae, quod est inter ipsum canale et hortum illorum de laborerio; nec aliquis auferat vel extrahat aquam de ipso canali pro adaquare sub poena c. sol. parmen.; et quilibet possit accusare contrafacientes, et habeat medietatem banni. Et sub praedicto banno becharii de glarea, et quaelibet alia persona, non praesumant dejicere aliquod brutum de bestiis seu pancis vel budellis vel aliud brutum in dicto canali aliquo tempore, eciam non currente dicto canali. Et calegarii teneantur similiter, sicut tenet domus sua de glarea, facere unum murum ad prohibendum ne lutum seu terra vadat in dictum canale; et becharii teneantur similiter facere spondas dicti canalis versus bechariam de muro altas usque ad domum Bajamontis de Medicis, relictis foraminibus in dicto muro, per quae possit sanguis dictum canale intrare.

De eo, qui adalzavit molendinum, seu cotesserum.

Capitulum quod, si quis levavit seu adalzavit molendinum vel cotessere ultra antiquum statum, vel clusam, quod Potestas teneatur praedictum molendinum et cotessere et clusam rediri facere ad antiquum statum; et, si non fecerit, Potestas teneatur ei auferre pro banno c. sol. parmen., et nihilominus teneatur ad praedicta, ex quo ei requisitum fuerit, infra mensem.

Quod nullus extrahat aquam de canale, quod extrahitur de canali majore.

Capitulum quod nullus possit nec debeat extrahere aquam de canale, quod extrahitur de canali majore et labitur per Bossetum, aliquo tempore; et, si quis contrafecerit, solvat pro banno xv. sol. parm., et quilibet possit accusare contrafacientes, et credatur sacramento accusatoris, et accusator habeat medietatem banni, et Commune aliam: ita tamen quod dicta aqua possit auferri a Marorio injosum, et duci per campaniam, sive per locum quod dicitur Balzanum, a mane viae quae vadit Coloretum et ad Sanctum Stephanum et Martoranum usque ad stratam Claudiam; et quilibet teneatur ipsam aquam recipere, et cavari facere per medium suum, ita quod libere possit decurrere.

Qualiter illi, qui habent folum vel molendinum in canali majore,
sint sub Potestate dicti canalis.

Capitulum quod quilibet habens molendinum, vel folum vel aliud ae‑
dificium, vel in futurum habiturus est, in canali majore a molendino
fratrum de sancto Francisco insursum usque ad bocham ipsius canalis
sit et esse debeat de cetero sub Potestate, quae eligitur annuatim per
dominos qui habent molendina in ipso canali a dicto molendino inferius,
et sub ejus potestaria, et ad ejus voluntatem teneatur conferre proportio‑
naliter ad expensas quas faciet ipse Potestas, vel alius pro eo, pro bono
et utilitate et aqua manutenenda in dicto canali, sicut et quando alii
domini qui sunt subditi dicto Potestati et per quos eligitur annuatim,
et possit interesse electioni dictae potestariae et eum cum aliis eligere
qui habent jus eligendi. Et teneatur Potestas et ejus judices eum com‑
pellere ad omnia praedicta et singula. Et Potestas dicti canalis possit et
debeat annuatim a festo Paschae Resurrectionis usque ad sanctum Mi‑
chaelem dividere aquam dicti canalis inter homines, et comunalia, haben‑
tes terras et possessiones penes dictum canalem, quas adaquant de aqua
ipsius canalis in illis diebus in quibus non est prohibitum per Statuta
auferri aquam de canalibus venientibus ad civitatem; et quicumque dicto‑
rum hominum vel comunalium abstulerit aquam de dicto canali contra
divisionem factam de dicto canali in praedictis diebus sabbati et domi‑
nicis, solvat pro banno xl. sol. parmen. pro quolibet et qualibet vice
(non obstante aliquo Statuto aliud contradicente), cujus medietas sit Com‑
munis, et alia accusatoris, et credatur sacramento cujuslibet accusatoris;
et Potestas teneatur eos condempnare, et condempnationem recuperare,
et suam partem accusatori dare.

Qualiter quilibet habens molendinum in canali de Bagan‑
zia, quod vadit per Colliculum, teneatur a suo molendino
usque ad inferius tenere remondatum.

Capitulum quod omnes habentes molendina in canali de Baganzia,
quod vadit per Colliculum, teneantur a suo molendino usque ad inferius
molendinum tenere dictum canale remondatum et expeditum, ita quod
aqua vadat et ire possit sub ripis dicti canalis, taliter quod non det nec

faciat dampnum in blavis vel vineis alicujus, et sic fiat de molendino ad molendinum usque ad inferius molendinum dicti canalis. Et Potestas dicti canalis, qui pro tempore fuerit, possit et debeat haec fieri facere illis personis, quarum sunt molendina, et possit auferre pro banno contrafacienti, vel nolenti facere praedicta, pro qualibet vice xx. sol. parmen., de quibus medietas veniat in Commune, et alia medietas in dictum Potestatem. Et omnes homines de Colliculo semel in anno praestent eorum auxilium praedictis de molendinis ad praedicta facienda, ad hoc ut copiam habeant terras eorum libere adaquandi et prata, secundum formam Statuti.

Qualiter Potestas tenetur ire, vel alius pro eo,
ad videndum canale de Blanconexio, et usque ad quod tempus.

Capitulum quod Potestas per se vel per alium teneatur ire cum quantitate sapientum ad videndum et dividendum canale de Blanconexio usque ad aggerem Paudi hinc ad octavam sancti Michaelis, et, eo viso, reducere ad Consilium generale Communis quo modo et forma possit melius et utilius fieri quod terrae et possessiones, quae multitudine aquae ipsius canalis et occasione scaliarum ipsius stant guastae nec possunt laborari, possint a nocumento hujusmodi liberari.

Item quod remondamentum ipsius canalis fiat secundum quod consuetum est per illos, per quos consuetum est, tam mulinarios quam alios.

De canale, quod accipitur de flumine Henziae et labitur
per sanctam Eulaliam, expedito tenendo.

Capitulum, pro utilitate hominum habencium facere in canali quod accipitur a parte Basiligagujani de flumine Henciae et labitur per sanctam Eulaliam, Fontanellas, Gataticum, quod Potestas dicti canalis teneatur et debeat tenere et teneri facere expeditum et remondatum dictum canale a bucha canalis, quae est in flumine Henziae usque ad letum ubi dictum canale redit in flumine Henciae, et quod aqua dicti canalis nullum habeat impedimentum (et praedicta fiant et fieri debeant per homines terrarum, per quas labitur dicta aqua dicti canalis), et manutenere bucham dicti canalis. Et praedictum capitulum sit praecisum et praecise debeat observari, poena et banno L. librarum parmen. pro quolibet Communi, per terram cujus labitur dicta aqua.

De aqua, quae labitur per villas Marorii et Bosseti, custodienda.

Capitulum, ut aqua et rioli, qui extrahuntur de canali majore et qui decurrunt per villas Marorii et Bosseti, libere decurrant omni tempore per illas villas pro majori utilitate hominum habencium facere in dictis villis, quod nullus audeat nec praesumat accipere aquam de dictis riolis de mensibus junii, julii et augusti, seu aliquo ipsorum mensium, poena et banno xx. sol. parmen.; et quilibet possit accusare, et habeat medietatem banni.

Qualiter riolus, qui labitur per viciniam sancti Quintini
ad sanctam Christinam, debeat livellari et planellari.

Capitulum quod riolus, qui venit et labitur per viciniam sancti Quintini ad sanctam Christinam, debeat planellari et livellari ad livellum ab illo loco ubi extrahitur de canali usque in canale quod vadit per burgum sanctae Christinae, expensis illorum, quibus dictus riolus vadit ante domos. Et Potestas hoc fieri teneatur ad denunciationem cujuslibet; quod si non fecerit, solvat pro banno xxv. libras parmen. Et sit bannum cuilibet, qui projiceret aliquam spazaturam vel aliquod aliud impedimentum vel paleam vel aliquod aliud in ipso canali, xx. sol. parmen.; et quilibet possit accusare et habeat medietatem banni. Et quod fieri debeat unus murus de lapidibus et de calcina ad bucham, unde exit dictus riolus, ad capud pontis usque ad angulum buchae ubi intrant aquae, et ibi in dicto muro ponatur unus lapis qui habeat unum foramen unde exeat et exire debeat aqua conveniens et decens et consueta, quae venire debeat per riolum praedictum; et hoc propter abundanciam aquae quae exit de dicto canali, quae taliter impedit et subponit viam praedictam quod vix aliquis ire potest. Et praedicta omnia et singula fieri debeant expensis omnium et singulorum, quibus dictus riolus vadit ante domos; et credatur sacramento accusatoris cum uno teste.

Qualiter fossatum, quod tenet capud ad stratam de Campigine,
debeat adamplari, et per quos.

Capitulum quod fossatum, quod tenet capud ad stratam de Campigine juxta domos et casamenta illorum de Raculis, per quod fossatum fon-

tanae quae eruuntur in praedictis contratis corrivantur et derivantur,
a dicta strata inferius usque ad villam de Gatatico debeat adamplari
et cavari, ad hoc ut aqua dictarum foncium liberum habeat decursum
per dictum fossatum, ita quod non subponat terras habencium facere
in dictis contratis multitudine aquarum, et hoc expensis illorum, ad
quos spectat utilitas hoc facere; et praedicta teneantur observare et
executioni mandare hinc ad kalendas madii. Et unus superstans habeat
illam auctoritatem et bayliam, quam haberet si electus esset secundum
formam illius Statuti, quod incipit « ultimum et generale », non
obstante aliqua adjectione facta [dicto] Statuto. Et quod nullus possit
facere aliquam clusam seu aliquod imbrigamentum in dicto fossato, per
quod impediatur decursus praedictarum aquarum, in poena trium librarum parmensium pro quolibet et qualibet vice, qua contrafactum fuerit;
et quilibet possit accusare et habeat medietatem banni, et credatur sacramento accusatoris cum uno teste.

Qualiter pons, qui est super canali majore apud domum
domini Zachariae de Bergondiis, debeat aptari.

Capitulum quod pons, qui est super canali majore apud domum domini Zachariae de Bergondiis, et spallae ipsius pontis ab utraque parte
pontis, prout extenditur gazatorium et canale, debeant aptari et fieri de
bono muro et calcina ab utraque parte expensis illorum, ad quos
spectat vel spectabit utilitas; et a dicto ponte in sursum usque ad
domum Boni Johannis Ferrarii debeat strata planellari et levari ad modum ripae canalis, ita quod aqua libere decurrat ad canale, et hoc per
illos qui habent facere in dicta contrata, secundum quod facere consueverunt et debent de jure; et hoc hinc ad sanctum Petrum. Et super
hoc eligatur unus superstans, qui praedicta fieri faciet.

Qualiter via, quae vadit penes sanctum Apollinarem,
debeat inglarari et ibi fieri unus pons.

Capitulum quod via, quae vadit penes sanctum Apollinarem per stratam rectam, ingualetur, et fiat unus pons de lapidibus et quadrellis et
calcina super dicto canali, faciendo in ipso ponte unam carariam a la-

tere sancti Apollinaris superiori, et unam aliam carariam a latere inferiori a parte domini Thomae Azarii, ita quod bestiae et plaustra libere possint intrare et exire tam desubtus quam desuper de ipso canali, expensis illorum, ad quos spectat utilitas. Et sit praecisum.

Qualiter Potestas tenetur facere cavari et remondari canale de Grola, et duci per civitatem, et per quos.

Capitulum quod Potestas sacramento praeciso teneatur facere et curare quod canale de Grola, quod labi consueverat ad Castrumnovum, per illum lectum, per quem consuevit venire, veniat et decurrat; et Potestas teneatur facere cavari dictum canale omnibus et singulis, ad quos utilitas spectat, et per quorum territoria vadit et ire consuevit dictum canale, et ad praedicta Potestas compellat eos. Et sic Potestas faciat quod dictum canale veniat et decurrat in civitatem Parmae penes hospitale sancti Hilarii, quod fit per Societatem cruxatorum ad honorem beati Hilarii, et quod Potestas teneatur praecise infra duos menses sui regiminis facere eligere quemdam probum superstantem ad requisicionem sex vel octo illorum ad quos spectat utilitas, et illorum per quorum territoria vadit dictum canale, et per illa loca quae determinabuntur per x. sapientes eligendos per Potestatem, Capitaneum, Antianos, et alios; qui superstans habeat auctoritatem decernendi omnes illos, ad quos spectabit utilitas dicti canalis; et illi, ad quos dicet sacramento suo pertinere, compellantur, omni exceptione cessante, per judicem Potestatis.

Qualiter aqua, quae decurrit in flumine prope Portam novam subtus Rumitaticum, debeat duci in civitatem.

Capitulum quod aqua, quae decurrit in flumine prope Portam novam subtus Rumitaticum, debeat conduci in civitatem, incipiendo ad bucham factam vel fiendam in muro civitatis de Porta nova et veniendo usque ad pontem de porta, ita quod aqua veniat intus a muro prope curias domorum usque ad dictum pontem et ad molendina Communis et sororum Convertitarum et retro domum domini Manfredi Berzedani; et hoc expensis illorum, qui habeant domos intus a muro civitatis, et penes quos dicta aqua decurrat; et fiat hoc opus hinc ad sanctum Petrum. Et sit praecisum.

*Qualiter Potestas tenetur facere fieri unam claudinam de quatrellis
in bocha rioli positi in villa de Sanguinea.*

Capitulum, ad defensionem terrarum ne pereant per aquas, quod Potestas teneatur praecise facere fieri unam claudinam de quatrellis in bucha
rioli positi in villa de Sanguinea, ponendo ibi unum legalem superstantem, qui faciat fieri praedictum opus de mense augusti, cum alio tempore fieri non possit; et hoc expensis illorum, ad quos spectat utilitas.

*Qualiter zapellus, qui est juxta pontexellum cursus Scarlatae,
aptetur, et per quos.*

Capitulum quod zapellus, qui est juxta pontexellum cursus Scarlatae, aptetur et fiat expensis illorum qui tenentur facere viam ubi est
dictus zapellus. Et cum rivus, qui transit per dictum pontexellum, impediat dictam stratam et terras quae confinant cum dicta strata et rivo,
tempore plenarum, eo quod dictus rivus lectum non habeat unde decurrere possit, quod dictus rivus cavetur, drizetur et ampletur in quacumque parte sui prout extenditur de surso injosum per confines cujuslibet,
ita quod sit amplus per quatuor pedes perticae; et drizetur per confines
cujuslibet, et, si de terra alicujus iverit ab alia parte rivi, ille, a cujus
parte iverit, teneatur eam emere, et ille, cujus fuerit, teneatur eam sibi
vendere justo precio, facta aestimatione per bonos homines. Et fiat hoc
opus rivi per illos, qui habent terras continuas dicto rivo, et ab utraque parte rivi; et Potestas teneatur hoc fieri facere ad requisicionem cujuslibet. Et eligatur unus superstans per Potestatem, qui habeat ad faciendum in dicta contrata, qui fieri faciat supradicta, et qui habeat plenum
arbitrium ut in Statuto « ultimo et generali » continetur, non obstante
adjectione facta dicto Statuto. Et in fossatis, quae sunt a capite sotano pratorum abbatis de Cavana in sursum usque ad plopas de Corcagnano, non
fiant clusae, cum aqua subponat dictam stratam quae scaliosa est, poena
et banno xx. sol. parm. pro quolibet et qualibet vice. Et valeat ex nunc.

De canale, quod labitur de domo de Rogleriis, cooperiendo.

Capitulum, ad honorem Dei et utilitatem hominum habencium ducere
et duci facere victualia necessaria per viam quae vadit in carubium inter

domos dominorum de Rogleriis et hominum Artis ferrariorum, cum homines ibi non possint libere ire et redire, nec commode possint duci plaustra propter impedimentum canalis, statuimus et ordinamus quod dominus Potestas teneatur compellere omnes et singulos, habentes facere
prope dictum canale, cooperire seu cooperiri facere dictum canale tantum
quantum durat domus dominorum de Rogleriis, expensis illorum qui habent
facere prope dictum canale; quod cooperiatur hinc ad festum omnium
sanctorum, taliter quod plaustra possint duci absque impedimento, sub
poena L. librarum parmensium de salario suo.

Qualiter septa molendinorum canalium civitatis Parmae
penes stratas debeant cooperiri et tasellari expensis illorum,
quorum sunt dicta molendina.

Capitulum, ad evitandum pericula infancium qui hactenus perierunt ad
cotesseras molendinorum canalium civitatis Parmae, et ne de cetero pereant,
quod omnia et singula molendina et septa eorumdem, quorum aquae discurrunt per civitatem penes stratas civitatis, infra secundum mensem Potestas futurus teneatur et debeat facere cooperiri et tasellari vel aliter
aptari, expensis illorum quorum sunt, ita quod de cetero aliquis infans
perire non valeat. Et, si fuerit aliquis non subjectus jurisdictioni Communis qui se velit defendere a praedictis, ex nunc, prout ex tunc, omnes
et singuli subjecti jurisdictioni Communis dantes et qui dabunt eorum
blaudum ad mazenandum commorantibus in dictis molendinis condempnentur pro quolibet et qualibet vice in x. libris parmen.; et quilibet
possit accusare et habeat medietatem banni, et credatur ei cum uno teste.
Et capitulum sit praecisum, et per Potestatem et ejus familiam praecise
debeat observari in poena et sub poena L. librarum parmensium eidem
per sindicum et alios officiales auferenda.

Qualiter unus canaletus debeat extrahi de canale Commu-
nis penes domum Jacobi de Maza, et conduci per becharias,
expensis illorum bechariorum.

Capitulum, ad utilitatem hominum de Porta nova et aliorum transeun-
cium, et ad vitandum putredinem bechariae, quod, expensis bechariorum

utencium in Porta nova et aliorum quibus spectat utilitas, Potestas sacramento praeciso teneatur facere extrahi de canale Communis apud domum Jacobi de Maza unum canaletum, qui labatur et labi debeat intus per domos usque ad bechariam de Albarella, et ad aliam bechariam penes domum Brugnoli, redeundo in canale Communis apud domum, quae fuit Martinelli, de subtus per curiam Camuxinae, ad hoc ut custodes carcerum ad eorum securitatem possint ibi facere vacuari solium carceratorum, ita quod non videatur per transeuntes. Et hoc teneatur fieri facere Potestas poena xxv. librarum parmensium de suo feudo, in quibus per sindicum sindicetur.

Qualiter licitum est hominibus de Vigatulis ducere unum canaletum per villam de Vigatulis, et extrahere de canale Communis, et qualiter.

Capitulum, ad evitandum periculum ignis quod saepe accidit per episcopatum Parmae, et occasione domorum nuper combustarum in villa Vigatuli Brugnolo tabernario et pluribus suis vicinis, qui timore habitancium non potuerunt tunc habere aquam causa extinguendi praedictum ignem, quod liceat hominibus de Vigatulis extrahere de canale Communis apud domum Guidonis fratris unum canaletum qui labatur intus per villam praedictam apud domum praedicti Brugnoli, quae est in medio dictae villae, redeundo in canale Communis apud domum Jacobini Allegri; et hoc expensis illorum quibus spectat utilitas.

De aqua canalis, qui labitur in vicinia sanctae Mariae Templi per medium stratae, redigenda in lectum dicti canalis.

Capitulum quod tota aqua, quae extrahitur de canale capitis pontis, qui labitur per medium stratae Communis in vicinia sanctae Mariae Templi, debeat redigi in lectum dicti canalis, quando ipsa aqua fuerit extra civitatem et burgos, expensis illorum, ad quos spectat utilitas.

De laborerio ad flumen Meroni complendo.

Capitulum, quum flumen Meroni, quod labitur per terram de Campigine ad terram de castro Gualterio et per ipsam terram, sit ita repletum quod tempore plenarum aquae inundant terras circonstantes ita quod factae sint inutiles, et dictum laborerium sit incoeptum cavari et fieri per dominum Bertholamaeum de Segalaria electum superstantem per homines dictae contratae, quod dictum laborerium debeat fieri et compleri expensis illorum quibus spectat utilitas: et praedictus dominus Bertholamaeus sit et esse debeat superstans dicti laborerii et habeat bayliam liberam et plenam, et plenam potestatem faciendi imponere coltam pro praedicto laborerio faciendo, et exequendi et recuperandi coltam, et decernendi illas terras quae solvere debent et conferre ad dictum laborerium faciendum, et quid seu quantum ut opus melius compleatur; et ut ipse superstans habeat omnem bayliam, auctoritatem et potestatem, quae concedebatur superstantibus per capitulum « ultimum et generale », secundum formam dicti capituli intelligatur ipse superstans esse electus. Et hoc facere teneatur Potestas in poena et banno c. librarum parmensium. Et sit praecisum, et valeat ex nunc.

Qualiter qui duxerit aliquod canale juxta vias, domos vel terras alicujus teneatur ipsa canalia aptare ne dampnum alicui inferant.

Capitulum, ad utilitatem hominum civitatis et episcopatus Parmae, quod, si aliquod canale in civitate Parmae vel episcopatu ducitur juxta vias publicas, terras vel domos alicujus, quod omnes et singuli, cujuscumque condictionis existant, ad quos spectat utilitas dictae aquae ducendae, teneantur, infra terciam diem postquam requisiti fuerint ab aliquo, ipsam aquam ita labi facere, ut nullum dampnum amplius det in ea strata, terra vel domo, in qua dampnum daret dictum canale, et aptare et facere inglarari stratam infra praedictum tempus. Et, si quis fuerit negligens vel remissus in praedictis, condempnetur in xxv. libris parm. pro quolibet et qualibet vice; et quilibet possit accusare, et accusator habeat medietatem condempnationis.

De ponte lapidum faciendo super flumine Zenezi.

Capitulum quod, cum magnus rivus, et quasi flumen, qui appellatur Zenezo et est inter Pavaranum et Majaticum, sit ita rapidus et violentus quod aliquis pons de ligno propter forciam dictae aquae non potest per unum annum durare, et ita homines, ad quos spectat utilitas, continue affligantur laboribus et expensis occasione constructionis et reaptationis dicti pontis, quod, ad postulacionem cujuslibet personae ad quam spectat utilitas, teneatur dictus Potestas dictum pontem facere fieri et construi de lapidibus et quadrellis et calcina expensis illorum, ad quos spectat utilitas. Et intelligatur construcio dicti pontis spectare ad utilitatem villae de Pavarano et de Majatico. Et omnes aliae terrae et homines, qui et quae faciunt transitum per dictum pontem et quibus spectat utilitas et refecio dicti pontis, possint eligere unum bonum superstantem et legalem majorem xxx. annorum: et dominus Potestas et judex ejus teneantur ipsum sic electum confirmare et eidem concedere potestatem et bayliam et auxilium ad dictum opus fieri faciendum; et quod superstans sic electus teneatur dividere dictam coltam inter homines, ad quos spectat utilitas, et qui faciunt transitum per praedictum pontem.

De impedimento non faciendo in canali, quod transit per stratam extra burgum sancti Gilii.

Capitulum quod de cetero aliquis non audeat nec praesumat aliquod impedimentum facere in canale quod transit per stratam Claudiam extra burgum sancti Gilii penes portam Pegoloti, cum sit in dampnum et praejudicium stratae Claudiae; et, si quis contrafecerit, puniatur in x. sol. parmen. pro quolibet et qualibet vice, et quilibet possit accusare et habeat medietatem banni.

De superstante eligendo super flumine Parmae, ne dampnum inferat circonstantibus.

Capitulum, ad honorem et ad utilitatem Communis et hominum terras et possessiones habencium a civitate inferius usque in terram de Colurnio ab utraque parte fluminis Parmae, cum ipsum flumen Parmae propter arbores et stirpes, in loco ipsius et ripa existentes, terras ibi prope inundet, ita quod ex ipsis terris utilitas haberi non possit, dominus Potestas teneatur vinculo sacramenti poena et banno ⁙. librarum parmensium omni anno de mense septembris eligere seu eligi facere ad brevia in Consilio generali unum superstantem bonum et legalem, qui facere habeat in contratis in quibus dictum flumen dampnum reddit, qui talis superstans teneatur sacramento praeciso sub poena decem librarum parmensium incidi facere arbores et stirpes in ipso loco fluminis existentes a fondo dicti fluminis usque in ripa a villa Guillixii inferius usque in dictam terram de Colurnio, ad hoc ut dampna ex impetu et inondatione dicti fluminis occurrencia evitentur. Et hoc capitulum sit praecisum, et praecise debeat observari.

De pontibus faciendis a possessoribus molendinorum juxta vias ipsorum.

Capitulum quod ad omnia molendina, quae habent vias juxta molendinum, de subtus a molendino, possessores dicti molendini teneantur facere pontem necessarium eorum propriis expensis, sive ipsi possessores fregerunt viam, sive successerunt in locum illorum qui fregerunt, eciam si ambulavit seu devenit in plures manus: et, eciam si fuerint clerici, sive layci, sive fratres, vel alterius cujuscomque condicionis sint tales possessores, hoc facere teneantur sine strepitu judicii, et aliqua juris solempnitate. Et Potestas teneatur dictos possessores cogere ad faciendum praedicta, omni exceptione cessante.

De molendino hominum de Bargono restituendo.

Capitulum quod homines de Bargono possint et debeant et compellantur reficere et factum manutenere molendinum antiquum, quod habere consueverant pro Communi de Bargono, ut pauperes et alii de terra possint libere macinare; et de hoc fieri faciendo teneatur Potestas per sacramentum ad poenam xxv. librarum parm.; et, in defectu Potestatis, debeat et teneatur Capitaneus infra mensem sui regiminis praedicta execucioni mandare. Et hoc Potestas et Capitaneus et uterque in solidum teneantur infra mensem praecise effectui demandare ad postulationem sindici seu mistralis dictae terrae.

De immunitate data hominibus euntibus ad habitandum in paulibus de Pretabaldana.

Capitulum quod quilibet, qui ibit ad habitandum in palude de Pretabaldana solvat tantum coltam pro suo foco, et non compellatur aliquis ex habitatoribus dicti loci solvere coltam alibi, vel aliquam daciam, nec aliquid dare in aliqua villa; nec aliquae aliae villae compellant eos secum ad suas gravitates: et haec immunitas sit eis data propter utilitatem loci, qui perditur et non colitur, et quia homines habitent ibi.

Additum est praedicto capitulo quod omnes et singuli volentes ire ad habitandum eciam in palude de Videgumerio et in illo de Castronovo, qui non sint scripti in libris focorum Communis cum hominibus episcopatus, et laborare terras infra hos confines: prope domum Antonii Bavae, et a domibus Bordellorum inferius et boschis versus mane, et a via communi in sursum hinc ad boschos et versus mane usque ad canalem, habeant immunitatem usque ad xx. annos, habitando in praedictis locis, sicut habent foresterii venientes de alieno districtu ad habitandum in episcopatu Parmae.

De faciendo fieri unum pontem super Aqualenam in villa de Mujuli (1).

Capitulum quod Potestas teneatur facere fieri unum pontem de subtus a molendino fratrum Humiliatorum de Mujule super Aqualenam cum duabus spondis de muro, sive archevolto, expensis illorum, ad quorum utilitatem spectat; et hoc faciat praecise et sine tenore usque ad octavam Paschae.

De satisfaciendo singulis, qui dampnificarentur in possessionibus suis, occasione alicujus viae quae fieret in eis propter impetum aquae.

Capitulum quod, si aliquod flumen in aliqua parte episcopatus Parmae arripuit vel arripiet aliquam viam publicam, et habentes inde transitum voluerint dictam viam facere reaptari, antequam ipsa via fiat, solvant et satisfaciant ei, cujus erit terra per quam ire debebit via, de precio competenti, antequam possessio tollatur eidem.

---

(1) *Mujule*, o *Moile*, nome di villa oggi incorporata in quella di S. Lazzaro presso Parma.

De una navi manutenenda in flumine Henciae.

Capitulum quod Potestas teneatur praecise compellere homines de Casalotono manutenere suis expensis unam navem in dicta villa in flumine Henciae sicut hactenus consueverunt.

Qualiter foveae et rivi de Gazano debeant expediri et cavari,
ut molendina liberalius possint macenare.

Capitulum quod illi, qui habent molendina in Gazano et qui faciunt macinare de aqua de fontibus, possint et ¡debeant eorum auctoritate expedire et disbrigare fontes et rivos procedentes ex illis, et quod illi, qui habent fontes et rivos praedictos et in quorum praediis sunt seu adhaerent, debeant et teneantur ipsos fontes et rivos expedire et disbrigare, et ipsos expeditos tenere eorum expensis; et, si quis fecit vel fecerit seu fieri fecerit aliquod plantumen in ipsis seu implementum a tempore pacis antiquae citra, teneatur et debeat illud plantumen auferre vel auferri facere in poena c. sol. parm., ad hoc ut molendina possint melius macinare et homines uti ipsa aqua: et quod aliquis non possit extrahere ipsam aquam de ipsis fontibus seu rivis, nec de canalibus, qui vadunt ad molendina praedicta, sine voluntate illorum, qui habent ibi molendina praedicta, in banno praedicto. Et teneatur Potestas hoc observare sine aliqua juris solempnitate et strepitu judiciorum; et, si contrafecerit, ammittat de suo feudo decem libras parm.

Qualiter homines de Pupilio teneantur facere domos
apud stratam publicam, qua itur Regium et Berxillum.

Capitulum quod homines de Pupilio tam cives quam rustici teneantur, debeant et compellantur facere unusquisque unam domum ad minus, secundum facultatem et possibilitatem ejus, juxta stratam publicam, per quam itur Regium et Bersilium, cui dicitur « Puvilia » usque ad tres annos proximos, ita quod domus omnes dictae stratae cohaereant ab uno latere et ab alio, et sit una proxima alteri convenienter; et compellantur emere casamenta et terras quilibet qui ibi non habet, vel ad fictum acquirere juxta dictam stratam, in qua praedictas domos aedificent, usque ad duos annos proximos; in quibus domibus habitare teneantur cum familiis eorum, ut homines possint melius et citius in unum convenire et esse ad dampna, quae dari et inferri possunt quando longe distat una domus ab alia. Fiat divisio casamentorum per unum civem et duos rusticos, qui debeant dividere secundum quod eis melius videbitur; et casamenta debeant extimari bona fide, eo salvo quod, si aliqui non habent domos haerentes dictae stratae sufficientes, alias faciant, et hoc sit in provisione eligendorum ad divisionem et extimum faciendum; et nemo praesumat, sive civis sive rusticus fuerit, postquam domum habuerit juxta dictam stratam, habitare in alio loco dictae villae, ut supra dictum est, poena x. librarum parm. pro quolibet. Et hoc Statutum non praejudicet dominis, qui habitant in castro Pupilii, qui ubicumque velint possint habitare et sicut et quando. Et quilibet, qui casamentum et domum non acquisiverit infra praedictum tempus, puniatur in x. libris parm., et nihilominus teneatur acquirere casamentum et domum facere juxta stratam praedictam. Et qui habent possessiones compellantur vendere et ad fictum dare in ea quantitate, quae extimatoribus placuerit, ut domus fiant ut supra dictum est; et hoc in poena xxv. librarum parmensium.

Qualiter homines de Monticulo compellantur ad vineas et ficus plantandas.

Capitulum quod quilibet civis, terrerius et habitator terrae de Monticulo teneatur et debeat in districtu Monticuli et territorio plantare et alevare unam bobulcam de vinea et sex pedes de ficubus et sex pedes de amidolis; salvo quod domini et vicedomini teneantur et debeant facere plantare duas bobulcas vineae et xii. pedes de ficubus, et totidem de amidolis, si nunc habent tantum quantum superius continetur; et hoc in poena et banno centum sol. parm. pro qualibet bobulca non plantata, et xx. sol. parm. pro ficubus et amidolis non plantatis.

Qualiter vineae debent plantari in villa de Cruviaco.

Capitulum quod quilibet, qui habet terram campiam in terra de Cruviaco, in loco ubi dicitur in Inzola, a via superiori usque ad inferiorem viam a latere de sero sicut vadit terra Antonii de Plaza et Gulielmi Mantoani, teneatur plantare illam terram de vinea, ut de cetero major ubertas vini et fertilitas habeatur.

Qualiter licitum sit hominibus de Tanzolino eripere aquam de fonte Heola.

Capitulum quod licitum sit hominibus et personis de Tanzolino haurire et hauriri seu arripi facere aquam fontis, quae appellatur Heola, et eam ducere ad villam de Tanzolino ad domos eorum, dummodo dampnum ipsa aqua non faciat alicui; quod si dampnum faceret alicui, teneantur dampnum emendare illi, qui illud fecerint causa dictae aquae hauriendae.

Qualiter adaquari possint prata de Massa de aqua fontis Massae.

Capitulum quod omnes, qui habent facere in pratis de Massa de Campigine et in ejus territorio, possint et eis licitum sit adaquare et facere adaquari ipsa prata cum aqua fontanae de Massa cum minori incommodo vicinorum et cum majori utilitate ipsorum pratorum; et, si exinde aliqua persona dampnificaretur, illi, qui voluerint dicta prata adaquare, teneantur dampnum emendare, si quod fieret alicui praedicta de causa.

De immunitate et absolucione hominum de Bargono.

Capitulum quod, cum homines et universitas de Bargono quotidie graventur et onera et dampna multa substineant praeparando ligna necessaria ad faciendum fieri salinam, quae pro Communi fit in territorio de Bargono, et deferendo eam ad civitatem habendo quatuor imper. pro vectura cujuslibet starii et linquendo laboreria sua, quod dicta occasione universitas et homines de Bargono pro recompensacione dictae dampnificationis eorum sint et esse debeant immunes et liberi et absoluti ab omnibus oneribus, facionibus et gravitatibus stratarum, poncium et laboreriorum et aliorum gravaminum omnium, excepto de coltis Communis, quousque ad gravamina dictae salinae faciendae pro Communi Parmae cogentur: vel saltem compellantur terrae circumvicinae

dictis hominibus de Bargono, quae habent multá ligna, deferre ipsa ad
dictam salinam coquendam in auxilium dictorum hominum de Bargono.

Qualiter nullus praesumat extrahere aquam de canalibus,
quae ponunt capud in navilium Communis.

Capitulum quod nulla persona cujuscumque condicionis sit audeat
vel praesumat aliquo die vel tempore extrahere, derivare vel derivari
facere aliquo modo qualitercumque de canalibus et aquis, quae capud
ponunt in navilium Communis; et quod omnes et singulae universitates
et Communia terrarum, per quorum territoria vadunt ipsa canalia quae
capud ponunt in navilium, teneantur et debeant ipsa canalia custodire
et custodiri facere ut aqua integraliter stet et intret in ipsis canalibus,
et in dictum navilium veniat et decurrat, et de praedictis dare bonos fidejussores tempore cujuslibet Potestatis et Capitanei, et accusare omnes
et singulos accipientes seu accipi facientes aquam de canalibus supra
dictis, ita quod semper et quolibet tempore ipsa canalia habeant aquam
sufficientem, non obstantibus aliquibus exceptionibus vel cavillationibus
quae in contrarium fierent. Quae omnia et singula suprascripta fieri et
observari debeant in poena duplicata, quae in Statutis Communis et Societatis plenius continetur; et quilibet possit accusare contrafacientes, et habeat
medietatem banni seu condempnationis, quae fieret occasionibus supradictis; et quod domini Potestas et Capitaneus et quilibet eorum per se,
qui nunc sunt et erunt per tempora, possint, teneantur et debeant
omnes et singulos delinquentes seu delinqui facientes in praedictis, et
non observantes praecepta et banna eorum in praedictis et circa praedicta, punire, procedere, inquirere, bannire et condempnare ad eorum
et cujuslibet eorum arbitrium et voluntatem sine illis de curia, ut
praedicta omnia et singula melius observentur. Et hoc capitulum praecise
debeat observari.

De suprapresis factis in certis partibus canalium,
qui veniunt ad civitatem.

Capitulum quod, cum suprapresae factae sint in certis partibus
canalium qui ad civitatem veniunt, et facta sint certa impedimenta

super eis, propter quae aquae canalium liberum decursum habere non possunt, sed fundantur per domos civitatis et stratas, et maxime tempore hygemali, et gelentur ipsae aquae sic diffusae, ita quod equi nec boves cum carris nec aliae bestiae per civitatem ire possint, Potestas teneatur tales suprapresas et tales occupaciones facere trahi retro, et impedimenta facere auferri per eos qui ea in ipsis fecerunt, et super ipsis canalibus habent, infra mensem postquam fuerit renunciatum Potestati, ut aquae canalium liberum possint habere decursum.

Additum est praedicto capitulo quod Potestas teneatur pontes, qui impediunt canalia decurrere, facere levari et alzari, ita quod aqua per canalia liberum habeat decursum.

Quod nemo educat canalia de flumine Henciae pro ipsa ducendo in Gambalonum.

Capitulum, cum aqua Gambaloni propter multitudinem canalium fluencium in ipsum Gambalonum fundatur per terras et prata quae sunt a Gazano in josum usque ad Sorbulum, ita quod ipsas terras et prata facit inutiles et inutilia, et itinera impediat, ita quod transeuntes per ea nequeant pertransire, quod omnes et singuli, qui extrahunt et educunt canalia de flumine Henciae vel flumine Parmae, et ea ponunt et decurrere faciunt in ipsum Gambalonum, teneantur et debeant de cetero ea canalia facere ad alia flumina vel canalia decurrere, ita quod non intrent ipsum Gambalonum; quod si non duxerint ad alia flumina, ut dictum est, Potestas teneatur auferre singulis pro banno x. libras parm. pro qualibet vice; et quilibet possit accusare contrafacientes et habeat medietatem banni.

De porticu sancti Geminiani de Vigofertulis facienda.

Capitulum quod, cum apud ecclesiam sancti Geminiani de Vigufertulis consuevisset esse quaedam porticus, sub qua multi homines consueverant habere refugium tempore pluviali et aliis malis temporibus, et eciam homines habentes facere in dicta terra et pertinenciis se pro factis eorum et dictae Communitatis consueverint congregare, et propter guerram dicta porticus sit destructa, et euntibus per dictam stratam proveniat maximum detrimentum, quod Potestas teneatur eligere duos homines bonos et legales, qui habeant facere in dicta terra, qui debeant facere restitui dictam porticum eo modo et forma quibus esse consuevit. Et fiat ipsa porticus expensis habencium facere in dicta villa.

De incidendis arboribus, quae sunt in ripa Navilii.

Capitulum quod omnes arbores, quae sunt in ripa vel sub ripa Navilii a molendinis fratrum de Religione veteri usque ad molendinum filiorum condam Hugonis Ferrapecorae, nisi sint arbores fructiferae, incidantur; et Potestas praecipiat eas incidi ad certum tempus et sub certo banno colligendo suo arbitrio.

De poena extrahentis aquam de canale, qui venit de Martorano versus Gazanum.

Capitulum quod nemini liceat extrahere nec extrahi facere aquam de canali, qui venit de Martorano versus Gazanum, nec de lecto suo, per quem labitur, extrahere vel removere in totum nec in partem; et qui contrafecerit, solvat pro banno c. sol. parmen., et quilibet possit accusare et habeat medietatem banni.

De lecto fluminis Cingli amplificando.

Capitulum quod Potestas teneatur sacramento praeciso facere amplificari lectum fluminis Cingli et amplificatum teneri per tres perticas in summitate et per duas perticas in fundo lecti ejus, per illos et ab illis qui habent facere per ripas ipsius fluminis, et arbores facere incidi et cavari et per lectum antiquum restitui et cavari, ut aqua ipsius habeat liberum decursum secundum quod debet (et hoc fiat a via quae vadit juxta campum Johannis Ricardi inferius usque ad flumen Parmae), faciendo eligi per Antianos et alios superstantem hinc ad kalendas marcii, qui faciat hoc fieri, et cui determinetur salarium per praedictos Antianos et alios, expensis illorum, ad quorum utilitatem spectat.

Qualiter canalis, qui vadit per Matriculum,
debeat remondari.

Capitulum quod Potestas teneatur facere remondari et cavari letum canalis et bocham ipsius canalis, qui vadit per Matriculum, Fabrorium, Ellium et Ronculum, illis terris et personis, per quarum terras dictus canalis labitur, ita tamen quod per hoc Statutum, veniente dicto canali, non acquiratur vel diminuatur jus alicui terrae vel personae, nisi secundum quod ante hoc Statutum habebant. Et Potestas teneatur eligere unum superstantem et unum notarium, infra mensem ex quo juraverit, ad praedicta omnia fieri facienda; et hoc expensis illorum, quibus spectat utilitas. Et hoc capitulum sit praecisum; et amittat Potestas de suo feudo, si praedicta non fecerit observare, ʟ. libras parmen.

Additum est capitulo loquenti de canali, qui vadit per Matriculum et Fabrorium, quod quilibet de Matriculo inferius usque Fabrorium compellatur remondare letum dicti canalis per medium suum, et facere fossata opportuna ubi non sunt; et superstans eligendus debeat cogere singulos ad praedicta facienda. In ᴍ. ᴄᴄ. ʟxxx., Indictione ᴠɪɪɪ.

Qualiter Potestas teneatur procurare, infra tres menses sui regiminis,
quod canalis de Grola veniat ad civitatem.

Capitulum quod Potestas, infra tres menses introitus sui regiminis, teneatur procurare cum Capitaneo et Antianis et Primiceriis quod canalis de Grola veniat sicut consuevit, faciendo ipsum venire in burgo sancti Hilarii, ut per ipsum canalem purgetur hospitale sancti Hilarii putredine et aliis immondiciis, et postmodum exeat burgum, transeundo foveam et decurrendo per loca consueta: et hoc fiat cum voluntate illorum, quorum est canalis, si illi, ad quorum utilitatem similiter pertinebit, voluerint conferre de suo ad expensas opportunas in quantitate quae deceat, non auferendo jus alicui de burgo causa ipsius hospitalis.

Qualiter Potestas teneatur facere disgomberari et disgumberatum teneri
flumen Taronis mortui a clusa Molendini de Insula.

Capitulum quod Potestas teneatur facere disgomberari et expediri et expeditum teneri et haberi flumen Taronis mortui a clusa de subtus molendini de Insula infra quod consueverat labi, et omnes clusas et impedimentum facere auferri; ita quod aqua dicti fluminis labatur et decurrat per lectum dicti fluminis; et, si aliquis vellet extrahere aquam de dicto flumine causa adaquandi vel alia de causa, possit eam libere extrahere revertendo ipsam in lectum dicti fluminis, ut jura cujuslibet conserventur illaesa in ipso flumine, non obstantibus aliquibus aliis Statutis et reformationibus Consciliorum, factis et faciendis, generalibus et specialibus de fontanis et canalibus vel alio modo. Et praedicta omnia faciat fieri Potestas infra duos menses sui regiminis, ut strata, qua itur Cremonam, prope pontem de Sclavo non supponatur plenitudini aquarum, sed sit et stet expedita, ita quod libere et expedite per ipsam transiri possit tempore aestivo et hyemali. Et hoc sit praecisum.

Qualiter Potestas tenetur defendere, qui haberent sententias pro remondaturis canalium non debentes conferre.

Quoniam jus suum alicui auferri contra jus commune iniquum est, statutum est quod Potestas teneatur quoscumque defendere, qui haberent sententias ne tenerentur remondare vel conferre ad aliquam remondaturam, non obstantibus aliquibus Statutis generalibus vel specialibus factis in quacumque forma verborum. M. CC. LXXXIII.

Qualiter burgus de Navilio debeat planellari.

Capitulum quod burgus de Navilio, qui est in vicinia omnium Sanctorum, totus planelletur expensis illorum de dicto burgo; et hoc faciat fieri dugarolus de porta de Parma. Et Potestas sacramento teneatur hoc capitulum facere adimpleri per totum tempus sui regiminis.

Qualiter pons Taronis debeat fieri de lapidibus, quadrellis et calzina.

Capitulum quod, cum homines tam cives quam rustici, qui faciunt transitum per pontem de Taro et qui ipsum habent manutenere annuatim, graventur maximis expensis tam in gabionibus quam in palficamentis et aliis necessariis ad dictum pontem manutenendum, quod dictus pons debeat fieri de lapidibus, quadrellis et calcina, ibi ubi est, vel ab inde infra usque ad locum ubi consueverat esse maclonus in flumine Parmae, vel ubi melius et commodius fieri poterit; et hoc fiat in provisionem utentium et aliorum sequentium habencium conferre ad constructionem dicti pontis. Et Potestas teneatur haec omnia fieri facere praecise infra quatuor menses introitus sui regiminis. Et ad haec omnia adimplenda deputetur quidam superstans per Potestatem, Capitaneum, Antianos et alios.

Qualiter strata de Stradella, quae vadit per Bocetas, debeat cavari et inglarari.

Capitulum quod strata Stradellae, quae vadit Traversetulum et Guardaxonum intus per Bocetas, a ponte facto de novo in Bocetis recta linea usque ad fontanellas, quae sunt desubtus a bucha Riscuri in ripa Maxedoni, debeat cavari et inglarari; et quod in dicto flumine Maxedoni fiat et fieri debeat unus pons lapideus. Et ad dictam stratam inglarandam et cavandam, et ad dictum pontem faciendum compellantur et compelli debeant omnes terrae et villae, quae habent facere, et quae consuetae sunt ire ad dictam stratam et pontem, et quibus spectat utilitas. Et teneatur Potestas venturus facere fieri praedicta infra quatuor menses postquam intraverit in suo regimine; et, si contrafecerit Potestas, amittat de suo feudo L. libras parmen. Et sit praecisum.

Qualiter Potestas teneatur facere unum pontem de lapidibus et quadrellis in villa de Felegaria super ripa Dardoni.

Capitulum quod Potestas teneatur sacramento facere fieri unum pontem de lapidibus sive quadrellis in villa de Felegaria super rivum Dardoni, qui labitur per villam Felegariae, ad hoc ut homines transeuntes per stratam Francischam antiquam possint secure transitum facere superinde, cum multi jam in dicto rivo perierint. Et hoc teneatur facere expensis illorum, quibus spectat utilitas, et ad petitionem cujuslibet petentis. Et hoc capitulum sit praecisum.

Qualiter via, quae vadit in montanis ab via domini abbatis versus glaream Parmae, debeat inglarari.

Capitulum quod via, quae est in montaneis et incipit ad pontem canalis domini abbatis et vadit versus glaream Parmae, debeat inglarari usque ad aliam viam quae venit versus civitatem, expensis illorum ad quos spectat utilitas. Et eligatur unus superstans per dominum Potesta‐tem, qui habeat facere in dicta contrata, qui fieri faciat et inglarari di‐ctam viam, qui in omnibus habeat plenum arbitrium, ut in Statuto ultimo et generali continetur, non obstante aliqua adjectione supradicto Statuto ultimo et generali.

Qualiter via, quae vadit post murum antiquum civitatis
ad domum de Goghis, debeat disgomberari.

Capitulum quod via, quae vadit post murum antiquum civitatis ab angulo domus filiorum condam domini Gerardi Goghi usque ad viam quae vadit versus viciniam sancti Marzolini intus a muro civitatis vete‐ris, debeat disgomberari et disgomberata teneri de calcinacio, lapidibus et omni alio impedimento, ita quod volentes ire per ipsam viam libere cum personis et plaustris possint ire et redire. Et Potestas hoc fieri fa‐cere teneatur praecise infra primum mensem sui regiminis omnibus et singulis, et eorum expensis, qui habent domos seu casamenta juxta di‐ctam viam vel murum vetus civitatis, quod est juxta dictam viam; quod si non fecerit Potestas, perdat de suo feudo l. libras parm.

De duabus portiolis fiendis in burgo sancti Aegidii in ripa foveae
civitatis ab utraque parte burgi.

Capitulum, cum burgus sancti Aegidii sit adeo apertus quod sine ali‐quo impedimento gentes possint intrare in ipsum per ripas fovearum Communis, quae possent dampnificare clausuras et vineas hominum ci‐vitatis, et possint perinde exire cum bobus et carro, et cum alias fuerit reformatum quod una portiola fiat ex utraque parte dicti burgi in ripis fovearum Communis, videlicet de quadrellis, lapidibus et calcina, expen‐sis Communis, et jam sit factum fundamentum ipsius quod esse debebat de subtus ab ipso burgo, quod duae portiolae fiant ibi expensis Com‐munis, quae claudantur et aperiantur, ita quod non possit aliquis intrare nec exire occasionibus supradictis seu aliquibus aliis, nisi horis ordina‐tis. Et hoc teneatur Potestas facere fieri per totum mensem madii per massarium laboreriorum praecise, in poena xxv. librarum parm. de suo salario.

Qualiter unus pons de lapidibus debeat fieri in strata rupta.

Capitulum quod unus pons de lapidibus et quadrellis debeat fieri expensis eorum, ad quorum utilitatem spectat, super strata recta in burgo sancti Gilii, ubi necesse est, scilicet ibi ubi dicitur « strata rupta ». Et ad hoc teneatur Potestas infra sex menses sui regiminis ab inicio sui regiminis.

De stradella de Pascho inglaranda, et per quos,
et usque ad quod tempus.

Capitulum quod Potestas teneatur sacramento praeciso, a quo absolvi non possit, facere inglarari stradellam de Pascho, per quam itur ad stratam de Cremona, a ponte qui est super navilio usque ad ipsam stratam de Cremona, usque ad tres annos, hoc modo quod in quolibet anno inglaretur tercia pars dictae stradellae; quorum trium annorum inicium sit et esse debet ad annum novum proxime venturum; postea sequenti anno alia tercia pars. Et praedicta fiant per illos et ad expensas illorum, qui fecerunt fieri dictum pontem super navilio. Et, si Potestas hoc non fecerit, sindicetur et condempnetur in L. libris parmen.

De strata de Berxillo aptanda et inglaranda, et per quos.

Capitulum, ad conservacionem stratae qua itur Berxillum et maxime inter hospitale de Formigola et territorium de Sorbulo, quod Potestas futurus sacramento praeciso teneatur, a quo absolvi non possit parabola Conscilii nec eciam Concionis in Conscilio generali Communis et populi, facere eligi ad brevia unum bonum superstantem cum uno notario, qui faciat cavare dictam stratam a latere de mane, incipiendo juxta hospitale praedictum usque ad pontem, qui est in territorio Sorbuli, qui dicitur pons Manfredi Trochi, et postmodum facere cavari dictam stratam a latere de sero de uno bono fossato lato sex brachia a latere superiori, et ducere totam terram de dictis cavamentis extrahendam super dictam stratam; et, dicta strata sic cavata, teneatur dictus superstans ipsam facere inglarari, scilicet illis de Berxillo cum illis qui habent in dicta contrata possessiones eorum adhaerentes praedictae stratae, communiter pro tercia parte; et ad cavamentum praedictum solvere teneantur, ut alias solverunt. Et praedicta omnia et alia fiant expensis omnium et singulorum qui alias contribuerunt ad cavamentum, quod factum fuit occasione dictae stratae, modo sunt decem anni vel circa; salvo quod fossatum praedictum, quod fieri debebit a latere de sero dictae stratae, fieri debeat expensis eorum qui habent terras cohaerentes dictae stratae tantum. Et praedicta omnia et singula dictus superstans teneatur executioni mandare hinc ad sanctum Petrum proxime venturum sub poena L. librarum parm.; et pro eorum salario habeant, quilibet praedictorum, omni die quo steterint ad dictum laborerium faciendum, XII. imperiales, et non ultra.

De custodia episcopatus et stratarum.

Pro custodia episcopatus et itinerum et stratarum providerunt quod incontinenti sciatur qui sunt illi qui colligunt et per quos colliguntur pedagia in terra Berceti et in terra Bardoni, et sciatur ab eis si volunt custodire et securam facere stratam de Bardono per totum episcopatum Parmae, et securitatem praestare de fideli custodia facienda et de robariis et dampnis emendandis, si contigerit aliquas vel aliqua fieri: quod si facere voluerint, concedatur et permittatur eis pedagia colligere; et, si noluerint vel neglexerint, procuretur omnino quod dicta pedagia non colligantur ab aliquo vel solvantur, et strata custodiatur per homines episcopatus, sicut inferius continetur.

Item providerunt quod dicta custodia ab hominibus episcopatus fiat hac forma, videlicet: Bercetum, Bergotum, Corchia, Lozula, Pelerzum, Gorum, Valbona, Pretabarcia custodiant per totum districtum et episcopatum Parmae a Berceto superius; et a Berceto infra usque ad Castilunculum: Casacha, Fugazolum, Trabaganzia, Pagazanum, Domus Salvaticorum, Castilionum; a Castiliunculo inferius usque ad Cassium: Castiliunculum, Ubiatica cum curia, Casula, Ravaranum cum curia, Pretamogulana; a Cassio infra usque Terencium: Cassium, Pretatercia, Corniliana, Galegana; a Terencio infra usque ad Sivizanum: Terencium, Bardonum, Gujanum, Lixignanum; a Sivizano inferius usque ad Fornovum: Sivizanum, Plantogna cum curia, Roblanum, Palmia cum curia praeter Lixignanum; a Fornovo inferius usque Colliculum: Fornovum, Casella de Fornovo, Vizola, Upianum, Gajanum, Sancta Agnexia, Alza-

num, Qualatula, Talognanum, Glarola; a Colliculo inferius usque ad
vallem de Varlatico: Colliculus, Sanctus Martinus de Senzano, Lumi-
gnanum. Et sic fiat et fieri debeat dicta custodia ab hominibus cujuslibet villae, et fiat et porrigatur, ut dictum est, ultra, desuper, desubtus
per totum territorium et districtum cujuslibet villae. Et incontinenti compellantur homines cujuslibet villae facere electionem de suis custodibus,
quorum unus remanet in determinatione quatuor bonorum virorum eligendorum secrete per dominos Ancianos et advocatos mercatorum, qui
habeant noticiam de factis dictae stratae et ubi sunt majora et minora
pericula. Qui custodes teneantur et debeant continue et bene et fideliter
custodiam facere ab ortu solis usque ad occasum, et cum armis opportunis, ita quod semper sint et inveniantur ire et redire pro custodia et
securitate dictae stratae in parte eis data et affirmata et terminata ut
supra dictum est, in poena et sub poena eis auferenda arbitrio domini
Potestatis. Et homines villarum curiae de Alpexellis teneantur et debeant conferre ad dictam custodiam, et omnes aliae villae quae sunt inter
Cenum et flumen Baganziae.

Item providerunt quod in alpe de la Cisa fiat unus receptus tutus et
securus et bene guarnitus omnibus opportunitatibus, et unus alius fiat
ad Spedaletum per homines de Berceto et eorum expensis eodem modo
et simili: qui duo receptus custodiantur et custodiri debeant per Commune Berceti et homines dictae villae de die et de nocte. Et fiant a
Berceto inferius usque Terencium in locis opportunis et periculosis ber-
teschae sive bichochae expensis illarum villarum, quibus data et terminata est dicta custodia, et per ipsas villas et personas villarum custodiantur: salvo quod custodibus dictae stratae a Terencio supra per totum
districtum Parmae solvatur de pecunia, quae colligetur de pedagio colligendo in terra Berceti; a Terencio vero infra custodiatur omnino expensis hominum villarum secundum determinacionem supra dictam in
alia provisione.

Item providerunt quod pro remuneratione laboris custodum dictae stratae colligatur pedagium in terra Berceti hac forma, tantum per tempus
guerrae et non ultra, per unum fidelem hominem eligendum per homines de Conscilio Berceti; et pecunia, quae colligetur de dicto pedagio,
dividatur inter dictos custodes qui custodient dictam stratam a Terencio
superius per totum districtum Parmae secundum numerum custodum et

majus et minus periculum et secundum majorem et minorem laborem; et super hac divisione eligantur aliqui boni viri qui habeant noticiam de praedictis, qui hanc divisionem facient: de soma equi et muli, sex imper.; de soma axini, tres imper.; de homine equestre, sex imper.; de homine pedestre, duos imper.

Item providerunt quod quaelibet villa et homines villarum, qui tenentur conferre ad dictam custodiam, compellantur facere sindicum legitimum, scilicet quaelibet villa suum, qui promittat solempniter cum obligationibus opportunis dictam custodiam fieri facere ut dictum et determinatum est, et quod emendabunt dampna et robarias, si quae fierent, et violencias, et quod capient bannitos et malefactores et infamatos dictis maleficiis et criminibus, et non pacientur eos morari in eorum contratis et villis, et quod non dabunt eisdem auxilium, conscilium vel favorem ad poenam eis arbitrio domini Potestatis auferendam, et quod facient et executioni mandabunt omnia opportuna quae faciunt pro securitate stratae et honore Communis Parmae. Et de securitate aliqua non possit accipi per aliquem notarium ultra sex imperiales.

Item providerunt quod omnes nobiles, potentes, divites et alii, cives sive terrerii, cujuscumque condicionis sint, de quibus creditur quod possint dare operam ut cessent dicta maleficia et robaciones et violenciae et ut melius et cicius capiantur malefactores et veniant in forciam Communis Parmae et strata tucius custodiatur et melius, habitantes inter Cenum et Baganziam, compellantur dare fidejussionem secundum formam Statutorum sindicis villarum, ut supra dictum est (et, si necesse fuerit, compellantur stare Parmae, sicut videbitur dominis Potestati, Capitaneo, Antianis et advocatis mercatorum, et tales personae teneantur conferre emendacioni dampnorum et robariarum quae fierent), de qua non possint nec debeant accipi ultra sex imper. per aliquem notarium.

Item, cum dicatur quod bastardus domini Huberti de Cornazano et Johannellus Minelli banniti Communis Parmae sint capita dictorum malefactorum, et Lariocius de Langhirano, Hubertellus Gastaldi et filius fratris Blanchi, et Copellus filius Hugonis de Mantua sint inter certos eorum sequaces, providerunt quod, si aliquis dederit in forciam Communis Parmae dictos bastardum et Johannellum Minelli, habeat et habere debeat de avere et de denariis Communis Parmae, si vivum, quinquaginta libras imper.; si mortuum, xxv. libras; et, si aliquem praedictorum aliorum, c. libras parm. Et specialis inquisicio fiat singulis mensibus contra villas et personas, quae darent eisdem auxilium, conscilium vel favorem, vel quae substinerent eos seu aliquem ipsorum morari in aliqua villa, et contra personas, quae essent negligentes in persequendo eos vel quemlibet eorum.

Item providerunt quod dominus Potestas, Capitaneus, Antiani et advocati mercatorum teneantur multociens, et specialiter semel quolibet mense, facere cercari et videri dictam stratam per unum bonum et fidelem notarium si bene et fideliter et continue custoditur secundum intellectum Communis Parmae et secundum quod ordinatum est debere custodiri; et dominus Potestas teneatur et debeat punire inobedientes, suo arbitrio.

De quadam dugaria facienda in muro Communis
de subtus a ponte dominae Giliae.

Cum murus Communis, qui est in ripa Parmae de subtus a ponte dominae Giliae, cotidie destruatur propter aquas quae decurrunt de burgo Scutariorum versus ipsum murum, et eciam pro majori parte permaneat ibi dicta aqua tali modo quod personae transire non possunt per foveam sive dugariam Communis, statuimus et ordinavimus quod Potestas Parmae teneatur eligi facere per totum mensem marcii unum superstantem de vicinia sancti Marzolini, qui faciat dictam dugariam sive foveam impleri et adaequari, taliter quod dicta aqua habeat liberum decursum per dugariam, quae est in dicto muro in flumine Parmae, sicut eidem superstanti melius videbitur convenire. Et praedicta fiant expensis omnium et singulorum habencium domos in dicto burgo.

Qualiter unus pons fiat de novo in villa de Crustulo
apud domum domini Alexandrini de Crustulo.

Capitulum quod quidam pons lapidum, qui est situs in villa de Crustulo apud domum domini Alexandrini de Crustulo, fiat de novo expensis illorum, quibus spectat utilitas, cum praedictus pons sit ruptus et destructus ita quod vix itur per ipsum, et eciam est ita bassus quod aqua labitur per terram quia non potest ire per pontem: et est opera pietatis et utilitas omnium habitancium in dictis contratis (1).

(1) Con questo capitolo ha termine il libro IV. Le leggi, che seguono, risguardanti l'annona stanno in fine del Codice, come appendice. Esse hanno la lor sede naturale nel Libro I. presso il capitolo *de officio fornariorum* a pag. 189.

Primo (1), si furmentum, seu sestarium furmenti, ex quo debebit fieri panis ve- nalis, valuerit tribus sol. imper., panis, qui fiet ex ipso, debeat esse crudus sive in pasta xv. unciae et dimidia; et, bene cotus, tredecim unciae et tres quarterii.

Item, si valuerit decem sol. parm., debet esse panis in pasta xiiii. unciae et unus terzerius; et, bene cotus, duodecim unciae et tres quarterii.

Item, si valuerit undecim sol. parm., debet esse panis in pasta xiii. unciae et una quinta unciae et paulo plus; et, bene cotus, undecim unciae et duo terzerii.

Item, si valuerit iiii. sol. imper., debet esse panis in pasta duodecim unciae et paulo plus; et, bene cotus, decem unciae et duo terzerii.

Item, si valuerit tredecim sol. parm., debet esse panis in pasta undecim unciae minus uno sexto unciae; et, bene cotus, novem unciae et dimidia et paulo plus.

Item, si valuerit quatuordecim sol. parm., debet esse panis in pasta decem unciae et dimidia paulo minus; et, bene cotus, novem unciae et una tercia de uncia.

Item, si valuerit quinque sol. imper., debet esse panis in pasta decem unciae minus quarterio unciae; et, bene cotus, viii. unciae et duae terciae de unciis.

Et debet valere et dari panis, qui fiet venalis secundum praedictam formam fa- ciendi panis, pro duobus parmensibus parvis.

Pacta approbata, secundum quae debet vendi dacium panis venalis, sunt infrascripta:

Primo quaelibet persona, quae stat in civitate vel burgis vel prope burgos extra civitatem per medium milliarium, quae volet facere panem venalem et vendere seu vendi facere, faciat se scribi coram illo vel illis, qui ement hoc dacium a Communi, et faciat scribi in libro ipsorum nomen et pronomen suum, et ubi habitat, et fur- num ad quod volet facere coqui panem et coquere debeat sibi panem, et faciat bonam et ydoneam securitatem de dacio solvendo daciariis et de obediendo pactis et praeceptis Potestatis; et nihil solvatur de hac scriptura; et duret ista securitas quam- diu durabit et colligetur hoc dacium. Et habeant praedicti daciarii iiii. imper. pro quolibet stario panis venalis, quem faciet; quod dacium solvere debeat secundum formam horum pactorum, et ad terminum in his pactis contentum, in poena c. sol. parmen. pro quolibet et qualibet vice. Et haec omnia et singula intelligantur habere locum et locum habeant in omnibus et singulis panecoculis, fornariis et albergato- ribus civitatis et burgorum et eciam episcopatus Parmae. Et praedicti praedictae con- dicionis habitantes in civitate vel burgis vel prope per medium milliarium veniant ad praedictam securitatem praestandam et adimplenda praedicta infra terminum quem Potestas faciet voce praeconia constitui, et sub praedicto banno. Illi vero de epi-

---

(1) Manca la rubrica. Un capitolo dello stesso argomento, che leggesi a car. cl. tergo dello Statuto impresso nel 1494, ha la seguente: *Statutum et ordinatum est pro bono publico quod vendentes panem teneantur et debeant servare formam infrascriptam.*

348

scopatu, qui volent facere panem venalem vel fieri facere, veniant antequam faciant vel fieri faciant panem venalem, sub praedicto banno pro quolibet et qualibet vice.

Item quod quaelibet persona, quae non venerit et se scribi non fecerit secundum quod superius continetur, non possit facere panem venalem, nec vendere nec vendi facere, sub praedicto banno.

Item quod quilibet fornarius et fornaria teneatur sacramento manifestare daciariis et eorum nunciis quot sextaria panis venalis coxerit de alieno in suo furno in favorem tam albergatorum quam panecoculorum, et nomina illorum quibus coxerit, in poena et banno c. sol. parmen. pro quolibet et qualibet vice.

Item quod quilibet fornarius, albergator et panecoculus sacramento teneatur solvere dacium . . . (1).

---

(1) Manca il fine.

INDEX CAPITULORUM

LIB. 1.

LIB. II.

(1) LIB. IV.

(1) Liber III deest.

Lightning Source UK Ltd.
Milton Keynes UK
UKOW07f1854100615

253295UK00009B/107/P